Nordwesten USA
Oregon und Washington

▶ Eine Übersichtskarte mit den eingezeichneten Routenvorschlägen finden Sie in der vorderen Umschlagklappe.

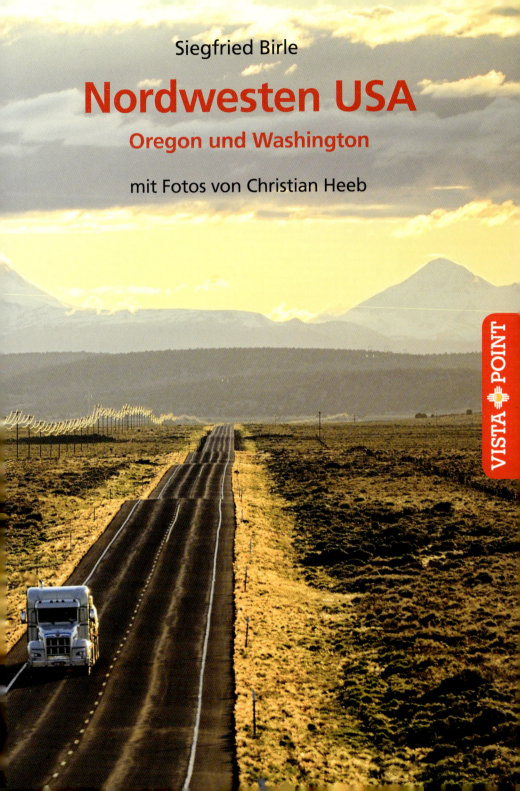

Siegfried Birle

Nordwesten USA

Oregon und Washington

mit Fotos von Christian Heeb

VISTA POINT

Inhalt

Der Nordwesten der USA
Reise in ein neues Land 8

Die Route
... und wie man sie passend macht 14

Gateway zum Nordwesten
Vancouver und Victoria, BC 18

Den Nordwesten erleben und genießen
Unterkunft: Resorts, Lodges, Stadthotels,
Campingplätze 24
Essen und Trinken: Gibt es eine Northwest
Cuisine? 27
Sport und Spiel:
Von Skilanglauf bis River Rafting 29
Mit Kindern unterwegs: Tipps für Kids 32

Die Sprache des Nordwestens
Gibt es denn eine? 34

Chronik
Abriss der Landesgeschichte 40

DREI WOCHEN DURCH DEN PAZIFISCHEN NORDWESTEN DER USA
Am roten Faden durch Oregon und
Washington 54

1 **Urlaubsstadt Nummer eins**
Seattle 56

E **Extratag:** Was die Stadt sonst noch bietet
In und um Seattle 68

E **Extratag:** Der Riese in den Kaskaden
Ausflug zum Mount Rainier 76

2 **Näher an die Kaskaden**
... mit Zwischenstopps am Sund 80

E **Extratag:** Unterwegs mit Fähre und Fahrrad
Besuch auf den San Juan Islands 90

Inhalt

3 **Kaskadentransversale**
Durch die North Cascades zum
Methow Valley 92

4 **Täler, Coulees, Plateaus**
Vom Methow Valley zum
Grand Coulee Dam 102

5 **Durchs Land der Stämme**
Von Grand Coulee nach Spokane 114

6 **Inland Empire**
Spokane und die Palouse 122

7 **Spur der Siedler**
Vom Wallowa Valley nach Baker City 132

8 **Geologie en gros**
Von Ost-Oregon zum
John Day Country 140

E **Extratage: Ein Paradies für Vogelfreunde**
Abstecher nach Malheur 150

9 **Durchbruch nach Westen**
Durch die Columbia Gorge nach Portland 154

10 **Eine »sehr lebenswerte Stadt«**
Portland 166

11 **Unterwegs zur Oregon Coast (I)**
Von Portland nach Cannon Beach 180

12 **Down the Oregon Coast (II)**
Von Cannon Beach nach Newport 190

13 **Down the Oregon Coast (III)**
Von Newport nach Florence 202

E **Extratage: Küstentour nach Kalifornien**
Von Oregon nach San Francisco 210

14 **Von Dünen zu Lavafeldern**
Von Florence zum Metolius 214

E **Extratage: Ein unglaublich blauer See**
Große Südkurve nach Crater Lake 224

Inhalt

15 **Fluss zum Anfassen**
Ein Tag am Metolius 228

16 **Central Oregon (I)**
In und um Bend 238

17 **Central Oregon (II)**
High Desert und Lava Lands 248

18 **Nordwärts durch die Mitte**
Von Central Oregon nach Long Beach 256

E **Extratag: Im Indianerland**
Abstecher nach Kah-Nee-Ta 266

E **Extratag: Kunst an der Baumgrenze**
Timberline Lodge 268

E **Extratag: Ein Vulkanausbruch und die Folgen**
Mount St. Helens und sein
Volcanic Monument 270

19 **Strand, Watten, Regenwald**
Von Long Beach zur Olympic Peninsula 274

20 **Wilder Nordwesten**
Die Olympic Peninsula und ihre Küsten 286

21 **Gute Heimreise!**
Zurück nach Seattle 298

Service von A bis Z 302

Orts- und Sachregister 316
Namenregister...................... 324
Danksagung und Textnachweis 325
Bildnachweis und Impressum........... 328
Zeichenerklärung . . . hintere innere Umschlagklappe

Yaquina Head Lighthouse steht auf der gleichnamigen Halbinsel (Oregon)

Der Nordwesten der USA
Reise in ein neues Land

»The Pacific Northwest is one of my favorite spots in the world«
(Woody Guthrie)

Das Land um die nordwestliche Küste der USA wurde spät entdeckt – von den Eroberern, den Siedlern und den Touristen. Als George Vancouver 1792 in den Gewässern des Puget Sound nach der Nordwestpassage suchte, regierte George Washington schon eine unabhängige Nation. Als die Offiziere Lewis und Clark 1804–06 per pedes und Kanu zum Pazifik vorstießen, begann im Osten bereits die Industrialisierung. Und als Siedler in den 1840ern und 1850ern in Planwagen über den Oregon Trail nach Nordwesten zogen, besaß der Osten schon ein Netz von Kanälen und Eisenbahnen.

Wer den Nordwesten nicht kennt, glaubt vor allem eines zu wissen: dass es »viel regnet«. So gerne Mitteleuropäer sonst reisen, hier sagen sie sich: Regen haben wir selbst genug, fahren wir lieber nach Florida! Die neuen Entdecker des Nordwestens kamen von innen: Aussteiger der Hippie-Generation und andere Alternative, die in Oregon, Washington und British Columbia das einfache, natürliche Leben suchten. Ernest Callenbach schrieb ihnen die passende Utopie: »Ecotopia« (1975) – über die (fiktive) Sezession Oregons und Nordkaliforniens von der Union nach dem Motto: *Leave. Me. Alone.* Produkte dieses Ideenschubs waren fortschrittliche Gouverneure (wie Tom McCall, 1967–75) und fortschrittliche Gesetze (wie die Bottle Bill, 1973). Flüsse und Seen wurden saniert, die Metropolen bekamen *public transit* und *public art*, und die Fläche *public space*. Die Washington State Ferries kreuzen den Sund wie Vorortzüge, Portland und Seattle finden sich stets oben auf der Liste der *Most Livable Cities*, und die Mikrobrauereien brauen *hand-crafted* Bier – ohne Konservierungsstoffe.

Von alledem profitieren die Besucher. Sie finden eine touristische Infrastruktur vor, an der zum Teil schon die CCC-Boys

Seattle im Abendlicht

Klippen im Shore Acres State Park, mittlere Oregon Coast (nahe Coos Bay)

der Works Projects Administration unter Franklin D. Roosevelt gearbeitet haben: State Parks und Waysides in bester Lage, ausgebaute Wanderwege, informative Visitor Centers, eine durchgehende Küstenstraße, deren Brücken seit den 1930ern die Mündungstrichter der Flüsse überspannen – überhaupt eine Küste, die in Oregon per Gesetz zum Gemeineigentum erklärt und im nördlichen Washington als Olympic National Park geschützt ist.

Dabei ist der Nordwesten keine Spielwiese für Weltflüchtlinge und Umweltfreaks. Mächtige Konzerne wie Boeing, Microsoft, Intel und Nike stellen die Region ökonomisch auf die Füße. Auf diesem Unterbau gedeiht eine lebhafte Kultur, Subkultur und »Powell's City of Books«. Der Nordwesten ist keine Idylle im Wald, dazu wurde und wird zu unbarmherzig gerodet. Immerhin druckt die Tourismusbehörde von Oregon in ihrer Broschüre den bemerkenswerten Satz: »Die Indianer behaupten, das Land sei ihnen nur geliehen.« Dann fordert sie die Touristen auf, selber »Anleihen« aufzunehmen – eine gute Idee.

In Oregon und Washington leben gerade einmal elf Millionen Menschen, aber die stellen einiges auf die Beine. Seattle und Portland haben nicht nur Museen, Theater und Symphonieorchester, sondern auch eine populäre Kultur von Blues bis Grunge, Punk bis Schick, Café bis Kneipe. Seit Starbucks 1971 in Seattle ihren ersten Coffee Shop eröffneten, schwappt die Kultur

Straßenmusiker in Portland

Der Nordwesten der USA

Einer von vielen: Wasserfall in der Columbia River Gorge

röstfrischen Kaffees über den Nordwesten, die Nation und die Welt. Mikrobrauereien sind eine Erfindung des Nordwestens: Sie erreichen in Portland eine Dichte, von der Bayern nur träumen kann. Und die Northwest Cuisine schafft die richtige Unterlage dafür …

Warum der Nordwesten?

Kommt man von einer Erkundungstour durch die Region zurück, dann stellen amerikanische Freunde oft eine unangenehme Frage: *What did you like best?* (und gleich danach: *Where do you go next?*). Die Antwort kann nur ein langwieriges Abwägen oder eine schnelle Lüge sein. Doch der Leser hat ein Recht auf Auskunft, warum er den Pazifischen Nordwesten der USA besuchen sollte. Die Antwort ist eine schlichte Aufzählung: die landschaftliche Vielfalt – mit Küste, Regenwald, Kaskadengebirge, Plateaus, Lavaströmen und offener Steppe, dazu zwei »lebenswerte« Metropolen und das Erbe der Indianer – WOW!

Die Touristikbranche ergeht sich in Superlativen: Long Beach habe den »längsten Strand der Welt«, Tillamook die »größte Käsefabrik der Welt« und Portland »die größte Buchhandlung der USA«; die Columbia River Gorge sei die *wind surfing*, Lincoln City die *kite flying*, Bandon die *storm watching* und Wenatchee die *apple* CAPITAL OF THE WORLD; Lakeview (OR) die Nummer eins beim Drachenfliegen, Grants Pass (OR) beim Wildwasser, Snohomish (WA) bei den Antiquitäten und Portland bei den Mikrobrauereien. Crater Lake ist der tiefste See der USA und Hells Canyon die tiefste Schlucht Nordamerikas – beide so imposant, dass sie eigentlich keine Werbesprüche brauchen.

Der Wald spielt in dieser Liga mit. Seine würdigsten Vertreter sind: Douglastanne (*Douglas-fir*), Sitkafichte (*Sitka spruce*), Riesen-Lebensbaum (*Western redcedar*, fälschlich als Zeder übersetzt) und Hemlock (*Western hemlock*) im Regenwald sowie Ponderosakiefer (*Ponderosa pine*) östlich des Kaskadenkamms.

Fragt man nach der herausragenden Freizeitsportart des Nordwestens, dann lautet die Antwort: River Running. Outfitter im Lande bieten ihren Gästen das feuchtfrische Vergnügen im Schlauchboot (*raft*), Kajak (Paddel mit zwei Schaufeln) oder Kanu (Paddel mit einer Schaufel). Die besten Wildwasserflüsse sind Skagit, Methow, Wenatchee, Deschutes, McKenzie und Rogue; der John Day macht es gemütlicher. Die Saison auf dem Wasser dauert von April bis September. Alle Schwierigkeitsstufen sind vertreten – von Klasse I (»badewannenglatt«) bis Klasse VI (*Don't even think of it!*).

Reise in ein neues Land

Das Reisegebiet

Beschrieben wird der engere Nordwesten, also die Staaten Oregon und Washington. So gefasst ist das Gebiet größer als Deutschland, aber kleiner als Texas; damit ist es überschaubar und in drei Wochen (oder länger) gut zu bereisen. Die Route (ohne Extratage) ist allerdings 4533 Kilometer (knapp 2833 Meilen) lang, das sind im Schnitt 216 Kilometer pro Tag! – zu viel, um gründlicher hinzuschauen oder länger an einem Ort zu bleiben. Wer das will, muss die Route kürzen oder den Urlaub verlängern. »Kilometerfresser« spannen den Bogen bis nach British Columbia, Idaho und Nordkalifornien ...

Zu den touristischen Sehenswürdigkeiten gehört in vorderster Linie die pazifische Küste, und zwar als felsige Steilküste wie auch als Sandstrand. Beide Typen sind reichlich vertreten. Südlich von Florence kommt ein breiter Dünengürtel hinzu. Zum Baden ist das Wasser, auch im Sommer, eher zu kalt. Die berühmte US-101 folgt der Küste meist mit Abstand. Bisweilen erklimmt sie aussichtsreiche Höhen, dann wieder gibt es *loops*, die näher ans Meer heranführen. Fähren und Furten über die Küstenflüsse sind durch großartige Brückenbauwerke ersetzt, doch nach feuchten Wintern können Erdrutsche die Straße blockieren. Wanderer auf dem 375 Meilen langen Oregon Coast Trail rührt das wenig.

Der **gemäßigte Regenwald** *(temperate rain forest)* ist eine Spezialität des Nordwestens, er kommt sonst nur noch an wenigen Punkten der Welt vor, etwa in Neuseeland oder Chile. Seine vollkommenste Gestalt erreicht er in der Olympic Peninsula, im Olympic National Park. Wo entlang der Route sehenswerter *old-growth forest* besteht, wird darauf hingewiesen. Auch die brutalen Kahlschläge in der Fläche und an den Bergflanken wird man nicht übersehen können; sie werden beim Betrachter Zorn und Trauer hervorrufen.

Dreimal quert die Route das **Kaskadengebirge**, und zwar als North Cascades, Historic McKenzie und Historic Columbia River Highway. Außerdem führt der Cascade Lakes Highway mit einer Panoramastraße an die Ostflanke der Kaskaden heran. Sind die Pässe im Winter und Frühjahr gesperrt, so kann man auf nationale Routen ausweichen. Erloschene und halberloschene Vulkane stehen Spalier: Mount Hood zum Schauen, Mount St. Helens zum Schaudern, und Mount Bachelor zum Skifahren. Die Flusstäler – das sanfte des Methow, das stille des Metolius und das kantige des Deschutes – laden zum Wandern, Radfahren, Rafting oder Reiten ein. Der Pacific Crest Trail führt, etwa in Kammhöhe, der Länge nach durch die Region.

Östlich der Kaskaden breiten sich **Central Oregon** (um Bend) und **Central Washington** aus. In grober Zuordnung gehören beide zum Columbia Plateau. Es ist dies kein ödes, wasserloses Binnenland, sondern ein vielfältig gegliedertes Land mit Wald, Flüssen, Canyons und vielerlei vulkanischen Erscheinungen. Im Regenschatten der Kaskaden steht Ponderosawald, dann folgt Wacholder, dann Sagebrush. Central Oregon ist bevorzugter Standort moderner Resorts mit ihren vielen Freizeitangeboten. Und Bend mausert sich zu einem urbanen Zentrum mit Flair.

Auch der fernere **Osten** der Region birgt landschaftliche Reize. Gewaltige eiszeitliche Fluten haben die Channeled Scablands

Auf dem Deschutes River bei Maupin, Central Oregon

mit ihren Coulees, Dry Falls und Gorges geschaffen. Grand Coulee Dam staut einen See von 125 Meilen Länge. Im Osten Oregons erheben sich die Blue und Wallowa Mountains bis zu 3000 Metern Höhe. Die Scablands wechseln mit den Lösshügeln der Palouse, die schroffe Schlucht von Hells Canyon mit den Bergwiesen der Wallowas, die abflusslosen Becken von Malheur mit den bunten Schichtpaketen der John Day Fossil Beds.

Bestimmte Bilder bleiben haften: die Straßenmusiker von Pike Place; die Fahrt mit der Fähre über Puget Sound; der im Himmel schwebende Gipfel von Mount Rainier; saftig frischer Regenwald in den Olympics; Puder auf den Gipfeln um Cascade Pass; ein quirliger Methow River am Morgen; die Behaglichkeit einer solide gebauten Lodge; die sanften Kehren des John Day River; das nasse Vergnügen einer Schlauchbootfahrt; die Happy Hour in einer Bräukneipe in Portland; die Verlassenheit der Lavafelder; die verschwiegene Quelle des Jack Creek; Vogelstimmen im Malheur Wildlife Refuge; die Klippen von Cape Flattery; das rekonstruierte Longhouse der Makah ...

Die Reisezeit

Eine Frage ist noch offen: Wie ist das mit dem Regen? William Clark, einer der beiden Leiter der »berühmtesten Expedition der amerikanischen Geschichte«, notierte am 17. November 1805 in seinem Tagebuch: »Elf Tage Regen und das widerwärtigste Wetter, das ich je erlebt habe.« Die Decken und Vorräte waren nass, die Kleider faulten am Leibe; Lewis war nass, Clark war nass, Sacagawea, die junge Shoshone-Frau, war nass – und ihr kleines Baby auch. Ein paar Tage später im selben Tagebuch: »Der Morgen war klar und schön.«

Nun, es ist nicht immer November in Oregon! Wenn im Sommer (Juli bis September) das subtropische Hoch von Kalifornien nach Nordwesten ausgreift, scheint an den Stränden zwischen Long Beach und Gold Beach die Sonne. Auch ist Küste nicht gleich Binnenland. Während sich die vom Pazifik kommenden Wolken westlich der Kaskaden abregnen, lösen sie sich östlich davon auf, bis sie nur noch als harmlose Schäfchen am Himmel treiben. Jeder kann die Wirkung dieser Klimascheide bei einer Fahrt von West nach Ost erleben. Klimatisch ist die Küstenregion mit England zu

Swampy Lakes Shelter im Kaskadengebirge, Central Oregon

Mount Rainier mit Lupinen, westliches Washington

vergleichen, das östliche Binnenland mit dem Hochland von Zentral-Spanien.

Mit einiger Vorsicht wird behauptet: Der Nordwesten ist ein Land für alle Jahreszeiten. April/Mai und September/Oktober sind die besten Reisezeiten. Das ist die Zeit, wenn die Studenten noch (bzw. wieder) im College und die Senioren in ihren Wohnmobilen unterwegs sind. Die Temperaturen sind schon (bzw. noch) milde, die Wolken reißen auch an der Küste auf, der Gast ist »König« und findet günstige Preise in Lodges und Resorts.

Kritisch ist die Hauptreisezeit von Mitte Juni bis Mitte September: Da sind Unterkünfte knapp und die Campingplätze voll. Für die »heißen« Wochenenden um Memorial und Labor Day sollte man sein Quartier sicher haben.

Noch tiefer in der Off-Season, wenn es an der Küste nur so tropft, wird es am Kamin einer soliden Lodge so richtig gemütlich: Zeit zum Rückzug in eine menschenleere Natur. Wer Wintersport treiben will, muss nicht nach Colorado: Auf Mount Hood und Mount Bachelor gibt es erstklassige Skipisten, im Methow Valley Pulverschnee und gespurte Loipen. Wer sich aufwärmen will, taucht in heiße Quellen – etwa die von Blue Mountain, Belknap oder Kah-Nee-Ta. Und das Kulturangebot der Metropolen steht *year-round* zur Verfügung.

Reise in ein neues Land! Da der Nordwesten relativ unentdeckt ist, hat man als Tourist viel Platz. Eine fortschrittliche Landesplanung tut ein Übriges. Ist Oregon nun so etwas wie ein Gelobtes Land? Zweifel kommen, wenn man die Kahlschläge sieht. Parolen wie *Don't californicate Oregon* oder *Go down where you came from* deuten an, dass nicht jeder willkommen ist. Also doch ein bisschen elitär? Zwei Tagesreisen westlich von Independence, Missouri, stand zu Zeiten des Oregon Trail ein Schild mit der Aufschrift: TO OREGON. Wer lesen konnte, ging nach Oregon ...

Die Route
… und wie man sie passend macht

Die Route dieser Reise windet sich in Form einer kopfschweren, windschiefen »Acht« durch Washington und Oregon. Die Acht hat sich als die Form erwiesen, welche die verschiedenen Landschaften und wichtigsten Ziele der Region am besten verbindet. Folgt man diesem »roten Faden« und ergänzt ihn noch durch Extratage, so erhält man eine »Grand Tour« des Pazifischen Nordwestens.

Highway 26, im Hintergrund Mount Hood, Oregon

Die Route beginnt und endet in **Seattle**. Die Flugverbindungen nach Seattle sind gut, es wird sogar ein Direktflug ab Frankfurt angeboten. Als weitere Gateways kommen **Portland** (OR), **Vancouver** (BC), **San Francisco** (CA) und sogar **Las Vegas** (NV) infrage, zumal es zu einigen dieser Ziele gelegentlich auch Charterflüge gibt. Egal wo Sie landen, Sie können die Reise an jedem Punkt der Acht beginnen, unterbrechen oder beenden.

Die Route ist auf **21 Reisetage** ausgelegt und berührt die touristischen Highlights – »berührt« sie, wohlgemerkt. Mit Ausnahme von Seattle, Portland und Bend gilt das Prinzip: »jede Nacht in einem anderen Bett«. Damit ist ein vertieftes Kennenlernen oder echte Erholung kaum möglich. Für das Dilemma gibt es zwei Lösungen:

die Reduktion der Ziele oder die Streckung des Urlaubs. Jedenfalls sind vier (fünf, sechs?) Reisewochen besser als drei, zwei Reisen besser als eine. Die Route lässt sich bestens zweiteilen, nämlich an der »Taille« der Acht; denn jeder Teilkreis hat Anteil an Küste, Gebirge und Binnenland – und eine Großstadt obendrein.

Hier nun ein kurzer Abriss. Beim Start in Seattle macht sich die Route für einen Tag »stadtfein«, schwingt sich dann über Whidbey Island nach Norden, überquert das Kaskadengebirge auf dem North Cascades Highway und landet weich im Methow Valley. Auf dem Columbia Plateau spürt sie den Großen Fluten nach, macht Station am Grand Coulee Dam, berührt die Kieferneinsamkeit des Colville-Reservats und besucht Spokane. Dann steuert sie

... und wie man sie passend macht

schnurstracks auf die Wallowas zu, streift die John Day Fossil Beds und den John Day River und folgt dem Columbia durch seine Gorge nach Portland.

Dort testet sie die Biere der Mikrobrauereien und wendet sich der Küste zu – mit ihren Klippen, Seastacks, Tidepools, Dünen und Stränden. Drei Tage folgt die Route der Oregon Coast nach Süden, dann schwenkt sie scharf nach Osten um, begleitet den McKenzie River aufwärts und bezieht am Metolius und in Bend Quartier. Sie genießt die Naturschönheiten und Resorts von Central Oregon, um dann in einer kühnen Diagonale über Mount Hood zur Washington Coast zu eilen. In Long Beach atmet sie Seeluft, umrundet die Olympic Peninsula mit ihren Regenwäldern, nimmt auf Hurricane Ridge Abschied von der Region und kehrt nach Seattle zurück.

Die Route ist vollkommen elastisch, das heißt, sie verträgt Kürzungen, Erweiterungen und beliebige Kombinationen der Teile. Sie lässt sich leicht erweitern, zum Beispiel **ab Seattle nach Norden** zum Anschluss an den VISTA POINT-Reiseführer

Wandern auf dem Blue Lake Trail, North Cascades National Park, Washington

»West-Kanada« ab Vancouver, BC (siehe »Gateway zum Nordwesten«, S. 18 ff.). Oder **ab Spokane nach Osten** in die Rocky Mountains zum Anschluss an den VISTA POINT-Reiseführer »Rocky Mountains« (siehe 6. Tag, S. 126). Oder **ab der Oregon Coast nach Süden** bis nach San Francisco zum Anschluss an den VISTA POINT-Reiseführer »Kalifornien & Südwesten USA« (siehe Extratage, S. 210 ff.).

Auf dem Weg vom Cannon Beach nach Newport passiert man das Cape Lookout (Oregon)

Die Route

ßen: Zwischen Seaside und Gold Beach liegen 250 Meilen Küste (siehe »Mit Kindern unterwegs«, S. 32 f.). Wer neue Freizeitaktivitäten ausprobieren will, kann das in Central Oregon tun (siehe »Sport und Spiel«, S. 29 ff.). Wer das kulturelle Angebot der Städte nutzen will, verlängert seinen Aufenthalt in Seattle oder Portland. Wer geschäftlich in Seattle ist, hängt noch einen Kurztrip zu den Olympics oder zum Mount Rainier dran …

Die Themen

Entlang der Route wechseln die **Landschaften**: Küste, Regenwald und Kaskadengebirge sind ein starkes Trio, an das sich östlich die High Desert anlehnt. Scenic Highways und Byways führen durch die North Cascades, die Wallowas, das John Day Country, die Küste hinunter und den McKenzie hinauf, zu den Cascade Lakes, durch die Columbia Gorge und auf Hurricane Ridge in den Olympics. Immer sind solche Strecken im Text bedacht.

Das **Erleben der Natur** versteht sich von selbst, in der Tiefe der Nationalparks und in den Wilderness Areas findet man sie noch weitgehend unberührt. Ähnliches gilt für die wilde Küste des Coastal Strip und den Regenwald des Olympic National Park, die North Cascades um Marblemount und Stehekin, die Eagle Cap Wilderness in den Wallowas und die Three Sisters Wilderness in Central Oregon – Ziele, die man am besten mit dem Rucksack erkundet. Fernwanderern steht neben dem Pacific Crest Trail noch der Oregon Coast Trail zur Verfügung.

An der Küste sind häufig Wale, Robben und Seelöwen zu beobachten, wenn nicht, sind die Aquarien von Seattle und Newport ein hervorragender Ersatz. Kein US-Staat besitzt mehr Wildschutzgebiete als Oregon – für Hirsche, Antilopen, Adler und andere Vögel. Seattle und Portland unterhalten renommierte Zoos.

Dank der natürlichen Ausstattung der Region sind vielerlei **sportliche** und **Freizeitaktivitäten** möglich. Outfitter bieten

Schwieriger sind Kürzungen – bei der Fülle hochkarätiger Ziele. Wer weniger Strecke fahren möchte, streicht den gesamten Osten der beiden Staaten und folgt dem Columbia River ab Methow Valley flussab bis Portland. Man spart so vier Tage und viele Kilometer (siehe 4. Tag, S. 109).

Wer absolut nur **14 Reisetage** zur Verfügung hat und zwei davon für den Hin- und Rückflug braucht, wählt einen Gabelflug mit Hinflug nach Portland und Rückflug ab Seattle. Bei dieser Variante bliebe man einen Tag in Portland und bereiste an einem zweiten die Columbia Gorge. Es könnten sich zwei Tage an der Oregon Coast anschließen, mit Newport und Florence als Etappenzielen. Ein Tag wäre dem Gebiet am Metolius gewidmet, zwei weitere Bend und Umgebung. Mit einem weiten Sprung erreichte man Long Beach an der Westküste Washingtons und folgte dieser nordwärts nach Quinault, Crescent Lake bzw. Port Angeles und schließlich Seattle. Der letzte Tag sollte Seattle vorbehalten sein.

Neben dieser »Kompaktroute« sind jede Art von individuellen Adaptationen möglich. Will die Familie Strandfreuden genie-

… und wie man sie passend macht

Wildwassertouren auf schnellen Flüssen, Veranstalter an der Küste Walbeobachtung und Tiefseeangeln. Kletterer treffen sich am Smith Rock, Skiläufer auf Pisten und Loipen in den Kaskaden, und Windsurfer auf den bewegten Wassern der Columbia Gorge. Wer es beschaulicher will, geht angeln. Und wer beim Sport komfortabel wohnen möchte, geht ins Resort.

Wenn man von einer **Kultur-** und **Schlemmerreise** nach USA spricht, runzeln manche Landsleute die Stirn – zu Unrecht. Eine auf die Kultur des Landes abzielende Reise hätte vor allem die großen Museen von Seattle und Portland im Visier, doch auch das kleine Maryhill Museum bei The Dalles birgt Schätze. Für Theaterfreunde in der Region ist das Städtchen **Ashland** in Süd-Oregon mit seinem andauernden Shakespeare-Festival ein Leckerbissen, nicht nur wegen des Theaters, auch wegen der Unterkünfte und der Umgebung. Doch auch abseits der Zentren gibt es sehenswerte Museen und Interpretive Centers, so in Astoria das Maritime Museum zur Schifffahrt am Columbia, bei Ilwaco das Museum zu Lewis und Clark, bei Baker City das zum Oregon Trail ... Im Nordwesten blüht eine **Northwest Cuisine**, ob *fusion* (mit asiatischen Einflüssen) oder nicht. Frisches Seafood, Bier aus Mikrobrauereien und Wein aus Oregon oder Washington sind die Zutaten. Was das Wohnen betrifft, muss man sich nicht auf ein Motel am Highway beschränken, es stehen noch Lodges, Resorts, Bed & Breakfasts mit Plüsch und Stadthotels mit Patina zur Wahl. Wer es ernst meint mit dem Spaß, holt sich Anregungen aus dem hübschen Bildband »Weekends for Two in the Pacific Northwest: 50 Romantic Getaways« von Gleeson und Hopkins (siehe »Service von A bis Z«, S. 310).

Eine Besonderheit der Region sind ihre **Indianerkulturen:** Der Nordwesten zählt 50 anerkannte Reservate und 130 000 indianische (Native Americans) Einwohner. Die Route berührt die Kulturzentren der Suquamish auf Bainbridge Island, der Colville in Nordost-Washington, der Warm Springs bei Warm Springs, der Quileute in La Push und der Makah in Neah Bay; die Yakama im Yakima Valley bei Toppenish sind nicht fern. Hier blickt man auf Lebensformen einer vergangenen Zeit, unberührt vom *American Way of Life*. Touristen sind zu den Festen und Powwows der Stämme willkommen.

Warm-Springs-Indianer beim Powwow, anlässlich Pi Ume Sha Treaty Days

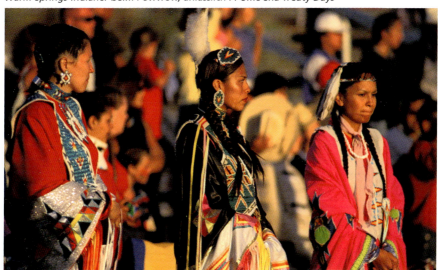

Gateway zum Nordwesten
Vancouver und Victoria, BC

Die funkelnde Skyline von Vancouver spiegelt sich im Wasser des Coal Harbour

Vancouver

Vancouver ist ein Gateway im doppelten Sinne: zum einen als Tor für Touristen aus Europa, die einen günstigen Flug erwischt haben und hier ihre Reise durch den Pazifischen Nordwesten der USA antreten oder beenden wollen, zum anderen als Ausflugsziel für Besucher, die von Seattle aus die attraktive Südwestecke der Provinz British Columbia erkunden wollen. Beide Gruppen genießen den Vorteil, mit Bahn, Bus oder Schiff an- bzw. weiterreisen zu können. Im Folgenden wird knapp beschrieben, was Vancouver und Victoria dem Touristen zu bieten haben.

Die Anreise über **Vancouver** hat manche Vorteile: günstige Verbindungen ab Europa sowie Charter- und Last-Minute-Angebote. Außerdem erlaubt die Einreise über das so »britische« British Columbia einen schonenden Übergang zum *American Way of Life*. Ein Auto braucht man nicht, denn Seattle ist auf dem Seeweg zu erreichen.

Weichenstellung

Von Seattle bis Vancouver sind es 226 Kilometer (141 mi) via I-5 North. Von dort erschließt der VISTA POINT Reiseführer »West-Kanada« die Provinz British Columbia bis hinauf zum Yukon Territory, die südlichen Rocky Mountains sowie die Prärieprovinz Alberta. – Für zwei Extratage ab Seattle nimmt man am besten die Bahn (AMTRAK Cascades) nach Vancouver, den Bus mit Fähre nach Victoria und das Jetboot von Victoria Clipper zurück nach Seattle.

Vancouver und Victoria, BC

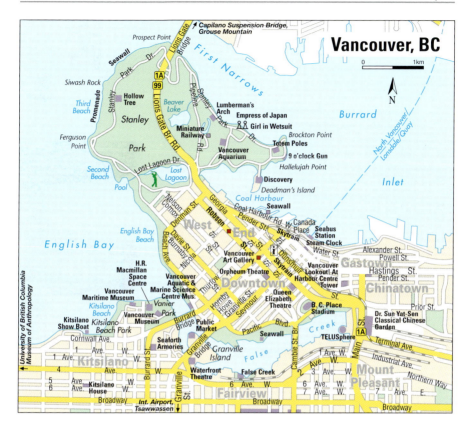

Vom Flughafen gelangt man in die Innenstadt mit Canada Line in weniger als 30 Minuten. Trotz Jetlag wird man am Abend noch ein wenig über **Robson Street** bummeln wollen. Das Straßenbild ist überraschend bunt, Passanten flanieren, unterwegs zu Geschäften, Cafés und Restaurants. Der asiatische Einschlag im Menschenbild ist unverkennbar.

Das gastronomische Spektrum der Robson Street reicht von **Hon's Wun Tun House** (laut, schnell, billig) über **Whole Foods** (Ziegenmilch und Gerolsteiner Sprudel) bis zum »upscale« Forage Restaurant mit seinen lokal erzeugten Produkten. Ein Stück die Hornby Street hinunter stößt man auf das feine **Bacchus**, das hier als »romantisch« beschrieben wird.

Oder man wandert hinüber nach **Gastown** und besucht die **Old Spaghetti Factory**. Das ist zwar eine kanadische Kette, doch die Speisen werden frisch zubereitet – *best dining value anywhere*.

Am nächsten Tag lädt **Stanley Park** zum Wandern, der **Trolley** zu einer Stadtrundfahrt (mit Ein- und Ausstieg nach Belieben) und die Firma **Mountain Equipment Co-op** zum Einkauf von Outdoor-Bekleidung ein.

Flaniermeile Robson Street in Downtown Vancouver

Gateway zum Nordwesten

Victoria

Möchten Sie am Nachmittag nach Victoria weiterreisen? Dann nehmen Sie den Sky-Train zur Pacific Central Station und dort einen Bus der Pacific Coach Lines. Der rollt in Tsawwassen an Bord einer Fähre der BC Ferries, kreuzt mit dieser die rauen Wasser der Inselwelt vor Vancouver Island und legt vier Stunden später am Bus Depot mitten in **Victoria** an.

Dort läuft alles am **Inner Harbour** zusammen. Vor dem imposanten **Empress Hotel** starten die Doppeldeckerbusse zur Stadtrundfahrt, vis-à-vis liegt das **Besucherbüro**, dahinter **Crystal Garden** und darunter das **Royal BC Museum**. Dieses hervorragende Museum präsentiert die wohl feierlichste Sammlung von Totempfählen im ganzen Nordwesten. Nur zwei Querstraßen weiter beginnt **Beacon Hill Park**, wo sich die knorrig-bizarren, heimischen *Garry oaks* (*Quercus garryana*) an karges Urgestein klammern.

Weil Victoria *so very british* ist, hatte das **Empress** in einem Seitenflügel einen

Vancouver und Victoria, BC

Charles Dickens Pub nach englischem Vorbild eingerichtet. Am britischsten aber ist die Afternoon-Tea-Zeremonie im Hotel selbst. In der Tea Lobby des feinen Hauses (von 1908) versammeln sich im Stundentakt ganz normale Touristen, um sich mit Sandwiches, Teegebäck und dezentem Klavierspiel verwöhnen zu lassen (für CAD 75, je nach Saison, ohne Drinks und Service). Schlendern Sie freimütig durchs Haus, es ist eines der großen alten Hotels der Canadian Pacific Railway.

Downtown Victoria ist kompakt, vielfältig und überschaubar – ähnlich Bend in Central Oregon. Einem Frühstück im **Blue Fox** in der Fort Street, einem Lunch in der **Re-Bar** am Bastion Square (nicht schön, aber gesund) und einem Abendessen im **Be Love** in der Blanshard Street (vegan und vegetarisch) steht nichts im Wege. **Swans Hotel & Brewpub** erweist sich als Glücksfall: ein stilvolles Gemäuer aus Ziegelstein mit Kunst an den Wänden, einer Jazzband und Bier aus Buckerfield's Mikrobrauerei (im Hause).

Doch wie war das mit dem Seeweg nach Seattle? Von einem Dock im Inner Harbour nahe dem Empress Hotel startet der **Victoria Clipper**; mit seinen zwei Düsentriebwerken braucht er bei 60 Kilometern pro Stunde zweieinhalb Stunden für die Strecke. In den nackten Gängen und Hallen der Zollabfertigung von **Seattle** (USA) beginnt der harte touristische Alltag: fußgängerleere Straßen und ein dröhnender Freeway neben dran. Da ist es gut, wenn man ein Bett in der Nähe gebucht hat, etwa in der freundlichen **Pensione Nichols**, dem einzigen Bed & Breakfast in Downtown (siehe 1. Tag, S. 65 f.).

Sofern Sie keinen Gabelflug gebucht haben, müssten Sie am Ende Ihrer Reise per Bahn oder Bus nach Vancouver zurückkehren. Natürlich fahren Sie mit **AMTRAK**. Warum? Weil Sie ein Abenteurer sind! Sie wählen 1-800-USA-RAIL und werden durch- und durchgeschaltet. Mit Ihrer Re-

Fisherman's Wharf – schwimmendes Touristenzentrum

Victorias Empress Hotel am Inner Harbour

Gateway zum Nordwesten

servierungsnummer erwerben Sie einen Fahrschein, und damit eine Bordkarte, und mit dieser gelangen Sie auf den Bahnsteig. An der Waggontür hat der Schaffner ein Treppchen für Sie aufgestellt. Sie finden Ihren Platz, lehnen sich zurück und reisen – fürstlich. Sie lauschen dem Signalhorn der Lokomotive und blicken auf den Sund: So nah kommen Sie mit der Interstate nie und nimmer heran! In Vancouver könnte *das* spirituelle Erlebnis der Reise auf Sie warten. Die **Vancouver Art Gallery** zeigt Bilder von **Emily Carr**, jener eigenwilligen, unangepassten Frau aus Victoria, die zu schreiben begann, als der Arzt ihr das Malen verbot. Ihre Bilder zeigen Indianerdörfer und heimische Landschaften, aber ihre Bäume gebärden sich wie Lebewesen – oder als tote Stubben, wie in »Scorned as Timber, Beloved of the Sky«. Vielleicht erwerben Sie den kleinen Bildband von Anne Newlands …

»Zweitgrößter Totempfahl der Welt« – Beacon Hill Park in Victoria

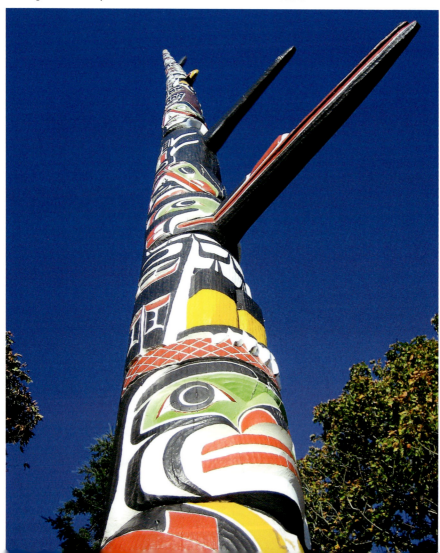

Service & Tipps

Vancouver, BC

ℹ Tourism Vancouver Visitor Centre
200 Burrard St., Plaza Level, Vancouver, BC
✆ (604) 682-2000
www.tourismvancouver.com
Tägl. 9–17 Uhr
Besucherbüro mit Kapazität.

🏨✕ Westin Grand
433 Robson St.
Vancouver, BC
✆ (604) 602-1999 und 1-888-627-8574
www.westingrandvancouver.com
Hochklassig. Grandview Suite im 31. Stock!
Hendrick's Restaurant ($$$). $$$$

🏨 Times Square Suites Hotel
1821 Robson St., Vancouver, BC
✆ (604) 684-2223
www.timessquaresuites.com
Schön gelegen in Vancouvers West End, nahe
Stanley Park. Familienfreundlich. $$–$$$

🏨 Kingston Hotel B & B
757 Richards St.
Vancouver, BC V6B 3A6
✆ (604) 684-9024 und 1-888-713-3304
www.kingstonhotelvancouver.com
Zentral, einfach, preiswert. $–$$

Victoria, BC

ℹ Tourism Victoria – Visitor Information Centre
812 Wharf St., Victoria, BC
✆ (250) 953-2033 und 1-800-663-3883
www.tourismvictoria.com

🏨✕🍽 The Fairmont Empress
721 Government St., Victoria, BC
✆ (250) 384-8111 und 1-866-540-4429
www.fairmont.com/empress-victoria
Grandios, klassisch, von 1908. Afternoon Tea
ab 11 Uhr. $$$$

🏨✕🛏♪ Swans Suite Hotel
506 Pandora Ave., Victoria, BC
✆ (250) 361-3310 und 1-800-668-7926
www.swanshotel.com
29 Zimmer. Der Brewpub von **Swans Brewery**
verwendet lokale Zutaten. $$–$$$

🏨✕🛏 Chateau Victoria – Hotel und Suites
740 Burdett Ave.
Victoria, BC
✆ (250) 382-4221 und 1-800-663-5891
www.chateauvictoria.com
Zentral und praktisch. **Vista 18 Westcoast Grill
& Wine Bar**. $$$

🚢 Victoria Clipper – Clipper Ferry
254 Belleville St., Victoria, BC
✆ (250) 382-8100 und 1-800-888-2535
www.clippervacations.com

🚆 AMTRAK Cascades
Pacific Central Station
1150 Station St., Vancouver, BC
✆ 1-800-USA-RAIL
www.amtrakcascades.com

Speisewagen im Amtrak »Cascades«, verkehrt zwischen Vancouver und Eugene, Oregon

Den Nordwesten erleben und genießen

Unterkunft
Resorts, Lodges, Stadthotels, Campingplätze …

Kann man von *einer* typischen Unterkunftsform des Nordwestens reden? Eher nicht. Wenn, dann ist dies die klassische Lodge, die im *Cascadian style*, also unter Verwendung lokaler Materialien, vor allem massiver hölzerner Balken, erbaut ist. Neben diesen Glanzlichtern landschaftsnahen Wohnens gibt es die alten Stadthotels von Seattle und Portland, die neuen Resorts in Central Oregon, die Bed & Breakfasts an der Oregon Coast und – ausgerechnet in Spokane – ein richtiges Grandhotel. Natürlich sind auch die nationalen Hotel- und Motelketten vertreten, doch sie finden hier weniger Beachtung, da sie sich selber stark bewerben und leicht zu finden sind. Ausschlaggebend für die Auswahl von Unterkünften waren Lage, Atmosphäre, Originalität des Hauses sowie ein gutes Preis-Leistungs-Verhältnis. Darüber hinaus wurde darauf geachtet, ein Spektrum von Unterkunftsarten und Preisklassen zu präsentieren. Jugendherbergen *(hostels)* sind, soweit es sie gibt, immer gelistet, um Reisenden mit knapper Kasse *(budget traveler)* entgegenzukommen.

In Großstädten ist das klassische **Stadthotel** das Gebot des Ortes: Es liegt zentral, hat Patina und ist möglicherweise so altmodisch, dass man die Fenster noch per Hand öffnen kann. Hervorragende Vertreter sind das Sorrento oder Ändra in Seattle und das Heathman oder Benson in Portland. Da meist deftige Parkgebühren für *valet parking* anfallen, empfiehlt es sich, bei Reisebeginn in Seattle oder Portland den Mietwagen erst *nach* dem Checkout in Empfang zu nehmen.

House of Metolius, edles Resort bei Camp Sherman, Central Oregon

Eine attraktive neuere Variante ist das **Boutiquehotel**, das eine etwas persönlichere Betreuung anbietet. Das Cannery Pier Hotel in Astoria etwa empfängt den Gast mit Wein und Häppchen, leistet einen kostenlosen Taxiservice im *vintage* Cadillac und bereitet morgens ein Feinschmeckerfrühstück in der Halle. Mitunter gehört ein *turndown service* dazu: Das Zimmermädchen schlägt zum Abend die Bettdecke zurück, legt eine Süßigkeit aufs Kopfkissen und dämpft das Licht.

Ein **Themenhotel** dekoriert seine Zimmer nach verschiedenen, oft regionalen Motiven. Reizvolle Vertreter dieser Gattung sind der Seaside Oceanfront Inn in Seaside und der Gasthof der Imperial River Company in Maupin (beide OR). Das Nonplusultra ist jedoch das Sylvia Beach Hotel in Newport (OR), wo jedes Zimmer einem bestimmten Autor oder einer Autorin gewidmet ist. Bezeichnet ein Gastgeber sein Haus als *romantic getaway*, dann will er damit sagen, dass es Flair hat und besonders schön liegt.

Shakespeare's Room, eines der Themenzimmer im Sylvia Beach Hotel in Newport, Oregon

Das **Bed & Breakfast (B & B)** ist das angelsächsische Pendant zum Hotel garni. Frühstückspensionen dieser Art sind oft in »historischen« Villen in »historischen« Vierteln zu finden, wo Gastgeber bereit – oder gezwungen – sind, ihr Haus mit Gästen zu teilen. Das ist besonders in kleineren Städten wie Port Townsend (WA) und in schönen Lagen wie an der mittleren Oregon Coast der Fall. Ein B&B ist nicht immer praktisch: Manchmal sind die Zimmer so mit Kissen und Zierat vollgestopft, dass man kaum Platz für die Kamera findet. B&Bs sind auch keineswegs billig, dafür wird man mit einem exzellenten Frühstück en famille verwöhnt. Oft ergeben sich dabei Gespräche mit den Gastgebern und anderen Gästen.

An landschaftlich reizvollen Punkten des Kaskadengebirges sind – oft schon in Frühphasen des Fremdenverkehrs – **Lodges** (Berghotels) entstanden. Diese beeindrucken durch ihre solide Bauweise, die sich auf massive Balken oder Stämme stützt. Hervorragende Vertreter des Typs sind Timberline Lodge am Mount Hood (OR), Quinault Lodge in den Olympics (WA), Sun Mountain Lodge bei Winthrop (WA), Wallowa Lake Lodge und Crater Lake Lodge an ihren gleichnamigen Seen (beide OR). Alle diese werden im Buch gewürdigt.

Das moderne **Resort** ist neueren Datums. Es bietet ein Spektrum von Unterkünften und Freizeitaktivitäten und hat sich, auch als *destination resort*, vor allem in Central Oregon entwickelt (siehe »Die Resorts von Central Oregon«, 15. Tag, S. 232). Die Black Butte Ranch bei Sisters (OR) vermietet zum Beispiel neben ihren **Lodge**-Zimmern auch **Condos** (von *condominium*, Eigentumswohnung) mit zwei oder drei Schlafzimmern, **Cabins** (Hütten, Maisonetten) und **Custom Homes** (voll eingerichtete, große Privathäuser) an Gäste. Diesen stehen neben dem Wohnen eine Reihe von Freizeitangeboten zur Verfügung – von Golf über Tennis, Reiten, Radfahren, Skifahren, Schneeschuhwandern bis River Rafting.

Apropos Cabin. Eigentlich bedeutet *cabin* »Hütte« oder »Häuschen im Wald«, als *log cabin* dann »Blockhütte«. Doch können diese Hütten in Komfort und Preis gewaltig differieren. So stehen den luxuriösen Blockhäusern der FivePine Lodge in Sisters (OR) die einfachen Fischerhütten von The Oasis in Maupin oder Paulina Lake Resort (beide OR) gegenüber. Am Metolius sind die Cabins quasi mit dem

Den Nordwesten erleben und genießen

Touristen im Olympic National Park, Washington

Fremdenverkehr gewachsen, liegen wie Lake Creek oder Metolius River Lodges idyllisch am Fluss und werden von Zeit zu Zeit modernisiert.

Der Pazifische Nordwesten mit seinen Naturschönheiten ist für **Camping** wie geschaffen, was besonders willkommen ist, wenn man mit Kindern reist. Oft sind die Plätze an schönen Stellen in der Natur gelegen und haben Anschluss an Wanderwege, Strände und Sportangebote. Das Wohnmobil befreit von der Zimmersuche und der Einheitskost der Gaststätten, weil man lokale Obst- und Gemüseangebote nutzen kann. Die staatlichen Campingplätze liegen meist in State oder National

Camping mit Blick auf die Three Sisters, Kaskadengebirge in Central Oregon

Parks, haben Feuerstellen, Holzbänke und -tische sowie sanitäre Einrichtungen.

Oregon besitzt die meisten State Parks der westlichen Bundesstaaten, einige davon sind ganzjährig geöffnet. Für die meisten dieser Plätze gilt, wie auch für die der Nationalparks: *first come, first served* – das heißt, Vorbestellungen sind *nicht* möglich. In solchen Fällen ist es ratsam, früh einzuchecken. Immerhin nehmen 13 State Parks in Oregon und zwölf in Washington Reservierungen entgegen.

Beide Staaten verfügen über funktionierende Reservierungssysteme. Die **Oregon State Parks** sind über ☎ 1-800-551-6949 (Information) oder ☎ 1-800-452-5687 (Reservierung) sowie www.oregonstateparks.org zu erreichen, die **Washington State Parks** über ☎ (360) 902-8844 (Information) oder ☎ 1-888-226-7688 (Reservierung) sowie www.parks.wa.gov. Informationen über Plätze in **Nationalparks** bekommt man über www.nps.gov, dort können auch Reservierungen online vorgenommen werden. Auskunft über Nationalforsten und deren Campingplätze gibt es über www.fs.fed.us/r6, Reservierungen sind unter ☎ 1-877-444-6777 oder www.recreation.gov möglich. Zu den schönsten Campingplätzen gehören oft die *primitive campgrounds* des Forest Service oder des Bureau of Land Management (BLM) – ohne Komfort, aber mitten in der Natur.

Private Campingplätze sind meist vorzüglich ausgestattet – mit sauberen Duschen, Grillplätzen und kleinem Einkaufsladen. Die Übernachtungspreise schwanken zwischen 15 und 30 Dollar für zwei Personen pro Nacht. Wildes Campen für mehrere Tage wird nicht gern gesehen, doch kann man sein Motorhome notfalls über Nacht auf dem Parkplatz eines Supermarkts oder – nach Rücksprache mit dem *front desk* – eines Hotels oder Motels abstellen. Vorbestellungen sind von Europa aus möglich. Verlässlichen Komfort bietet die Campingkette **KOA** (Kampgrounds Of America), die in Oregon und Washington mit je 13 Plätzen vertreten ist. Deren Angebot kann man per www.koa.com einsehen.

Den Platz reserviert man per Fax (01 30) 81-7423: In die gefaxten Unterlagen trägt man seine Daten ein.

Kommt man als *Drop-in*-Gast, also ohne **Reservierung** in ein Hotel oder Motel, dann sollte man grundsätzlich erst einmal nach der *lowest possible rate*, nach Angeboten *(special rates)* oder Preisnachlässen *(discounts)* fragen – und nicht einfach nur wissen wollen, was ein Zimmer kostet. Hotelpreise in den USA erweisen sich nämlich als durchaus verhandelbar.

Eine Vorab-Reservierung wird besonders für die Hauptreisezeit von Juni bis September sowie für Wochenenden und Feiertage empfohlen. Zimmer, die man über »800«-Nummern reserviert, sind bei Hotelketten oft günstiger zu haben, als wenn man sie direkt vor Ort bucht. Auch hierbei gilt: Ohne Kreditkarte geht fast nichts. Derart reservierte Zimmer werden garantiert. Wird eine Reservierung ohne Kreditkarte akzeptiert, muss man spätestens bis 18 Uhr einchecken. Bei der kurzfristigen Zimmersuche helfen notfalls auch örtliche Besucherbüros.

Die **Zimmerpreise** gelten jeweils pro Doppelzimmer *(double room)* bei einer Belegung mit zwei Personen. Einzelzimmer sind nur unwesentlich billiger, während man für ein zusätzliches Bett etwa fünf bis zehn Dollar zuzahlt. Kinder, die im Zimmer der Eltern schlafen, kosten meist nichts. Die Hotels geben kaum noch gedruckte Preislisten heraus, stattdessen veröffentlichen sie ihre Preise fast nur noch im Netz. Sucht man sie dort, wird man meist mit einer Reservierungssoftware verlinkt, die den Preis nach Saison, Wochentag und Nachfrage berechnet. Auf diese Weise kann man manchmal auch »Schnäppchen« finden. Aufgrund dieser Entwicklung können die Preisangaben im Buch nur Näherungswerte sein; die verwendeten $-Symbole sind unter »Service von A bis Z«, S. 314, und in der hinteren Umschlagklappe erklärt.

Hinweis: Das **Vokabular**, das Ihnen bei der Zimmersuche möglicherweise fehlt, finden Sie unter »Die Sprache des Nordwestens«, S. 34 ff.

Essen und Trinken
Gibt es eine Northwest Cuisine?

In Seattle schon, und in erstklassigen Restaurants sowieso. Diese progressive Küche wird auch unter Begriffen wie »Pacific Rim«, »hybrides Kochen« oder *fusion* zusammengefasst. Sie ist Seafood-orientiert und leichter, einfacher und natürlicher als die Kost in anderen Regionen der USA. Was hier mit wem fusioniert, sind vorherrschende nordamerikanische Geschmacksrichtungen mit asiatischen oder europäischen Zubereitungsarten und Ingredienzen. Merkmal dieser Kochkunst sind stets frische Zutaten an Obst, Gemüse, Fisch und Geflügel, die weitgehend naturbelassen bleiben. Was man dazu trinkt? Natürlich Wein aus Oregon oder Washington …

Diese Küche widerlegt gängige Vorurteile über die Amerikaner als Zeitgenossen, die sich hauptsächlich von *hamburgers* und *hot dogs* ernähren. Schon um diesem Vorurteil entgegenzuwirken, werden im Buch bevorzugt Gaststätten vorgestellt, die gesunde Kost *(health food)* aus örtlichen Produkten zu erschwinglichen Preisen anbieten. Auch hier muss man sortieren, denn es ist nicht alles Gold, was *veggie* (von *vegetable*, *vegetarian*) heißt.

Fisch und Meeresfrüchte *(seafood)*, also alles mögliche krustige Seegetier, sind eine Spezialität des Nordwestens. An der Küs-

Pike Place Market in Seattle, Abteilung »Seafood«

Bräukneipe »The Ale Apothecary« in Bend, Oregon

te, wo sie fangfrisch auf den Tisch kommen, sind sie stets die erste Wahl. Kleine Ketten wie Dooger's (in Seaside, OR, und Long Beach, WA) und Mo's (in Newport und Florence, OR), die ein breites Publikum anziehen, genießen fast Kultstatus. Wer Glück hat und im Mai/Juni in Seattle weilt, kann in Cutters Crabhouse am Pike Place Market frischen Copper River King Salmon bestellen; der kommt aus Alaska geflogen und wird bei Cutters auf Apfelholz gegrillt ...

Die **Speisekarte** besserer Restaurants mag verwirren. Zwei Beispiele: *Steak Bites; herb seared tenderloin; lodge-made mustard; apple saffron jam; grilled flat bread* ..., so gelesen im Dining Room der Sun Mountain Lodge in Winthrop (WA). Oder: *Prosciutto Wrapped Sea Scallop; Watercress Béchamel and Truffle Edimamme* ..., zitiert aus der Speisekarte des Technique Restaurant in Portland. Kein Reiseführer kann das vorausschauend klären!

Man sollte sprachlich in der Lage sein, im Restaurant zu fragen, ob man zwischen einer normalen *(regular)* und einer kleinen *(light)* Portion wählen kann und möglicherweise die Portion *(helping)* teilen *(share)* darf. Außerdem kann es, gera-

de im Seafood-Sektor, hilfreich sein, zwischen Zubereitungsarten wie *deep-fried* (durchgebraten), *sauteed* (angebraten) und *Cajun* (kräftig gewürzt, auf Louisiana-Art) zu unterscheiden. Eine gute Idee ist immer, sich das Dressing separat *(on the side)* zu bestellen.

Was hat das Hinterland kulinarisch zu bieten, jenes weite Ranching Country zwischen Coulee Dam, Spokane, Baker City und Fossil? Natürlich Steak im Steakhouse. Für **Fleischesser** kommen aber nicht nur Steaks, sondern auch *pork chops* (Schweinekotelett), *lamb chops* (Lammkotelett) und natürlich *hamburgers* infrage. Ansonsten hinkt die Fläche den Zentren und der Küste gastronomisch hinterher, die Provinz ist kein Schlemmertopf. Die Imbissketten halten sich weiter ans Hergebrachte und in den Kaffeekannen der Highway-Cafés brodelt unablässig die Brühe, die für zahllose *refills* und *warmups* herhalten muss.

Nicht zu vergessen: der **Supermarkt**, dem oft eine Deli-Abteilung für den schnellen Imbiss angegliedert ist. Mit einer Kühlbox im Wagen macht man sich von der kommerziellen Gastronomie unabhängig und kann kleine Mahlzeiten an schönen Plätzen genießen. Was gehört also in einen Picknickkoffer? Natürlich Produkte aus der Region, also Brot aus einer *artisan bakery* (die handwerklich bäckt), Tillamook Cheese aus Tillamook, eingelegtes Gemüse *(pickles)* im Glas, Erdnussbutter und Orangensaft sowie Geschirr aus Pappe und Besteck aus Plastik ...

Welche Typen von Gaststätten gibt es? Ein **Restaurant** bietet in der Regel das volle Programm: Frühstück, Lunch und Dinner. Reste der Mahlzeit werden dem Gast auf Wunsch in einer *doggy-bag* mitgegeben. Ein **Café** ist normalerweise ein Restaurant, das am Nachmittag gegen 15 Uhr schließt. Eine **Bakery** öffnet früh und schließt gegen 14 Uhr; sie bäckt nicht unbedingt Brot, serviert aber kleine Speisen wie Suppen, Salate, Sandwiches, Kuchen. Ein **Deli** (von *delicatessen*) ist ein Kaufmannsladen, der kleine Mahlzeiten serviert. Ein **Pub** ist eine Kneipe nach Art des englischen Public House, ein **Brew Pub** braut eigenes Bier, und ein **Gastropub** will mit dieser Bezeichnung darauf hinweisen, dass er bessere Qualität bietet, als von gewöhnlichem *pub food* zu erwarten ist. Eine **Brewery** serviert selbst gebrautes Bier, neben Mahlzeiten. Eine **Lounge** ist eine meist dunkel gehaltene Bar, die alkoholische Getränke ausschenkt.

Gibt es einen **Dresscode** für amerikanische Restaurants? Eher nicht. Wenn eine Gaststätte ihren Stil mit *casual fine dining* beschreibt, sind Sie mit sportlicher Freizeitkleidung sicher richtig angezogen. Gibt es **ethnische Spezialitäten**? Ja, zum Beispiel *dim sum*, warme chinesische Vorspeisen, und *stir-fry*, also kurz Angebratenes (meist Gemüse) aus dem Wok. Indianische Speisen? Die Warm Springs bereiten in Kah-Nee-Ta Touristen einen *salmon bake*. Dazu gehören außer Lachs: Bohnen, *Indian fry bread* (in Öl gebackenes Weißbrot) und *corn-on-the cob* (Maiskolben) sowie Heidelbeermarmelade – aus Beeren von Mount Hood.

Das amerikanische **Frühstück** mit Eiern, Schinken, Bratkartoffeln, Omelette, Pancakes und Waffeln ist traditionell reichhaltig. Wem das zu viel oder zu schwer ist, sollte auf kalkulierbare Risiken wie Toast mit Marmelade, Haferbrei *(oatmeal)* oder Müsli *(granola)* ausweichen. Der **Lunch** ist, verglichen mit dem deutschen Mittagessen, eine eher bescheidene Mahlzeit, die man auch in einer Bakery oder einem Deli einnehmen kann. Verglichen mit (Süd-) Europa essen die Amerikaner früh am Abend; in kleineren Städten ist das letzte *seating* fürs **Dinner** um 21 Uhr oft schon vorbei. In manchen Lokalen gibt es dann aber noch ein *bar menu*. In Großstädten kommt dem späten Gast der Umstand zu Hilfe, dass Bars und Brewpubs neben Getränken auch Speisen servieren *müssen*.

Eine segensreiche Erfindung für fußmüde Touristen ist die **Happy Hour** am späten Nachmittag, meist von 16 bis 18 Uhr (mitunter auch wieder ab 21 oder 22 Uhr). Auch gute Restaurants senken dann deutlich die Preise, kleine Mahlzeiten werden ohne Umstände von der Theke weg serviert. Es kann lustig zugehen, wenn die Beschäftigten aus umliegenden Büros herbeieilen, um ihren Feierabend zu feiern. Seattle veröffentlicht sogar einen »Happy Hour Guide«.

Seattle und Portland sind Zentren einer neuen **Kaffeekultur**, die mit röstfrischem Kaffee in Begleitung von kleinen Snacks aufwartet. Starbucks wurde 1971 in Seattle gegründet und beliefert heute die Welt – mit Espresso, Cappuccino und Caffé Latte (sic). Ähnlich ortsungebunden können die **Mikrobrauereien** nicht sein, da sie keine Konservierungsstoffe verwenden. Die erste wurde 1982 von Bert Grant in Yakima gegründet, mit BridgePort ging es 1984 in Portland weiter – jetzt hat Portland 38 davon. Diese *craft breweries* unterscheiden sich von konventionellen *mega-* oder *national breweries* dadurch, dass sie handwerklich brauen. Sie sind eine ureigene Erfindung des Nordwestens.

Kaum jemand im weinstolzen Europa will glauben, dass in Oregon und Washington hervorragende **Weine** gebaut und gekeltert werden. Die wichtigsten Anbaugebiete sind das Yamhill Valley südwestlich von Portland, das Yakima Valley in Washington und die Hänge beiderseits des Columbia River um The Dalles. Die wichtigsten Sorten sind Pinot Noir, Pinot Gris, Chardonnay, Riesling und Merlot. In einigen Gaststätten werden gute Weine auch offen *(by the glass)* ausgeschenkt, wie etwa im Good Drop Wine Shoppe in Bend, in der Sunshine Mill in The Dalles und im Clyde Common in Portland …

Die USA praktizieren inzwischen einen strengen Nichtraucherschutz, der Nordwesten ist sogar Vorreiter darin. In Restaurants und Bars besteht **Rauchverbot**. Die Missachtung dieses Verbots wird keineswegs als Kavaliersdelikt betrachtet.

Die Erklärung der unter Service & Tipps bei den Restaurants verwendeten $-Symbole finden Sie unter »Service von A bis Z«, S. 307, und in der hinteren Umschlagklappe.

Den Nordwesten erleben und genießen

Skilanglauf in den Cascade Mountains, Central Oregon

Sport und Spiel
Von Skifahren bis River Rafting

Der Nordwesten hat Anteil an der pazifischen Küste, der felsigen wie der sandigen, am Kaskadengebirge, am Regenwald und an einem weiten Binnenland mit Plateaus, Tufffelsen, Tafelbergen und Canyons. Entsprechend vielfältig sind die sportlichen Möglichkeiten. Outfitter bieten Wildwassertouren auf schnellen Flüssen wie Methow, Deschutes und Rogue, während die Küste Strände, Dünen und exponierte Kaps bereithält. Kletterer treffen sich am Smith Rock, Skiläufer auf den Pisten von Mount Hood und Mount Bachelor, wenn nicht auf den Loipen des Methow Valley. Wer es beschaulicher will, geht angeln. Wer eine neue Sportart ausprobieren möchte, treibt »Sport im Resort«.

Und was man dort alles probieren kann! Allein das Seventh Mountain Resort bei Bend zählt Golf, Tennis, Reiten, Paddeln, Rafting, Radeln, Schwimmen usw. zu seinen sommerlichen Aktivitäten, und Skilauf, Langlauf, Eislauf, Schwimmen im beheizten Außenbecken zu seinen winterlichen. Wanderlust Tours, ebenfalls in Bend, veranstaltet naturkundliche Führungen in die Umgebung, darunter Wandertouren, Kanutouren (auf den Cascade Lakes), Fahrradtouren, Lavahöhlentouren, Exkursionen zum Thema Vulkanismus, Schneeschuhtouren und – Brauereitouren. Wer sich sportlich betätigen will, für den ist das Resort eine gute Basis.

Für viele Feriengäste ist die **pazifische Küste** die Attraktion Nummer eins. Die Handelskammern der Küstenorte überschlagen sich geradezu in ihren Prospekten: *whale watching* & *bird watching*; *tidepooling* (Stöbern in Gezeitenbecken) an der Felsküste, *clamming* & *crabbing* (nach Muscheln graben und Krebse fangen) an Sandstränden bzw. Gezeitenströmen; *boat cruising* & *deep-sea fishing* (Bootsfahrten und Tiefseeangeln) in Hafenorten, *kayaking* & *canoeing* (Kajak- und Kanufahren) auf Küstenflüssen, *surfing* & *wind surfing* – wo immer es passt; *beachcombing* (Strandlaufen), *kite flying* (Drachen steigen lassen), *sandcastle building* (Sandburgen bauen) und so fort.

Ein gesteigertes Vergnügen dürften Kinder an den **Dünen** finden: durch den Sand zu stapfen, zu waten, zu robben und dann die Anhöhen hinunterzukugeln. Dafür kommt jene breite Sandhügelzone zwischen Florence und North Bend infrage, die als **Oregon Dunes** National Recreation Area geschützt und erschlossen ist – erschlossen auch für die motorisierte Nutzung per *dune buggy* oder *dirt bike*. Selten nennen die Prospekte *ocean swimming* (Baden im Meer) als Option, für die meisten ist das Wasser zu kalt. Wattlaufen ist unbekannt.

Natürlich sind die Nationalparks und Wilderness Areas des Nordwestens **Wanderparadiese** erster Güte, besonders für Naturliebhaber, die mit Rucksack und Zelt unterwegs sind. Von Nord nach Süd durch beide Staaten verläuft der Fernwanderweg des Pacific Crest Trail. Dieser folgt annähernd dem Kamm des Kaskadengebirges durch die North Cascades, führt an Mount

Sport und Spiel: Von Skifahren bis River Rafting

Rainier und Mount Hood vorbei, quert die Lavafelder um McKenzie Pass und endet – noch lange nicht – am Crater Lake. Wer sich sportlich weniger fit fühlt, kann den Trail auch in Teilstücken durchaus begehen, er ist stets gut markiert.

Weniger anspruchsvoll in puncto Höhenmeter ist der Oregon Coast Trail, der meist über Strände verläuft. Er folgt der Küstenlinie auf 600 Kilometern Länge vom Columbia River bis zur kalifornischen Grenze. Wo attraktive Wanderwege die Route dieses Buches kreuzen, wie insbesondere am 3., 12., 16. und 20. Reisetag, ist dies vermerkt.

Zum **Skilaufen** *(downhill skiing)* muss man nicht nach Colorado, sondern kann in den Kaskaden bleiben. Mount Hood hat 32 Pisten über 1000 Höhenmeter (und Timberline Lodge!), Mount Bachelor über 70 Pisten in vier Schwierigkeitsstufen und ein Dutzend Schlepp- und Sessellifte, die bereits dreimal in Folge vom »Ski Magazine« zum besten Liftsystem der USA gekürt wurden.

Das optimale Gebiet für **Skilanglauf** *(cross-country skiing)* ist das Methow Valley (WA), wo im Winter feiner, trockener Schnee liegt. Die Gemeinden des Methow haben ein Loipensystem von etwa 200 Kilometern Länge geschaffen. Abfahrtspisten gibt es nicht, nur als Heli-Skiing in fernen Höhen. Wegen der Wintersperre am North Cascades Highway kommt man von Osten her (über US-97, WA-153) an das Gebiet heran.

Die spezielle Sportart des Nordwestens ist dank geeigneter Flüsse **River Running**. Hat man keine Kanu- oder Kajak-Erfahrung, muss man auf Wassersport nicht verzichten: Man kann sich an Bord eines Schlauchboots mit Guide ins feuchtfrische Vergnügen stürzen. In Maupin am Deschutes (OR) veranstaltet die Imperial River Company Raft Trips. Dazu gehört ein *safety talk*, in dem die Kommandos erklärt werden, ein Transfer zum und vom Boot und ein Lunch. Ein Boot fasst sieben Teilnehmer plus Guide. Jeder bekommt ein Paddel an die Hand, mit dem er bisweilen kräftig schaufeln muss. Am Ende taucht der Ver-

Schneegänse im Klamath National Wildlife Refuge, Southern Oregon

dacht auf, der Guide könnte das Boot auch alleine steuern. Die eigentliche Saison geht von Mitte Mai bis Ende September (der Guide empfiehlt den September).

Zu den *aufregendsten* Sportarten im Nordwesten gehört das **Klettern** am Seil am Smith Rock (OR) und das **Windsurfing** auf den aufgewühlten Wassern des Columbia bei Hood River (OR/WA). Welche Sportart ist aber die *schönste*? Vielleicht **Golf** auf den Fairways von Desert Canyon bei Orondo (WA) nahe dem Columbia. Unter

Strömung mit Gegenwind: Surfer in der Columbia River Gorge

Den Nordwesten erleben und genießen

Kids vor Mount Hood

dem Motto »Sonne, Sand und Sagebrush« haben Gartenarchitekten hier die heimischen Pflanzen so elegant zwischen die Spielbahnen gepflanzt, dass sie nun umso vorteilhafter zur Geltung kommen.

Eine Sportart, wenn es denn eine ist, macht keine Presse und keine Schau. Sie findet beinahe im Verborgenen statt. Ihre Teilnehmer versammeln sich als vermummte Gestalten in aller Frühe an Oregons Stränden, vorzugsweise dann, wenn die Ebbe zu einer Minus-Tide ausläuft. An unauffälligen Vertiefungen setzen sie den Spaten an und graben nach: Scheidenmuscheln *(razor clams)*. Liebhaber dieses Volkssports reisen frühmorgens sogar aus Portland an.

Mit Kindern unterwegs
Tipps für Kids

Die Amerikaner sind im Allgemeinen kinderfreundlich – eine günstige Voraussetzung für die Reise mit Kindern. Kindermenüs, eigene Sitzkissen und Kindertische in den Restaurants sowie billige, wenn nicht kostenlose Unterbringung in Hotels und Motels sind selbstverständlich. In den Museen, bei Ausflugsfahrten und Sehenswürdigkeiten gibt es Preisnachlässe für Kinder. Die Besucherbüros und Hotels in den Städten vermitteln Babysitter.

Trotzdem wird von Fall zu Fall zu entscheiden sein, ob dem Kind oder Jugendlichen eine so lange Flugreise, über zehn Stunden bei Direktflug von Frankfurt nach Seattle, zuzutrauen oder zuzumuten ist. Einmal im Land, gibt es reichlich kindertaugliche Ziele. Doch sind allzu lange Autofahrten wohl zu vermeiden, was bedeutet, dass die Reise durch den Osten der beiden Staaten mit Rücksicht auf die Kinder wohl entfallen muss.

Wahrscheinlich ist das Wohnmobil, das *motor home* oder *mobile home*, das richtige Medium für eine Familienreise – wegen der Kosten und wegen des Campings. Zum einen ist der Wohnwagen kostengünstiger als die Übernachtung im Hotel oder Motel, zum anderen hat ein Campingplatz zwei Vorteile: mehr Gelände und andere Kinder. Die Campgrounds im **North Cascades National Park** beispielsweise sind eine gute Adresse. Sie sind schön gelegen, es gibt Aktivitäten am Fluss und die Ranger kümmern sich um den Nachwuchs – zwanglose Begegnung mit der Fremdsprache. River Rafting auf dem Skagit kommt als spannendes Spektakel hinzu.

Doch das begehrteste Ziel für Kinder ist wohl die Küste – für jüngere die Strände, für ältere die Felsen. In einem **Seebad** wie Long Beach, Seaside oder Manzanita/Newhalem Bay können Familien das machen, was ihren Kindern gefällt … Auch die Infrastruktur solcher Orte lässt sie für einen Familienurlaub geeignet erscheinen. So erklärt sich das Ocean Park Resort in Long Beach zum »schönsten Urlaubsquartier für Familien« – mit zwölf Motelzimmern, 140 RV-Plätzen sowie Gelegenheit zu Spiel und Sport.

Besonderen Spaß dürfte Kindern der Dünengürtel zwischen Florence und Coos Bay bereiten (siehe 14. Tag, S. 216). Aber

Mit Kindern unterwegs: Tipps für Kids

es geht nicht nur ums Buddeln im Sand, für ältere Kinder ist die **Felsenküste** sicher interessanter. Dort kommt es darauf an, öffentlich zugängliche Stellen zu finden, wo man dem Seegetier in den Tidepools nachspüren und vielleicht noch andere Entdeckungen machen kann (siehe 13. Tag, S. 204). Die angeschwemmten Riesenstämme *(beach logs)*, die bei Kalaloch oder La Push (beide WA) regelrechte Strandbarrieren bilden, können leicht zum Klettern verführen. Wahrscheinlich wird man Jugendliche zur Vorsicht mahnen müssen.

Was gibt es Schöneres für Kinder als lebendige Tiere? Wer miterleben konnte, wie hingebungsvoll sich Kinder am offenen Becken mit den merkwürdigen Geschöpfen der Unterwasserwelt befassen, wird das **Oregon Coast Aquarium** in Newport als wichtiges Ziel auf die Liste setzen. Es gibt ein weiteres Aquarium in Seattle, dazu zwei berühmte Zoos, den einen in Seattle, den anderen in Portland. Zwischen Seattle und Mount Rainier liegt bei Eatonville ein kinderfreundlicher Wildpark namens **Northwest Trek**. Dort können Besucher entweder an den Gehegen vorbeiwandern oder mit dem Tram (Wagenzug) an die frei laufenden Wildtiere heranfahren. Wer Mount Rainier besucht, muss seinen Kindern wohl dieses Zugeständnis machen (siehe Extratag, S. 76 f.).

Ganz leicht kann man es sich machen, wenn man mit seinen Kindern ins Resort geht. Dann erübrigt sich fast die eigene Urlaubsplanung, so erfindungsreich sind die *activities managers* bei der Freizeitgestaltung. Im Kinderprogramm des **Seventh Mountain Resort** bei Bend finden sich etwa folgende Aktivitäten: Reiten, Radeln, Rafting (im Schlauchboot auf dem Deschutes River), Schwimmen, dazu ein Ausflug (für Kids!) zu den Lavaröhren. Das ist das Sommerprogramm, im Winter gibt es Skischule, Langlauf, Schlittschuhlaufen, Schlittenhundfahren und anderes mehr.

Amerikanische Museen und Besucherzentren sind vom Konzept her kinderfreundlich: Das zeigen die *hands-on exhibits* (Objekte zum Anfassen) und das Konzept der *living history*, also die Veranschaulichung von Geschichte durch aktuelle Darsteller. Die Zugochsen vor dem Planwagen der Siedler im **Oregon Trail Museum** in Baker City (OR) müssen regelmäßig ausgebessert werden, so heftig werden sie gestreichelt.

Im **Maritime Museum** in Astoria (OR) reicht man die Felle der Pelztiere herum, damit die Kinder *spüren* können, wie dicht so ein Seeotterfell ist. Im **High Desert Museum** bei Bend können Besucher einem historischen Sägewerk bei der Arbeit zusehen, und im **Fort Clatsop National Memorial** bei Astoria erleben sie die Expeditionsteilnehmer von Lewis & Clark in ihrer Kluft von anno 1805/1806. Dass das Konzept (zumindest bei den Lehrern) erfolgreich ist, beweisen die vielen Schulklassen, die an solchen Stätten unterwegs sind.

Und weiter? In Seattle eine Seefahrt mit den **Washington State Ferries** – ein Abenteuer für Kinder, die aus dem Binnenland stammen … Im **Fort Stevens State Park** (OR) der Besuch des Wracks der »Peter Iredale«, das im Sand steckt … Die Fahrt mit der historischen Schmalspurbahn des **Stump Dodger** bei Sumpter (falls der Osten Oregons doch infrage kommt) … Die **Cabin am Meer** bei Kalaloch (WA) oder am Paulina Lake im Newberry Crater (OR), die man selber heizen muss … Das Füttern der Fische in der **Wizard Falls Hatchery** am Metolius (OR) … Für Jugendliche, denen das Deutsche Museum in München gefallen würde, das **Oregon Museum for Science & Industry** (OMSI) in Portland …

Reiten in Central Oregon

Die Sprache des Nordwestens
Gibt es denn eine?

Eigentlich nicht. Denn die Region wurde relativ spät besiedelt, so dass sich kein eigener Sprachstil wie in Neuengland oder im Alten Süden herausbilden konnte. Außerdem kamen und kommen die Zuwanderer, zuerst die Siedler des Oregon Trail, dann die Beschäftigten in den neuen Industrien, dann die »Umweltflüchtlinge« jüngerer Zeit aus allen Teilen des Landes.

Trotzdem dürfte es dem Reisenden nützen, häufig vorkommende Begriffe aus den Bereichen Unterkunft, Gastronomie, Landeskunde, Freizeit usw. einmal zusammenfassend und im Kontext dargestellt zu bekommen. Sicher ist zu wünschen, wichtige Ortsnamen richtig aussprechen, zumindest aber verstehen zu können. Mitunter ist das bei Namen indianischen oder französischen Ursprungs, die auf abenteuerliche Weise amerikanisiert wurden, nicht ganz einfach.

Als Gast im Lande sollte man in der Lage sein, die Namen der größten Städte nicht deutsch, sondern amerikanisch auszusprechen, also nicht auf der ersten, sondern auf der zweiten Silbe zu betonen. Seattle lautet also ßi-Ä-tl, und Vancouver wän-KU-wer. Ein dritter im Bunde ist Mount Rainier, dessen zweite Silbe nicht französisch, sondern wie in *hier* oder *Tier* gesprochen wird.

Aussprachehilfen zu Orts- und Eigennamen

Champoeg	tschäm-PU-i
Coeur d'Alene	KUR-da-lin
Kalaloch	KLEI-lok
Malheur	mel-HUR
McKenzie	mek-KEN-si
Methow	MET-hau
Nez Percé	nes-PÖRß
Okanogan	o-ka-NOH-gen
Puget Sound	pju-djet ßAUND
Quileute	kwi-li-U-te
Quinault	kwi-NOHLT
Rainier	rei-NIR
San Juans	ßän-WUANS
Seattle	ßi-Ä-tl
Sequim	ßKWIM
Siuslaw	ßJUS-lawa
Stehekin	ßte-HI-kin
Vancouver	wän-KU-wer
Wallowa	wa-LAU-a
Willamette	wil-Ä-met
Yachats	YAH-hots
Yakima	JÄ-ki-moh

Weitere nicht ganz selbstverständliche Aussprachen sind:

hotel, motel	hou-TEL, mou-TEL (Betonung auf der zweiten Silbe!)
resort	ri-SORT (also nicht das deutsch-französische *Ressort*)
salmon	ßÄ-men (für Lachs)
slough	ßLU (für eine sumpfige Flussbucht)

Thematischer Wortschatz des Nordwestens

Das Spektrum der **Unterkünfte** *(lodgings)* im Nordwesten reicht vom *grand hotel* bis zum *primitive campground* (einfacher Zeltplatz) ohne *conveniences* (Anschlüsse, Services). Dazwischen liegen *city hotel* (Stadthotel), *motel* (Motel mit Parkplatz am Haus), *bed & breakfast* (Frühstückspension), *lodge* (Berghotel, Haus mit Gästezimmern), *resort* (Ferienanlage, Feriendorf, Ferienort), *condo* (Eigentumswohnung), *studio* (Apartment mit Kochnische), *cabin* (Hütte), *cottage* (Ferienhaus), *custom home* (voll eingerichtetes Privathaus zur Miete), *hostel* (Herberge, Jugendherberge).

Die **Lodge** ist die wohl ursprünglichste Unterkunftsform des Nordwestens. Im Idealfall ist sie aus massiven Balken oder roh behauenen Stämmen aus der Region gebaut. Der Baustil heißt *Cascadian style*. Motelzimmer haben oft eine *kitchenette* (Küchenzeile), manchmal einen *microwave oven* (Mikrowellenherd) und immer einen *coffee maker* (einfache Kaffeemaschine). Der *bathroom* (Bad) liegt normalerweise *ensuite* (im Zimmer). Beim Hostel, das meist mit *bunk beds* (Stockbetten) ausgestattet ist, findet sich das Bad *down the hall* (Etagenbad), was im Lande als *European style* gedeutet wird.

Das **Stadthotel** bietet im Normalfall *valet parking*, also gebührenpflichtiges Parken des Wagens durch das Personal. Manche Hoteliers verwenden in ihrer Werbung schmückende Attribute wie *signature*, zum Beispiel *signature condos*, *signature cabins* und *signature homes*. Das hat nichts mit »Unterschrift« zu tun, es will nur auf »Qualität« hinweisen. Ähnlich beliebig sind Serviceleistungen wie *turndown service* (das Aufschlagen der Bettdecke am Abend) oder *creature comforts* (Annehmlichkeiten zum Wohlfühlen). Das Attribut *vintage* bedeutet »alt« oder »antik« im positiven Sinne, wie in *vintage motorcar* (Oldtimer). Manche Häuser bezeichnen sich als *green built*, also als umweltfreundlich gebaut.

Wichtig ist die Formel *first come, first served* (wer zuerst kommt, mahlt zuerst). Sie gilt vor allem für Campingplätze des National Park Service und bedeutet, dass man Plätze nicht vorbestellen oder reservieren kann. Da hilft dann auch kein *campground host* (Verwalter/in eines Campingplatzes).

Die wichtigsten **Gaststättentypen** sind im Kapitel »Den Nordwesten erleben und genießen« unter Essen und Trinken, S. 28 f., behandelt. Zur Happy Hour gilt ein *bar menu* für kleine Speisen von der Bar; eine *bar* wird auch als *lounge* bezeichnet. Gaststätten werden in Bezug auf ihre Qualität als *upscale* (besser, teurer), *mainstream* (normal) und *lower-end* (kostengünstig) eingestuft. In einfachen *cafes* oder *truck stops* bekommt man ohne Weiteres ein *refill* (Nachfüllung) oder ein *warmup* (Aufwärmen) seines Kaffees. Die Reste einer Mahlzeit kann man in einer *doggy-bag* mitnehmen, wenn man es wünscht.

Eine *neighborhood* (Viertel) kann *elegant* (vornehm), *posh* (schick), *hip* (angesagt), *trendy* (in Mode) oder *run-down* (heruntergekommen) sein. Stadtviertel erfahren mitunter ein *upgrading* (Sanierung) oder eine *gentrification*, also eine Aufwertung durch den Zuzug besser verdienender Bürger.

An der Küste regieren **Fisch und Seafood** (Meeresfrüchte) die Karte. Zum Seafood gehören vor allem *Dungeness crabs* (große Krebse), *scallops* (Muscheln), *mussels* (Miesmuscheln), *razor clams* (Scheidenmuscheln) und *shrimps* (Krabben, Garnelen). Ein beliebtes Gericht ist *clam chowder*, eine dicke Suppe mit Muscheln und Gemüse. Als Edelfisch kommt *salmon* (Lachs) auf den Tisch. Im asiatischen Viertel einer Stadt kann man *dim sum* (warme chinesische Vorspeisen) bestellen. Selten isst man in der Öffentlichkeit *family style*, also gemeinsam am großen Tisch.

Das Binnenland ist *ranching country*, Fleischesser kommen also zu ihrem Recht. Überall gibt es *hamburgers* (oder nur *burgers*), *cheeseburgers* usw. Ein *buffalo burger* ist ein Mix aus Rind- und Büffelfleisch. Für Vegetarier kommt ein *grainburger* (Getreidebratling) in Betracht. Zum Nachtisch dürfte ein *cobbler* (Fruchtpastete) passen, und zwar aus *blueberry* (Blaubeere), *cranberry* (Preiselbeere), *strawberry* (Erdbeere), *blackberry* (Brombeere), *gooseberry* (Stachelbeere), *raspberry* (Himbeere), *elderberry* (Holunderbeere), *huckleberry* (Heidelbeere), *marionberry* oder *currant* (Johannisbeere).

Zu den beliebtesten **Freizeitaktivitäten** zählen diverse Arten von Wassersport, vor allem *river running*. Dieses Heruntergleiten auf schnellen oder weniger schnellen Flüssen kann im *canoe* (Kanu), *kayak* (Paddelboot) oder *raft* (Schlauchboot) erfolgen. *Outfitter* (Ausrüster) organisieren den *raft trip* (Floßfahrt, Schlauchbootfahrt), besorgen den *shuttle service* (Zubringerdienst)

Die Sprache des Nordwestens

und stellen den *guide* (Führer). An manchen Flüssen ist nur *fly-fishing* (Fliegenfischen) erlaubt, dann gilt *no barbs* (glatte Haken) und *catch-and-release*, und das bedeutet: Alles was man fängt, muss man wieder freilassen. An der Küste sind *crabbing* (Krebse fangen) und *clamming* (nach Muscheln graben) beliebte Zeitvertreibe.

Für Pferdefreunde gibt es *working ranches*, die Touristen beherbergen. Das *horseback riding* (Reiten) geschieht als *trail riding* (hintereinander) oder *ranch riding* (nebeneinander). Die Pferde sind meist gut zu lenkende Quarter Horses.

Der **Gemäßigte Regenwald** *(temperate rain forest)* ist eine herausragende Natursehenswürdigkeit des Nordwestens. Seine Charakterbäume sind (mit zusätzlichen lateinischen Namen zwecks der Eindeutigkeit): *Western redcedar* oder *cedar* (Riesen-Lebensbaum; Thuja plicata), *Sitka spruce* (Sitkafichte; Picea sitchensis), *Douglas-fir* (Douglasie, Douglastanne; Pseudotsuga) und *Western hemlock* (Hemlocktanne; Tsuga). In höheren Lagen behaupten *Pacific silver fir* (Silbertanne) und *mountain larch* oder *tamarack* (Berglärche) das Terrain. Zur Baumgrenze hin dominiert *subalpine fir* (Felsengebirgstanne). Übrigens: *fir* ist immer »Tanne« und *spruce* »Fichte«.

An der Ostseite der Kaskaden gedeihen in höheren Lagen *ponderosa pine*, auch *yellowbelly* (Goldkiefer; Pinus ponderosa), an weniger günstigen Standorten *lodgepole pine* (Drehkiefer; Pinus contorta); dann folgt *juniper* (Wacholder; Juniperus communis). Die Leitpflanze der *high desert* (Hochsteppe) schließlich ist *sagebrush* (Wüstenbeifuß; Artemisia tridentata).

Es sind also hauptsächlich *coniferous trees* (Nadelbäume), die den Regenwald bilden. Wo eine Lichtung entsteht, dringen *bigleaf maple* (Großblättriger Ahorn) und *red alder* (Roterle) vor. Auf den gefallenen Stämmen sitzen die *seedlings* (Keimlinge, Jungpflanzen); sie nutzen ihre Unterlage als *nurse logs* (Ammenstämme).

Wo noch *old growth forest* (Altwald) steht, soll er mittels des *Endangered Species Act* (Gesetz zum Schutze bedrohter Arten) vor Rodung bewahrt werden. Die bedrohte Art ist hier die *spotted owl* (Fleckenkauz), die nur in alten Douglasienbeständen nistet. Gegenspieler der Naturschützer ist die Holzwirtschaft *(timber and lumber industry)*, wobei *timber* sich auf das stehende Holz, *lumber* auf das Schnittholz bezieht. Obwohl die Holzgesellschaften *(timber companies)* auch *resource management* betreiben, um *sustained yield* (nachhaltigen Ertrag) zu erwirtschaften, schlagen sie immer noch kahl: *clearcut*.

Das *logging* (Abholzen) wird von den *loggers* (Holzfäller) besorgt. Die Zeit des *railroad logging* ist vorbei, heute werden die *logs* (Baumstämme) mit *logging trucks* (Lkw, Holztransporter) transportiert. Die Stämme werden in *lumber mills* (Sägemühlen) zugesägt. In Flüssen bilden sich *log jams* (Sperren aus verkantetem Treibholz), an der Küste treiben *beach logs* an. Eine *log cabin* ist aus ganzen Stämmen gefügt, *log furniture* wird aus Massivholz gezimmert.

Zur **Tierwelt** des Nordwestens gehören diverse Arten *anadromous fish*, vor allem *salmon* (Lachs), die zum Laichen flussaufwärts wandern wie *king* oder *chinook*, *chum*, *coho* und *Atlantic salmon*. Der *kokanee* ist ein *land-locked salmon*, weil er in Binnengewässern lebt und laicht. Zu den *trout* (Forellen) gehören Steelhead, *German brown trout*, *brook trout*, *rainbow trout*, *tiger trout*, *cutthroat trout* u. a. m.

Grey whales (Grauwale) und *orca* oder *killer whales* (Schwertwale) wandern jahreszeitlich die Küste abwärts und aufwärts. An felsigen Stränden leben *seals* (Robben, Seehunde) und *sea lions* (Seelöwen). Die Seevögel sind Legion, drei Arten seien genannt: *sea gull* (Seemöwe), *puffin* (Papageitaucher) und *sandpiper* (Uferläufer); letzterer trippelt in kleinen Horden über den Strand. Aus Ufergebüschen im Landesinneren ertönt vielfach der melodische Ruf des *Nevada red-winged blackbird* (Sumpfhordenvogel), den rote Punkte an den Flügeln zieren. Die größten Greifvögel sind *bald eagle* (Weißkopf-Seeadler) und *osprey* (Fischadler); siehe Extratag, S. 150 ff.

Zu den großen Landtieren gehören *elk* (nicht Elch, sondern Wapiti-Hirsch), daneben *mule deer* (Maultierhirsch) und *white-tailed deer* (Weißschwanzreh). *Black bear* (Schwarzbär) und *mountain goat* (Schneeziege) bewohnen gebirgige Regionen, *cougar* oder *mountain lion* (Berglöwe oder Puma) sowie *bobcat* (Rotluchs) Waldgebiete. Der *coyote* (Kojote) streift über die Plateaus des Inneren. Den *raccoon* (Waschbär) findet man überall.

Geographisch gliedert sich die Region in die **Großlandschaften** *Pacific coast* (pazifische Küste), *The Valley* (zentrales Längstal des Willamette River), *Cascade Range* oder *Cascades* (Kaskadengebirge, Kaskaden), *High Desert* (Hochsteppe), *Columbia Plateau* oder *Columbia Basin* (je nach Höhenlage) sowie die *Basin and Range*-Provinz.

An der Küste wechseln *sandy beaches* (Sandstrand) mit *rocky shores* (Felsküste), ferner gibt es *dunes* (Dünen), *bays* (Buchten), *sloughs* (Flussbuchten), *capes* (Kaps) und *spits* (Sandhaken, Nehrung). Der Küste vorgelagert sind *seastacks* (isoliert stehende Zeugenberge einer ehemaligen Küstenlinie). Auf felsigem Grund befinden sich *tidepools* (Gezeitenbecken) mit einer eigenen Fauna und Flora. Den Takt geben *high tide* (Flut) und *low tide* (Ebbe).

Die Gebirgskette der Kaskaden besteht aus teils aktiven *volcanos* (Vulkane), die einst *flood basalts* (Flutbasalte) über das Binnenland schütteten und rezent für *lava beds* (Lavabänke, Lavafelder), *lava cones* (Lavakegel) und *lava caves* (Lavaröhren) gesorgt haben. Die Vulkane selbst sind *strato-volcanos* (Schichtvulkane), bestehend aus wechselnden *beds* oder *layers* (Schichten) von Lava und *volcanic ash* (Vulkanasche). Die *eruption* (Ausbruch) von Mount St. Helens 1980 hat eine *blast area* (durch die Explosion zerstörte Zone) hinterlassen und *landslides* (Erdrutsche) und *mudflows* (Schlammlawinen) hervorgerufen.

In Zentral-Washington schürften *ice-age floods* (eiszeitliche Fluten) die *channeled scablands* (von Rinnen durchzogenes, nacktes Grundgestein) in die Plateaus. Sie schnitten *channels* (Rinnen), *coulees* (Fließrinnen), *canyons* (Kastentäler) und *dry falls* (trockene Wasserfälle) in den *bedrock* (Grundgestein). *Rimrock* ist dagegen die Abbruchkante einer Gesteinsschicht. Über das Plateau verstreut finden sich *erratic blocks* (Findlinge). Die Kletterer am Smith Rock greifen in Löcher im *welded tuff* (verfestigter vulkanischer Tuff).

Bestimmte **kulturelle Gegebenheiten** der USA verlangen Beachtung. Privatbesitz wird mit *no trespassing, private property, keep out* oder *off limits* angezeigt. Das bedeutet immer: Zutritt verboten. Eine ansonsten radfahrerfreundliche Broschüre für die San Juan Islands warnt Radler mit dem Hinweis: *Please heed NO TRESPASSING signs. If the land is not posted* (beschildert), *don't assume it is public. Unless designated as public, please stay off.*

Political correctness ist vor allem gegenüber den Minderheiten geboten. Der Begriff *Indians* (Indianer) ist out, für Abkömmlinge der Ureinwohner gilt *Native Americans* oder *First Nations.* Im Warm Springs Museum (OR) lernt man, dass die Begriffe *tribe, tribal* (Stamm, Stammes-) ebenfalls politisch korrekt sind. Die typischen Behausungen der Stämme sind das *wickiup* der Paiute, das *teepee* der Warm Springs und das *plank house* der Wasco. Lateinamerikaner sind durchweg *Hispanics.* Der Begriff *Chinatown* ist aus den Städten verschwunden, asiatisch geprägte Viertel heißen jetzt *International District.*

Als Mietwagen ist in der Regel ein *compact car* (Kompaktwagen) geeignet, und zwar als *sedan* (Limousine). *Limousine service* dagegen bezeichnet einen Fahrdienst mit dem Groß-Taxi. In der Autowelt stößt man ferner häufig auf die Begriffe *SUV* (Sports Utility Vehicle), *OHV* (Off-Highway Vehicle) und *ATV* (All-Terrain Vehicle).

Amerikaner lieben Abkürzungen. RMS AVL bedeutet: *rooms available.* Und 8 PC KFC 999? – so gesehen auf einer Leuchtreklame in Portland: *eight pieces Kentucky Fried Chicken $ 9.99.*

Die Sprache des Nordwestens

Felsküste mit Strand: Second Beach, Olympic National Park, Washington

Alphabetischer Wortschatz für die Region

anadromous fish	–	Fische, die zum Laichen flussaufwärts wandern
artisan	–	handwerklich gefertigt, Handwerker
bald eagle	–	Weißkopf-Seeadler
bar menu	–	Karte für kleine Speisen von der Bar
blast area	–	Zone größter Zerstörung durch Vulkanausbruch
BLM (= Bureau of Land Management)	–	Regierungsbehörde zur Verwaltung öffentlicher Ländereien
buffalo burger	–	Hamburger aus Rind- und Büffelfleisch
campground host	–	Verwalter/in eines Campingplatzes
Cascadian style	–	massive Holzbauweise aus Balken oder Stämmen
casual fine dining	–	leger-gepflegtes Abendessen/Abendrestaurant
CCC (= Civilian Conservation Corps)	–	Arbeitsprogramm zur Landschaftspflege nach 1933
channeled scablands	–	von Rinnen durchzogenes, abgeschürftes Grundgestein
clamming	–	nach Muscheln graben
cobbler	–	Fruchtpastete
convenience	–	Annehmlichkeit, Anschluss (z.B. für TV), Toilette
cougar	–	Berglöwe, Puma
coulee	–	Fließrinne eiszeitlicher Schmelzwässer im Plateau
coyote	–	Kojote, Präriewolf
crabbing	–	Krebse fangen
cross-country skiing	–	Skilanglauf
dawn to dusk	–	von morgens bis abends
day use (only)	–	Park ohne Befugnis für Camping/Übernachtung
destination resort	–	Ferienort, auch als fester Wohnsitz
dim sum	–	warme chinesische Vorspeisen
doggy-bag	–	Schachtel für Reste der Mahlzeit
down the hall	–	auf der Etage
downhill skiing	–	Abfahrtslauf
drop-in guest	–	Gast ohne Anmeldung/Reservierung
dry falls	–	ehemalige, heute trockene Wasserfälle
elk	–	(Wapiti-) Hirsch
endangered species	–	bedrohte Art
ensuite	–	im Zimmer
family-style	–	(Mahlzeit) für alle am großen Tisch
first come, first served	–	Reservierung eines Platzes nicht möglich
First Nation	–	Volk, Stamm der Native Americans
FIT (= foreign independent traveler)	–	das sind Sie! (Ausdruck der Touristiker)
fossil bed	–	Fossilien führende Schicht

Alphabetischer Wortschatz für die Region

from scratch	–	frisch zubereitet (kein Fertiggericht)
gap	–	Kluft, Durchbruch (im Gebirge)
gated community	–	Wohngebiet mit beschränktem Zugang
geo-locator	–	Guckkasten, meist auf Anhöhen
good value	–	preiswert
gorge	–	Schlucht, Felsschlucht
handcrafted beer	–	handwerklich gebrautes Bier
heli-skiing	–	Skilauf mit Hubschrauber-Transfer
high tide	–	Flut (Tide)
hostel	–	Herberge, Jugendherberge
Indian fry bread	–	Indianerbrot, in Öl gebackenes Weißbrot
kayak	–	Kajak, Paddelboot
landing	–	Anlegestelle (für Schiffe)
lodge	–	Haus mit Gästezimmern, Berghotel
lodgings	–	Unterkunft
low tide	–	Ebbe
mesa	–	(spanisch) Tafelberg
Native American	–	(politisch korrekt für) nordamerikanischer Indianer
Nevada red-winged blackbird	–	Sumpfhordenvogel (ählich Amsel)
no trespassing	–	Betreten verboten
nordic skiing	–	Skilanglauf
off limits	–	Betreten verboten, unerlaubte Zone
old-growth forest	–	ursprünglicher Wald, Urwald
orca, killer whale	–	Schwertwal
osprey	–	Fischadler
outfitter	–	Anbieter von Touren, Ausrüster
pack out your garbage	–	Abfall mitnehmen
package	–	(in der Touristik) Pauschalangebot
packing tour	–	Gepäcktour mit Pferden
petroglyph, pictograph	–	Felszeichnung, Felsgravur
powwow	–	indianisches Fest, Versammlung
put-in	–	Ort für das Einsetzen von Booten am Fluss
quilting	–	Durchnähen und Steppen (von Stoffen)
raft trip	–	Schlauchbootfahrt
range	–	Gebirgszug; offenes Weideland
resort	–	Ferienort, Feriendorf, Ferienanlage
restricted access	–	beschränkter Zugang
rimrock	–	Abbruchkante einer Gesteinsschicht
river rafting	–	Befahren eines Flusses mit dem Schlauchboot
river running	–	Wassersport auf Flüssen
road-kill	–	totes Wild am Straßenrand
roadside stand	–	Verkaufsstand am Straßenrand
rush hour	–	Hauptverkehrszeit
sales tax	–	Verkaufssteuer
scabland	–	von eiszeitlichen Fluten abgeschürftes Grundgestein
seastack	–	frei stehender Felsen vor der Küste
second run	–	fast neuer Film (im Kino)
signature	–	(attributiv) Klasse-, Qualitäts-, Marken-(Artikel)
snow gate	–	Tor für Straßensperre (wegen Schnees)
spit	–	Sandhaken, Nehrung
spotted owl	–	Gefleckte Eule *(Strix occidentalis)*
stir-fry	–	Zubereitungsart (für Gemüse) im Wok
strato-volcano	–	Schichtvulkan
surcharge	–	Aufpreis
take-out	–	Ort für das Anlanden von Booten am Fluss
temperate rain forest	–	Regenwald der gemäßigten Zone
tidepool	–	Gezeitenbecken
trailblazer	–	Scout, Pfadfinder
valet parking	–	Parken des Wagens durch das Personal
veggie	–	vegetarisch, fleischlos
venue, music venue	–	Schauplatz, Treff, Musiklokal
vintage	–	(attributiv) alt, antik
walk-on passenger	–	Passagier ohne Auto (z. B. auf der Fähre)
white water river	–	Wildwasserfluss
yellowbelly	–	(reife) Ponderosakiefer

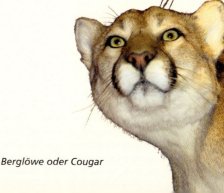

Berglöwe oder Cougar

Chronik
Abriss der Landesgeschichte

Lange bevor die Weißen kamen, lebten hier Menschen. Küsten-Indianer vom Stamme der Makah, Quileute und Quinault jagten vor der Küste Wale und Robben, während weiter südlich die Chinook, Clatsop, Coos und Tillamook nach Lachsen, Dorschen und Schalentieren fischten. So reich war ihr Tisch gedeckt, dass die Küsten-Indianer des Nordwestens zu den wohlhabendsten Ureinwohnern Amerikas zählten. Im Binnenland fingen die Plateau-Indianer der Yakama, Wasco, Spokane und Warm Springs an den Wasserfällen Lachse, jagten und sammelten auf den Hochflächen. Im kargen Naturraum der südöstlichen Steppen fristeten Nomaden wie die Paiute ein karges Dasein.

Celilo Falls und Kettle Falls am Columbia waren Zentren des prähistorischen kulturellen Lebens. Hier kamen die Indianer der verschiedenen Regionen zu Lachsfang, Handel und Festlichkeiten zusammen. Heute liegen die »heiligen Stätten« der Indianer unter den Stauseen von The Dalles bzw. Grand Coulee Dam begraben. Im 16. Jahrhundert entdeckten spanische und britische Seefahrer die nordwestliche Küste. Ortsnamen wie Puerto de Nuestra Señora de Los Angeles (heute Port Angeles), Anacortes, San Juan (Islands) und (Strait of) Juan de Fuca verraten frühe spanische Präsenz. Im Binnenland verweisen Namen wie Pend Oreille, Coeur d'Alene, Les (The) Dalles, Deschutes (River) und Terrebonne auf frankokanadische *voyageurs*.

1579
Weltumsegler Francis Drake nimmt das Land als New Albion für seine Königin Elisabeth I. von England in Besitz. Seitdem konkurrieren Spanier und Briten um das nordwestliche Territorium.

1778
Captain James Cook begründet das »chinesische Handelsdreieck«. Gehandelt werden Stoffe und Glasperlen gegen Seeotterfelle (von den Indianern) und Seeotterfelle gegen Tee und Luxusgüter (von den Chinesen). Die Waren aus China werden in London oder Boston verkauft.

1792
Der Brite George Vancouver erforscht Puget Sound. Der Amerikaner Robert Gray entdeckt einen großen Strom, nennt ihn nach seinem Schiff »Columbia« und begründet Ansprüche der USA auf die Region.

1804–06
Präsident Thomas Jefferson schickt die Hauptleute Meriwether Lewis und William Clark auf dem Landweg in den Pazifischen Nordwesten. Das Expeditionskorps legt in zweieinhalb Jahren 8000 Meilen zwischen Missouri und Pazifik zurück; es überwintert 1805/06 in Fort Clatsop bei Astoria (OR).

1810
Die britische North West Fur Company, Tochter der Hudson's Bay Company, gründet Spokane House am Spokane River. Der Handelsposten beherrscht 15 Jahre lang den Pelzhandel nach Montréal.

1811
John Jacob Astor gründet Fort Astoria an der Mündung des Columbia, doch sein transpazifischer Pelz- und Gewürzhandel scheitert am Krieg von 1812.

Im folgenden Vierteljahrhundert fangen freie Trapper und angelernte Indianer die Pelztiere der Region; Biber und Seeotter werden fast ausgerottet. Unter den Indianern verbreiten sich Krankheiten und Alkoholprobleme, die sie dezimieren und demoralisieren.

1818
Großbritannien und die USA einigen sich auf eine gemeinsame Besiedelung *(joint occupancy)* des Oregon Country; die Siedler sollen später selber über ihre nationale Zugehörigkeit entscheiden dürfen. Spanien gibt seine Ansprüche auf die Region 1819, Russland 1828 und Großbritannien 1846 auf.

1824
Wegen der günstigen Lage zum Meer, zum Strom und zu den neuen Siedlungszellen bestimmt die britische Hudson's Bay Company Fort Vancouver (nicht Vancouver, BC!) am Unteren Columbia zu ihrem Hauptquartier, und John McLoughlin zu ihrem Hauptgeschäftsführer. Dieser gründet 1829 Oregon City an den Fällen des Willamette, unterstützt amerikanische Siedler und wird deshalb 1845 entlassen. Er baut ein Haus in Oregon City und wird Amerikaner – das Parlament von Oregon ehrt ihn 1907 als »Father of Oregon«.

Der britische Botaniker David Douglas beschreibt neue Baumarten wie Douglastanne und Ponderosakiefer.

1828
John McLoughlin holt gediente frankokanadische Trapper mit ihren indianischen Frauen nach French Prairie am Willamette. Es entstehen dauerhafte Siedlungen; der Ort Gervais trägt den Namen des ersten Siedlers.

1834
Nach den Pelzhändlern kommen die Missionare. Daniel und Jason Lee lehren Eingeborene bei French Prairie »Religion und Landbau«, doch als ihre Schützlinge an einer Seuche sterben, ziehen sie 1840 nach Salem. Dort gründet Jason Lee 1843 sein Oregon Institute (heute Willamette University) als erste höhere Lehranstalt westlich des Mississippi.

1836
Die Missionare Whitman und Spalding kommen über South Pass ins Oregon Country. Die Whitmans gründen eine Mission bei Walla Walla in Süd-Washington, die Spaldings eine in Lapwai, Idaho. Die Whitman-Mission wird zur wichtigen Anlaufstelle für Siedler des Oregon Trail.

1841
Erste Siedler kommen über den Oregon Trail; Oregon City, Aurora und Champoeg werden zu Keimzellen Oregons.

1843
Mit der Great Migration ziehen 900 Siedler mit 120 Planwagen und 5000 Stück Vieh über den Oregon Trail ins Willamette Valley. Bis zum Bau der Eisenbahnen werden 350 000 Siedler, Goldsucher, Pelzhändler und Missionare die Strecke zurücklegen. Etwa ein Zehntel der Pioniere wird an den Strapazen des Trecks sterben.

»Going West«: Siedler des Oregon Trail durchqueren den Snake River

Chronik

Schon rebellieren amerikanische Siedler gegen die britische Bevormundung aus Fort Vancouver und rufen in Champoeg eine provisorische Regierung aus. Diese lockt Neusiedler mit 640 *acres* (260 Hektar) freien Landes nach dem *Organic Act*.

1843–46
John Fremont, der sich später als »Great American Pathfinder« um die US-Präsidentschaft bewerben wird, erforscht Central Oregon zwischen The Dalles und Kalifornien.

1844
In einer Lichtung am Willamette (»Stumptown«) gründen Pioniere aus Boston und Portland (Maine): Portland. Die Stadt wächst als Exporteur von Weizen und Holz zum Zentrum der Region heran. Weitere Impulse liefern später der Goldrausch in Kalifornien (1849), die transkontinentale Eisenbahn (1883), die Lewis & Clark Centennial Exposition (1905) und der Schiffsbau im Zweiten Weltkrieg.

1845
Die »Meek Cut-Off Party« verirrt sich in Südost-Oregon und wird zum »Lost Wagon Train of 1845«; mit Mühe erreicht der Rest des Zuges The Dalles.
   Eine Siedlergruppe aus Missouri zieht nach Tumwater bei Olympia. Olympia wird 1853 Hauptstadt des Washington Territory.

1846
Die Briten geben ihren Anspruch auf das Gebiet am Columbia auf, der 49. Breitengrad wird zur Grenze zwischen den USA und Kanada.
   Die Barlow Road über Mount Hood erspart den Pionieren des Oregon Trail die gefährliche Floßfahrt auf dem Columbia. Der Applegate Trail führt durch Nord-Nevada direkt ins südliche Willamette Valley.

1847
Cayuse-Indianer überfallen die Mission der Whitmans bei Walla Walla und töten die Missionare und elf weitere Personen. Als Grund für das »Whitman Massacre« gelten massive kulturelle Differenzen. Die US-Regierung schickt Truppen ins Oregon Country. Die schuldigen Cayuse werden 1850 in Oregon City gehängt.

1848
Oregon (= die heutigen Bundesstaaten Oregon, Washington, Idaho und West-Montana) wird Territorium der USA; Oregon City wird seine Hauptstadt (ab 1851: Salem).

1850
Nach dem *Donation Land Law* erhalten weiße Männer 320 *acres* (128 Hektar) freien Landes, verheiratete nochmals 320 *acres* dazu. Damit sind Indianer, Schwarze, Asiaten und alleinstehende Frauen von der Landvergabe ausgeschlossen. Um 1855 ist das meiste Land im Willamette Valley privatisiert.

1851
Gründungsjahr für Seattle und Port Townsend am Puget Sound sowie Port Orford und Jacksonville in Süd-Oregon. Seattle und Port Townsend exportieren Holz und werden zu Welthäfen, Port Orford und Jacksonville boomen dank Goldfunden in Süd-Oregon.

1852
Die Siedler vom Cowlitz Valley und Puget Sound fordern ein eigenes Territorium für Washington – und bekommen es ein Jahr später.
   Der Goldrausch in Süd-Oregon (drei Jahre nach Kalifornien) macht Jacksonville zum Zentrum der Region: Jetzt haben die Farmer am Willamette endlich einen Markt. Postkutschen verkehren zwischen Portland und San Francisco.

1855
Häuptlinge der Plateau-Indianer besiegeln in Walla Walla und The Dalles die Abtretung traditioneller Siedlungsgebiete im Austausch für Reservate (Treaty of 1855).

Abriss der Landesgeschichte

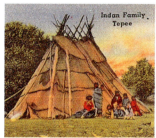

Die Indianer der Küste sind so dezimiert, dass sie kaum noch Reservate brauchen. Die Suquamish-Duwamish (mit Häuptling Sealth) müssen von Seattle nach Bainbridge Island umziehen.

Nicht alle indianischen Gruppen nehmen den Verlust ihres Landes widerspruchslos hin. Die Plateau-Indianer rebellieren in den Yakama Wars (1855–58), die Küsten-Indianer Süd-Oregons im Rogue River War (1855–56), die Modoc im kalifornischen Grenzraum im Modoc War (1872–73). Mit dem Feldzug gegen die Nez Percé von 1877 wird der letzte indianische Widerstand gebrochen. Selbst der US-Kongress zögert (bis 1859) mit der Ratifizierung der »Verträge«. So ungünstig die Verträge von 1855 für die Native Americans auch waren, so sicherten

Chronik

Native American: »Little Chief« von den Umatilla-Indianern

sie ihnen doch bis heute das Recht, »für alle Zeiten an den gewohnten Stätten *(usual and accustomed stations)* zu fischen und zu jagen«. »U&A« wurde zur Rechtsgrundlage für Entschädigungszahlungen an Yakama, Warm Springs und Umatilla wegen des Verlusts von Celilo Falls 1957. Die Stämme nutzten die Gelder zum Bau stammeseigener Betriebe, Kulturzentren, Resorts und – Spielkasinos.

1856
Cape Disappointment an der Mündung des Columbia erhält den ersten Leuchtturm des Nordwestens. Aufgrund häufiger Nebel und driftender Sandbänke *(Columbia River bar)* bleibt die Mündung weiterhin gefährlich, bis Molen (ab 1885) die Fahrrinne sichern und Bagger sie ausheben.

1857
Der deutsche Einwanderer Wilhelm (William) Keil gründet im Willamette Valley die Old Aurora Colony, eine fundamental-christliche Bauern- und Handwerkerkommune. Sie zerfällt einige Jahre nach Keils Tod 1885.

1858
Verbündete Indianer schlagen eine Einheit der US-Armee unter Edward Steptoe – der Berg wird dennoch nach ihm benannt. Die Armee rächt sich, indem sie 800 Indianerpferde erschießt und den Gegner damit zur Aufgabe zwingt.

1859
Oregon wird Bundesstaat der USA; Washington folgt erst 30 Jahre später.

1860
Eine Brücke über den Deschutes River nördlich von Maupin, Sherar's Bridge, ermöglicht den Barlow Cut-Off und erspart den Siedlern des Oregon Trail fünf Tagesreisen.

1861
In Ost-Oregon beginnt der Goldrausch. In den Blue Mountains entstehen Sumpter, Granite, Bourne und Greenhorn – heute Ghost Towns. Am Canyon Creek schießt 1862 die Zeltstadt Canyon City aus dem Boden. Später waschen hier vor allem chinesische Einwanderer Gold aus den Geröllen. Das Kam Wah Chung Museum in John Day erinnert an sie.

1862
Der *Homestead Act* schafft auch im Nordwesten die Grundlage für die Zuteilung von Farmland in Parzellen zu 160, 320 oder 640 *acres* – je nach Klimazone. Im Binnenland scheitert der Ackerbau je-

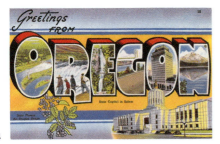

doch an mangelnden Niederschlägen, die windschiefen Hütten ehemaliger Homesteader im Lande zeugen davon.

1863
Idaho spaltet sich als Territorium von Washington ab, ein Jahr später folgt Montana.

1866
Mit dem Ausbau der Old Santiam Wagon Road beginnt die »Kolonisation« von Central Oregon vom Willamette Valley her. Auch die Route über McKenzie Pass wird entdeckt.
Samuel Case, ein ehemaliger Goldgräber, baut in Newport (OR) sein Ferienhotel »Ocean House« und lockt Sommergäste an die Küste – ganz wie in Rhode Island.

1870
Erste Obstplantage im Yakima Valley. Jetzt wird Indianerland parzelliert, privatisiert, an weiße Siedler veräußert oder verpachtet, bewässert und bepflanzt. Heute ist das Tal ein blühender Obst- und Weingarten.

1872
Seit dem »Pig War« (1859) streiten Briten und Amerikaner um die San Juan Islands, jetzt schlichtet der deutsche Kaiser Wilhelm I. den Streit zugunsten der USA.
Der *Mining Act* erlaubt die Gewinnung von Edelmetallen ohne Rücksicht auf die Umwelt, wie im Sumpter Valley.
Elf Stämme des Binnenlandes – darunter Okanogan, San Poil, Nespelem, Nez Percé – werden ins Colville-Reservat in Nordost-Washington umgesiedelt. Die Indianerpolitik der US-Regierung schwankt: 1879 gründet sie das Moses-Reservat am Methow und Okanogan River, 1883 löst sie es auf Druck weißer Siedler wieder auf. Chief Moses und seine Leute kommen nach Colville.

1877
Eine Gruppe von 750 *non-treaty* Nez Percé unter Chief Young Joseph wird ulti-

Chief Seattle (Sealth), Häuptling der Suquamish-Duwamish-Indianer

mativ zum Verlassen des Wallowa Valley aufgefordert. Die US-Armee jagt sie vier Monate lang und 1100 Meilen weit bis kurz vor die kanadische Grenze, dann erklärt Chief Joseph, dass er »nie mehr kämpfen wolle«.

1878
Der *Timber & Stone Act* verschafft Siedlern Anspruch auf 160 *acres* (64 Hektar) Wald zu 2.50 Dollar pro *acre* – zum Bau ihrer Häuser. Die Holzgesellschaften kommen so über Mittelsmänner an große, zusammenhängende Waldflächen.

1882
Der *Chinese Exclusion Act* beendet die Einwanderung aus China. Chinesen waren seit 1850 im Berg- und Eisenbahnbau tätig. Im Territorium Washington wird ihnen zudem 1886 der Besitz von Grund und Boden verboten, danach flüchten viele von Seattle nach Kalifornien. Heute bilden sie ethnische Viertel in Seattle und Portland.

Chronik

Von »Stumptown« zur »Stadt der Rosen«: Portland

1883
Die transkontinentale Northern Pacific Railroad erreicht Portland. 1886 steht die Verbindung nach San Francisco (via Southern Pacific), 1887 die Stichbahn nach Tacoma; Seattle wird erst 1892 angeschlossen. Damit wird Portland zum führenden Bahn- und Schifffahrtsknoten der Region. Der Ausbau des Eisenbahnnetzes bewirkt ein schnelles Wachstum des Nordwestens.

1885
Leopold Schmidt (!) entdeckt die Brauqualitäten artesischen Wassers bei Olympia und gründet die Olympia Brewing Company.

1887
Egonton Hogg will die Bahnlinie zwischen Newport und Corvallis/Albany nach Osten über die Kaskaden verlängern. Er kommt bis kurz vor Santiam Pass, dann lassen ihn die Geldgeber fallen. Der Eisenbahnbau wird stets mit großzügigen Landschenkungen (*land grants*) honoriert; das spiegelt die Karte noch heute als Schachbrettmuster von Privat- und Staatsland wider. Privatland geht vielfach in den Besitz der Holzgesellschaften über. – Der *Dawes Act* erlaubt den Verkauf von »überschüssigem« Indianerland an Weiße. Viele Natives verlieren so durch Unkenntnis oder Betrug ihr Land. Die Folge ist die Zerstückelung der Reservate und der Verlust von Stammesidentität. Erst der *Indian Reorganization Act* von 1934 stoppt diese Entwicklung.

1889
Washington wird Bundesstaat der USA, Olympia seine Hauptstadt.
Die Innenstadt von Seattle und zehn Piers brennen ab, danach entsteht das Viertel um Pioneer Square in Backstein und Eisen neu. Im selben Jahr brennt Spokane.

1890
Gründung der Sumpter Valley Railroad, Stump Dodger genannt. Zuerst transportiert sie Baumstämme aus den Blue Mountains zum Sägewerk in Baker City, ab 1906 holt sie Golderze aus Sumpter, ab 1910 bringt sie Rinder, Saatgut und Versorgungsgüter nach Prairie City. Heute verkehrt die Schmalspurbahn auf fünf Meilen im Sumpter Valley als Nostalgiebahn für Touristen.

1891
Guy Waring aus Boston kommt nach Winthrop und gründet seine Methow Trading Company. Studienfreund Owen Wister besucht ihn 1892 und 1898, dann schreibt er den klassischen Western-Roman »The Virginian« (1902).

1895
Das erste Mailboat bringt die Post von Gold Beach nach Agness am Rogue River und braucht dafür vier Tage (hin und zurück). Heute tragen Jetboats Touristen in sechs Stunden über dieselbe Strecke.

1896
Die Schleusen und der Kanal von Cascade Locks verbessern die Schifffahrt am Columbia.

Abriss der Landesgeschichte

In den Range Wars von Central und Ost-Oregon werden Tausende Schafe massakriert. Erst Weidelizenzen der Nationalforsten (ab 1906) und eine Trennungslinie von Bend nach Burns (1916) – Rinder im Norden, Schafe im Süden – beenden den Konflikt.

1897

Der Dampfer »Portland« bringt zwei Tonnen Gold aus Alaska nach Seattle und löst den Goldrausch am Yukon aus. Kanada verlangt von den Migranten den Nachweis von Vorräten und Ausrüstung für ein Jahr, und Seattle stattet aus. Von 1890 bis 1910 wächst Seattle um das Sechsfache und wird zum führenden Seehafen und Handelszentrum der Region.

Im Südosten Oregons eskaliert der Konflikt zwischen Farmern und Ranchern um Wasser und Land. Als Homesteader Ed Oliver den Großrancher Pete French erschießt, spricht eine Jury »kleiner Leute« den Mörder frei. Seit den 1870ern hatten vier »Cattle Kings« Feuchtland (zu 1.25 Dollar pro *acre*) und das abgetretene Land der Homesteader zu großen Ranches arrondiert.

1900

Frederick Weyerhaeuser kauft 3600 Quadratkilometer besten Waldes von der Northern Pacific – zu sechs Dollar pro *acre* (0,4 Hektar). Weyerhaeuser wächst bis 1913 auf 8000 Quadratkilometer Waldbesitz und ist heute mit 25 000 Quadratkilometern der größte Holzkonzern des Landes.

Donald Macleay vermacht der Stadt Portland 40 Hektar Wald unter der Bedingung, dass nie ein »Fahrzeug mit Rädern« den Park befahren dürfe. Der heutige Forest Park ist mit 21 Quadratkilometern der größte Stadtpark der USA.

1901

Shaniko in North Central Oregon wird Endpunkt einer Stichbahn der Columbia Southern Railroad und »Wollhauptstadt der Welt«. Der Boom dauert zehn Jahre, bis die Konkurrenzbahn nach Central Oregon fertig ist (1911). Heute ist Shaniko (fast) eine Agricultural Ghost Town.

1905

Auf der Lewis & Clark Centennial Exposition präsentiert sich Portland als Tor nach Asien, attraktives Objekt für Investoren und »lebenswerte« Stadt. Seine Einwohnerzahl verdoppelt sich in fünf Jahren auf 270 000. Seattle zieht 1909 mit der Alaska-Yukon-Pacific-Exhibition nach.

1909

Der Staat Washington führt das Frauenwahlrecht ein, Oregon folgt drei Jahre später. Die beiden Nordweststaaten sind der Nation damit um etwa zehn Jahre voraus.

1913

Baubeginn für den Columbia River Gorge Highway, der 1920 The Dalles erreichen wird. Der 74 Meilen lange Highway des Ingenieurs Samuel Lancaster gilt aufgrund seiner landschaftsnahen Bauwei-

Portland 1883

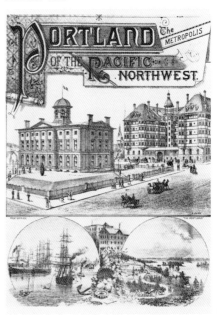

se als Meisterwerk des Straßenbaus. Teile des Historic Highway sind heute für Touristen befahrbar.

1916
William Boeing verlegt seine Werkstatt an den Duwamish River bei Seattle und baut Flugzeuge. Stufen des Aufstiegs sind die Bomber B-17 und B-29 im Zweiten Weltkrieg, der Verkehrsjet 707 (1954) und das zweimotorige Großraumflugzeug 777 (1995). Boeing ist der größte Arbeitgeber im Staat Washington.

1918
Baubeginn am Skagit Project von Seattle City Light in den North Cascades. Die Arbeiten an den drei Dämmen und Stauseen werden bis 1949 dauern.

1919
Erster Generalstreik der USA in Seattle: Werften, Sägewerke und Behörden liegen still. Ursachen sind schnelles industrielles Wachstum, die Folgen des Ersten Weltkriegs und der hohe Organisationsgrad der Arbeiter.

1923
Holzfirmen planen Longview am Unteren Columbia als Company Town der Sägewerke und Papiermühlen für 100 000 Einwohner. Doch es werden nur 40 000.

1933
Bei den katastrophalen Waldbränden des

Lachse im Columbia River: Stolz der Region von einst

Tillamook Burn brennen 1244 Quadratkilometer Wald in 20 Stunden nieder. Die Bergung der verwertbaren Stämme wird Jahre dauern. Weitere Brände folgen im Abstand von sechs Jahren: 1939, 1945 und 1951. Gouverneur Tom McCall erklärt das ehemalige Brandgebiet 1973 zum Tillamook State Forest.

1934
Der *Indian Reorganization Act* stärkt die Autonomie der Reservate und stoppt die Privatisierung von Stammesland. Einige Stämme stärken ihre Verwaltung und gründen eigene Betriebe.

1935
Ashland in Süd-Oregon spielt erstmals Shakespeare. Heute ist das Oregon Shakespeare Festival mit seinen drei Theatern und der langen Saison eine erstrangige Kulturattraktion.

1936
Große Brücken überspannen die Küstenflüsse Oregons bei Newport, Florence und Coos Bay. Eine durchgängige Küstenstraße lockt vermehrt Touristen an die Oregon Coast. Weitere Regierungsprojekte des New Deal schaffen im Nordwesten Staudämme, State Parks, Besucherzentren und – Timberline Lodge.

1938
Bonneville Dam am Unteren Columbia liefert Strom. Mit einer Leistung von einer Million Kilowatt (seit 1981) ist der Damm ein bedeutender Wirtschaftsfaktor in der Region. Der Nordwesten bezieht etwa 80 Prozent seiner Energie aus Wasserkraft. In jüngster Zeit findet ein rasanter Ausbau der Windenergie statt. Windräder ballen sich im windreichen Tal des Columbia östlich der Columbia River Gorge.

1941
Nach acht Jahren Bauzeit als Projekt des New Deal (ab 1933) wird Grand Coulee Dam vollendet. Der größte Hydrostaudamm der Welt dient der Stromerzeu-

gung, Bewässerung und Hochwasserkontrolle. Heute werden 2000 Quadratkilometer Ackerland im Columbia Basin aus Lake Roosevelt bewässert.

Im Nordwesten boomt die Rüstungsindustrie. Boeing baut Bomber, Bremerton Kriegsschiffe und Kaiser in Portland Liberty-Schiffe für den Einsatz im Pazifik.

1942
Die US-Regierung lässt japanisch-stämmige Bürger Washingtons, Oregons und Kaliforniens in Lagern fern der Küste internieren. Eine Anlage im Tom McCall Park in Portland erinnert daran.

1951
Das staatliche Washington State Ferry System übernimmt und koordiniert den Fährverkehr am Puget Sound. Trotz Defiziten fahren die Fähren auch heute häufig, regelmäßig und preiswert.

1958
Mit einer Zufahrtsstraße, einer Aufwärmhütte und einem Schlepplift beginnt der Ski-Tourismus am Mount Bachelor in Central Oregon. Heute stehen 70 Abfahrten und ein Loipennetz zur Verfügung.

1962
Seattle richtet die Weltausstellung »Century 21« aus und führt seine Luftfahrt- und Elektronikindustrie vor. Heutigen Besuchern bleibt davon das Seattle Center mit Space Needle und Monorail.

1965
Die Resortgemeinde Sunriver in Central Oregon formiert sich. Auf 13 Quadratkilometern entsteht ein Destination Resort für Einwohner und Urlauber, das Natur und komfortables Wohnen in Einklang bringen will. Strenge Vorschriften sorgen für angepasstes Bauen.

1967–75
Tom McCall amtiert als Gouverneur von Oregon. Als Exponent der Umweltbewegung der 1960er und 1970er Jahre vertritt er eine ökologisch orientierte Gesetzgebung. Der Tom McCall Waterfront Park in Portland ehrt sein Andenken.

1967
Die *Beach Bill* sichert der Allgemeinheit die »freie und durchgehende Nutzung« der Oregon Coast unterhalb der Vegetationslinie. Diese Art von sozialer Landesplanung hatte ihren Vordenker in Gouverneur Oswald West (1911–15).

1969
In den folgenden Jahren setzt Boeing 60 000 Arbeiter oder zwei Drittel seiner Belegschaft frei (»Boeing Bust«). Eine ähnliche Krise trifft Seattle Anfang der 1990er Jahre. Seitdem hat die Stadt ihre Abhängigkeit vom Luftfahrtgiganten in Everett verringert.

1971
Starbucks eröffnen ihre erste Filiale am Pike Place Market in Seattle und begründen

Space Needle: Wahrzeichen der Weltausstellung »Century 21« von 1962 in Seattle

Chronik

eine Kaffee- und Espressokultur, die den Nordwesten und die Welt erfassen wird.

1972
Der Portland Plan setzt Maßstäbe für die Stadtentwicklung: durch Förderung des öffentlichen Nahverkehrs, fußgänger- und radfahrerfreundliche Planung und das Prinzip von *mixed use* und *clear vistas* in der Innenstadt.
Eröffnung des North Cascades Highway vom Skagit River über Washington Pass nach Winthrop im Methow Valley. Der Ort mutiert zur Western Mining Town der 1890er Jahre.

1973
Metro Transit von Seattle integriert die Buslinien der Region zu einem öffentlichen Nahverkehrsnetz. In der Innenstadt ist die Fahrt gebührenfrei (wird 2012 annulliert); die Busse benutzen einen Tunnel.
Oregon verabschiedet als erster Bundesstaat die *Bottle Bill*, die auf Getränkeflaschen und -büchsen Pfand erhebt.

1974
Spokane, »Hauptstadt des Inland Empire« und drittgrößte Stadt des Nordwestens, lädt zur Weltausstellung in seinen Riverfront Park ein.

1975
Der Columbia–Snake Inland Waterway macht Lewiston, Idaho, zum Seehafen. Auf einer Länge von 748 Kilometern überwinden die Schiffe Bonneville Dam (1938), The Dalles Dam (1956), John Day Dam (1962), McNary Dam (1952) am Columbia sowie vier weitere Dämme am Snake River.
Dank dem *Hells Canyon National Recreation Area Act* bleibt der Snake River oberhalb Lewiston ungestaut und *wild and scenic*.

1979
Die Holzwirtschaft im Nordwesten bricht ein, Arbeitsplätze gehen verloren. Die Branche macht die Umweltschützer und diese den Raubbau an den Wäldern verantwortlich.

1980
Ausbruch des Kaskadenvulkans Mount St. Helens, der etwa 400 Meter an Höhe verliert. Explosionsdruck und Schlammla-

Bau des Bonneville Dam am Columbia River

Abriss der Landesgeschichte

winen zerstören den Wald, töten alles Wild im Umkreis und kosten Menschenleben.

1981
Der Bhagwan Shree Rajneesh trifft mit Gefolge in Antelope (Rajneeshpuram) in North Central Oregon ein. Lebensstil und politische Übergriffe der Gruppe führen zu Spannungen mit der Bevölkerung. Nach dem Zerfall der Kommune verlässt der Bhagwan 1985 das Land.

Mit »Grant's Scottish Ale« startet Bert Grant in Yakima die erste Mikrobrauerei des Nordwestens. Die Bridgeport Brewery in Portland folgt 1984. In den darauffolgenden Jahren ist eine wahre Kultur handwerklich gebrauter Biere entstanden.

1986
Portland baut die erste Linie seines erfolgreichen Schienenwegs *(light rail)* MAX (Metropolitan Area Express) von der Innenstadt in die östlichen Stadtbezirke (Gresham). Es folgt 1998 der Ausbau nach Westen (Hillsboro), 2001 die Anbindung des Flughafens, 2004 die des Expo Center und 2009 die des Clackamas Town Center im Südosten der Stadt.

1991
Der U.S. Fish & Wildlife Service erklärt die *Northern spotted owl* in allen drei Westküstenstaaten zur bedrohten Art. Damit ist der Lebensraum der Eule – alte Douglasienbestände – vor Rodung geschützt. Obwohl Altwald nur noch fünf Prozent der Fläche des Nordwestens ausmacht, löst die Maßnahme wütende Proteste der Holzwirtschaft aus.

1992
Eröffnung des Historic Oregon Trail Interpretive Center auf Flagstaff Hill bei Baker City. Der Oregon Trail wird zur Touristenattraktion.

1994
Kurt Cobain, Songwriter und Leadsänger der Gruppe Nirvana, erschießt sich in Seattle – und schockiert die Pop-Welt.

Phasen eines Ausbruchs: Mount St. Helens, Mai 1980

Chronik

1996
Keiko, ein vier Tonnen schwerer Orca- oder Schwertwal (bekannt aus dem Film »Free Willy«) wird zur Attraktion des Oregon Coast Aquarium in Newport. 1998 wird er in isländische Gewässer ausgewildert, 2003 stirbt er vor der Küste Norwegens.

Unwetter im Februar verursachen schwere Überschwemmungen und Erdrutsche im westlichen Oregon und Washington. – Zum ersten Mal kippt die Beschäftigtenbilanz in Oregon zugunsten des Hightech-Sektors: Dort sind jetzt mehr Menschen (62 200) als in der Holzwirtschaft (51 000) beschäftigt.

1998
Das umstrittene Sterbehilfegesetz von Oregon findet seine erste legale Anwendung. Oregon ist damit der erste Bundesstaat, der ärztliche Sterbehilfe unter strengen Bedingungen erlaubt.

1999
Eine Tagung der World Trade Organization in Seattle löst heftige Demonstrationen von Globalisierungsgegnern aus.

Die Makah erlegen ihren ersten Wal – nach 70 Jahren. Weil Grauwale geschützt sind, geraten der Stamm und die Verwaltung in einen noch ungelösten Konflikt zwischen Tradition und Naturschutz.

2000
In Seattle wird das Experience Music Project in einem futuristischen Bau von Frank Gehry eröffnet. Es ist der populären Kultur der USA gewidmet sowie neuen Wegen multimedialer Darstellung.

Auf dem Werksgelände zweier ehemaliger Sägemühlen weiht Bend sein Old Mill District als geplantes Stadtviertel mit gemischter Nutzung ein. Eine Attraktion ist das 2002 fertiggestellte Les Schwab Amphitheater für 8000 Besucher.

2004
Shi Shi Beach im äußersten Nordwesten der Olympic Peninsula wird wegen seiner Wildheit und Reinheit vom Travel Channel zum »besten Strand Amerikas« gewählt. Bei der Wiederwahl von George W. Bush zum Präsidenten der USA stimmen die beiden Nordweststaaten mehrheitlich gegen den Amtsinhaber.

2005
In Washington (State) tritt das schärfste Rauchverbot der USA in Kraft.

2007
In Seattle wird der Olympic Sculpture Park als Projekt des Seattle Art Museum auf einem ehemaligen Industriegelände an der Waterfront eröffnet.

2008
Die League of American Bicyclists vergibt an Portland als erste Großstadt die höchste Auszeichnung für ihre Radfahrer-Freundlichkeit. Die Zeitschrift »Popular Science« würdigt Portland als »grünste Stadt Amerikas«.

2011
Der Abriss des Elwha-Damms auf der nördlichen Olympic Peninsula beginnt. Das Elwha River Restoration Project soll das natürliche Ökosystem des Flusses wiederherstellen. Man will so die Rückkehr der Lachse erreichen.

2012
In Seattle Center wird die Galerie Chihuly Garden and Glass mit Glaskunst von Dale Chihuly eröffnet.

Portland verabschiedet einen neuen Portland Plan zur Stadtentwicklung. Ziele sind u. a. Verkehrsberuhigung, Sicherheit der Wohnviertel und – ein gesundes Körpergewicht der Bevölkerung. Andererseits setzt es (wie Seattle) wegen der hohen Kosten sein landesweit beispielgebendes Modell für kostenlosen öffentlichen Nahverkehr in der Innenstadt *(fareless square)* aus. Der Grund: Es kostet zu viel!

2013
Baubeginn in Seattle für einen knapp drei Kilometer langen Tunnel unter der Innen-

stadt, der den Alaskan Way Viaduct an der Waterfront ersetzen soll. Der Bau stößt auf politische, finanzielle und technische Probleme. So blieb das mächtige Bohrgerät »Bertha« unter Downtown Seattle stecken, was den Eröffnungstermin um zwei Jahre verschob. Jetzt ist die Fertigstellung für Anfang 2019 geplant.

2014
Der Flugzeugbauer Boeing droht, die Fertigung seiner Baureihe 777X aus Seattle abzuziehen, falls die Belegschaft die angebotenen Tarifverträgen nicht akzeptiert. Die Monteure stimmen zu, der Staat (Washington) gewährt einen Steuernachlass von neun Milliarden Dollar, die Produktion bleibt.

Als zweiter Staat nach Colorado legalisiert Washington den Verkauf von Marihuana. Der erste dieser staatlich lizenzierten Läden öffnet im Juli in Seattle und heißt Cannabis City.

2015
Kate Brown wird zur Gouverneurin des Staates Oregon gewählt (und 2016 bestätigt). Sie ist die erste bekennende bisexuelle (LGBT) Politikerin, die in den USA ins Amt des Gouverneurs gewählt wurde.

2016
Anfang Januar besetzt eine bewaffnete Bürgerwehrtruppe des rechten »Patriot Movement« einen Gebäudekomplex im Naturpark Malheur National Wildlife Refuge in Südost-Oregon. Die Truppe hält das Gelände 41 Tage lang besetzt. Hintergrund der Aktion ist ein schwelender Konflikt zwischen privaten Landbesitzern und der Zentralregierung um öffentliches Land (public lands). Heute gibt es einen Dokumentarfilm darüber: »No Man's Land«.

Gründung von Biketown PDX, einem Fahrrad-Mietservice in Portland.

Der Republikaner Donald Trump wird zum Präsidenten der USA gewählt. Die beiden Nordweststaaten stimmen für seine Gegenkandidatin Hillary Clinton.

2017
Die Firma Starbucks in Seattle erklärt, dass sie im Laufe der nächsten fünf Jahre weltweit 10 000 Flüchtlinge einstellen wird – und protestiert damit gegen die Ausländerpolitik von Präsident Trump. Dies löst Boykottaufrufe gegen die Café-Kette aus. Der Firmenchef verteidigt den Plan mit Hinweis auf die Grundrechte aller Bürger und die Werte des »American Dream«.

Die Bahn der totalen Sonnenfinsternis am 21. August verläuft in einem breiten Streifen quer durch Oregon. Optimale Schauplätze sind die Küste um Depoe Bay, Salem, Madras und Baker City. Die Medien berichten von Verkehrsstaus und tiefen emotionalen Erlebnissen.

2018
Oregon feiert den 175. Jahrestag des Oregon Trail – gerechnet ab dem Höhepunkt der »Great Migration« im Jahre 1843. Das touristische Interesse am Oregon Trail wächst seit Gründung des Interpretive Center bei Baker City.

Olympic Sculpture Park in Seattle: »Eagle« von Alexander Calder

Drei Wochen durch den Pazifischen Nordwesten der USA
Am roten Faden durch Oregon und Washington

»Reise in ein neues Land«, heißt es auf Seite 8 ff. dieses Buches – damit ist schon vieles gesagt. Neu sind die Landschaften des Pazifischen Nordwestens nicht nur für die meisten Europäer, sondern auch für viele einheimische Nordamerikaner. Sie finden also reichlich Raum für eigene Entdeckungen.

Denn wo lägen eine teils wilde, teils sanfte Küste, ein noch erhaltener Regenwald, schneebedeckte Bergriesen und ein Binnenland der weiten Plateaus, der tiefen Canyons und rezenten Vulkankegel in erreichbarer Nähe beieinander? Im »Fernen Osten« des Nordwestens schließlich erwarten Sie die Wilderness Areas der Wallowas, die tiefe Schlucht des Snake River und die Senken und Grate der Basin-and-Range-Provinz... Selbst verwöhnte Städtereisende werden in den beiden vitalen Großstädten

Seattle und Portland kulturell wie gastronomisch auf ihre Kosten kommen.

Die Reportagen folgen einer Route, die in 21 Tagen zu den wichtigsten Zielen und Sehenswürdigkeiten des Landes führt. Doch wie kann eine Reiseroute so disparate Ziele wie die Großstadt Seattle, die Lavafelder von McKenzie Pass, Grand Coulee Dam am Columbia, Crater Lake in Süd-Oregon etc. praktikabel verbinden?

Durch eine »Acht«. Sie ist geeignet, den Norden mit dem Süden, den Osten mit dem Westen, und alles zusammen mit der Mitte zu verbinden. Die Route beginnt und endet in Seattle, schwingt sich über Whidbey Island nordwärts, überquert das Kaskadengebirge auf dem North Cascades Highway und landet weich im Methow Valley. Auf dem Columbia Plateau spürt sie den Großen Fluten nach, macht Station am Grand Coulee Dam, berührt das Colville-Reservat und besucht Spokane. Von dort steuert sie schnurstracks auf die Wallowas in Oregon zu, streift die John Day Fossil Beds und folgt dem Columbia River durch seine Große Schlucht nach Portland.

Dort testet sie die Biere der Mikrobrauereien, um sich dann für drei Tage der Oregon Coast zuzuwenden. Dann biegt sie scharf nach Osten ab, begleitet den McKenzie River aufwärts und bezieht am Metolius und in Bend Quartier. Sie genießt die Naturschönheiten und Resorts von Central Oregon, um dann in einer kühnen Diagonale über Mount Hood zum Sandstrand von Long Beach zu eilen. Dort atmet sie Seeluft, umrundet die Olympic Peninsula mit ihren Regenwäldern, nimmt auf Hurricane Ridge Abschied von der Region und kehrt nach Seattle zurück.

Steilküste im Ecola State Park bei Cannon Beach, nördliche Oregon Coast

Route: Seattle – Concrete – Winthrop – Grand Coulee – Spokane – Joseph – Baker City – Fossil – Portland – Cannon Beach – Newport – Florence – Camp Sherman – Bend – Long Beach – Lake Quinault – Lake Crescent/Port Angeles – Seattle

Gesamtstrecke: 4533 km/2833 mi
Mindestdauer: 21 Tage

Beste Reisezeit: April/Mai und September/Oktober, nicht weil dies die wärmsten oder trockensten Zeiten des Jahres wären, sondern wegen des Ansturms auch heimischer Gäste auf Küste, Parks und Berge. Die Hauptsaison mit ihren Besucherströmen dauert nämlich von Memorial Day (letzter Montag im Mai) bis Labor Day (erster Montag im September), und dann sind nicht nur die Unterkünfte, sondern auch Parkplätze voll. Doch auch der Winter hat seine Reize: Die Küste hat Storm Watching, die Kaskaden bieten Wintersport, und in Seattle und Portland läuft das Kulturprogramm – *year-round*.

1 Urlaubsstadt Nummer eins
Seattle

1. Tag: Seattle

Vormittag	Besuch im **Seattle Visitor Center & Concierge Services** im Convention Center. Dann zu Fuß Pike oder Pine Street hinunter zum **Pike Place Market**.
Mittag	Lunch in einem der Spezialitätenlokale am **Pike Place Market**.
Nachmittag	**Hafenrundfahrt** mit Argosy Cruises oder **Fährfahrt** mit Washington State Ferries, z. B. nach **Bainbridge Island** (siehe MAGIC MOMENT, S. 64). Zu Fuß oder mit Historic Waterfront Streetcar zum **Pioneer Square**: Yesler Way links, Pioneer Place Park, 1st Avenue bis **Grand Central Bakery**. Besuch des **Smith Tower**. Mit **Metro Transit** durch den Bustunnel zum **Westlake Center**, von dort mit der Monorail zum **Seattle Center**. Auffahrt auf **Space Needle**.
Abend	**Dinner** in Downtown, am Pike Place Market oder einfach im Hotelrestaurant. Danach ggf. **Livemusik** in einer Rock-, Jazz-, Blues- oder Tanzkneipe (siehe S. 75). Das Programm steht in den Stadtzeitungen.

Einen weiteren Plan von Seattle finden Sie beim Extratag, S. 71.

Skyline von Seattle mit der Space Needle links im Bild

Seattle

Ein Satz über den Atlantik, und man landet mitten im amerikanischen Leben. Wenn Seattle auch nicht immer und überall »nett« ist, so ist es doch vital. Ökonomisch vital, wenn man nur den tosenden Verkehr auf seiner fünfspurigen Stadtautobahn zum Maßstab nimmt, und sozial vital, wenn man seine Bürger bei einem Konzert am Pike Place Market oder bei der Happy Hour im Taphouse Grill beobachtet. Die Stadt hat Wasser, Kunst, Markt und große Firmen wie Boeing, Microsoft, Amazon und – Starbucks. In ihren besseren Restaurants pflegt sie eine kultige nordwestliche Küche. Die Stadt zählt etwa 650 000 Einwohner, in der Stadtregion leben vier Millionen.

Weichenstellung

Wer viel vorhat in Seattle (siehe Extratag, S. 68 ff.), kauft sich einen Seattle CityPASS (www.citypass.com/seattle): $ 79 für Erwachsene, $ 59 für Kinder (4–12 Jahre). Dieser gilt für fünf Sehenswürdigkeiten, darunter Space Needle, Argosy Cruises Harbor Tour, Museum of Pop Culture (MoPOP). Separat würden die drei Ziele zusammen $ 74 (pro Erwachsenen) kosten.

Seattle ist Sprungbrett zum Mount Rainier (siehe Extratag, S. 76 ff.) und nach Vancouver und West-Kanada (siehe »Gateway zum Nordwesten«, S. 18 ff.).

1 Urlaubsstadt Nummer eins

Urlaubsstadt – wie denn das, bei all dem Regen? Halb so schlimm: In der Summe sind es nur 919 Millimeter im Jahr, und die fallen, schön gleichmäßig verteilt, hauptsächlich in der kühlen Jahreszeit. Damit hat Seattle weniger Niederschlag als New York, Washington, D.C., Atlanta oder Houston und genauso viel wie München.

Der frühere Bürgermeister von Seattle, Norman Rice, schrieb im »Seattle Visitors Guide«, dass er nicht nur in Seattle *lebe*, sondern hier am liebsten auch Urlaub mache. Seattle wurde wiederholt zur *Most Livable City*, zum besten Urlaubsziel, zur besten Stadt für Arbeit und Familie und so fort der USA gekürt; außerdem sei die Stadt radfahrerfreundlich (Rang 4). Gegen den Regen gibt es ein Rezept: Regenkleidung von Peter Storm, Inc. oder Weather or Not – aber das war ein Witz des Seattle News Bureau …

Kontakt aufnehmen

Ob Jetlag oder nicht, das **Besucherbüro** im Convention Center ist immer eine gute erste Adresse. Günstig an der Pike Street gelegen, erreicht man es am besten zu Fuß. Ein Auto ist in Seattle sowieso nur hinderlich. Nutzen Sie die Busse, auch wenn die *ride free area* für die Innenstadt 2012 abgeschafft wurde; die Fahrpläne liegen im Convention Center aus. Dort haben Sie auch die erste Begegnung mit Public Art: Diese verdankt sich einem Beschluss von 1973, dem zufolge bei öffentlichen Bauten ein Prozent der Baukosten für die Kunst abzuzweigen ist. Seither füllt sich die Stadt mit Kunst im öffentlichen Raum, zu finden mithilfe einer »Public Art Map« für Downtown Seattle.

Verlassen Sie das Touristenbüro nicht ohne die wichtige Tour Map für Seattle, den Fahrplan für die Fähren, die Highway Map und das Unterkunftsverzeichnis für den Staat Washington. Man könnte gleich hier eine Stadtrundfahrt buchen, aber besser ist es, erst einmal in Ruhe die Pine oder Pike Street in Richtung Pike Place Market hinunterzugehen, möglicherweise mit einem Schlenker zum **Westlake Center**, wo im Pflaster Motive zur Geschichte der Stadt in Messing geprägt sind. Oder mit einer Kaffeepause bei **Starbucks**. Apropos: Seattle ist kaffeesüchtig. Seit die Firma 1971 ihren ersten *coffee stand* am Pike Place eröffnete, sind an die hundert weitere hinzugekommen – im Schnitt einer für je zwei Häuserblocks. Man entdeckte ein Bedürfnis nach frischen gerösteten ganzen Bohnen und seitdem schwappt die Kaffeewelle über den Nordwesten und die Welt. Die *Seattleites* mögen ihren Mocca, Americano oder Espresso, am liebsten aber den Caffé Latte (sic). Kein Wunder, wenn man *Schlaflos in Seattle* ist …

Bauernmarkt mit Tradition: Pike Place Market

Am unteren Ende der Pike Street liegt, eingeklemmt zwischen First und Western Avenue, **Pike Place Market**, einer der ältesten Bauernmärkte des Landes. Seit 1907 tragen hier Farmer und Fischer aus dem Umland frisches Obst, Gemüse, Fisch und Fleisch zu Markte. Örtliche Eignerschaft der Marktstände ist die Bedingung für die Zulassung, MEET THE PRODUCER hieß es früher am Eingang zum Markt. Sobald man

Pike Place Fish Company – Bestellungen über www.pikeplacefish.com

Seattle

Pike Place Market in Seattle ist einer der ältesten Bauernmärkte des Landes

das quirlige Areal betritt, kitzelt der Duft von Kaffee, frischem Brot und gebratenem Fisch die Nase. **Le Panier**, die »sehr französische Bäckerei«; **La Buona Tavola**, das nach Italien schmeckt; und **Emmett Watson's Oyster Bar**, wo sich die Seattleites mit *oysters on the half-shell* angefreundet haben – wollen Sie zu einem zweiten Frühstück animieren.

Am Wochenende gerät der Markt zum Volksfest, an allen Ecken erklingt Musik. Da singen fünf schwarze Herren – a cappella – von Jesus dem Herren. Schwarzhaarige Indios mit Zopf und Hut spielen südamerikanische Folklore. Unten an der Pine Street sitzen die Zuhörer auf schrägem Pflaster und lauschen Little Bill & The Blue Notes, gesponsert von Seattle's Best Coffee. Bleich singt »Little Bill« einen mächtigen, schwarzen Blues ins Mikrofon. Am Ende hebt ihn sein Bassist in den Rollstuhl.

Sonntags drängen sich die Leute vor dem **Pike Place Fish Market**, denn hier herrscht reger Flugverkehr. Und das kommt so: Der Kunde sucht sich einen Fisch aus – und was für Fische! King (oder Chinook) Salmon, Coho Salmon und andere Lachse, daneben Heilbutt, Seeteufel usw. Der Mann im »Außendienst« schleudert den Fisch dann einem Kollegen im »Innendienst« zu, der ihn sogleich in Wickelpapier auffängt, abwiegt und verpackt. Aber die Jungs können nicht nur werfen, sie können auch brüllen! Bisweilen lassen sie einen Monsterfisch an der Strippe zappeln – zum Schrecken der Kinder. Es ist eine bühnenreife Show. Neuerdings fliegen die Fische sogar zu Ihnen nach Hause, via www.pikeplacefish.com.

Im kleinen **Steinbrueck Park** am Nordende des Marktes weitet sich der Blick auf Elliott Bay. Hier hocken die Leute auf dem Rasen und knabbern an ihrem *Take-out*-Lunch vom Markt. Flinke Jungen kicken kleine, schlappe Bällchen durch die Luft und fangen sie mit dem Fuß wieder auf. Der Park ehrt Victor Steinbrueck, den Leiter einer Bürgerinitiative, die den Markt Anfang der 1970er vor der Abrissbirne rettete. Damals meinten smarte Stadterneuerer und Baulöwen nämlich, dass hier mehr zu holen sei als Fisch und Gemüse. Heute ist Pike Place Market als Historic District geschützt.

1 Urlaubsstadt Nummer eins

Längs der Waterfront

Über den Pike Place Hill Climb geht es zum Waterfront Park und **Seattle Aquarium** am Pier 59 hinunter. In einem kuppelförmigen Becken schwimmen die Meeresfische am Besucher vorbei und über ihn hinweg: Stör, Rochen, Hundshai, Lachs, Klippenbarsch *(rockfish)*. Es gibt ein Korallenriff, eine Lachstreppe und possierliche Seeotter. Wenn Mama Seeotter gerade ein Junges hat, legt sie es sich an die Brust und schwimmt es, auf dem Rücken liegend, im Becken spazieren. Ganz zart und ätherisch sind die Seepferdchen, die im Wasser schweben. Wer jetzt keine Lust auf Aquarium hat, bekommt in Newport an der Oregon Coast eine zweite Chance.

Folgt man der Waterfront in Richtung Süden, hat man rechts neben sich die touristisch aufgemotzten **Piers 57 bis 54** und – hatte man – links über sich die Stadtautobahn auf Stelzen. Die WA-99 wurde hier 1953 als Hochstraße über den Alaskan Way gelegt, weil sich die »mündigen Bürger« von Seattle wiederholt gegen die Bahn und für das Auto entschieden hatten. Dabei gab es in Seattle einmal ein gut entwickeltes Nahverkehrsnetz auf Schienen – Richard Beyers Plastik »People Waiting for the Suburban« erinnert daran. Geblieben ist die putzige **Historic Waterfront Streetcar** für Touristen, *made in Australia*. Doch es ist Rettung in Sicht. Die dröhnende Staatsstraße wird unter die Erde verlegt: 2013 begann der Bau des Tunnels, 2019 soll er fertig sein (siehe Chronik, S. 52 f.).

Um jetzt zum **Seattle Art Museum** zu gelangen, müsste man die Stufen der Harbor Steps hinaufklettern. Der Klettersteig wird hier gern mit der Spanischen Treppe in Rom verglichen. Droben markiert ein hammerschwingender Pappkamerad den Eingang zum Museum (siehe Extratag, S. 68).

»Seattle ist am schönsten, wenn man es vom Wasser aus sieht« – wirbt **Argosy Cruises** in schöner Zweideutigkeit für seine Fahrten. Von Pier 55 aus starten die Schiffe ihrer weißen Flotte zur erholsamen Hafenrundfahrt (eine Stunde). Wer noch Zeit hat bis zur Abfahrt, mag kurz bei **Ivar's Acres of Clams** hereinschauen, wo es von histo-

Bemoost vom vielen Regen? Richard Beyers Plastik »People Waiting for the Suburban«

rischen Fotos und Sammlerstücken nur so wimmelt.

Der Kapitän des Schiffes erklärt über Lautsprecher, Smith Tower sei mit seinen 42 Stockwerken im Baujahr 1914 der höchste Wolkenkratzer westlich des Mississippi gewesen. Große Containerschiffe liegen im Hafen, im Trockendock wird ein Passagierschiff für die nächste Kreuzfahrt hergerichtet. Zur Ausfuhr kämen vor allem Holz und Getreide, importiert würden japanische Autos. Boeing, transpazifischer Handel, Mikrotechnologie und Tourismus seien die Stützen der Wirtschaft um Seattle. Im Edgewater Inn habe man früher vom Fenster aus Fische gefangen, um sie dann vom Hotelkoch braten zu lassen ... Wer von alledem nichts hören will, geht an Bord einer **Washington State Ferry**, das kommt billiger und ruhiger (siehe MAGIC MOMENT, S. 64).

Merkwürdigkeiten um Pioneer Square

Schlendern Sie weiter die Waterfront hinunter zum **Pioneer Square**, wo einst geölte Baumstämme den Yesler Way hinunterglitten, direkt in Yeslers Sägemühle am Wasser. Damals hieß die Straße Skid Road – Skid Row wurde dann zum Begriff für unfeine Stadtviertel und sozialen Abstieg im Allgemeinen. Pioneer Square ist der älteste Teil von Seattle, aber kein Gebäude ist älter als 125 Jahre, weil die ganze hölzerne Innenstadt 1889 abbrannte. Sie wurde dann aus rotem Backstein und Eisen wieder aufgebaut, den Baustil nennt man *Victorian Romanesque*. Heute präsentiert sich das Viertel als brisante Mischung aus Antiquitätenläden, Kunstboutiquen und Suppenküchen.

Am unteren Yesler Way erwarten Sie das feine **Al Boccalino Ristorante** (klein, gemütlich, teuer), das historische **Pioneer Square Hotel** (Backstein von 1914, heute ein Best Western) und das **Merchants Cafe** (älteste Gaststätte Seattles). Er heißt zwar Pioneer *Square*, doch der zentrale **Pioneer Place Park** ist ein *Dreieck*. Unter seiner Per-

Totempfahl am Pioneer Square, Seattle

gola versammeln sich die Obdachlosen, weil das Klima so mild und die Sozialleistungen so üppig sind – meint der Stadtführer. Schilder wie ROOMS 75 CENTS und STEAM BATH um First Avenue und Main Street lassen erkennen, dass es sich um einen **Historic District** handelt, an dem keine baulichen Veränderungen vorgenommen werden dürfen.

An jenem Dreieck lockt die berühmte Touristenfalle **Bill Speidel's Underground Tour** zum Abstieg ins ehemalige Erdgeschoss der Stadt, das durch Aufschüttung des umliegenden Geländes in den Keller gewandert ist. Den Platz ziert eine kleine Bronzebüste von **Chief Sealth**, dem Namensgeber der Stadt Seattle. Einst standen hier zwei merkwürdige, schlichte Tafeln, die folgende Inschriften trugen: »Häuptling Seattle, jetzt ist die Straße deine Heimat« (dazu Kreuze und Dollarsymbole) und »Ferne Brüder und Schwestern, wir haben euch nicht vergessen«.

Ein paar Schritte die First Avenue hinunter, und Sie stehen vor der **Grand Central Bakery**, Teil einer kleinen Kette, die handwerklich (*artisan*, nicht *artesian*, wie der Kollege von Seattle Travel meint) vollwertiges Brot bäckt. Zwischen den ziegelsteinernen Mauern der Bäckerei gönnt man sich eine Suppe, ein Sandwich oder ein süßes Teilchen. Eine Ecke weiter läuft das soziale Kontrastprogramm: Obdachlose vor der Bread of Life Mission.

Wer Lust auf einen späten Dim-sum-Lunch hat, sollte den **International District** (politisch korrekt für Chinatown) ansteuern. Er gehört zwar nicht zu den schönsten

1 Urlaubsstadt Nummer eins

Monorail nach Seattle Center

Vierteln der Stadt, doch die grandiose **Union Station** von 1911 verdient einen Blick hinein. Im alten **Smith Tower** von 1914 chauffiert ein echter Liftboy die Besucher im messingfunkelnden Fahrstuhl zum 35. Stock hinauf. Von oben blickt man auf die Bucht, den Hafen und den Straßenverkehr hinunter – und hinauf zu den Wolkenkratzern von heute.

Für einen Drink oder eine Pause zur Happy Hour war McCormick & Schmick's in der First Avenue der richtige Fleck, dort rückten die Kollegen aus den Büros mit wildfremden Touristen am Tisch zusammen. Das Lokal ist verschwunden, aber wandern Sie ein paar Blocks die Second Avenue hinauf zum **Brooklyn**, gegenüber SAM …

Seattle Center

Steigen Sie in den **Metro Transit Tunnel** unter der Third Avenue hinunter und fahren Sie zum **Westlake Center**. Ganze Horden von Bussen pendeln durch diese Röhre, nur sonntags fahren sie oberirdisch. Steigen Sie am Westlake in die **Monorail** um, die in gerade einmal 90 Sekunden **Seattle Center** erreicht. Dort verschwindet der Zug für kurze Zeit in einem merkwürdig geformten Gebilde, von dem noch die Rede sein wird (siehe Extratag, S. 69 f.).

Soll man, soll man nicht? – auf die **Space Needle** hinauffahren, jene Frisbee-Scheibe auf Stäben, die der Weltausstellung von 1962 die Krone aufsetzte. 72 Dollar für eine Familie mit zwei Kindern zwischen vier und zwölf Jahren sind kein Pappenstiel! Natürlich fährt man hinauf, sonst wäre man ja nicht gekommen. Der Rundblick aus 159 Metern Höhe (180 m Gesamthöhe) ist atemberaubend, schwindelerregend, haarsträubend, gewaltig …

Leicht benommen streicht man auf dem Aussichtsdeck herum. Werden die Stäbchen standhalten, wenn The Big One, das große Beben, kommt? Unten schlagen vermeintlich Kleinwüchsige Rad oder liegen platt auf dem Rasen, maikäfergroß.

Im weiteren Umkreis legt sich ein »Parkgürtel« um die City – aber nicht aus Bäumen, sondern aus Parkplätzen. Unzählige Autos blitzen in der Sonne. Grüner wird es erst gegen Norden, wo die besseren Wohnviertel liegen. Die Hausboote auf Lake Union, wo »Sleepless in Seattle« gedreht wurde, sind gerade noch erkennbar. Ein Spiel für die ganze Familie: Wo liegt unser Hotel, wo Mount Rainier, wo die Olympics? Im Drehrestaurant unter der Plattform erlebt man, zwischen Suppe und Nachtisch, Seattle in Zeitscheiben – die ganzen 360 Grad.

Wohin am Abend? Man könnte von Pike Place aus einfach die First Avenue hinauf durch **Belltown** spazieren und dabei ein Spalier von Restaurants, Bars, Pubs und Eateries passieren. Oder man probiert die Rezepte von Tom Douglas, dem Großmeister der Küchenchefs von Seattle. Seine Lokale – **Dahlia Lounge** für *fine dining*, **Lola** (beim Hotel Ändra) für legeres Ambiente mit griechischem Touch und **Serious Pie** für Pizza – sind in einem Block an der Fourth Avenue versammelt. Oder ist vielleicht eine Musikbar *(music venue)* das Passende, oder gar ein Nachtclub?

Aktuelle Hinweise entnimmt man besser den einschlägigen Gazetten, denn die Szene fluktuiert wie keine andere (siehe Extratag, S. 75). In **Capitol Hill** um Broadway herum hat sich eine alternative Ausgehkultur gebildet. Ortskenner bezeichnen derzeit das **Chop Suey**, mit Livemusik von Hard Rock bis Cool Jazz, als ihren Hot Spot.

An der Waterfront von Seattle

Blick auf Seattle – von einer Washington State Ferry aus

☼ MAGIC MOMENT Seefahrt vor den Toren Seattles

»The Beauty of Mass Transit« (die Schönheit öffentlichen Nahverkehrs) – mit diesem kühnen Slogan werben die Washington State Ferries für ihre Flotte von Fährbooten, die den Puget Sound in alle Richtungen kreuzen. Und recht haben sie: Direkt am Pier 52 besteigt man eines der stattlichen Schiffe und startet zu einer kleinen Seefahrt über den Sund. Man lehnt sich entspannt gegen die Reling, lässt sich die Salzluft um die Nase wehen und schaut dem Flug der Möwen zu, während die Skyline von Seattle langsam am Horizont verschwindet. Unter Deck gibt es Snacks und Zeitungen.

Der Werbespruch der Fähren stimmt, solange man sich *gegen* den Pendlerstrom bewegt und kein Auto an Bord bringt. Denn die Fähren befördern vor allem Pendler, die auf den Inseln und Halbinseln am Puget Sound wohnen und in Seattle arbeiten. Deren Autos füllen in Sechserreihen die unteren Decks. Aber die Touristen profitieren davon – mit häufigen Abfahrten und günstigen Preisen. Nach Bainbridge Island (Winslow) oder Bremerton braucht die Fähre 35 bzw. 60 Minuten. Als *Walk-on*-Passagier (ohne Auto) zahlt man jeweils 8.20 Dollar hin und zurück. Die Fährpläne liegen überall aus.

Washington State Ferries
801 Alaskan Way (Colman Dock/Pier 52)
Seattle, WA 98101
(206) 515-3400 und 1-800-84-FERRY

www.wsdot.wa.gov/ferries
Das größte Fährnetz der USA. Moderate Preise, sogar mit Auto. Günstige Gelegenheit zu einer kurzen Seefahrt.

Seattle

1 Service & Tipps

Seattle, Unterkünfte

ℹ️ 🏠 Visit Seattle – Seattle Visitor Center & Concierge Services
1 Convention Place, 701 Pike St., Suite 800, zw. 7th & 8th Ave., Seattle, WA 98101
✆ (206) 461-5800 und 1-866-732-269
www.visitseattle.org, www.visitseattle.de
Mo–Fr (auch Sa/So im Sommer) 9–17 Uhr
Auskunft zu Logis und Sightseeing in Seattle und Washington. – Im selben Trakt: Fahrpläne für die Busse von **Metro Transit**.

🏠✗🍴 Sorrento Hotel
900 Madison St. (First Hill), Seattle, WA
✆ (206) 622-6400 und 1-800-426-1365
www.hotelsorrento.com
Feines altes (1909) Stadthotel im italienischen Stil. Gepflegte Lounge, nobler **Fireside Room**, Garten. Dezenter Luxus in 76 Zimmern und Suiten (siehe unten). $$$$

🏠 The Inn at Virginia Mason
1006 Spring St. (First Hill)
Seattle, WA
✆ 1-800-283-6543
www.innatvirginiamason.com
Angenehm, persönlich, preisgünstig (für Seattle). Älteres Stadthotel in ruhigem Wohnviertel. Frühstück besser außerhalb genießen. 79 Zimmer und Suiten. $$$

🏠✗ Hotel Ändra (Vormals Claremont)
2000 4th Ave. & Virginia St. (Downtown)

Zur Bedeutung der **$-Symbole** siehe S. 307, 314 und hintere innere Umschlagklappe.
Eintrittspreise (für Museen etc.) beziehen sich auf Erwachsene; Kinder und Senioren zahlen entsprechend weniger.
Die Buchung von Hotelzimmern ist über die »Seattle Hotel Hotline« möglich: www.seattlesupersaver.com.

Seattle, WA
✆ (206) 448-8600 und 1-877-448-8600
www.hotelandra.com
Klassisches Stadthotel von 1926 (behutsam modernisiert). Zentral gelegen, skandinavischer Touch. Restaurants mit Niveau: **Assaggio Ristorante** (italienisch-) und **Lola** (griechisch-fusioniert). 119 Zimmer. $$$–$$$$

🏠 Motels scharen sich um WA-99 South (Pacific Hwy.) nahe Flughafen, WA-99 North (Aurora Ave.) nördlich Downtown sowie um Seattle Center an Denny Way und 7th & 8th Ave. Eines unter vielen:

🏠 Travelodge Seattle Center
200 6th Ave. N. (nahe Seattle Center)
Seattle, WA
✆ (206) 962-8678
www.travelodgeseattlecenter.com
Motel, 88 Zimmer. Preisgünstig, ohne Parkgebühr. $$

🏠 Pensione Nichols Bed & Breakfast
1923 1st Ave. (Downtown)
Seattle, WA
✆ (206) 441-7125

Quartier in Seattle

Motels, B & Bs, Cabins, Lodges und Resorts finden Sie später noch genug – in Seattle wohnt man im Stadthotel. Drei davon sind genannt, doch die Perle unter ihnen ist das **Sorrento Hotel**. Das ehrwürdige Haus von 1909 empfängt mit Garten, Rondell und einer Lounge, wo abends das Kaminfeuer knistert, Blues gespielt und feine Torte mit Eis serviert wird. Warum es »nur« vier Sterne hat? Es fehlt halt ein Schwimmbad …
  Will man abends noch in die Stadt, schwebt man leichten Fußes die Spring Street hinunter – hinauf nimmt man besser Bus 12. Schon an der Fifth Avenue wartet **Tulio Ristorante** (Hotel Vintage Park) mit appetitlichen Antipasti, z. B. *Bruschetta mista* – mit gegrilltem Brot, marinierten Pilzen, Ziegenkäse, Tomaten mit Pinienkernen und Korinthen. Später, in der Provinz, wird man sich die Finger danach lecken …
  Neben den klassischen Stadthotels empfiehlt sich eine kleine Kette von modernen Boutiquehotels, die **Silver Cloud Inns & Hotels**; sie sind in Seattle an vier Standorten vertreten (www.silvercloud.com). Wen das alles kalt lässt, geht am Flughafen zum »Host from Coast to Coast« …

1 Service & Tipps

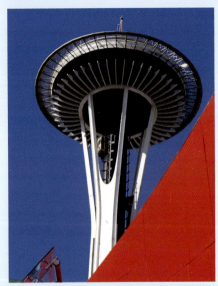

Space Needle in Seattle Center, 159 Meter hoch

www.pensionenichols.com
Einziger B&B in Downtown. Empfiehlt sich mit Atmosphäre, Lage und Frühstück. Zwölf Zimmer (die zur 1st Ave. meiden). $$–$$$

Green Tortoise Hostel
105 Pike St. & 1st Ave. (Downtown)
Seattle, WA
℡ (206) 340-1222, www.greentortoise.net
Gegenüber Pike Place Market, nahe Waterfront. Mehrbettzimmer *(dorms)* und Einzelzimmer. Junge Traveler aus aller Welt. Freier Internetzugang. Im Sommer voranmelden! $

Ein Wohnmobil bringt man besser nicht mit nach Seattle. Wer einen Campingplatz sucht, muss weit fahren: nach Bellevue (**Trailer Inns RV Park**) im Osten, Kent (**Seattle Tacoma KOA**) oder Des Moines (**Saltwater State Park**) im Süden.

Pike Place Market
Pike Place (1st Ave. & Waterfront)
Seattle, WA, www.pikeplacemarket.org
Mo–Sa 9–18, So 11–17, Frühstück ab 6 Uhr
Traditioneller *farmers market* und »sinnlich schlagendes Herz von Seattle« – zum Schlendern, Schauen, Schmausen und Shoppen. Am Wochenende Musik.

Cutters Crabhouse
2001 Western Ave. (Pike Place Market)
Seattle, WA

Unterwegs mit Metro Transit

Wozu ein Auto in Seattle, wenn die Straßen so voll, die Hügel so steil, die Parkplätze so teuer und das öffentliche Verkehrsnetz so dicht sind? Holen Sie sich Ihr Auto erst, wenn Sie es brauchen: Im Hotel zahlt man deftige Gebühren für *valet parking*. Vom Flughafen SeaTac gelangen Sie mit der **Link Light Rail** per Schiene in 40 Minuten in die Innenstadt ($ 3). Oder, der **Downtown Airporter** bringt Sie direkt in eines von acht Downtown-Hotels ($ 18/31 hin und zurück). Nach einer neueren Studie ist der Autoverkehr in Seattle heute fast so schlimm wie in Los Angeles.

Das **Busnetz** in Seattle erhält landesweit gute Noten, ein umfassendes Schienennetz gibt es nicht. Das war nicht immer so: Einst querten Vorortzüge, Straßenbahnen und Cable Cars die Stadt wie heute San Francisco. Eine Werbeschrift für Seattle von 1919 nennt die »269 Meilen Straßenbahnnetz« als Argument für die Stadt.

Busfahren in Seattle ist nicht schwer und nicht teuer. Ein Tagespass für alle Strecken kostet $ 8, erhältlich in der Westgate Station im Metrotunnel oder an den Automaten von Metro Transit. Ein Kuriosum: Die Busse fahren werktags von Süd nach Nord durch einen Tunnel unter der Third Avenue. Wie denn, Dieselbusse im Tunnel? Nein, sie schalten einfach auf Elektrobetrieb um. Die Verkehrsbehörde ist stolz auf ihre Gelenkbusse *(articulated buses)*, die 72 Fahrgäste befördern können – für Europäer nichts Neues.

Am besten holen Sie sich die Fahrpläne der wichtigsten Buslinien und die Broschüre »Browse by Bus« im Convention Center. **Bus 44** fährt zu den **Chittenden Locks** (ab Montlake); **Bus 5** zum **Woodland Park Zoo** (ab Downtown); **Bus 10** zum »hippen« **Broadway** (ab Downtown); **Bus 11** zum südlichen und **Bus 43** zum westlichen Rand des **Arboretums** sowie zur **Universität** (ab Downtown). **Bus 12** (über Marion St.) erspart den Steilanstieg zum **First Hill**, **Bus 43** (über Pike St.) den zum **Capitol Hill**.

Seattle

Die Northwest Cuisine – was sie ist und wo man sie findet

Seattle ist jedenfalls der richtige Ort, um sie kennenzulernen. Sie basiert auf Seafood mit frischen Zutaten an Obst, Gemüse, Fisch und Geflügel und wird als Verschmelzung *(fusion)* von amerikanischen und asiatischen Elementen beschrieben.

Hervorragende Stätten dieser »Kernschmelze« sind Downtown-Lokale wie **Dahlia Lounge** (2001 4th Ave., ℂ 206-682-4142), **Wild Ginger Asian Restaurant & Satay Bar** (1401 3rd Ave., ℂ 206-623-4450), oder **Dragonfish Asian Cafe** (722 Pine St., ℂ 206-467-7777). Im **Flying Fish** (300 Westlake Ave. N., ℂ 206-728-8595) wird hochgelobtes Seafood serviert und in der **Brasserie Margaux** (401 Lenora St., ℂ 206-777-1990) »fusioniert« die nordwestliche Küche mit französischen Einflüssen.

Wollen Sie mehr über die Northwest Cuisine wissen? Dann surfen Sie zu **www.tomdouglas.com**; Tom Douglas ist Chef der **Dahlia Lounge**. Weitere Informationen in »Seattle's Where to Eat Guide« und im Kapitel »Essen und Trinken«, S. 27 f.

Apropos **Happy Hour:** Die Seattleites lieben diese Institution und treffen sich gern mit Freunden oder Kollegen nach der Arbeit zu einem Drink oder Snack. Das Nonplusultra ist der **Taphouse Grill** (6th Ave. & Pike St.) in Downtown – mit drei Fernsehern und ohrenbetäubendem Lärm. Außerdem gibt es 160 Biere vom Fass! »Seattle Weekly« veröffentlicht sogar einen »Happy Hour Guide«.

ℂ (206) 448-4884, www.cutterscrabhouse.com
Tägl. 11–21, Frühstück Sa/So 10.30–14, Happy Hour 15–18 und 21 Uhr bis Schluss
Beliebtes Seafood-Restaurant am Markt – ohne Tischdecken. Blick auf Elliott Bay. Wenn es *Copper River king salmon* gibt, zugreifen! Der wird nur drei Wochen im Mai/Juni gefangen und bei Cutters über Apfelholz gegrillt. $$

The Seattle Aquarium
1483 Alaskan Way (Pier 59, Waterfront Park)
Seattle, WA
ℂ (206) 386-4200, www.seattleaquarium.org
Tägl. 9.30–17 Uhr
Eintritt $ 25/17 (4–12 J.), unter 4 J. frei, Aquarium plus Argosy Harbor Cruise $ 50/30
Unterwasserkuppel, Korallenriff, Fischtreppe, Meeresfauna des Puget Sound.

Argosy Cruises
1101 Alaskan Way (Pier 56, Waterfront)
Seattle, WA
ℂ (206) 623 1445 und 1-888-623-1445
www.argosycruises.com
Tägl. 10–16.05 Uhr (Schalter am Pier)
Harbor Cruise ab Pier 55: eine Stunde, häufige Abfahrten, $ 27/13 (4–12 J.), unter 4 J. frei;
Locks Cruise (Schleusenrundfahrt) ab Pier 56: zweieinhalb Stunden, $ 44/20. Beide Touren täglich, bei jedem Wetter. Reservierung empfohlen, aber nicht Bedingung.

Washington State Ferries
Siehe MAGIC MOMENT, S. 64.

Smith Tower
506 2nd Ave. (Pioneer Sq.), Seattle, WA
ℂ (206) 622-4004, www.smithtower.com
Tägl. 10–21 Uhr
Eintritt $ 19/15 (6–12 J.), unter 6 J. frei
Erbaut 1914. Aussichtsplattform im 35. Stock, dort auch **Chinese Room** mit geschnitzten Möbeln.

The Space Needle
Seattle Center (via Monorail), Seattle, WA
ℂ (206) 905-2100, www.spaceneedle.com
So–Do 9–20, Fr/Sa bis 21 Uhr
Eintritt $ 22/14 (5–12 J.)
Sensationeller Rundblick aus 159 m Höhe.

The Broooklyn – Seafood, Steaks & Oysters
1212 2nd Ave. & University St. (Downtown)
Seattle, WA
ℂ (206) 224-7000, www.thebrooklyn.com
Lunch Mo–Fr 11.30–14.30, tägl. Dinner 17–21.30, Happy Hour 16–18 Uhr
Regionale Küche mit frischesten Zutaten aus der Region. $$

ℹ »Seattle Weekly« liefert umfassende Informationen zu Kultur und Unterhaltung. Näher am Puls der Szene ist »**The Stranger**«, der in Cafés und Clubs ausliegt. Die führende Tageszeitung ist die »**Seattle Times**«.

Weitere Informationen zu Seattle finden Sie beim Extratag, S. 74 f.

Was die Stadt sonst noch bietet
In und um Seattle

Extratag: Seattle

Vormittag	Besuch der **Seattle Public Library** und des **Seattle Art Museum**.
Mittag	Lunch am Pike Place Market oder irgendwo in Downtown (Tipps siehe 1. Tag, S. 66 f.).
Nachmittag	Fahrt mit Monorail zum **Seattle Center** und Besuch des **Museum of Pop Culture (MoPOP)**.
Abend	Spaziergang durch **Olympic Sculpture Park**.

Einen Stadtplan von Seattle finden Sie beim 1. Tag, S. 57.

> **Weichenstellung**
>
> Das Folgende ist ein Angebot zur Auswahl, das unten beschriebene Programm eine Möglichkeit unter anderen. – Zum Seattle CityPASS siehe »Weichenstellung«, 1. Tag, S. 57. – Eine Option ab Seattle ist der Ausflug zum Mount Rainier (siehe Extratag, S. 76 ff.).

Ein weiterer Tag in Seattle ist ein Glücksfall, doch wie nutzt man ihn am besten? Vielleicht als Erstes mit einem Gang zur **Seattle Public Library** – wenn Sie in einem Stadthotel wohnen, dann haben Sie es nicht weit. Das Haus ist modern, funktional und umstritten, der Eintritt ist frei. Es gibt 132 Computer für Besucher, Sie haben eine Stunde freien Zugang zum Netz.

Taumel der Perspektiven: »Hammering Man« von Jonathan Borofsky vor dem Seattle Art Museum

Die Bibliothek wurde vom holländischen Architekten Rem Koolhaas und einer örtlichen Firma erbaut und 2004 eröffnet. Von außen mag sie wie ein zusammengestauchter Hühnerkäfig wirken, doch auf einen Stilbruch mehr oder weniger kommt es im architektonischen Durcheinander von Downtown Seattle nicht an. Innen ist sie ein Wunder an Geräumigkeit und Ruhe. Das Publikum hat sie angenommen. Jeder darf rein, auch die vor dem Gebäude herumirrenden Obdachlosen. Nur, sie müssen sich an die Hausordnung halten, das heißt: Sie dürfen nicht einschlafen.

Ein Museum zur bildenden Kunst …

Ein Kunstmuseum im Nordwesten der USA, fragen Sie? Nein danke, davon haben wir selbst genug. Nun, das **Seattle Art Museum (SAM)** haben wir nicht, insbesondere nicht die Sammlungen zur modernen amerikanischen Kunst und zu den Küsten-Indianern.

In und um Seattle

Skulptur »Sonic Bloom« am Pacific Science Center, Seattle Center

Den Eingang zum SAM an der First Avenue & University Street markiert der überlebensgroße **Hammering Man** von Jonathan Borofsky. Im postmodernen Museumsbau von Robert Venturi (1991), der ebenso kontrovers aufgenommen wurde wie die Public Library, empfängt den Besucher reichlich freier Raum. Kürzlich baumelten hier neun mit Lichtröhren gespickte, funkelnde weiße Taurus-Automobile von der Decke – eine Installation so kühn, dass man nicht wusste, ob man sie bewundern oder verdammen sollte. Der Rundgang durchs Museum wird zu einem Fest des Raumes, so großzügig sind die Objekte gehängt oder gestellt.

Die **Küsten-Indianer** sind durch Totempfähle und expressive Masken vertreten. In die Pfähle eingeschnitzt sind Grizzlybären, darüber thronen *thunderbirds* (Donnervögel). Daneben sieht man geschnitzte Hauspfosten, Kanus, Kleider, Körbe, Matten und Taschen (für die Harpune mit Seil). Diese vorindustriellen Handwerker fertigten ihre Textilien allein aus Wurzeln und Rinde an. Der Totem-Baum der Nordwestindianer, die *Western redcedar* (deutsch: Lebensbaum), lieferte ihnen die meisten Rohstoffe.

Steigen Sie zur Galerie **Modern in America** im vierten Stock hinauf. Schauen Sie sich »The Salmon-Net« (1881/82) von Winslow Homer an, ein Publikumsliebling, ebenso wie »Sea Change« (1947) von Jackson Pollock. Die amerikanische Moderne ist als abstrakter Expressionismus, Pop-Art oder Minimalismus vertreten, ihre Exponenten sind – neben Pollock – Franz Kline, Mark Rothko, Jasper Johns, Georgia O'Keeffe, Robert Rauschenberg, Roy Lichtenstein und vor allem Andy Warhol. Der wartet mit einem guten Bekannten auf: Joseph Beuys im Vierfarbendruck. Die Säle sind nicht nach Künstlern benannt, sondern nach Sponsoren, Firmen wie Washington Mutual, Weyerhaeuser Inc. etc.

... und eines zur populären Musik

Nehmen Sie ab Westlake Center die Monorail nach Seattle Center und staunen Sie über ein merkwürdiges, verbeultes, poppiges Gebilde in Lila, Hellblau und Rot. Ein explodiertes Raumschiff? Ein geschmol-

E Was die Stadt sonst noch bietet

Die Skulptur im Museum of Pop Culture besteht aus mehr als 500 Musikinstrumenten

zener Berg Softeis? Eine zerschmetterte Riesengitarre? Frank Gehry, Architekt des Guggenheim-Museums in Bilbao und anderer dekonstruktivistischer Bauten in Düsseldorf und Berlin, hat dem **Museum of Pop Culture (MoPOP)** die passende Hülle verliehen. Mit ihm wurde die amerikanische Pop-Kultur im Jahre 2000 museumstauglich.

Doch »Museum« trifft genau daneben. Es hieß ja früher auch »Projekt«, denn es will den Besucher interaktiv ins Geschehen einbeziehen. Tritt man ins Innere dieses psychedelischen Baues – und hat man den Preisschock von 25 Dollar Eintritt überwunden – so wird man wie von einem Magneten in eine hohe Halle gezogen. Dies ist das Herz und die Seele des MoPOP, die Tempelhalle der Pop-Musik, die **Sky Church**. Von einer ganzen Video-*Wand* stürzen, in hervorragender Akustik, Kaskaden von Licht und Klang herunter. Ein Techniker steuert alles von einem Schaltpult aus: Projektion, Scheinwerfer, Lautsprecher, Schallblenden … Wenn das eine Kirche ist, dann ist sie kein bisschen leise.

Ein früheres Projekt des MoPOP hieß **Nirvana – Taking Punk to the Masses**. An der Wand lief die Dokumentation eines Konzerts von 1992 ab: Ein verhüllter Greis wird im Rollstuhl auf die Bühne gefahren, wankt zum Mikrofon, schlägt lang hin, steht wieder auf: Es ist Kurt Cobain, der Leadsänger der Gruppe. Mit wehender Mähne, in einem Gewand wie ein Büßerhemd, schreit er seinen Text ins Mikrofon: »Smells Like Teen Spirit«. Die Bandmitglieder springen über die Bühne, die Gitarren quietschen. Zwei Jahre nach dem Konzert hat sich Kurt Cobain erschossen.

Neue Gruppe, neues Thema. In extremer Nahaufnahme und Zeitlupe vibrieren die Saiten einer Gitarre wie gespannte Stahlseile, wölbt und verformt sich das Becken wie ein schwebender Rochen, sprühen die Schweißtropfen von der Stirn der Musiker. Unendlich lange holt der Gitarrist aus … bis er seine Gitarre zerschmettert. Selbst das Hüpfen der Trümmer wird zu einem nicht enden wollenden Spektakel. Symbol für die Vergänglichkeit der Kunst? Im Moment geschaffen, gehört und vorbei? Die halbwüchsigen Schüler, die sich auf den Sesseln räkeln, scheinen unbeeindruckt. Eine Frauenband stellt ihre Instrumente auf und probt für die Party am Abend. Das Thema dann: AC/DC.

Paul Allen, Mitbegründer von Microsoft und Gönner des Museums, wollte anfangs nur seiner Bewunderung für Jimi Hendrix Ausdruck verleihen: Aus seinen Sammlerstücken ist eine Galerie im MoPOP geworden. Sie dokumentiert Jimis Anfänge im Blues, seine technische Finesse auf der Gitarre, seine Extravaganzen bis hin zum Kult-Auftritt in Woodstock. Entsprechend steht der **Gitarrenturm** im Zentrum des Museums, Sinnbild für die zentrale Rolle der Gitarre im Rock 'n' Roll.

Überall flimmern die Bildschirme, schneiden smarte Video-Designer die Filme in Stücke, reden »Experten« dazwischen … Am besten sind immer noch die Original-Videos in Schwarzweiß. Wenn dann Jimi Hendrix seinen »Star-Spangled Banner« aus der Gitarre zaubert, werden auch er-

In und um Seattle

graute 1968'er wieder weich. So cheap waren die thrills dann doch nicht …

Doch was ist am MoPOP so multimedial und interaktiv? Na ja, man bekommt ($ 3) einen **iPod Audio Guide** an die Hand und einen Bügel über die Ohren, mit dem man Hörtexte oder Tonbeispiele abrufen kann. Das MoPOP meint, das Museum werde so zu einer »Benutzeroberfläche, durch die man in individuelle Tiefen vorstoßen« kann. Noch von daheim kann man über www.mopop.org in die Archive des Hauses surfen. Vielleicht haben die Schülergruppen am ehesten begriffen, was gemeint ist: Im **Sound Lab** probieren sie die Musikinstrumente aus – elektronisch, versteht sich.

Tritt man zwei Stunden später wieder ins Freie, fühlt man sich irgendwie glücklich – weil man Musik so erleben durfte, oder weil man es überstanden hat? Die Space Needle von 1962 wirkt dagegen geradezu bieder, und ziemlich still. Gönnen Sie sich einen Chillout bei Dale Chihuly, dem großen Glaskünstler aus Tacoma; sein **Chihuly Garden and Glass** wurde im Mai 2012 neu eröffnet.

Wandern Sie schließlich zum **Olympic Sculpture Park** an die Waterfront hinunter, denn der Park ist bis Sonnenuntergang geöffnet. Auf dem ehemaligen Industriegelände sind Werke von Bildhauern und Objektkünstlern wie Richard Serra, Alexander Calder, Claes Oldenburg und Mark di Suvero im Freien ausgestellt. Der Z-förmige Parcours ist noch etwas kahl und zugig, doch die Jogger und Hundehalter haben ihn schon für sich entdeckt.

Und was es sonst noch gibt

Brauchen Sie noch ein Kleidungsstück für die Reise? Dann fahren Sie mit Bus 25 oder 33 zum **REI** (Recreational Equipment Inc.) in die 222 Yale Avenue North. Sie erleben dort einen Konsumtempel für Sport und Outdoors, der Niketown blass aussehen lässt: Geräte und Kleidung zum Radfahren, Bootfahren, Skifahren, Klettern und mehr. Allein die Hüte! Regenhüte, Sonnenhüte, Flusshüte, Abenteuerhüte und die eigentlichen Freizeithüte, die hier *casual hats* und bei uns Baseballkappen heißen. Das Perso-

E Was die Stadt sonst noch bietet

Moderne Ansichten: Chief Seattle

Mit den Augen von Chief Seattle

Chief Seattle, Häuptling der Suquamish und Duwamish, hielt im Jahr 1854 eine Rede an die US-Regierung. Diese verlangte damals die Abtretung von Siedlungsgebieten um Elliott Bay und die Umsiedlung der Indianer in Reservate. So wie an der Bucht von Seattle wurde auch in anderen Teilen des Nordwestens das »Indianerproblem« durch die Verträge von 1855 »gelöst«. Chief Seattle hatte gesagt:

»Wie kannst du die Luft besitzen? Wenn wir die Frische der Luft und das Glitzern des Wassers nicht besitzen – wie könnt ihr sie von uns kaufen? Denn das wissen wir: Die Erde gehört nicht den Menschen, der Mensch gehört zur Erde. Wir sind ein Teil der Erde, und sie ist ein Teil von uns. Die duftenden Blumen sind unsere Schwestern, die Rehe, das Pferd, der große Adler – sind unsere Brüder.« Und er fügte den schönen Satz hinzu: »Was ist der Mensch ohne die Tiere? Wären alle Tiere fort, so stürbe der Mensch an großer Einsamkeit der Seele …«

Die Rede stand in den 1970ern bei den Alternativen hoch im Kurs. Nur: Die Rede ist nicht echt. Ein Drehbuchautor namens Ted Parry hat sie 1971 für einen Dokumentarfilm im Fernsehen verfasst. Die echte Rede ist weniger romantisch, dafür politischer. Von Tieren ist nicht die Rede, wohl aber von den Geistern der Toten, die ihre heimatlichen Stätten aufsuchen würden – drohte der Chief. Daran knüpfte er die Bedingung, dass es seinen Leuten erlaubt sein müsse, die Gräber der Vorfahren jederzeit und ungehindert zu besuchen.

Dann dankt er dem *big chief* in Washington für seine Grüße der Freundschaft und des guten Willens: »Wie gütig von ihm, wo wir doch wissen, dass er *unserer* Freundschaft kaum bedarf. Der große und – ich nehme an – gute Weiße Häuptling lässt uns wissen, dass er unser Land zu kaufen wünscht und uns ein ausreichendes Auskommen zugestehen will. Dies erscheint in der Tat gerecht, ja großzügig, denn der Rote Mann hat keine Rechte mehr, die er (der Weiße Häuptling) respektieren müsste …«

Seattle vergisst nicht, den zugesicherten Schutz vor den »alten Feinden im Norden – den Haida und Tsimshian« zu erwähnen. Im Fazit fügt er sich dem Druck: »Tag und Nacht können nicht zusammen leben. So werden wir getrennt wohnen, in Frieden …« Doch wie echt ist *diese* Rede? Ein Pionier namens Dr. Smith, der Duwamish verstand (aber wie viel?), hat sie überliefert. Er hatte sie mitgeschrieben und seine Notizen 1887 (33 Jahre später!) in einer Zeitung in Seattle veröffentlicht.

Chief Seattle liegt auf dem kleinen Friedhof der katholischen Missionskirche St. Peter in Suquamish begraben. Auf seinem Grabstein steht: »Sealth. Der feste Freund der Weißen, und nach ihm wurde die Stadt Seattle benannt.« Genützt hat dem Chief weder seine Rede noch die »feste Freundschaft mit den Weißen«. Als Sealth 1866 starb, waren die Suquamish und Duwamish schon ins Port-Madison-Reservat umgesiedelt worden, wo Reste des Stammes noch heute leben. Eines hat der Vertrag von 1855 gebracht: eine begrenzte Souveränität. Deren Ausweis ist das Clearwater Casino an der Straße zum Suquamish Museum – »7 Tage die Woche!«

Das Ole Man House wird überall als Touristenziel erwähnt – es lohnt nicht die Anfahrt. Es ist ohnehin nur der Ort, wo einmal das Longhouse der Suquamish stand. Die US-Armee brannte es 1870 nieder, weil man derart »kommunale« Wohnformen nicht dulden wollte, die Indianer sollten gefälligst Eigenheime bauen. Heute liegt dort, eingezwängt zwischen Privatbesitz, ein kleiner Park – so klein, dass gerade zwei Autos parken können. Das zweite gehörte einem älteren Ehepaar, das seinen Pudel spazieren führte. Der freute sich über den öffentlichen Grund.

In und um Seattle

nal ist jung, sportlich und fachkundig. REI ist eine Genossenschaft: Sie können Mitglied werden.

Mögen Sie Schiffe und Schleusen? Dann besuchen Sie die **Hiram Chittenden Locks** in Ballard, ein Ziel für die ganze Familie. Hinter den Sichtfenstern im Tunnel wandern die Lachse – wenn sie wandern, und das soll so zwischen Juni und November sein. Vor den Schleusen lauerten einst die kalifornischen Seelöwen und fraßen die besten Stücke aus den Lachsen. Die schlimmsten von ihnen hat man 1996 nach Florida ausgeflogen, wo sie bei Sea World in Orlando Quartier fanden. Die Schleusen halten den Wasserspiegel von Lake Washington konstant, was Bill und Melinda Gates in ihrer durchprogrammierten Villa am Seeufer recht sein dürfte …

Mögen Sie Tiere? Dann besuchen Sie **Woodland Park Zoo**, er gilt als einer der besten der USA. Sein Konzept: die Tiere in ihrem natürlichen Milieu zu zeigen. Also haben die Tiefland-Gorillas ihren Urwald mit Fluss, die Löwen ihre afrikanische Savanne, die Vögel der asiatischen Baumwipfelzone ihren feuchtheißen Regenwald – so feucht, dass es dem Besucher die Brille beschlägt. Und doch hängt der Orang-Utan mit seinen langen, schwarzen Fingern teilnahmslos am Gitter. Die *spotted owl*, Symboltier der Umweltschützer und Verdrussvogel der Holzlobby, hat sich verkrochen: Verstecke gehören zum Konzept. Haben Sie genug gesehen? Dann gehen Sie ins Nachttierhaus, dort sehen Sie nichts mehr.

Oder wandern Sie durch das **Washington Park Arboretum**. Über East Arboretum Drive gleiten Sie hinein, und am Visitor Center bekommen Sie einen Übersichtsplan. Gehen Sie nach Artengruppen vor oder schlendern Sie einfach nur den Azalia Way hinunter, begleitet von duftenden Azaleen, Rhododendren, Japanischen Kirschen und Dogwood. Achten Sie auf den Pazifischen Madronabaum (Arbutus menziesii), der küstennah im Pazifischen Nordwesten gedeiht. Seine sich rot schälende Rinde erinnert an Eukalyptus, seine weißen Blüten an Magnolien und seine roten Beeren, die Vögel mögen, an Ebereschen. Eines sehen Sie hier nicht: *old-growth forest*, denn der wurde restlos abgeholzt.

Oder lockt Sie ein ganz spezielles »Fahrgeschäft«? Kein so altmodisches wie auf einer Kirmes, sondern ein *flying theater*, das mit modernster Video- und Klangtechnik ausgestattet ist. **Wings over Washington** »fliegt« Sie über die größten Natursehenswürdigkeiten des Staates hinweg, wenn auch nur virtuell, aber man spürt es, und deshalb wird man angeschnallt! Direkt von Pier 57 aus sehen Sie die Klippen von Cape Flattery, den Krater von Mount St. Helens, die Weiten des Columbia Plateau aus schwindelnder Nähe … Gleich nebenan dreht sich das **Big Wheel** von Seattle, 53 Meter hoch.

Oder möchten Sie eine kleine Seefahrt unternehmen, etwa ab Pier 52 nach Bainbridge Island hinüber? Und die Fahrt mit einem Besuch bei Chief Seattle verbinden? Das kleine, feine **Suquamish Museum** wurde vom Smithsonian Institute für seine Präsentation der Kultur der Indianer am Puget Sound gelobt. »Mit den Augen von Chief Seattle« können Sie die Lebensbedingungen und Handwerkskunst (Kanubau, Weben, Korbflechten) der Stämme im 19. Jahrhundert schauen, und in der preisgekrönten Medienshow »Stimmen der Suquamish« kommen die Stammesältesten zu Wort. Aber: Für die Fahrt zum Museum brauchen Sie ein Auto! Und für die Rückreise brauchen Sie eine Fähre, diesmal vielleicht die von Kingston nach Edmonds … (Siehe auch MAGIC MOMENT, S. 64.)

LATEST NEWS – LETZTE MELDUNGEN

+++ *Food Touren mit Kylie McKenzie und Kollegen führen durch Pike Place Market (www.savorseattletours.com)* +++
+++ *Fifth Avenue Theater: sehens- und hörenswert (www.5thavenue.org) – Musical in Broadway-Qualität* +++
+++ *5th Avenue Japanese Restaurant Hamanasu (www.hamanasu.org) hat was – kennen Sie »Event Cooking«?* +++

73

E Service & Tipps

Weitere Informationen zu Seattle finden Sie beim 1. Tag, S. 65 ff.

The Seattle Public Library
1000 4th Ave., Seattle, WA
© (206) 386-4636, www.spl.org
Mo–Do 10–20, Fr/Sa bis 18, So 12–18 Uhr
Freier Eintritt, Führungen. Computer für Besucher, kostenloser Internetzugang.

Seattle Art Museum (SAM)
1300 1st Ave. (Downtown), Seattle, WA
© (206) 654-3100, www.seattleartmuseum.org
Tägl. außer Di 10–17, Do/Fr bis 21 Uhr
Eintritt 20/13 (13–19 J.), unter 13 J. frei
Hervorragendes Kunstmuseum, besonders für die Bereiche Asien, Afrika, Nordamerika, Küsten-Indianer. **TASTE Café**.

Museum of Pop Culture (MoPOP)
325 5th Ave. N., Seattle, WA
Monorail: ab Westlake Center bis Seattle Center
© (206) 770-2700 und 1-877-367-7361
www.mopop.org
Tägl. 10–19, Winter bis 17 Uhr, Eintritt $ 25
Futuristisches, multimediales Museum zur amerikanischen Pop- und Rockmusik (seit 2000). Interaktiv, innovativ. Themen z. B.: Beatles, Bob Dylan, Michael Jackson, Nirvana. **POP Kitchen + Bar**.

Chihuly Garden and Glass
305 Harrison St., Seattle, WA
www.chihulygardenandglass.com
Tägl. 9–19, Fr/Sa bis 20 Uhr
Eintritt $ 24/14 (5–12 J.), unter 5 J. frei
Schönes, neues Museum (2012) des Glaskünstlers Dale Chihuly mit Ausstellungshalle, Glashaus und Garten.

Olympic Sculpture Park
2901 Western Ave. (Belltown/Waterfront)
Seattle, WA
© (206) 654-3100, www.seattleartmuseum.org/visit/olympic-sculpture-park
Ganzjährig bei Tageslicht, Eintritt frei
Projekt des Seattle Art Museum. Raumgreifende, moderne Skulpturen auf ehemaligem Industriegelände (seit 2007). **Café La Panaderia** (Fr–So 10–15 Uhr).

REI (Recreational Equipment, Inc.) – Outdoor Gear and Clothing
222 Yale Ave. N., Seattle, WA
© (206) 223-1944, www.rei.com/stores/seattle
Mo–Sa 9–21, So 10–19 Uhr
Genossenschaftliches Handelshaus für Sport und Freizeit seit 1938; viele US-Filialen.

Hiram M. Chittenden (Ballard) Locks/Lake Washington Ship Canal
3015 N.W. 54th St., Seattle, WA
Ab Downtown Bus 43 bis Montlake, weiter mit Bus 44
© (206) 783-7059 (Visitor Center)

Die Monorail verlässt das futuristische Gebäude des Museum of Pop Culture

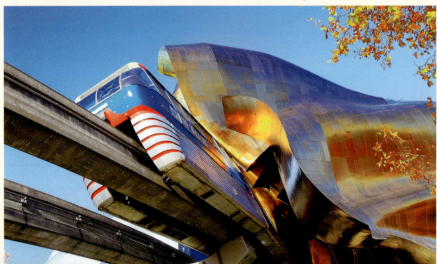

In und um Seattle

Tägl. 7–21 Uhr
Freier Zugang zu Schleusen, Fischtreppe (Sichtfenster) und Carl English Botanical Gardens. Tour mit Locks Cruise von Argosy ab Pier 55.

Woodland Park Zoo
5500 Phinney Ave. N. (nahe Green Lake)
Seattle, WA, ab Downtown Bus 5
℃ (206) 548-2500, www.zoo.org
Sommer tägl. 9.30–18, Winter bis 16 Uhr
Eintritt $ 20/13 (3–12 J.)
Hochkarätiger Zoo im Norden von Seattle; Tiere in ihrer »natürlichen« Umgebung.

Washington Park Arboretum
2300 Arboretum Dr. E. (Visitor Center)
Seattle, WA
Ab Downtown Bus 43 und 11
℃ (206) 543-8800, https://botanicgardens.uw.edu/washington-park-arboretum/
Park tägl. *dawn to dusk*
Visitor Center 9–17 Uhr, Eintritt frei
Schöner, wilder Park und botanischer Garten.

Wings over Washington
Pier 57 – Miner's Landing, 1301 Alaskan Way
Seattle, WA
℃ (206) 602-1808, www.wingsoverwa.com
Tägl., Eintritt $ 17/13 (bis 12 J.)
Dauer eines Rides: 15–18 Min. Kinder müssen mindestens 101 cm groß sein. – Gleich nebenan: das **Seattle Great Wheel** (Riesenrad).

Suquamish Museum
6861 N.E. South St., Suquamish, WA
℃ (360) 394-8499
www.suquamishmuseum.org
Tägl. 10–17 Uhr, Eintritt $ 5/3 (5–7 J.)
Neu eröffnet 2012. Washington State Ferry nach Bainbridge Island, dann WA-305 North über Agate Passage.

Der erste Starbucks der Welt wurde 1971 am Pike Place Market in Seattle eröffnet

Grunge und Post-Grunge

Grunge und Seattle gehören zusammen, seit die Plattenfirma Sub Pop aus Seattle 1991 die Gruppe Nirvana herausbrachte. Diese trug ihre wilde Botschaft von Metal, Punk und Lebenstrauer in die Welt. Als sich der Leadsänger der Gruppe, Kurt Cobain, im Jahre 1994 erschoss, fragten sich seine Anhänger erschrocken, ob das die logische Folge seiner wütenden *vocals*, gepressten Schreie und grimmigen Gitarrenschläge war. Inzwischen hat das getrübte Lebensgefühl des Grunge-Rock einer Art Post-Grunge Platz gemacht, der von Gruppen wie Pearl Jam oder Mudhoney, später auch Creed und Matchbox 20, vertreten wird oder wurde.

Auch die Fans haben sich verändert. Schlabberlook, ausgebeulte Hosen, grobkarierte Flanellhemden und klobige, schwarze Stiefel sind out, schicke Klamotten in. In den Clubs von Seattle lässt sich eine Rückkehr zur gepflegten Lounge-Musik der 1960er Jahre beobachten – *cocktail culture* genannt.

Wohin also am Abend? Ins **Triple Door** (216 Union St., ℃ 206-838-4333) zu gehobener Musik, zum **Neumos** (925 E. Pike St., ℃ 206-709-9442) zu Seattle-Grunge, zum **Chop Suey** (1325 E. Madison St., ℃ 206-324-8005) zu Hard Rock bis Cool Jazz. Und zu Jazz pur? In **Dimitriou's Jazz Alley – Restaurant and Nightclub** (2033 6th Ave., ℃ 206-441-9729).

Aktuelles verraten die Szene-Gazetten und das Internetportal www.myseattlenightout.com. Angesagt ist zur Zeit Broadway auf Capitol Hill – mit Musikkneipen, Straßencafés, *funky* Restaurants und Backpacker-Herbergen.

E Der Riese in den Kaskaden
Ausflug zum Mount Rainier

Extratag: Seattle – Eatonville – Ashford – Mount Rainier N.P./ Nisqually Entrance – Longmire – Paradise (170 km/106 mi)

km/mi	Route
Vormittag	
0	Von Seattle auf I-5 South und WA-161 South bis
102/64	**Eatonville**. Dort ggf. (Kinder!) Besuch des **Northwest Trek Wildlife Park**.
Nachmittag	
	Weiter über Alder, WA-7 South, WA-706 East und Ashford zur
37/23	Nisqually Entrance des **Mount Rainier National Park**. Dann nach
12/7	**Longmire** (evtl. im **National Park Inn** einchecken) und weiter nach
19/12	**Paradise**.

Bei gutem Wetter kann man ihn von Seattle aus sehen, den Giganten unter den Kaskadenbergen. Mit 4392 Metern ist er fast so hoch wie der Mont Blanc. Es heißt von ihm, er mache sein eigenes Wetter: Der ganze Himmel mag blau sein, doch an seinem Gipfel schwebt eine einzige Wolke. In seinen hohen Partien ist er massiv vergletschert: Eine Kubikmeile Gletschereis soll auf ihm liegen! Darunter ist er dicht bewaldet. Der Nationalpark, der ihn umgibt, wurde 1899 gegründet, um seine Natur zu schützen und ihn für die Öffentlichkeit zugänglich zu halten.

Ein Besuch des Berges steht und fällt mit dem Wetter. Steckt er in Wolken, wäre ein Besuch ein trübes Vergnügen. Die Parkbehörde warnt: »Man sollte bedenken, dass das Bergwetter sehr wechselhaft ist. Regen und Kälte können zu jeder Jahreszeit auftreten. Obwohl Ende Juli und August die trockenste und wärmste Jahreszeit ist, kann auch der Sommer feucht und kühl sein.«

Ausflug zum Mount Rainier

Der Park liegt 87 Meilen von Seattle entfernt. Ab **Nisqually Entrance** in der Südwestecke des Parks sind es dann noch sieben Meilen bis **Longmire** (auf 822 m Höhe) und weitere zwölf bis Paradise (auf 1652 m). Diese Strecke wird auch im Winter schneefrei gehalten. Bei der Einfahrt in den Park zahlt man 15 Dollar pro Wagen, egal wie viele Personen mitfahren. Dafür kann man eine Woche bleiben. Lassen Sie sich bei der Einfahrt die (kostenlose) Karte des Nationalparks geben. Ein alternativer Zugang von der »Rückseite«, also von Osten her, ist nur im Sommer möglich.

Der Ausflug ist als Tagestour von Seattle aus möglich, viel sinnvoller aber ist eine Übernachtung im historischen (von 1917) **National Park Inn** in Longmire oder im **Paradise Inn**. Der National Park Inn hält als anerkanntes »Historisches Hotel« die Tradition hoch. Das heißt, dass man neben der rustikalen Architektur 25 kleine Zimmer mit Waschbecken, ohne Schreibtisch, TV oder Telefon vorfindet, dafür aber mit Etagenklo und Etagendusche. So war es auch schon 1995.

Zum historischen Flair des Hauses gehören außerdem ein steinerner Kamin in der Halle, ein familienfreundliches Restaurant, ein Kaufmannsladen in einem Blockhaus von 1911, ein Museum sowie die Nähe zu einem ehemaligen Mineralbad. Ein weiterer Vorzug des Gasthofs besteht darin, dass er ganzjährig und täglich geöffnet ist. Man bucht ihn über eine zentrale Reservierungsstelle (siehe S. 79).

Östlich und oberhalb von Longmire liegt **Paradise**, im Sommer ein »Paradies« der Wildblumen, im Winter eines von Winterfreuden. Man findet Unterkunft im Paradise Inn, allerdings nicht im Winter. Besuchen Sie auf jeden Fall das **Paradise Jackson Visitor Center**, es ist auch dann noch sehenswert, wenn sich der Berg in Wolken hüllt. Es offenbart das Wesen des Berges und des Parks auf eindrucksvolle Weise in Wort, Bild und Film.

Ein Video stimmt nachdenklich. Mount Rainier ist ein aktiver Vulkan. Für Geologen steht nicht in Frage, ob er ausbricht, son-

Mount Rainier (4392 m) – hier ohne »Mütze«

dern wann. Sein letzter Ausbruch war 1894, sein Nachbar Mount St. Helens explodierte 1980. Das Wasser im Bach bei Longmire ist jedenfalls auffällig warm. Die Ebene zu Füßen des Vulkans ist dicht besiedelt und diese Siedlungen stehen auf einem alten Schlammstrom (Lahar) aus Mount Rainier. Zusammen mit dem U.S. Geological Survey wurde ein Lahar-Warnsystem eingerichtet. Der Vulkan ruht, aber er schläft nicht.

Was gibt es außer Wildblumen im Sommer und Schnee im Winter? Dichten Regenwald (auch *old growth*), viele Arten Wild (Hirsch, Bergziege, Schwarzbär), Wanderwege, Kletterwände, naturkundliche Führungen vom Ranger und – wenn das Wetter gnädig ist – eine herrliche Aussicht.

Und was gibt es für Kinder? Im Winter viel Vergnügen im Schnee. Hierzu ein Tipp. Auf dem Wege nach Mount Rainier liegt der Wildpark **Northwest Trek** bei Eatonville (siehe »Mit Kindern unterwegs«, S. 33).

Aber wie kommt der Berg zu seinem Namen? Als George Vancouver 1792 die Küste erkundete, ehrte er damit einen Freund namens Peter Rainier. Man spricht den Namen übrigens nicht französisch aus, sondern mit langem »i« wie in *Tier* in der zweiten Silbe.

Mount Rainier im Frühling

Ausflug zum Mount Rainier

E Service & Tipps

🏨ℹ️ Mount Rainier National Park
55210 238th Ave. E. (Verwaltung, nicht Zugang), Ashford, WA 98304
℃ (360) 569-2211 und (360) 569-6575
www.nps.gov/mora/index
Eintritt pro Auto $ 25 (einschließlich Insassen)
Zufahrt ab Seattle über I-5 South, WA-512 East, WA-7 South, WA-706 East und Ashford. Nur dieser südwestliche Zugang ist ganzjährig geöffnet. Informative Website!

🛏️ Rainier Guest Services
55106 Kernahan Rd. E., Ashford, WA
℃ (360) 569-2400 und 1-855-755-2275
www.mtrainierguestservices.com
Vermittelt Unterkunft in National Park Inn und Paradise Inn.

🐾 Northwest Trek Wildlife Park
11610 Trek Dr. E., Eatonville, WA
www.nwtrek.org
Sommer tägl. 9.30–18, Winter Fr–So bis 15 Uhr
Eintritt $ 22.25/14.25/10.25 (5–12/3–3 J.)
Zu Fuß oder mit Wagenzug *(tram)* durch einen Wildpark mit heimischen Tieren.

Eisgraues Murmeltier (Marmota caligata) im Mount Rainier National Park

Schneeziege (Mountain goat) im Paradise Valley, Mount Rainier National Park

2 Näher an die Kaskaden
… mit Zwischenstopps am Sund

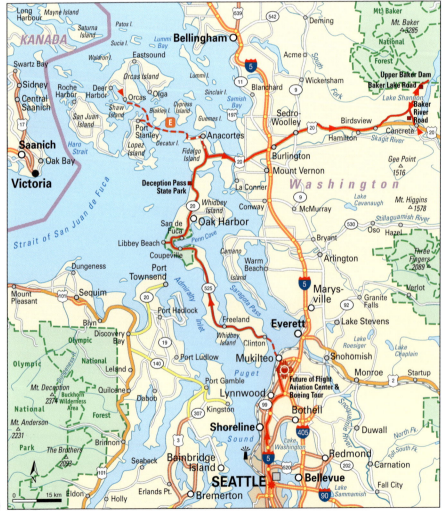

... mit Zwischenstopp am Sund **2**

2. Tag: Seattle – Whidbey Island – Burlington – Sedro-Woolley – Concrete (251 km/157 mi)

km/mi	Route
Vormittag	
0	Von **Seattle** auf I-5 North bis Exit 182, dann WA-525 North zur Fähre
42/26	**Mukilteo–Clinton**. (Ab I-5 besteht die Option, **Boeing** in Everett zu besuchen.) Auf **Whidbey Island** WA-525 North zur alten Stadt
Mittag	
48/30	**Coupeville** an der Penn Cove. Bummel über **Front Street** und den historischen Pier (Lunch hier oder Picknick später). **Madrona Way** bis WA-20, dann kurz WA-20 links (Süden), dann rechts (Westen) in Libbey Road und geradeaus zum kleinen Park
	Libbey Beach. Dort Picknick und Rast im Grünen. Weiter auf WA-20 East zum
Nachmittag	
44/28	**Deception Pass State Park:** Dort ggf. Nature Trail und CCC Interpretive Center. Dann WA-20 East zum
8/5	Abzweig WA-20 SPUR nach Anacortes (siehe Extratag, S. 90 f.), von dort weiter auf WA-20 East über **Burlington**, **Sedro-Woolley** und **Hamilton** nach **Birdsview**. Von hier Abstecher über
58/36	Baker Lake Road nach **Baker Lake**. Dann über Upper Baker Dam und Baker River Road nach
Abend	
51/32	**Concrete**.

Raus aus der Großstadt, hinaus aufs freie Land! – so könnte der Stoßseufzer eines Urlaubers klingen, dem es in Seattle zu eng und zu laut geworden ist. Ihm steht heute eine kurze Fährfahrt mit den Washington State Ferries bevor, er wird Whidbey und Fidalgo Island der Länge nach durchqueren, um schließlich den Fußhügeln der Kaskaden zuzustreben. Auf einem Umweg kann er bei Interesse das Flugzeugwerk von Boeing besichtigen. Er könnte im beliebtesten State Park von Washington eine Rast einlegen und den professionellen Gartenbau im Gebiet von Roozengaarde bewundern. Dann aber lockt unwiderstehlich: das Gebirge.

Autofähre von Mukilteo nach Clinton auf Whidbey Island

2 Näher an die Kaskaden

Leuchtturm von Mukilteo am Possession Sound

Auf jeden Fall nimmt man die Kaskaden nicht im Sturm, dazu sind sie zu schade. Zu schaffen wäre es: Von Seattle über den North Cascades Highway bis Winthrop sind es »nur« 196 Meilen. Doch eine solche Behandlung hat das Kaskadengebirge nicht verdient. Lieber streift man noch ein wenig durch die Küstenebene und lässt sich dabei von den Bergen im rechten Wagenfenster begleiten. Außerdem: Die Inselwelt am Puget Sound hat auch ihre Reize …

Der Länge nach durch Whidbey Island

Auf der Interstate I-5 North (WA-99 ist auch nicht schöner!) geht es ohne Umschweife zur Fähre nach Mukilteo, falls man nicht vorher noch den Flugzeugbauern in Everett über die Schulter schauen will (siehe MAGIC MOMENT, S. 87). Die Fähre von **Mukilteo nach Clinton** verkehrt halbstündlich und braucht 20 Minuten für die Überfahrt nach **Whidbey Island**; sie kostet 13.40 Dollar für zwei Personen mit Auto. Dann steht man auf der schönen, grünen Insel, der längsten der USA (nachdem Long Island, New York, zur Halbinsel erklärt wurde).

Der Morgen in Seattle ist kostbar. Vielleicht nutzen Sie ihn noch für einen Abschiedsbummel durch Downtown oder über Pike Place Market, einen Spaziergang durch das Arboretum oder einen Besuch der Chittenden Locks… (siehe Extratag »In und um Seattle«, S. 68 ff.).

Schön und grün – wenn man über die vielen Baumstümpfe hinwegsieht. Der Inselführer vermerkt trocken: »Die meisten Waldgebiete auf Whidbey Island waren bis 1900 abgeholzt oder abgebrannt. Das

Weichenstellung

Vor Antritt der Etappe muss man wissen, ob der North Cascades Highway (WA-20) passierbar ist. Kritisch sind die Eckmonate April und November. Auskunft über Straßenverhältnisse unter ✆ 511 oder www.wsdot.wa.gov/traffic/passes/northcascades. Bei Wintersperre auf US-2 East, US-97 North und WA-153 ausweichen.

La Conner ist schöner als Concrete, aber Concrete liegt näher am Pass. Übernachtungsalternativen sind Anacortes (siehe Extratag, S. 90 f.), Burlington oder Sedro-Woolley. In Concrete oder Rockport muss man sein Quartier sicher haben (isolierte Lage!).

Zu Boeing siehe MAGIC MOMENT, S. 87. Will man am Folgetag auf Skagit Tour gehen, muss man dort angemeldet sein (siehe 3. Tag, S. 97).

Die **San Juan Islands** erreicht man via WA-20 SPUR ab Anacortes (siehe Extratag, S. 90 f.). – Bei **Burlington** hat man Anschluss an I-5 nach **Vancouver** (BC, 122 km/76 mi) und die Routen des VISTA POINT Reiseführers »West-Kanada«.

... mit Zwischenstopp am Sund

verbliebene Waldland besteht aus Douglastannen, Zedern und Erlen der zweiten oder dritten Generation. Rhododendron und Madrona sind auf Zentral-Whidbey heimisch und verbreitet.«

Eine erste Station könnte das gemütliche alte »Kapitänsstädtchen« **Coupeville** an der Penn Cove sein, immerhin schon 1852 gegründet, sieben Jahre nachdem die ersten Siedler nach Washington kamen und bei Tumwater Falls siedelten. Sicher ist es hier nicht immer so ruhig (wie an diesem Wochentag im Mai), denn eilige Großstädter aus Seattle fahren am Wochenende gerne eine »Schleife« über die Länge der Insel und kehren über die Interstate I-5 zurück.

An der alten **Front Street** lässt sich schön promenieren und bei Toby's Tavern und Captain's Galley hereinschauen oder gar im **Knead & Feed** oder auf der Terrasse des **Coupeville Cafe & Harbor Store** eine Lunchpause einlegen. Das Café besetzt das Ende eines historischen Piers, wo man die Wellen klatschen und die Wasservögel schreien hört. Wer zudem noch Appetit auf nordwestliche Heimatkunde hat, besucht das Island County Historical Society Museum. Auch um die gepflegten Viktorianerhäuschen auf der Hochfläche weht ein Hauch von Geschichte.

Oder aber, man spart sich den Appetit für ein Picknick im Grünen auf. Der schöne **Madrona Way** führt an der Penn Cove entlang und am vielgerühmten Captain Whidbey Inn – ganz aus Madrona – vorbei. Dann gelangt man über Libbey Road geradewegs zum Meer, aber es ist nicht das Meer, sondern nur die Strait of Juan de Fuca.

Der sanfte, kleine Park von **Libbey Beach** steht in keinem Reiseführer. Es gibt dort ein paar Picknicktische, einen Unterstand gegen den Regen und eine Toilette. Sobald man seine Vorräte aus Kühltasche und Kofferraum geholt hat, kommt ein Hase aus dem Gebüsch und schaut zu. Menschen sieht man keine. Einzig ein älterer Herr mit seiner Sozia dreht mit dem Chopper eine Runde. Der

Im Deception Pass State Park auf Whidbey Island

Strand ist steinig. Die Küste bilden hier abgerutschte Sedimente, man möchte darauf herumklettern. Auf der Klippe stehen windzerzauste Fichten.

Dann geht es zurück zur WA-20 East und weiter nach **Deception Pass**. Stellen Sie das Auto auf einem der seitlichen Parkstreifen vor der Brücke ab – und schauen

Die Brücke über Deception Pass – CCC was here

2 Näher an die Kaskaden

Sie in den Abgrund. Tief unter der Brücke wirbeln die Gezeitenströme durch die Passage, die Flut drückt sie mit einer Geschwindigkeit von bis zu neun Knoten hindurch. Und das hat Kapitän Coupe einst mit dem Viermaster gemeistert! Den Namen für die Passage hat allerdings Kapitän Vancouver gestiftet, als er nämlich 1792 seinen Irrtum erkannte, Whidbey für eine Halbinsel gehalten zu haben.

Mit über 3,5 Millionen Besuchern pro Jahr ist **Deception Pass State Park** der meistbesuchte State Park Washingtons. Das sieht man an den vielen jungen Leuten, die sich vor ihren Kugelzelten die Fische braten, die sie am Steg gefangen haben. Dem Tagesbesucher bietet der Park einen Nature Trail mit Erläuterungen (0.25 mi, 30 Minuten) und einen Pfad, der vom Scenic-Vista-Parkplatz hinunter zu den Strudeln der Meerenge führt.

Ganz andere Aspekte kommen im **Interpretive Center** des **Civilian Conservation Corps** (CCC) im Nordteil des Parks zur Sprache. Der CCC hat nämlich – für einen lächerlichen Preis – 1935 die Brücke über Deception Pass und so manches andere im Park gebaut. Etwas vom Pathos der großen Gemeinschaftsprojekte unter Franklin D. Roosevelt und dem New Deal kommt in Exponaten wie »The Best Time of My Life«, »Building Men« und »Glimpses of Camp Life« zum Ausdruck. Pfadfinderromantik? Sozialutopie? Der Tourismus im Pazifischen Nordwesten hat den Programmen der 1930er Jahre viel zu verdanken, an der Oregon Coast kommen wir darauf zurück.

Ein paar Meilen nördlich scheiden sich die Geister. An einer Wegkreuzung geht es links nach Anacortes und zu den San Juan Islands und rechts nach Burlington und in die North Cascades. Die Gelegenheit ist günstig für einen Absprung ins Inselparadies (siehe Extratag, S. 90 f.). Es empfiehlt sich allerdings, das »Paradies« nur an Wochentagen außerhalb der Saison zu besuchen, denn es ist ein Touristenliebling ersten Ranges. Wir halten uns rechts und folgen WA-20 East.

Quer durchs Kaskadenvorland

In der Schwemmebene des unteren Skagit River, zwischen La Conner und Mount Vernon, kann man im Frühjahr sein blühendes Wunder erleben. Von Mitte März bis Anfang Mai blühen Osterglocken, Tulpen und Iris – in dieser Reihenfolge. Zum Skagit Valley Tulip Festival (in den ersten beiden Aprilwochen) blüht darüber hinaus der Fremdenverkehr, dann wird es eng auf den Straßen und in den Unterkünften. Mitten im Tulpenland lockt **Roozengaarde** mit einem Schaugarten. Name, Tulpen und die eingedeichten Marschen verraten eine *Dutch connection*. Inzwischen wurde Roozengaarde von der Washington Bulb Company übernommen, dem größten Versandhaus der Welt für Tulpenzwiebeln.

Doch es wachsen nicht nur Blumen im unteren Skagit Valley, sondern auch Obst und Gemüse, wie man bei Country Farms Produce in **Burlington** erleben kann. Gleich nachdem man mit WA-20 East in Burlington Boulevard eingebogen ist, steht rechter Hand ein prächtiger, altmodischer, gut sortierter Obst- und Gemüsestand (April bis Oktober). Man kaufe und verkaufe nach Möglichkeit die Produkte der Region, sagt der Manager. Also: Vitamine tanken für die Kaskadenreise! Das Auftanken des Wagens hat noch Zeit bis Sedro-Woolley.

Von nun an folgt der Highway parallel und schnurgerade den Gleisen der Burlington Northern Railroad. Die Bahn verbindet seit 1901 Rockport mit Anacortes. Aus den Kaskaden holte sie Holz, in umgekehrter Richtung schaffte sie Material, Maschinen und Versorgungsgüter zu den Dammbauten am oberen Skagit. Kurz vor dem Ortseingang nach Sedro-Woolley liegt das zentrale Büro des **North Cascades National Park**. Holen Sie sich hier die Karte des Nationalparks und die informative Broschüre »The Cascade Loop Scenic Highway«.

Sedro-Woolley selbst war einmal der Dreh- und Angelpunkt der Holzwirtschaft am Skagit River. Die »Zedern« *(Western redcedar, Thuja plicata)*, die in dieser Region wuchsen, dienten zur Herstellung von

... mit Zwischenstopp am Sund

Tulpenfarm bei Roozegaarde im Skagit Valley

Schindeln *(shakes)*, mit denen man überall in der Region wetterexponierte Häuserwände verkleidete. Zedernholz enthält einen Stoff, der es witterungsbeständig macht. Für die Indianer war die Zeder die Grundlage ihrer materiellen Kultur: Aus der Rinde fertigten sie Kleider und deckten damit ihre Häuser; aus den Wurzeln flochten sie Körbe; aus dem Stamm schnitzten sie Einbaumkanus und Totempfähle.

Heute erinnert nur noch der Name des Ortes an den einstigen Reichtum, und der ist noch dazu falsch geschrieben: *Sedro* meint spanisch *cedro* (für englisch *cedar*). Überhaupt, was macht eine Holzfällerstadt ohne Wald? Eben, sie erinnert daran. Die »Walking Tour Through Logging History« des Chamber of Commerce bringt außer der großen Baumscheibe am Visitor Center (in der Gabel zwischen WA-20 und Ferry Street) so gut wie nichts. Um das Jahr 1100 hatte diese Douglastanne gekeimt, 1948 wurde sie gefällt. Ein Prospekt feiert das als »Zähmung der Wildnis«. – Man sollte allmählich ans Tanken für die Passfahrt über die Kaskaden denken.

Im Hinterland des Skagit River

Weiter östlich ist ein ELK CROSSING angezeigt. Damit sind aber kein Elche, sondern amerikanische Hirsche gemeint. Sieben Meilen östlich von Sedro-Woolley sollte man auf die ländliche Lyman–Hamilton Road abzweigen, denn sie zeigt ein Stück des Landes abseits des Highways. **Hamilton**, dieses immer wieder von Überschwemmungen heimgesuchte Nest (seit 1877), war einmal eine Boomtown mit Eisenschmelze und dem stolzen Titel »Pitts-

2 Näher an die Kaskaden

Lower Baker Dam bei Concrete, Teil des Skagit Project von Seattle City Light

burgh des Westens«. Jetzt könnte man angesichts der paar verlorenen Bauten im Zentrum einem »schwindenden ländlichen Lebensstil« – so ein Besucherblättchen – nachtrauern. Das Postamt verkauft jedenfalls noch gültige US-Briefmarken.

Im Kern von Hamilton findet man an einigen Stellen die FLOOD LINE von 2003 markiert. Demnach hätte hier zum Höhepunkt der Flut bei einem mittelgroßen Mann gerade noch der Kopf herausgeschaut. Im Hamilton Market hat man die Konserven retten können. Ob die Überflutungen etwas mit den Kahlschlägen an den Bergflanken zu tun haben könnten? Nein, sagen die Shopkeeper, da seien ein paar Baumstämme im Turbinenhaus von Baker Dam stecken geblieben, so dass man die Schleusen nicht mehr habe schließen können ...

An der Nebenstrecke, die zurück zur WA-20 führt, befand sich noch in den 1990ern ein kleines Sägewerk. Es fabrizierte *shakes* und *shims*, Schindeln und Scheite aus Zedernholz, die der Zimmermann zum Ausgleichen von Fugen verwendet. Der Besitzer klagte damals, dass sein Geschäft zugrunde ginge, »weil die Umweltschützer der Welt mir meinen Rohstoff nehmen wollen«. Brachte er da vielleicht etwas durcheinander? Waren es nicht die Holzkonzerne, die hier mit ihren Kahlschlägen so gründlich aufräumten? Heute ist der Betrieb verschwunden.

Wenn schon Fast Food, dann sollte es ein Hamburger von Birdsview Burgers in **Birdsview** sein, denn im Inneren der Bude hängen historische Fotos. Von Birdsview führt die **Baker Lake Road** zunächst zum kleinen Park **Shadows of the Sentinels**. Der kurze Lehrpfad durch *old-growth forest* führt die Charakterbäume des Nordwestens vor: *Douglas-fir*, *Western hemlock* und *Western redcedar*, dazu an diesem Standort auch *Pacific silver fir*. Wenn man auf den Stämmen entlangläuft, merkt man erst, wie hoch die Bäume waren.

Etwa zwanzig Meilen vom Highway 20 entfernt passiert man das ehemalige Baker Lake Resort, heute Swift Creek Campground (von ReserveAmerica), das als Bleibe für Camper und Zeltler infrage kommt. An einer Stelle mit Seeblick zeigt sich die »Glory of Logging« (gängiger Topos) einmal anders. Aus dem Stausee ragen bei Niedrigwasser Hunderte mächtiger Baumstümpfe heraus. Zu Beginn des Jahrhunderts geschlagen, können sie aufgrund ihrer natürlichen Konservierungsstoffe nicht verrotten. Man stellt seinen Picknickkorb auf einen Stumpf am Ufer, breit und ausladend wie eine Rittertafel.

Soll man in **Concrete** nun erst in **Annie's Pizza Station** einkehren oder gleich Quartier beziehen? Erst einkehren, denn »Annie« weiß viel über Concrete. Sie hat ihre Pizzeria in einer ehemaligen Tankstelle eingerichtet und entsprechend dekoriert, das Gebäude ist nicht zu übersehen. Außerdem ist die Pizza gut und mittags wie abends zu bekommen.

Wer in Concrete übernachten will, kann ein Motel am Highway oder das feine Bed & Breakfast **Ovenell's Heritage Inn** aufsuchen. Wem weitere 17 Meilen nicht zu viel sind, könnte ferner auf dem weitläufigen Gelände des **Skagit River Resort** in **Rockport** Quartier beziehen. Diese originelle Ferienanlage am Fluss bietet Country Cabins, Theme Cabins, Chalets, Stellplätze für Wohnwagen und Zeltplätze. Überall laufen zahme Hasen herum – eine kunterbunte Website erzählt die Geschichte des Familienbetriebs.

Fertigungshalle der Boeing Company beim Tour Center bei Everett

✹ MAGIC MOMENT   Besuch bei Boeing

Haben Sie schon einmal einen Riesenjet im Bau gesehen? Einer der größten Flugzeugbauer der Welt öffnet die Tür für Touristen. Die Führungen dauern ca. 90 Minuten und zeigen die Montagehalle für die großen Jets 747, 767, 777 und 787 Dreamliner, ferner ein Video über die Geschichte des Konzerns.

Die Montagehalle mit ihren elf Stockwerken ist das größte Gebäude der Welt – so groß, dass sich darin Regenwolken bilden konnten. Drinnen werden acht Großraumflugzeuge, die sich in verschiedenen Bauphasen befinden, gleichzeitig montiert. Kinder unter 1,22 Meter (Körpergröße) dürfen nicht mit (sie könnten durchs Geländer rutschen); Kameras auch nicht (sie könnten einem Monteur auf den Kopf fallen). Besuchen Sie auch die Galerie des Future of Flight Aviation Center.

Boeing ist der größte Arbeitgeber der Region. Wer in Seattle »Boeing« sagt, muss wohl auch »Microsoft« sagen. Aber was soll eine Software-Firma ihren Besuchern schon zeigen? Auf der Webseite www.microsoft.com zeigt sie ihre Produkte.

◉✈ **The Boeing Company – Everett Plant Future of Flight Aviation Center & Boeing Tour**
Hwy. 526 (Tour Center), Everett, WA
℡ (360) 756-0086 und 1-800-464-1476 (Reservierung)
www.futureofflight.org/fof_Boeing.html

Tägl. 8.30–17.30 Uhr, Führungen stündl. ab 9 Uhr, Eintritt $ 18/12 (bis 15 J.) (ohne Reservierung $ 20/14, *first come, first served*), nur Ausstellung $ 10
Anfahrt ab Seattle über I-5 North bis Exit 189, dann 3 mi auf WA-526 West bis BOEING TOUR CENTER (nicht Visitor Parking!).

2 Service & Tipps

ℹ The Cascade Loop Association
Wenatchee, WA 98807
✆ (509) 662-3888
www.cascadeloop.com
Publiziert jährlich die Broschüre »The Cascade Loop Scenic Highway« (gratis), die in Hotels, Besucherzentren usw. ausliegt. Bestellung ist auch per Post möglich.

Coupeville, WA

✖ 🍴 Toby's Tavern
8 Front St. N.W., Coupeville, WA
✆ (360) 678-4222, www.tobysuds.com
Diverses Seafood, große Auswahl an Bieren aus der Region. $

✖ Knead & Feed – The Restaurant That Bakes
4 Front St. N.W., Coupeville, WA
✆ (360) 678-5431, www.kneadandfeed.com
Tägl. 9–15 Uhr
Gut für einen leichten Lunch mit *homemade bread*, Kuchen, Suppen und Salaten. $

🏕 ℹ Deception Pass State Park
WA-20, 9 mi nördl. Oak Harbor
www.parks.state.wa.us/497/Deception-Pass
Zwei Teile, nördlich und südlich von Deception Pass. Einer der schönsten State Parks in WA. Erholungsmöglichkeiten, Natursehenswürdigkeiten. 246 Stellplätze, keine *hookups*. – Im Nordteil: **CCC Interpretive Center**, ✆ (360) 675-3767, Sommer 10–18 Uhr.

⚠ Hinweis: Reservierung für alle WA State Parks über ✆ 1-888-226-7688 (www.parks.wa.gov).

🏨 ✖ Hampton Inn & Suites Burlington
1860 S. Burlington Blvd., Burlington, WA
✆ (360) 757-7100 und 1-855-271-3622
www.hamptoninn3.hilton.com
Hotelkette. Sauber, praktisch. Frühstück gratis, Dinner im **Sakura Steak House & Sushi Bar**. $$–$$$

🏕 ℹ North Cascades National Park – Headquarters
810 WA-20 (westl. Sedro-Woolley)
Sedro-Woolley, WA
✆ (360) 854-7200 (Visitor Information)
www.nps.gov/noca
Memorial Day (letzter Mo im Mai)–Mitte Okt. tägl., sonst Mo–Fr 8–16.30 Uhr
Hier schriftliche Auskünfte einholen! Infos über Straßenverhältnisse, Wanderwege. Karte des North Cascades National Park (gratis). Für Touristen ergiebiger: Visitor Center in Newhalem (siehe 3. Tag, S. 100).

🏨 ✖ 🍴 Three Rivers Inn
210 Ball St. (WA-20, nahe WA-9)
Sedro-Woolley, WA
✆ (360) 855-2626 und 1-800-221-5122
www.thethreeriversinn.com
Relativ neues Motel mit 40 geräumigen, komfortablen, sauberen Zimmern; »verkehrsgünstig« am Highway. Pool & Jacuzzi, RV-Parkplatz. **Alfy's Restaurant**. $$

🏨 Ovenell's Heritage Inn B & B
46276 Concrete Sauk Valley Rd.
Concrete, WA
✆ (360) 853-8494, www.ovenells-inn.com
Blockhaus-Cabins und Ranch; »Luxus auf dem Lande«! $$$

🏨 ✖ Skagit River Resort
58468 Clark Cabin Rd. (WA-20, MP 103.5)
Rockport, WA
✆ (360) 873-2250 und 1-800-273-2606
www.northcascades.com
Voll möblierte Ferienhäuschen für Familien, romantische Cabins am Fluss, einige mit Kamin und Terrasse. Zeltplätze. **Eatery** mit Hausmannskost ($). $$

🏨 Unterkunftsmöglichkeiten auch im **Grace Haven** (9303 Dandy Place, WA-20, MP 103, ✆ 360-873-4106, $$) in **Rockport** oder im **Buffalo Run Inn** (60117 WA-20, ✆ 360-873-2103, www.buffaloruninn.com, B & B, $$) in **Marblemount**.

🏕 Rockport State Park und **Howard Miller Steelhead Park** siehe 3. Tag, S. 100.

Alter Pier mit Gastronomie, Coupeville an der Penn Cove

Der schneebedeckte Mount Baker

E Unterwegs mit Fähre und Fahrrad
Besuch auf den San Juan Islands

Extratage-Programm:
Anacortes – Lopez Island – Orcas Island – Anacortes (mit Fähre und Fahrrad)

Eine Karte finden Sie beim 2. Tag, S. 80.

Wenn man im Lande jemandem erzählt, man werde die San Juan Islands besuchen, dann bekommt der- oder diejenige verträumte Augen und erwidert: *Oh, you'll love it there.* Das klingt fast schon verpflichtend. Also gut, zwei Tage mit Fähre und Fahrrad, zuvor eine Übernachtung in Anacortes, dann eine auf Orcas, warum nicht? Übrigens, ein Tagesausflug als Stippvisite geht auch.

Der Absprung ist am zweiten Reisetag möglich: Man zweigt von WA-20 auf WA-20 SPUR ab, fährt die paar Meilen nach Anacortes, übernachtet dort, schnappt sich die Broschüre »Bicyclists' Touring Companion for the San Juan Islands«, holt sich sein Fahrrad und geht an Bord. Die Washington State Ferries verkehren mehrmals täglich zu den vier großen Inseln **Lopez, Shaw, Orcas** und **San Juan**. Die Fahrt ist nicht teuer: Man zahlt bis Orcas 12.70 Dollar plus vier Dollar fürs Fahrrad, die Rückfahrt ist frei. Das Rad kann man auch in Anacortes oder auf Lopez mieten, der Hotelwirt weiß mehr.

Es wäre schade, die Inseln mit dem Auto abzufahren, außerdem drohen Autoschlangen vor den Fähren. Ein Wechsel des Mediums tut gut, man merkt es, sobald man an Bord ist. Mit dem Ablegen ticken die Uhren langsamer, Spannungen lösen sich, Entscheidungen an Wegekreuzen entfallen, Telefonate mit künftigen Wirten – leider nicht mehr. Schon die Seefahrt ist ein Erlebnis. Auf dem offenen Wasser beginnt frischer Wind die Wellen zu kräuseln, Mount Baker schwebt am Horizont. Geht man unter Deck, gerät man ins fröhliche Treiben von Familienausflügen.

Die Inseln sind in der Region höchst beliebt, sowohl als Ausflugs- wie auch als Ferienziel. Die Folge ist: An schönen Sommerwochenenden treten sich die Touristen in Friday Harbor auf die Füße, dann ist hier alles ausgebucht. Die besten Reisezeiten sind daher Frühjahr und September/Oktober. Man kann auch im Winter anreisen. Dann besinnen sich die Künstler auf ihre Kunst, die Zimmerpreise fallen – auf die Hälfte.

Schwertwal (Orca) bei den San Juan Islands

Besuch auf den San Juan Islands

Die Künstler und Kunsthandwerker auf den San Juans sind ein Reisegrund für sich. Auf **Orcas** schmiegt sich eine traditionsreiche Töpferei in die Landschaft, die **Orcas Island Pottery**. Bei dem Dörfchen **Olga** haben sich Maler, Töpfer, Juweliere, Holzschnitzer, Bildhauer, Grafiker, Glasbläser, Textilwerker und andere zur Künstlerkooperative **Orcas Island Artworks** zusammengeschlossen, im **Cafe Catkin** stellen sie aus.

Die schönen Inseln erlebten die übliche »Erfolgsstory«: Künstler entdeckten sie, dann kamen die Makler, dann die Bürger und schließlich die Touristen. Aus den Inselzeitungen schauen einen freundlich grinsende Immobilienhändler an, die alles Mögliche verkaufen wollen – in bester Uferlage mit Sonnenuntergang, natürlich. Als Folge sind die meisten Küsten in Privatbesitz, Schilder mahnen PRIVATE ROAD und PRIVATE PROPERTY an. Einer der größten Eigentümer, der Schiffsbauer Robert Moran, kaufte gleich 30 Quadratkilometer auf Orcas; zum Glück machte er die Hälfte davon zum **Moran State Park**.

Ein Programm für die Inseln? **Lopez** gilt als die beste Insel zum Radfahren. Nach dem Anlegen schiebt man sein Rad die Steigung hinauf, bis sich die Wiesen der Hochfläche vor einem ausbreiten. Dann radelt man gemächlich zum »Village« (8 mi) hinüber oder weiter zum Otis Per-

Pier von Roche Harbor auf San Juan Island

kins Park (8 mi) im Westen oder – wenn die Kondition reicht – zum schönen **Agate Beach County Park** an der Outer Bay (vom Village aus 25.6 mi).

Am Abend könnte man nach Orcas übersetzen und sich im alten **Orcas Hotel** einquartieren. Ist man dort Gast, kann man dreierlei genießen: den Anblick des Treibens am Landing, das historische Flair des viktorianischen Hauses und das Frühstück aus hauseigener Bäckerei – mit frisch gepresstem Orangensaft und Starbucks-Kaffee. Und wo spielen die Schwertwale, die in den Broschüren so heftig beschworen werden, und wann? Vielleicht sieht man sie noch bei der Rückfahrt vom Deck aus.

Service & Tipps

Official Travel Guide – San Juan Islands
www.visitsanjuans.com
Zentrale Auskünfte (via Homepage) zu Unterkunft, Aktivitäten etc.

Orcas Visitor Center
65 North Beach Rd., Eastsound
Orcas Island, WA 98245
(360) 376-2273, www.orcasislandchamber.com, Mo–Sa 10–15 Uhr

Majestic Inn & Spa
419 Commercial Ave. (Downtown)
Anacortes, WA
(360) 299-1400 und 1-877-370-0100
www.majesticinnandspa.com
Kleines Grandhotel von 1889, mit 23 »romantischen« Zimmern. Dinner im feinen **5th Street Bistro** mit frischen Zutaten, Mikrobräu. $$$–$$$$. – Preisgünstiger ist **Ship Harbor Inn** nahe Fährhafen: (360) 293-5177 und 1-800-852-8568, www.shipharborinn.com. $$–$$$

The Orcas Hotel
18 Orcas Hill Rd., Orcas, WA
(360) 376-4300, www.orcashotel.com
Viktorianisches Hotel von 1904 mit zwölf Zimmern, direkt am Landing. Dinner in **Octavia's Bistro**; feines Frühstück. $$–$$$$

3 Kaskadentransversale
Durch die North Cascades zum Methow Valley

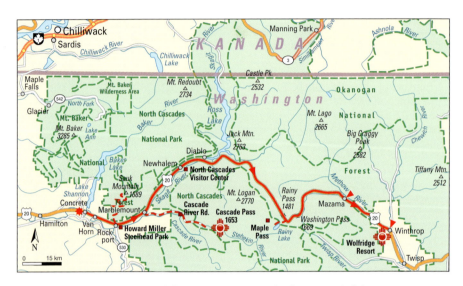

3. Tag: Concrete – Marblemount – Newhalem – Diablo – Mazama – Winthrop (166 km/104 mi)

km/mi	Route
Morgen	
0	Von **Concrete** auf **North Cascades Highway** (WA-20 East) nach
14/9	**Rockport** mit Spaziergang im **Rockport State Park**. (Option: Bergfahrt über FS-1030 zum **Sauk Mountain Overlook**.) Im **Howard Miller Steelhead Park** nachschauen, ob Adler da sind. Weiter nach
13/8	**Marblemount**. (Option: Über Cascade River Road zum **Cascade Pass** mit Wanderung.) Stippvisite am **Goodell Creek Campground**, dann weiter zum
Mittag	
26/16	**North Cascades Visitor Center** in Newhalem. Aufwärts zum
Nachmittag	
56/35	**Rainy Pass**. Wanderung (1 mi) zum **Rainy Lake**. (Option: Gebirgswanderung nach Lake Ann, Heather Pass und/oder Maple Pass.) Weiter zum
8/5	**Washington Pass Overlook** mit Lehrpfad und Aussicht. Weiter nach **Mazama** oder
Abend	
49/31	**Winthrop**. Bummel durch die Kulissen der »Western Town«.

Durch die North Cascades zum Methow Valley 3

North Cascades Highway (Hwy. 20) bei Washington Pass, North Cascades National Park

Von der Betonstadt Concrete zur Western Town Winthrop – welch ein Gegensatz! Und dazwischen Wald, Berge und ein Pass. Der North Cascades Highway gilt als eine der schönsten Panoramastraßen der USA. Er ist wunderbar geführt, streift idyllische Campingplätze und erlaubt es, sich gelassen im Wagen zurückzulehnen. Im Visitor Center bei Newhalem kann man sich über den North Cascades National Park informieren. Wer es wünscht, findet Wanderwege vom Highway weg. Jenseits des Kammes wartet das liebliche Methow Valley – mit immer besserem Wetter. Man findet dort eine Vielzahl gediegener Unterkünfte, ganz nahe an der Natur.

Würde sich **Concrete** mit dem schicken »Fischerdorf« La Conner und der pittoresken Western Town Winthrop an beiden Enden der Kaskadenroute vergleichen, so müsste es sich verschämt hinter seinem wuchtigen Betonsilo verstecken. Der entbietet mit großen Lettern sein WELCOME TO CONCRETE – und das stammt noch aus einem Hollywoodfilm. Concrete ist so solide, wie der Name sagt: Sogar die Häuser in Uptown sind aus Beton, nachdem die hölzerne Downtown 1921 niederbrannte.

Weichenstellung

Auftanken! Zwischen Marblemount und Winthrop (86 mi) gibt es keine Tankstellen. Picknick vorbereiten, da die Gastronomie im Park knapp ist. Campingplätze des Nationalparks dulden Picknickgäste, doch Übernachtungsgäste haben Vorrang. – Die »Extratouren« (unten) sprengen den Zeitplan für diesen Tag. – Apropos Wintersperre: Der Highway ist nicht gänzlich gesperrt, Campingplätze, Adlerbeobachtung bis Newhalem sind zugänglich.

Hiker im North Cascades National Park

Seit die Zementwerke in den 1960ern geschlossen wurden, stirbt die Stadt – aber sie wehrt sich. »Es ist eine Stadt für das eigene Umland, die eigenen Leute«, sagt die Dame vom Chamber of Commerce. Jawohl, der Werkzeugladen Cascade Supply in der Main Street, wo Nägel pfundweise verkauft werden, ist noch da, und auch der Liquor Store hält die Tradition der Arbeiterstadt hoch. Ein Buchladen, ein Quilt Store und ein Glasbläser seien hinzugekommen, und ein Restaurant namens Cajun & More habe den Betrieb aufgenommen. Die Stromleitungen seien kürzlich unter die Main Street verlegt worden …

Concrete ist eine Ghost Town der Zementindustrie. Der alte Department Store (seit 1919), der wie ein Fossil aus den 1940er Jahren wirkte, ist verschwunden. Das Cement City Theater, das seit 1922 die Einwohner mit Kultur versorgte, hat seine Pforten geschlossen. Der historische T. P. Inn, der mit seinem Namen (T. P. = Thuja plicata oder *Western redcedar*) dem Charakterbaum der Region die Ehre erwies, hat nach 74 Jahren (!) den Betrieb eingestellt.

Nach einem morgendlichen Gang durch die spröde Stadt lockt die wilde Natur der Kaskaden umso drängender. Werfen Sie noch einen Blick auf den Fluss. Biegen Sie am Chamber of Commerce rechts in die South Dillard Avenue ein, dann wieder links in die Baker Bar Road: Vor Ihnen liegt die Mündung des Baker in den Skagit River. Meterhoch türmt sich das Treibholz, Reste einer *log jam* im Skagit.

Mehr als eine Straße: der North Cascades Highway

Heute ist »das Medium die Botschaft«, der Weg das Ziel. Der **North Cascades Highway** gilt als eine der schönsten Gebirgsstrecken des Landes. Man kann die Fahrt genießen, aus dem Fenster schauen und die Landschaft wie im Film an sich vorübergleiten lassen – so elegant ist die Straße geführt. Sie hebt den Reisenden in luftige Passhöhen und lässt ihn jenseits des Kammes wieder sanft herab. Dort wird alles anders sein, vor allem das Wetter: Wenn es hüben regnet, stürmt oder schneit, scheint drüben die Sonne.

Die **North Cascades** sind ein Wanderparadies für den Sommer. In ihren Wilderness Areas finden Backpacker unberührte Natur – und stoßen auf die Spuren eines frühen Bergbaus. Auf den Campingplätzen des Parks gibt es reichlich Freizeitangebote: Lehrpfade, Vorträge der Ranger, Raft-Trips … Zumindest *ein* Picknick im Freien sollten Sie sich erlauben, auf den Campgrounds stehen die Tische dazu.

Der Nationalpark ist ganzjährig geöffnet, doch von Mitte/Ende November bis Mitte/Ende April versinken die höheren Teile des Highways im Schnee. Ebenso sind die Wanderwege in höheren Lagen oft erst im Hochsommer (Juli bis September) passierbar. Wenn hier im Winter alles dicht macht, kommen die Adler. Von Dezember bis Februar hocken sie um Rockport auf den Bäumen und warten auf Aas, das den Skagit heruntertreibt.

Durch die North Cascades zum Methow Valley **3**

Weithin begleiten kahl geschlagene Bergflanken die Strecke, doch im **Rockport State Park** ist es möglich, in tiefen, moosverhangenen Urwald *(old growth)* einzutauchen. Die 300-jährigen Douglastannen blieben durch eine Spende der Holzgesellschaft erhalten. Im Halbdunkel des Waldbodens gedeihen Farne. Der Park ist durch ein fünf Meilen langes Wegenetz erschlossen, im Büro des Campingplatzes erhält man ein Faltblatt dazu.

Einen schönen Kontrast bildet der lichte **Howard Miller Steelhead Park** bei Rockport, der sich an den Fluss schmiegt. Grüne Wiesen und verstreut stehende Riesenbäume laden zum Picknick ein. Gänse watscheln durchs Gras. Wenn die Witterung stimmt, springen und klatschen die Fische im Fluss. Zwischen Rockport und Marblemount hat man eine **Skagit River Bald Eagle Natural Area** eingerichtet. Warum die Adler *bald eagle* heißen, wenn sie doch gar nicht kahl sind? Weil sich *bald* von *piebald* ableitet und »scheckig« bedeutet, denn so sind anfangs die Jungen.

Die Winterwanderung der Weißkopf-Seeadler aus Alaska und British Columbia zwischen Dezember und Februar fällt mit den Laichzügen der Lachse *(chum salmon)* im Skagit und Cascade River zusammen. Die Fische laichen ab, treiben ermattet den Fluss hinunter und sterben; die Adler lauern auf sie in den höchsten Ästen der Pappeln und Erlen am Ufer. Der Wappenvogel der USA ist ein Jäger, Aasfresser und Müllarbeiter. Im Winter kann man die Adler vom Kajak oder Schlauchboot aus beobachten.

Drei Meilen hinter Rockport säumen Plantagen von Beerensträuchern die Straße, sie gehören zum **Cascadian Farm Roadside Stand**. Die Firma erzeugt und vertreibt inzwischen landesweit Bio-Produkte. Für den Reisenden heißt es: Vorräte aufstocken – Marmelade, Säfte, eingelegtes Gemüse *(pickles)* … In der Saison gibt es Beeren zum Selberpflücken.

In **Marblemount** liegen die letzte Tankstelle, das letzte Restaurant und die letzte Unterkunft vor Mazama und Winthrop

Ausgewachsener Weißkopf-Seeadler am Skagit River

jenseits des Kammes. In den 1890er Jahren schwärmten von hier aus die Prospektoren in alle Ecken der North Cascades. Damals wurde auch der solide **Log House Inn** aus Zedernstämmen gebaut. In den Täfelungen seiner altersschiefen Gästezimmer erkennt man ohne Mühe die Maserung des Holzes. Hier müsste mal jemand investieren, meint die Dame von der Cascade Loop Association …

Im **Buffalo Run Restaurant** speist man rustikal mit Stil. Stilbildend ist hier der landesübliche *Cascadian style*, der mit viel Holz und hohen Giebeln aufwartet; dazu passen die historischen Fotos an den Wänden. Die Küche setzt auf selbstgemachte, heimische Speisen. Der mächtige Büffelkopf im Gastraum weist auf eine Spezialität des Hauses hin: *Bison bison*, das Totem-Tier der Großen Ebenen, vermischt mit Rind, wird als *buffalo burger* serviert. Wie es hier im Winter aussieht? Gegen Ende Oktober, wenn die Pässe verschneien, macht hier alles dicht.

Im North Cascades National Park

Der kleine **Goodell Creek Campground** am Skagit, ein paar Meilen vor Newhalem, erweist sich als Perle. Zwischen uralten Bäumen schweben die Zelte fast über dem Fluss. Im Sommer treffen sich hier die

3 Kaskadentransversale

Wildwasserkanuten. Am Put-in schicken Outfitter und Riverguides ihre Schlauchboote auf die spritzige Fahrt – Schwimmwesten sind Pflicht! Wenn von den nahen Stromschnellen die Schreckensschreie der Mädchen erschallen, mag sich der eine mit Grausen abwenden, der andere aber lässt sich im Visitor Center in Newhalem eine Liste der Veranstalter geben. Ihre Lunchpause nehmen die kühnen River-Rafter gewöhnlich bei Damnation (!) Creek. Take-out ist bei Copper Creek.

Das neue **North Cascades National Park Visitor Center** in **Newhalem** ist eine Attraktion für sich. Es hält Prospekte, Karten und Auskünfte zu Campingplätzen und Wanderwegen bereit und führt medial in Natur und Geschichte der Region ein. Die Diaschau kündet von der Allverbundenheit der Natur – kunstvoll, aber ziemlich allgemein. Der Ort Newhalem selbst wirkt in seiner Anlage künstlich, kein Wunder, ist ja auch eine Company Town von Seattle City Light.

Ab der Brücke über Gorge Lake gewinnt die Straße schnell an Höhe. Vom **Diablo Lake Overlook** blickt man auf einen smaragdgrünen See hinunter, aus dem kleine Bauminseln aufragen. Warum so grün? Das liegt an den Gneis-Partikeln, die die Gletscher oben vom Fels abschleifen. Unten trägt Diablo Dam spitze Türmchen à la Art déco, schließlich wurde der Damm in den 1920er Jahren erbaut. Man kann hinunterfahren und auf der Dammkrone ein wenig spazieren gehen.

Nur eine Drittelmeile kurz ist der **Happy Creek Forest Walk**, dazu bequem über Planken geführt und sogar im Rollstuhl zu befahren. Schulbuchmäßig führt er die Baumarten der Westseite der Cascades vor. Daneben plätschert – glücklich – der Happy Creek.

Nach **Ross Lake Overlook** geht es, am Granite Creek entlang, geradlinig und stetig bergauf. Die Luft kühlt merklich ab und bald säumen Schneereste die Straße (im Juni). In dieser Höhe werden *Pacific silver fir* und *Mountain hemlock* dominant, während zur Baumgrenze hin *Subalpine fir* überwiegt. Die Silbertannen ragen auf wie spitze Kirchtürme, und die Gebirgslärchen (*Mountain larch* oder *Tamarack*) foppen den Betrachter: Im Herbst rostig-braun und scheinbar sterbenskrank, sind sie im Sommer wieder grün.

Am **Rainy Pass** (1481 m) bündeln sich die Wanderwege. Der ebene und geteerte **Rainy Lake Trail** führt zum hübschen **Rainy Lake** (1 mi), bequem allerdings nur von

Diablo Lake Overlook am North Cascades Highway

Durch die North Cascades zum Methow Valley   3

Maultierhirsch (Mule deer) im North Cascades National Park

Juli bis September, denn zu anderen Zeiten holt man sich im Schnee nasse Socken. Wer richtig ausschreiten will, startet von hier zur **Lake Ann–Maple Pass Loop** (siehe »Extratouren«, S. 98 unten).

Beim **Washington Pass Overlook** (1669 m) erreicht der North Cascades Highway seinen höchsten Punkt. Ein Lehrpfad führt zu einem Granitfelsen, von dem aus man die Schlucht von Early Winters und den steilen Liberty Bell Mountain überschaut. Die Straßenbauer haben viel Gestein bewegt, damit sich der Reisende mit 30 Meilen pro Stunde elegant in die Haarnadelkurve legen kann.

Sinkflug ins Methow Valley

Das Bild der Landschaft ändert sich markant. Wichtigster Faktor dafür ist der Niederschlag, der von 2000 Millimeter jährlich auf der Westseite der Kaskaden auf 400

Die Skagit Tours von Seattle City Light

Die Elektrizitätsgesellschaft Seattle City Light bietet ab Newhalem Ausflüge zu ihren Anlagen am Diablo Lake an, darunter eine Bootsfahrt, Stadtrundgänge und die Besichtigung der Kraftwerksanlagen. Die **Diablo Lake & Lunch Tour** gibt es seit 80 Jahren, so beliebt ist sie. Check-in ist ab 10:15 Uhr im North Cascades Environmental Learning Center am Ufer des Diablo Lake. Vom Boot aus zeigt sich die ganze Pracht der Nordkaskaden. Die Tour endet mit einem »reichhaltigen Lunch aus lokal erzeugten, natürlichen Zutaten«. An Wochenenden gibt es zusätzlich die **Diablo Lake Afternoon Cruise** ab 13.45 Uhr.

Will man sich keiner Führung anschließen, darf man dennoch ein Stück den Diablo Dam Trail hinaufgehen, oder man nutzt die Örtlichkeiten von City Light zum Picknick. Oder man besichtigt die Company Town Newhalem mit ihrem General Store, ihren Wohnstraßen und exotischen Straßenbäumen. Wer mehr wissen will, kann im Learning Center des North Cascades Institute Kurse belegen und in dessen **Base Camp** schlicht übernachten.

◾✖ Seattle City Light – Skagit Tours
North Cascades Hwy. 20, MP 120
Newhalem, WA
✆ (360) 854-2589 (Infos und Reservierung)
www.seattle.gov/light/damtours/diablo tours.asp
Tickets beim **North Cascades Environmental**

Learning Center, 1940 Diablo Dam Rd., Diablo, WA (✆ 206-526-2599, www.ncascades. org/discover/ncelc).
Diablo Lake & Lunch Tour Ende Juni–Mitte Sept., Do–Mo, $ 42/21 (4–12 J.). Reservierung erforderlich. Geführter Rundgang durch **Newhalem** kostenlos.

3 Kaskadentransversale

Millimeter bei Winthrop abnimmt. Schon fünf Meilen nach dem Pass, am **Lone Fir Campground**, mischen sich erste Kiefern unter die Tannen; am Early Winters Campground steht bereits lichter Ponderosa- und Tannenwald und bei Winthrop überzieht schließlich das Oliv des Sagebrush (Artemisia tridentata), Leitpflanze der High Desert, trockene Hänge. Auch der Himmel hellt auf: Bald hängen nur noch ein paar Wolkenfetzen vor der schräg stehenden Sonne.

Die Straße nähert sich **Mazama**. Aus waldigen Höhen steigt hier das Wild herab zur Tränke am Fluss. Schilder mahnen: DEER MIGRATION NEXT 14 MILES. NIGHT 45 MPH. Die Maultierhirsche *(Mule deer)* und Weißschwanzrehe *(White-tailed deer)* werden trotzdem in großer Zahl überfahren. Tiefschwarze Bremsspuren künden von *roadkill*. Eine gute Chance, die Tiere lebend zu sehen, bietet die stille Lost River Road, die ab Mazama parallel zur WA-20 verläuft. Dort äsen sie in der Flussniederung. Hält man an, so stellen sie ihre Ohrenfächer auf und staksen geziert davon.

Im Methow Valley fällt die Wahl der Unterkunft schwer – so verlockend ist das Angebot. Man könnte bereits in Mazama Quartier nehmen und am mächtigen russischen Kamin des **Mazama Country Inn** zu Abend speisen. Hier hat der sportliche Tourismus Tradition, seit der legendäre Jack Wilson prominente Gäste auf *packing tours* in die wilde Natur der Kaskaden führte. In seiner Nachfolge vermittelt **Jack's Hut** auf dem Gelände des **Freestone Inn** naturkundliche Wanderungen, Ausritte zu Pferde und Skitouren *from hut to hut*. Ein Hubschrauberlandeplatz ermöglicht Heli-Skiing in fernen Höhen.

Würde man in Mazama übernachten, so könnte man am Morgen einen glitzernden Methow River begrüßen. Man würde auf den originellen **Mazama Store** stoßen, an dessen Kaffeebar vier Sorten Espresso und 20 Sorten offenen Tees serviert werden. Es gäbe Sandwiches aus bestem biologischen Stoff, ferner Riechöle und Campingbedarf. Und das Brot: Wo in Amerika gibt es am Rande der Wildnis einen solchen *rustic loaf*, ein dunkles, krustiges Brot aus eigener Herstellung? Vielleicht ginge man auch mit den Mazama Troutfitters (sic!) auf Angeltour …

Legt man die 13 Meilen bis **Winthrop** drauf, so trifft man mit dem soliden River Run Inn, dem naturnahen Wolfridge Resort und der erhabenen Sun Mountain Lodge auf ein Trio von Unterkünften, die keinen Wunsch offen lassen. Wollen Sie erfahren, was »rustikal-komfortabel« ist? Dann zweigen Sie vor Winthrop rechts zum **River Run Inn** ab. Die Möbel sind aus massivem Naturholz *(log furniture)* gezimmert, die Teppiche zentimeterdick. Will man nur einen der beiden Nachttische anheben, muss man gut zu Abend gespeist haben. Lassen Sie den Tag beschaulich ausklingen. Stellen Sie einen Stuhl ans Ufer des Methow und lauschen Sie seiner Musik.

Extratouren für Auto- und Fußwanderer

1. Sauk Mountain Overlook (ca. vier Stunden). Ab WA-20 am Westrand von Rockport State Park auf Sauk Mountain Road (FS-1030) nach Norden. Auf serpentinenreicher Schotterstraße siebeneinhalb Meilen bis zum *trailhead*, dann zwei Meilen auf steilem Pfad über Almwiesen zum Kamm, dann zum Gipfel (1689 m). Herrliche Aussicht – bis zu den San Juan Islands.
2. Cascade Pass (ca. fünf Stunden). Ab Marblemount 22 Meilen auf Cascade River Road bis zum *trailhead*, dann vier Meilen zu Fuß zum Pass (siehe MAGIC MOMENT, S. 99).
3. Easy Pass Trail. Kondition gefragt! Keineswegs *easy*, es geht nämlich zwei Meilen steil bergauf, von 1120 Meter auf 1980 Meter, später auf demselben Weg zurück. *Trailhead* sechs Meilen westlich von Rainy Pass.
4. Lake Ann–Maple Pass Loop. Anspruchsvolle Rundwanderung von siebeneinhalb Meilen (Abkürzung möglich). Ab Rainy Pass (1481 m) zwei Meilen durch dichten Wald zum Karsee **Lake Ann** (leicht); dann eine Meile hinauf zum **Heather Pass** (1890 m), und noch eine Meile zum **Maple Pass** (1920 m). Ranger nach Wetter und Wegezustand fragen.

Cascade Pass bei Marblemount, North Cascades National Park

❖ MAGIC MOMENT Alpentour zum Cascade Pass

Die Ranger-Lady in Marblemount hatte sie mit Verve empfohlen, die Tour zum Cascade Pass. Die Berge seien mit neuem Schnee gepudert (im Oktober), die Autofahrt sei »nur« 22 Meilen lang, und vom *trailhead* seien es nur noch knapp vier Meilen zu Fuß … So steht man nun in Marblemount an der Brücke und weiß nicht, ob man den geraden oder den krummen Weg wählen soll. Der krumme zweigt links nach Newhalem, Diablo und Winthrop ab, der gerade führt über die Brücke und Cascade River Road zum Pass.

Nach einstündiger Fahrt steht man am windumtosten Parkplatz in einem weiten Trogtal. Gegenüber, am Johannesburg Mountain, hängen Eiszungen in der Wand. Dann windet sich der Weg in Serpentinen durch Bergwald aus *Pacific silver fir* und *Mountain hemlock* zur Passhöhe. Die kompakten Rundzapfen der schönen, kerzengeraden Tannen mit den typischen Harzblasen am Stamm pflastern den Weg. Oben geht es durch offenes Gelände zum 1653 Meter hohen Pass, die rund 550 Höhenmeter sind in eineinhalb bis zwei Stunden zu bewältigen. Am Pass, der ein Sattel ist, schweift der Blick über zwei Trogtäler, das eine links, das andere rechts. Es weht gewaltig. Die *Subalpine firs* sind bizarr verbogen.

Als erster Weißer schritt Alexander Ross hier 1814 »übers Gebirg«, um neue Pelzquellen für die North West Fur Company zu erschließen. Die Indianer benutzten den Pass von alters her, um mit den Küsten-Indianern Waren auszutauschen. Lange war der Pass als mögliche Transkaskadenroute im Gespräch, doch dann bekam die Route über Washington Pass den Zuschlag. Und so trifft man hier oben nur Backpacker, die zum oder vom Stehekin Valley unterwegs sind. *Einer* Sorte Spaziergänger möchte man lieber nicht begegnen. Das ansonsten seriöse Tourbook der AAA schreibt ungerührt: »Grizzlybären gehören zu den gewöhnlichsten Tieren *(the most common animals)* im Park.«

3 Service & Tipps

🏕 **Die Campingplätze** des Nationalparks – Goodell Creek, Newhalem Creek, Colonial Creek Campground – praktizieren *first come, first served*, d.h.: Reservierung ist nicht möglich.

Highway 20, WA

🏕 **Rockport State Park**
5051 WA-20 (1 mi westl. Rockport)
Concrete, WA
April–Mitte Nov.
Schöner Park unter Altwald; 74 Stellplätze, 50 RV-*hookups*, 33 Picknickplätze; *first come, first served*.
Hinweis: Der Park war eine Zeit lang für Camper geschlossen, ist aber jetzt wieder offen. Tagesbesuch *(day use)* war und ist immer möglich.

🏕 **Howard Miller Steelhead Park**
52804 Rockport Park Rd.
Rockport, WA
✆ (360) 853-8808
www.5starcampgrounds.com/howard-miller-steelhead-park, ganzjährig geöffnet
Interpretive Center Dez.–Jan.
www.skagiteagle.org
Schöner County Park am Skagit River nahe WA-20/WA-530. Picknick, Camping (49 *hookups*); Reservierung möglich. Im Winter Adlerbeobachtung.

Sun Mountain Lodge bei Winthrop, Speisesaal mit Blick auf das Methow Valley

🍴 **Buffalo Run Restaurant**
60084 WA-20, Marblemount, WA
✆ (360) 873-2461, www.buffaloruninn.com
Tägl. 8–21 Uhr (Winter geschl.)
Rustikales Lokal mit alternativem Touch. Nordwestküche mit selbst gebackenem Brot und Kuchen; *buffalo burger* ($$) – Unterkunft im **Buffalo Run Inn** (gegenüber) möglich (✆ 360-873-2103). $$

🏕 **Goodell Creek Campground**
(National Park Service)
WA-20, MP 119 (westl. Newhalem)
www.nps.gov/noca/planyourvisit/camping.htm
Ganzjährig geöffnet, auch Winter, auch bei Schnee. 21 einfache Stellplätze (für kleinere Wohnwagen geeignet). Riesen-Thujas am Fluss. Put-in für Schlauchboote.

ℹ **North Cascades National Park Visitor Center**
WA-20, am MP 120 (westl. Newhalem) rechts abbiegen
Newhalem, WA 98283
✆ (360) 856-5700
www.nps.gov/noca/planyourvisit/visitorcenters.htm
Juli/Aug. bis 18, Mai/Juni, Sept./Okt. 9–17 Uhr, Winter geschl.
Zentrales Infozentrum für Nationalpark. Massiver Balkenbau, ansprechende Exponate, ungewöhnliche Medienshow. Hinter dem Haus führt ein Plankenweg zur Aussichtsplattform. – Nebenan: **Newhalem Creek Campground**.

🏕 **Colonial Creek Campground**
(National Park Service)
WA-20, MP 130 (10 mi östl. Newhalem bei Diablo Lake)
Memorial bis Labor Day
www.nps.gov/noca/planyourvisit/camping.htm
164 Plätze; keine *hookups*. Im Sommer täglich *campfire talks* der Ranger. **Thunder Woods Nature Trail**: Rundweg von 2 mi; Broschüre am *trailhead*.

Mazama, WA

🏨 **Freestone Inn (at Wilson Ranch)**
31 Early Winters Dr.
Mazama, WA
✆ (509) 996-3906 und 1-800-639-3809
www.freestoneinn.com

Durch die North Cascades zum Methow Valley 3

Luxus-Lodge im Cascadian style (ganze Stämme). Komfortable Zimmer und Cabins (Nichtraucher). Feines Restaurant mit hochgemauertem Kamin. Jack's Hut auf dem Gelände (℡ 509-996-2752) vermittelt sportliche Aktivitäten jeder Art. $$ – Rustikale Alternative: **Mazama Country Inn** (15 Country Rd., Mazama, WA, ℡ 509-996-2681, $$).

The Mazama Store
50 Lost River Rd., Mazama, WA
℡ (509) 996-2855
www.themazamastore.com
Tägl. 7–19, im Winter bis 18 Uhr
Kaffeebar, Lunch, Lebensmittel, Campingartikel, Benzin. »Ein Reformhaus am Rande der Wildnis«.

Winthrop, WA

Sun Mountain Lodge
604 Patterson Lake Rd. (9 mi südwestl. Winthrop, via Twin Lakes)
Winthrop, WA
℡ (509) 996-2211 und 1-800-572-0493
www.sunmountainlodge.com
Großzügig gebautes, solides Berghotel mit Aussicht. Innen Kunst/Kunsthandwerk aus der Region. Freizeitangebot fürs ganze Jahr: Pool, Tennis, Radfahren, Reiten, Skilanglauf, Wellness. **The Dining Room** mit Aussicht ($$$). Erhebliche Rabatte im Vorfrühling/Spätherbst. $$–$$$$

Hotel Rio Vista
285 Riverside Ave., Winthrop, WA
℡ (509) 996-3535 und 1-800-398-0911
www.hotelriovista.com
Zentral gelegen. Gebäude im Stil der Western Town. Alle Balkons zum Chewuch River (adlerverdächtig!). $–$$$

River Run Inn & Cabins
27 Rader Rd. (mi westl. Winthrop, nahe WA-20)
Winthrop, WA
℡ (509) 996-2173 und 1-800-757-2709
www.riverrun-inn.com
Motel und Cabins in schöner Lage am Fluss, nahe Winthrop (zu Fuß). Komfortable, geräumige Zimmer, Möbel im Blockhausstil. Pool im Haus. $$–$$$

Wolfridge Resort
Siehe MAGIC MOMENT, 4. Tag, S. 111.

Pfeifhase (Pika) im North Cascades National Park

Pearrygin Lake State Park
(5 mi nordöstl. Winthrop, via Eastside Chewuch und Pearrygin Lake Rd.)
Postadresse: 561 Bear Creek Rd.
Winthrop, WA
℡ 1-888-226-7688 (Reservierung)
www.parks.wa.gov/563/Pearrygin-Lake
Campingplatz in schöner Lage am See; Badestrand. Sehr beliebt, Reservierung möglich. 163 RV-Plätze (z.T. mit *hookups*) zwischen Grünflächen. Picknick für Besucher möglich. – Weitere Campingplätze: **KOA Kampground** in Winthrop und **Riverbend RV Park** in Twisp.

Weitere Informationen zu Winthrop finden Sie beim 3. Tag, S. 112 f.

Hiker im North Cascades National Park

4 Täler, Coulees, Plateaus
Vom Methow Valley zum Grand Coulee Dam

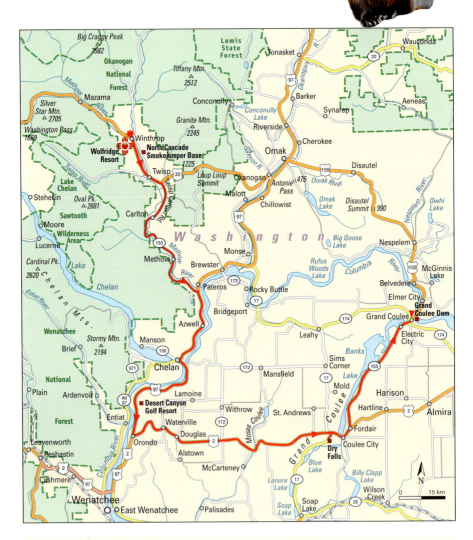

Weichenstellung

Ein Tag im Methow Valley ist zu wenig, verlängern Sie Ihren Aufenthalt um ein, zwei Tage! Vorschläge dazu finden Sie im Text S. 107 oben. – Achtung: Routenplanung! Wer lange Autofahrten scheut und die Route abkürzen will, spart den gesamten Osten der beiden Staaten aus und fährt direkt zur Columbia Gorge (siehe »Shortcut …«, S. 109).

Vom Methow Valley zum Grand Coulee Dam 4

Ein Loch im Plateau: »Coulee« bei Dry Falls nahe Coulee City, Central Washington

4. Tag: Winthrop – Pateros – Orondo – Dry Falls – Grand Coulee (277 km/173 mi)

km/mi	Programm/Route
Morgen	Natur erleben am Fluss – bei Mazama, Winthrop oder irgendwo am **Methow Valley Community Trail**.
Vormittag	Bummel durch **Winthrop** (Riverside Ave.). Besuch von City Park und/oder Shafer Museum.
Mittag	
0	Über Eastside Winthrop–Twisp Road (CR-9129) nach
17/11	**Twisp**. Dort ggf. Besuch der **Confluence Gallery** und … der **Cinnamon Bakery**. Weiter über Twisp–Carlton Road (CR-9105) nach **Carlton**, dann WA-153 South nach Pateros und US-97 South nach
Nachmittag	
125/78	**Orondo**. Weiter auf US-2 East durch Orondo Canyon über Waterville Plateau, dann WA-17 South nach
80/50	**Dry Falls**: Interpretive Center. Dann WA-17 North, US-2 East (durch Coulee City) und WA-155 North entlang Banks Lake nach
Abend	
55/34	**Grand Coulee/Coulee Dam**. Ggf. Laser Light Show am Abend.

Jede Region hat ihre »magischen« Landschaften – das Methow Valley ist eine davon. Ist es die Offenheit des Landes, die Nähe zum Fluss, die Wärme, das Licht, oder die Zugänglichkeit der Bewohner …? Guy Waring verließ das Tal ohne Reue, nachdem seine Geschäfte fehlgeschlagen waren. Auf das freundliche Methow folgt die Weite, Strenge und Kargheit des Columbia Plateau – und ein grandioses Werk der Technik. So imposant wie Grand Coulee Dam sind auch die Werke der Natur in dieser Landschaft. Gewaltige Fluten tobten einst über die Plateaus. Die Channeled Scablands sind eine geologische Sehenswürdigkeit ersten Ranges.

4 Täler, Coulees, Plateaus

Owen Wister erlebte das **Methow Valley** als »lächelndes Land, das beim ersten Anblick das Herz gewann«. Er war zweimal hier, 1892 und 1898, dann schrieb er den klassischen ersten Western-Roman »The Virginian« (1902). Sogar sein spröder Gastgeber Guy Waring schied nach dem Scheitern seiner Geschäfte 1917 ohne Reue: »Ich ging fort mit angenehmen Erinnerungen an das Klima; und mit Liebe für die Schönheit des Landes.«

Der Pionier Waring war 1891 ins Methow gekommen und hatte seinen *trading post* in die Gabel zwischen Methow und Chewuch (oder Chewack) River gebaut. Er hatte einen Vorteil gegenüber heutigen Besuchern: Er hatte freien Zugang zu beiden lieblichen Flüssen.

Zugang und Zugänglichkeit

Betrachtet man die Karte des Forest Service vom Okanogan National Forest, so ist um Winthrop herum alles weiß. »Weiß« bedeutet Privatbesitz. Und so lautet das Thema am Methow: Zugang *(access)* oder Zugänglichkeit. Gemeint ist nicht der flüchtige Blick durchs Wagenfenster oder ein *beautiful drive*, der den meisten Einheimischen genügt. Gemeint ist vielmehr das Hören, Schnuppern, Greifen, Waten und Steinchenwerfen über den Fluss.

Auf Staatsland, also im National Forest oder einem State, County oder City Park

Pferdeweide bei Mazama im Methow Valley

ist Zugang kein Problem. Auf privatem Land dagegen muss man in der Regel ein Zimmer gemietet haben, um an den Fluss, den Canyon, die Küste heranzukommen. Beim **North Cascades Basecamp** zwei Meilen nördlich von Mazama windet sich der Fußweg an Biberweihern vorbei durch acht Hektar geschützten Thujawald. Für die Uferstrecke hatten sich die ehemaligen Pächter mit den Besitzern geeinigt. Im Juli 2016 wurde das Basecamp an eine Schule in Seattle verkauft, die ihren Schülern eine »natürliche Lernumgebung« bieten will. Vielleicht sind Sie ja willkommen …

Hat man das Glück, im River Run Inn oder Wolfridge Resort zu wohnen, kommt man dem Fluss so nahe wie sonst selten (siehe MAGIC MOMENT, S. 111). Hat man es nicht, dann mag es für den Anfang genügen, in Winthrop ein Stück die Riverside Avenue in Richtung Norden zu gehen, die Brücke über den Chewuch zu queren und rechts zum Sa Teekh Wa Park abzubiegen. Der Weg folgt dem Fluss unter schattigen Bäumen und endet bei künstlichen Stromschnellen an einem Wehr. Das dürfte für einen Morgenspaziergang gerade recht sein.

Manchmal hilft ein bisschen »Blindheit«, um Schilder wie »Private Road« oder »Private Property« zu übersehen. An der Brücke nach Mazama staut sich eine große *log jam*, also eine Sperre aus verkantetem Treibholz. Steigt man ans Ufer hinunter, kann es sein, dass sich ein schwarzglänzender Flussotter ins Wasser gleiten lässt, untertaucht, wieder auftaucht, zurückschaut, sich treiben lässt und verschwindet.

Doch die Gemeinden des Methow haben ein öffentliches Wegenetz geschaffen, um das sie andere Urlaubsgebiete beneiden. Federführend ist dabei die **Methow Valley Sport Trails Association** (MVSTA), die eine »umweltverträgliche, nicht-motorisierte Nutzung der Wege für Zwecke der Erholung« fördert. Inzwischen ist das Wegenetz im Methow auf eine Länge von über 200 Kilometern angewachsen. Glanzstück des Netzes ist der **Community Trail**, der das Upper Valley der Länge nach durchläuft. Im Sommer sind da zwar noch einige Besitz-

Vom Methow Valley zum Grand Coulee Dam 4

Eine Attraktion für sich: Sun Mountain Lodge

grenzen zu überwinden, doch im Winter gleiten die Langläufer auf makellosem Pulverschnee grenzenlos dahin. Ein geplantes Skiresort für Abfahrtslauf am Sandy Butte wurde durch die Gemeinde verhindert.

Sun Mountain Lodge ist eine Attraktion für sich. Der visionäre Jack Barron hat sie 1968 erbaut – und Maßstäbe für Resorts im ganzen Nordwesten gesetzt. Teile des Hotels sind aus mannsdicken, geschälten Stämmen gefügt, die Zimmer mit Möbeln aus Massivholz ausgestattet. Draußen gibt es viele Möglichkeiten zu sportlicher Betätigung, drinnen ein breites Wellnessangebot – daneben regionale Kunst, preisgekröntes Essen, lokale Biere und einen Weinkeller. Schon der Text zu einer Vorspeise im Restaurant klingt vielversprechend: *Steak Bites – herb seared tenderloin – lodge-made mustard – apple saffron jam – grilled flat bread ...*

In der Galerie sind präparierte Tierköpfe ausgestellt: Maultierhirsch, Gabelantilope, Karibu, Bison, Wildschwein ... Die Sammlung wurde von der deutschen Unternehmerfamilie Haub erworben und der Lodge zur Verfügung gestellt. Das Management betont, dass es keinesfalls die Jagd auf diese Wildtiere unterstützt, sondern der Tierwelt Nordamerikas mit dieser Ausstellung

Respekt erweisen will. Und in der Tat, so nahe und vollkommen sieht man die Tiere in der Wildnis nie.

Das Methow – *The Smiling Country*

Was aber macht das Methow Valley zu jenem »lächelnden Land«, von dem Owen Wister geschwärmt hat? Das sonnige Klima, das freie Leben, der Nachbarschaftsgeist – sagen die Neusiedler. Und tatsächlich, die meiste Zeit im Jahr scheint die

In der Old Schoolhouse Brewery in Winthrop, Methow Valley

4 Täler, Coulees, Plateaus

Von Washington aus in alle Welt!

Sonne, so dass man eine Schirmmütze braucht, um nicht blinzeln zu müssen. Bei einer Höhenlage von 540 Metern sind die Tage im Sommer warm, aber nicht zu heiß, die Nächte kühl. Der Herbst bringt das reine Gold – goldene Espen und goldene Spätsommertage. Ein Schneefall im Dezember genügt, um das Tal für den Winter in trockenen Pulverschnee zu hüllen.

Richtig angeschoben hat den Tourismus im Methow erst die Öffnung des North Cascades Highway im Jahre 1972. Damals wurde **Winthrop** in das Gewand einer Western Mining Town der 1890er Jahre gekleidet. Architekt dieser Verwandlung war Robert Jorgensen, der auch das kuriose »bayerische« Leavenworth an der US-2 gestaltet hat. Die Kulisse ist anheimelnd, der Umgang familiär; nach einer Weile grüßen sich sogar die Touristen, die hier über die Bohlenwege schlendern. Im Sommer kann es allerdings voll werden, dann stauen sich die Wohnmobile auf der Riverside Avenue.

Verlassen Sie Winthrop am besten über die Eastside Winthrop–Twisp Road am linken Flussufer (statt WA-20). Das gibt Ihnen Gelegenheit, die **North Cascades Smokejumper Base**, die erste ihrer Art in USA (seit 1939), zu besuchen. Drunten schlängelt sich der Fluss durch bewässerte Wiesen und über Kiesbänke. Ein paar zehntausend Jahre früher ähnelte die Landschaft dem heutigen Grönland: Nur die Bergspitzen schauten aus den Gletschern heraus.

Twisp sieht nach nichts aus, aber es mausert sich. Auf dem Gelände von Twisp-Works wurde vor Kurzem ein **Methow Valley Interpretive Center** eingerichtet. In der **Glover Street** reihen sich die **Confluence Gallery & Art Center**, das **MERC Playhouse** (das wirklich bespielt wird), der Naturkostladen **Glover Street Market** und die **Cinnamon Bakery** aneinander. Letztere bäckt eine hochberühmte, schwersüße Zimtschnecke für 3.75 Dollar, die ein Mittagessen ersetzen kann …

Über allem schweben bürgernahe Organisationen wie Methow Arts und Cascadia, die sich beide der Förderung der Kunst verschrieben haben und das Methow Music Festival im Tal organisieren. Nach den

Veranstaltungen trafen sich Künstler und Publikum dann gerne im geselligen **Twisp River Pub**, bevor die beliebte Wirtschaft 2016 einer Brandstiftung zum Opfer fiel.

Soll Ihr Besuch im Methow damit schon enden? Geben Sie sich mehr Zeit! Schlendern Sie noch einmal über die Bretterwege von Winthrop City, wo alles so schön beisammen liegt, von der **Rocking Horse Bakery** mit ihren knackigen Broten bis zur **Old Schoolhouse Brewery** mit ihrem Outlaw Pale Ale. Oder wandern Sie den Community Trail entlang in Richtung Upper Valley, und versäumen Sie nicht, den einzigartigen **Mazama Store** aufzusuchen. Oder besuchen Sie von dort aus die *primitive campgrounds* von **Ballard** und **River Bend**, oder folgen Sie gar auf Trail 480 dem jungen Methow River hinauf fast bis zum Pacific Crest Trail. Oder schließlich: Gehen Sie auf Geländefahrt nach **Harts Pass** oder gar bis **Slate Peak** (2268 m), dem

Weinbau bei Chelan, unweit Lake Chelan, nahe Columbia River

höchsten Punkt im Staate Washington, der mit dem Auto zu erreichen ist.

Der Methow River, Seele des Tals

Mag man den Fluss noch einmal von Nahem spüren, dann könnte man von der Twisp–Carlton Road (CR-9105) am rechten Flussufer bei einer Flussbiegung mit dem Schild PUBLIC FISHING (ca. 1 mi) rechts abbiegen. Über Schotter glitte der Wagen knirschend hinab und man hätte ein sandiges Plätzchen unter Pappeln (wahrscheinlich) für sich. Hat man den Platz verpasst, kommt gleich nach Carlton direkt vor der Brücke noch einer: klein, ruhig, sandig, schattig, Klo.

Ab **Carlton** flechten sich Fluss und Highway (WA-153) ineinander wie ein Zopf. Auf den Wiesen in der Talaue kreisen die Beregnungsmaschinen und die Wellen des Flusses blitzen im Gegenlicht. Über den Hängen liegt ein Hauch von Toskana, doch das Oliv stammt nicht von Zypressen, sondern vom allgegenwärtigen Sagebrush.

Die ersten Apfelplantagen tauchen auf, weiter nördlich waren sie dem strengen Frost von 1968 zum Opfer gefallen. Die kleinen Obststände an der Straße führen nur wenige Sorten – »Großvater hat sie gepflanzt«, sagen die Kinder. Talabwärts kommen feinere Sorten hinzu, zum Beispiel der »Fuji«. Am **Rest Awhile Country Market** kann man ihn und andere Produkte aus der Region betrachten und kaufen. Der Fuji wird während seiner Reifezeit in Folie gewickelt, um ihn vor jedem Makel zu schützen, den ihm die Kunden im Supermarkt anlasten könnten.

Bei **Pateros** trifft der Methow auf den Columbia, so wie die WA-153 auf die US-97 South. Beim nächsten Damm (Wells Dam) schwimmen große Lachse hinter Gittern. Während man dem breiten Tal des Flusses nach Süden folgt, werden die Hänge kahler. Damit wird klar, dass der Columbia ein Fremdlingsfluss ist, gespeist aus Schneeschmelzen ferner Zonen.

Fast berührt der Highway den Ort Chelan, von wo die »Lady of the Lake« zu einem der abgelegensten und verwunschensten Plätze der North Cascades ablegt. In **Stehekin**, am oberen Ende von Lake Chelan, gibt es keine (privaten) Autos und kein (öffentliches) Telefon, wohl aber eine Lodge zum Übernachten, ländliche Cabins und eine Bäckerei. Werfen Sie einen Blick auf die Homepage von Stehekin (www.stehekin.com) und den Bootsfahrplan (www.ladyofthelake.com) – aber das ist ein Thema für eine andere Reise.

Etwa 17 Meilen südlich von Chelan ginge es hügeleinwärts nach Osten zu einem der hübschesten Golfplätze des Landes: **Desert Canyon**. Unter dem Motto »Sonne, Sand und Sagebrush« haben Gartenarchitekten hier die heimischen Pflanzen so elegant zwischen die saftig grünen Spielbahnen des Golfplatzes gesetzt, dass sie nun umso deutlicher in Erscheinung treten. Wem es hier gefällt, kann sich im nagelneuen Steppendorf eine Villa, einen Bungalow oder eine Eigentumswohnung kaufen.

Die »abgeschürften« Plateaus und die Missoula Floods

Orondo Canyon fräst sich auf sechs Meilen mit steter Steigung in die Hochfläche des Waterville Plateau. Oben dehnen sich Weizenfelder, die nach Dry-Farming-Methoden bestellt werden. Im Frühling sind sie grün, im Sommer goldbraun, im Winter weiß (vom Schnee); die Stoppeln bleiben zur Bodenpflege häufig im Boden. Wie kommt es zu »Waterville« auf diesem wasserlosen Plateau? Weil man hier 1886 einen ergiebigen Brunnen erbohrte.

Man durchquert das Städtchen Douglas, das sich in eine Mulde duckt. Dann führt die US-2 schnurgerade nach Osten, um plötzlich in einen tiefen Canyon abzutauchen: **Moses Coulee**. Dieses Trockental mit seinen steilen Basaltwänden ist, wie andere Coulees im zentralen Washington, das Werk eiszeitlicher Fluten. Auf dem Plateau liegen Gesteinsbrocken, die zerbröseln – Findlinge, die auf Eisschollen dorthin gelangt sind. Kenner des Landes sagen, die Hochfläche sei wie Kansas. Am

Vom Methow Valley zum Grand Coulee Dam

blauen Himmel sollten hohe, weiße Kumuluswolken stehen.

Am Ostrand des Plateaus öffnet sich die Landschaft: Links erscheint der Graben der Grand Coulee, gefüllt mit Banks Lake, rechts im Gelände eine weite Hohlform, in die »Inseln« eingestreut sind. Doch es fehlt jeder Fluss oder See! Ein paar Meilen weiter südlich (via WA-17) löst sich das Rätsel: **Dry Falls** ist ein mächtiger Wasser-

Shortcut zur Columbia Gorge

Wird Ihnen die Reise zu lang, möchten Sie Streckenkilometer sparen oder brauchen Sie Zeit für andere Ziele? Dann machen Sie bei Orondo einen radikalen Schnitt. Fahren Sie über Wenatchee, Ellensburg und Yakima direkt zur Großen Schlucht des Columbia; bei The Dalles finden Sie **Anschluss an die Route des 9. Tages**.

Doch die Abkürzung ist nicht etwa kurz: Es sind 346 Kilometer (216 mi) von Orondo bis The Dalles, und 485 Kilometer (303 mi), wenn man die Strecke ab Winthrop dazurechnet. Verzuckern kann man sie sich allerdings, wenn man zwischen Ellensburg und Yakima statt der I-82 die reizvolle Strecke durch den **Yakima Canyon** wählt (WA-821). Dort erwartet Sie eine Landschaft wie im Western.

Gönnen Sie sich dann auch eine Übernachtung in Yakima im fruchtbaren **Yakima Valley**. Dort könnten Sie den Wein probieren, der im Tal wächst oder Bert's Pub besuchen, den Nachfolger von Grant's Brewery Pub, der ersten Mikrobrauerei im Nordwesten.

Gestärkt durch die Übernachtung rücken zwei Ziele in greifbare Nähe: erstens, das **Yakama** (sic) **Nation Cultural Center** in Toppenish, ein bedeutendes Museum zur Kultur der Yakama; und zweitens, das **Maryhill Museum of Art** kurz vor The Dalles, das mit überraschenden Sammlungen, nicht nur zu Auguste Rodin, aufwartet.

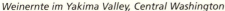

Weinernte im Yakima Valley, Central Washington

4 Täler, Coulees, Plateaus

fall vergangener Zeiten. Angesichts dieser Geländeformen formulierte der Geologe Harlen Bretz in den 1920ern seine berühmte These: »Ich konnte mir keinen anderen geologischen Prozess vorstellen, der diese Topographie hervorgebracht haben könnte, als gewaltige, heftige Fluten von enormer Wucht und Mächtigkeit.«

Und so muss es abgelaufen sein: Plötzlich austretende Schmelzwässer aus Lake Missoula im fernen Montana ließen den Columbia in der Späteiszeit mehrmals derart anschwellen, dass er sich in katastrophalen Fluten über das Plateau ergoss. Dabei schürfte er die Grand Coulee aus und sprang bei Dry Falls über eine Basaltstufe. Wo die Wasser auftrafen, kolkten sie tiefe Strudellöcher aus, die heute mit Seen gefüllt sind. Als der Fluss in sein altes Bett zurückkehrte, blieben Dry Falls als »trockene Fälle« zurück. Ihr heutiges Halbrund ist fünf Kilometer breit und 120 Meter tief (Niagara: 50 m). Es sind wohl die mächtigsten Wasserfälle der geologischen Vergangenheit auf der Welt.

An der WA-155 North entlang Banks Lake sind Coulees und Canyons bald vertraute Begleiter. Den berühmten **Steamboat Rock** darf man befahren, besteigen, bewohnen (im Steamboat Rock State Park) oder links liegen lassen. Am Ziel der Etappe muss man zwischen den Gemeinden Electric City, Grand Coulee und Coulee Dam unterscheiden, will man sein Motel finden. Kaum hat man den gewaltigen Damm entdeckt, da ist man auch schon an ihm vorbei. Unter ihm liegt das inzwischen recht lauschige Städtchen Coulee Dam, wo einst die Ingenieure wohnten.

Ein Abendprogramm für **Grand Coulee**? Die kulturelle Kargheit des »Wilden Ostens« macht sich bereits bemerkbar. Von Electric City aus startet die »Coulee Queen« zur Dinner Cruise auf Banks Lake. Doch vielleicht schauen Sie ja lieber zu, wenn die junge Tanzgruppe der Colville-Indianer im Village Cinema ihre Tänze zeigt ...

Nach Einbruch der Dunkelheit beginnt (im Sommer) die vielgerühmte **Laser Light Show**. Dabei wird 36 Minuten lang die Geschichte des Columbia River und des Dammbaus auf die Staumauer projiziert – mit Lichteffekten, Computergrafik und Filmmusik, begleitet vom sonoren Bühnenbariton eines Sprechers, der den Fluss als Ich-Erzähler darstellt. Das ist nett anzusehen, inhaltlich aber recht pathetisch. Die Show fällt noch blasser aus, wenn das Wasser knapp ist, das über die Staumauer rinnt.

Gleich danach scheppert es im **Coulee Dam Casino** wie verrückt, wenn nämlich die Münzen aus den Automaten in hohle Wannen schlagen. Hier holen sich biedere Motelgäste ihre *cheap thrills*.

Siedler und Indianer

Schon die Indianer mochten das Methow Valley. Im Winter zogen sie sich in mildere Gegenden zurück, aber im Frühjahr kamen sie wieder, um bis zum Herbst Wurzeln und Beeren zu sammeln. Und was für Beeren! *Currant, raspberry, serviceberry, strawberry, thimbleberry, huckleberry, chokecherry, gooseberry, elderberry* ... Ihre Speisekarte ergänzten sie mit Reh und Lachs.

Das Methow wurde relativ spät (ab 1887) besiedelt, nachdem nämlich die Moses Indian Reservation wieder aufgelöst wurde. Die Indianer wären gerne geblieben. Zunächst besuchten sie weiterhin »ihr« Tal. Die Siedler wunderten sich, wenn jene in ihr Blockhaus traten, ohne anzuklopfen. Darauf angesprochen meinte einer der Natives: »Wir leben in Zelten. An Zelte kann man nicht klopfen, und deshalb klopfen wir nicht.«

Bei Methow wurde 1888 der erste Obstgarten gepflanzt. Bei Silver (südlich von Twisp an der WA-153) entstanden um 1890 der erste Handelsposten und das erste Postamt im Methow. Der Ort lebte vom Bergbau. Das Silbererz aus der Red Shirt Mine wurde erst zerkleinert, dann per Fuhrwerk zum Columbia geschafft, auf einen Dampfer nach Wenatchee verladen und mit der Great Northern zur Verhüttung nach Everett transportiert ... Pionierzeiten!

Schwarzbär mit braunem Fell bei Mount Baker in den North Cascades

✺ MAGIC MOMENT Der Natur so nah: Wolfridge Resort

Ein Resort im üblichen Sinne ist es nicht, denn damit ist gewöhnlich eine Ferienanlage mit einem breiten Freizeitangebot gemeint. Im **Wolfridge**, ein paar Meilen oberhalb von Winthrop am Methow gelegen, spielen Fluss, Biber, Adler und Rehe die Hauptrolle. Auf das weiträumige Gelände hat Lou Childers, der frühere Besitzer, massive Blockhäuser gestellt. Innen bieten die Häuser jeglichen touristischen Komfort.

Flussseitig mäandriert der Fluss, wie er will, so gehen auch Teile der Ufer immer wieder verloren. Wieder wurden Massen von Treibholz angeschwemmt, der Biber hat zugebissen und ein paar Erlen gefällt. Am Morgen hockten zwei Weißkopf-Seeadler auf dürren Ästen einer Pappel, ein Stück flussab wurden zwei Familien wilder Truthühner gesichtet. In der Abenddämmerung steigt ein Reh durch die Gerölle – so leichtfüßig, als ginge es über Rasen. Es wittert, taucht bis zum Bauch ins Wasser und durchwatet den Fluss. Auf der großen Wiese des Resorts beginnt es zu weiden. Aufgeschreckt springt es davon und schwenkt den Weißschwanz wie ein Hund.

Lou Childers hat den Autor einst flussaufwärts begleitet – zu einer Art Drahtseilbahn *(people mover)*, mit der man sich selbst über den Fluss kurbeln konnte. Vor einigen Jahren hieß es dann, der Betrieb sei in Konkurs gegangen. Heute wird das Resort von einer Property Management Company namens K2JM LLC (sic) verwaltet. Lou und Gabrielle Childers seien »noch da und kümmerten sich um Freunde und Gäste während ihres Besuchs«.

Am Abend noch eine Überraschung. Er hatte sich angekündigt: durch umgestürzte Mülltonnen, deren Inhalt er über das Gelände verstreut hatte. Beim späten Gang zum Fluss bebt auf einmal die Erde. Er hatte in der Wiese geruht, war aufgesprungen und galoppierte nun mit rollenden Bewegungen dem Walde zu: ein großer, prächtiger Braunbär. Später schaut er noch vorsichtig aus einer Waldschneise heraus. Man geht ins Haus – und schließt die Tür.

Wolfridge Resort
412 Wolf Creek Rd. (5 ½ mi nordwestl. Winthrop, via Twin Lakes)
Winthrop, WA
✆ (509) 996-2828 und 1-800-237-2388
www.wolfridgeresort.com

Weitläufige (25 ha) Ferienanlage direkt am Methow River, mit Spielplatz, Swimmingpool, Warmbad (Spa). Gelegenheit zur Naturbeobachtung. Ausgangspunkt für Wandern, Radeln, Skilanglauf. Zimmer und komfortable Blockhäuser. $$–$$$$

4 Service & Tipps

Die Aussprache von »Methow« ist: MET-hau.

ℹ Twisp Information Center
201 Hwy. 20 S. (Methow Valley Community Center), Twisp, WA 98856
☎ (509) 997-2020
www.twispinfo.com
Gut ausgestattetes Informationsbüro, touristisch für die ganze Region zuständig.

Winthrop, WA

Weitere Informationen zu Winthrop finden Sie beim 3. Tag, S. 101.

ℹ Winthrop Chamber & Visitor Center
202 Hwy. 20, Winthrop, WA 98862
☎ (509) 996-2125
www.winthropwashington.com

ℹ Methow Trails
309 Riverside Ave. Winthrop, WA
☎ (509) 996-3287
www.methowtrails.com
Mo–Fr 9–15.30 Uhr
Zentrale Anlauf- und Auskunftstelle zu 200 km Loipen, Fahrrad- und Wanderwegen im Methow Valley.

🏛 Shafer Museum
285 Castle Ave. (oberhalb der Stadt)
Winthrop, WA
☎ (509) 996-2712
www.shafermuseum.com
Museum Fr–So 10–17 Uhr
Gelände tägl. bei Tageslicht
Eintritt: Spende
Heimatkunde im alten Blockhaus von Guy Waring (1897). Schweres Bergbaugerät im Freien.

✕ Arrowleaf Bistro
207 White Ave., Winthrop, WA
☎ (509) 996-3919
www.arrowleafbistro.com
Dinner Mi–So 16–21 Uhr
Zutaten aus örtlichem biologischen Anbau. Die Speisekarte (siehe Homepage) verspricht Feinschmeckerqualitäten. $$

Early Winters Outfitting
18078 Hwy. 20, Winthrop, WA
☎ (509) 996-2659
www.earlywintersoutfitting.com
Pferdefarm. Ausritte, Tages- und Geländetouren zu Pferde; Angel- und Jagdausflüge.

Morning Glory Balloon Tours
429 Eastside County Rd.
Winthrop, WA

Ballons über dem Methow Valley

Vom Methow Valley zum Grand Coulee Dam

✆ (509) 997-1700
www.balloonwinthrop.com
Methow Valley vom Heißluftballon aus. Anmeldung erforderlich. $ 225.

Twisp, WA

🏛 **Methow Valley Interpretive Center**
210 5th St.
Twisp, WA
✆ (509) 997-0620 (Nachricht)
www.methowvalleyinterpretivecenter.com
Sommer Sa 10–17, So 12–17, sonst Sa/So 12–16 Uhr
Eröffnet 2012. Informiert über die Ureinwohner und die Naturgeschichte des Methow.

Confluence Gallery & Art Center
104 Glover St., Twisp, WA
✆ (509) 997-2787
www.confluencegallery.com
Mi–Fr 10–17, Sa 10–15 Uhr
Zentrum der regionalen Kunstszene. Café nebenan.

Blue Star Coffee Roasters
3 Twisp Airport Rd.
Twisp, WA
✆ (509) 997-2583
Spezialgeschäft für frischen Röstkaffee. Treff der Locals, nachdem der Twisp River Pub abbrannte. – Zum Essen und Trinken eignet sich eher **BJ's Branding Iron Café & Saloon** (123 N. Glover St.,✆ 509-997-0040).

Dry Falls Visitor Center
Sun Lakes State Park (WA-17, 7 mi südwestl. Coulee City)
34875 Park Lake Rd. N.E.
Coulee City, WA
✆ (509) 632-5214
http://parks.state.wa.us/251/dry-falls
Tägl. 9–18 Uhr
Eintritt frei
Sensationeller Blick ins Rund der einstigen Wasserfälle. Ausstellung zur Geologie der Coulees; Video. Zugang zum Kratergrund.

Grand Coulee, WA

ℹ **Grand Coulee Dam Area Chamber of Commerce**
17 Midway Ave. (Hwy. 155)
Grand Coulee, WA 99133
✆ (509) 633-3074 und 1-800-268-5332

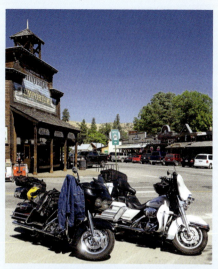
Beliebt bei den Bikern: Winthrop mit »historischem« Kaufmannsladen, dem »Emporium«

www.grandcouleedam.org
Mo–Fr, Sommer auch Sa 8–16 Uhr
Anlaufstelle für Quartiersuche und sonstige Auskünfte.

Columbia River Inn
10 Lincoln St.
Coulee Dam, WA
✆ (509) 633-2100 und 1-800-633-6421
www.columbiariverinn.com
Zentral, komfortabel. Swimming- und Whirlpool. 34 Zimmer; Nichtraucher. $$$

Spring Canyon Campground
1008 Crest Dr. (nahe WA-174, 3 mi östl. Grand Coulee), Grand Coulee, WA
✆ (509) 754-7889 und 1-877-444-6777
www.recreation.gov/camping/spring-canyon
Am Lake Roosevelt; für Picknick, zum Baden. 78 Plätze, keine *hookups*; keine Reservierung.

Laser Light Show
Grand Coulee Dam
✆ (509) 633-9265
Tägl. Ende Mai–Juli um 22, Aug. 21.30, Sept. 20.30 Uhr
Projektion eines Lichtspiels über den Columbia River gegen die Staumauer. Der Strom als Ich-Erzähler. Dauer: 36 Minuten.

5 Durchs Land der Stämme
Von Grand Coulee nach Spokane

5. Tag: Grand Coulee – Nespelem – Keller Ferry – Wilbur – Spokane (210 km/131 mi)

km/mi	Programm/Route
Vormittag	Besuch des **Visitor Arrival Center** des Bureau of Reclamation in Grand Coulee (unter dem Damm): Ausstellung, Führung, Filme. Dann über die Brücke (WA-155 North) nach Coulee Dam zum **Colville Tribal Museum**: Ausstellung und Gift Shop.
Mittag	
0	Lunchpause in Grand Coulee oder Picknick/Baden am **Spring Canyon Campground**. Dann WA-155 North nach
26/16	**Nespelem** zum **Chief Joseph Memorial**. Weiter auf Cache Creek Road nach Osten in Richtung Keller und Republic (WA-21); Rast auf Kammhöhe unter Kiefern. Auf WA-21 South über Keller zur
Nachmittag	
54/34	**Keller Ferry**. Nach Überfahrt WA-21 South nach Wilbur und US-2 East über Creston, Davenport und Reardan nach
Abend	
130/81	**Spokane**.

Columbia River, unterhalb Grand Coulee Dam

Von Grand Coulee nach Spokane 5

Ein Koloss von einem Damm – und ein Wunderwerk der Technik! Technisch Interessierte werden am Grand Coulee Dam neben dem Besucherzentrum auch die Staumauer, die Turbinenhalle und die Pumpstation besichtigen wollen. Ein Highlight für jeden ist der Film über die großen Fluten der Eiszeit, die heute die Landschaft prägen. Jenseits des Damms öffnet sich das weite, einsame Land der Colville Reservation. Die Fährfahrt über Lake Roosevelt mit der alten Keller Ferry ist ein Kuriosum dieser Reise. Es folgen bis auf den nackten Fels abgeschürfte Plateaus, dann die Getreidesilos um Reardan, dann Spokane …

Vom Roosevelt Memorial Park hoch über der Dammkrone überschaut man **Grand Coulee Dam** in seiner ganzen, nüchternen Zweckmäßigkeit. Der riesige Bronzekopf von Franklin D. Roosevelt blickt eher nachdenklich als triumphierend drein. Ihm – »FDR« – wird viel Ehre zuteil in der Region. Der Stausee hinter dem Damm ist nach ihm benannt und das Arrival Center stellt seine politische Leistung in Fakt und Film (»Columbia – Fountain of Life«) her-

aus. Woody Guthrie hat die Begleitmusik dazu gedichtet und besingt in seinem Song »Grand Coulee Dam« die Wohltaten des Bauwerks: Arbeitsbeschaffung, Stromgewinnung, Bewässerung.

So viel Ehre für FDR ist nicht selbstverständlich »in der Fläche«, wo sonst Rinderbarone, Holzkönige und Minenzaren das Sagen haben und bei jedem staatlichen Eingriff in die Wirtschaft um ihre republikanischen Rechte fürchten. Die Erklärung

Weichenstellung

Für die einsame Fahrt durch das Colville-Reservat sollte genügend Benzin im Tank und etwas Essbares im Kofferraum sein. Ein Picknick unter Kiefern wäre u. U. reizvoller als ein Sit-up-Lunch in Grand Coulee … – WA-174 und US-2 führen schneller zum Etappenziel Spokane, sind aber nicht so pittoresk.

5 Durchs Land der Stämme

Denkmal für Franklin D. Roosevelt am Grand Coulee Dam

ist einfach. Mit der Weltwirtschaftskrise im Rücken konnte Roosevelt die Regierungsprogramme des New Deal durchsetzen. Für die Arbeitslosen der 1930er Jahre bedeutete der Dammbau von 1933 bis 1942 Lohn und Brot. In der heißesten Phase (August 1938) waren 7800 Männer am Projekt beschäftigt.

Jahrhundertwerk: Grand Coulee Dam

Der Betonklotz von Grand Coulee ist auch technisch eine Großtat: 168 Meter hoch, 169 Meter dick an der Basis und 592 Meter lang; 24 Millionen Tonnen Beton und Stahl wurden verbaut. Warum so viel? Weil sich dieser Damm nicht wie ein Gewölbe gegen den Wasserdruck stemmt, sondern ihm kraft Masse und Gewicht standhält. Die Indianer fanden die Mauer nicht so gut. Sie verloren für alle Zeiten ihre Wasserfälle und Fischgründe am Oberen Columbia. Kein Lachs überwindet diesen Damm! Doch die Fische bleiben schon ein Stockwerk tiefer hängen, am Chief Joseph Dam – ausgerechnet Chief Joseph …

Der Stausee **Franklin D. Roosevelt Lake** erstreckt sich 200 Kilometer weit bis an die kanadische Grenze und bietet viel Erholsames: Camping, Baden, Bootfahren (neuerdings auch mit Hausbooten), Wasserski usw. Doch der See hat seinen Preis. Zwar wird auf Landkarten noch immer das Wörtchen »Columbia River« in den See gedruckt, doch der Fluss ist längst in seinem Wasser ertrunken. Die Kettle Falls – die Celilo Falls der Indianer des Ostens – sind verschwunden. Nur bei Sturm wird der Fluss wieder lebendig und nagt wie wild an seinen Ufern.

Das **Grand Coulee Visitor Center** präsentiert sich als pompös-moderner Bau, als habe sich das Bureau of Reclamation damit ein Denkmal setzen wollen. Im Inneren lenken Ranger die Touristenströme durchs Haus – zu Führungen, Galerien und Medienshows. Als Highlights am Damm gelten das Pumpwerk *(Pump Generator Plant)*, der Wasserüberlauf *(Spillway)* und die Generatorenhallen (etwa die *Third Powerplant*). *Eine* Wirkung des Damms bleibt hier unsichtbar: die 200 000 Hektar bewässerten Landes im Columbia Basin.

Wer weniger Sinn für Technik hat, geht ins Kino, in diesem Falle in den Vorführraum des Visitor Center. Dort läuft in kurzen Abständen ein hochklassiger Film über jene gewaltigen Fluten am Columbia, von denen schon die Rede war: »The Great Floods – Cataclysms of the Ice Age«. Diese Fluten aus dem fernen Lake Missoula (Montana) haben in Central Washington Coulees, Scablands und Dry Falls geschaffen. Ihre Fernwirkung zeigt sich noch in der Columbia River Gorge, die sie »einschneidend« verändert haben (siehe S. 160).

Das **Colville Tribal Museum** in Coulee Dam führt an die Kultur der Plateau-Indianer heran. Es erklärt die Bedeutung der *Camas*-Knollen, die gemahlen mit Wasser zu *mush* verkocht wurden, sowie der getrockneten *bitterroots* und *foamberries*. Fotos zeigen das Stammesleben, markante und schöne Gesichter, springende Lachse bei Kettle Falls und mehr. Das Museum besitzt ein Video vom Leben am Columbia vor dem Dammbau, man kann es sich zeigen lassen. Der Gift Shop bietet Kunsthandwerk der Stämme, besonders Glasperlenschmuck, sowie eine gute Auswahl an Büchern. Woher die Perlen kommen? Aus Tschechien, lautet die verlegene Antwort.

Wen weder Technik noch Geschichte interessiert, geht im großen Stausee baden. Denn von der WA-174 in Richtung Wilbur schraubt sich eine Zufahrtstraße durch karges Terrain zum reizvollen **Spring Canyon Campground** hinunter. Dort gibt es Sand, Strand und Schatten – auch fürs Picknick. Ein Lehrpfad führt zur **Bunchgrass Prairie**, vor Klapperschlangen wird gewarnt. Ein niedriger Seespiegel (im Juni) muss übrigens nicht Wassermangel bedeuten. Im Gegenteil: Die Ingenieure senken ab, um große Mengen erwarteter Schmelzwässer aus Kanada aufnehmen zu können.

Wer es noch nicht gemerkt hat: Es hat eine gastronomische Durststrecke begonnen, und die wird den ganzen Osten der Region bestimmen und erst in Portland wieder enden Die Szene um Spokane Way in Grand Coulee macht da keine Ausnahme. **Flo's Cafe** bietet ordentliche Hausmannskost und ist zum Treff der Einheimischen geworden, immer ein gutes Zeichen. **Stuck's Bar & Grill** war eine echte Arbeiterkneipe mit langer Theke und den üblichen Lostrommeln über dem Tresen. Es ist verschwunden. Das nostalgiebehaftete Rock 'n Robin Drive-In aus den 1950er Jahren am Bridgeport Highway sucht man vergebens: Es hat laut www.urbanspoon.com »auf Dauer geschlossen«. Und das Chamber of Commerce beantwortet keine Anfragen …

Durchs Land der Colville-Indianer

Zeit zum Aufbruch nach Osten! Am nördlichen Ortsausgang von Coulee Dam steht ein verblichenes Holzschild: COLVILLE INDIAN RESERVATION. 1.3 MILLION ACRES. ESTABLISHED 1872. Danach folgt die Straße ein paar Meilen weit dem träge dahinstrudelnden Columbia, bis sie nordwärts nach **Nespelem** abbiegt. Dort markieren Buden den Platz, wo alljährlich um den 4. Juli zehn Tage lang das Powwow der Colville gefeiert wird – Gäste willkommen.

Nicht weit von hier befindet sich das Grab von **Chief Young Joseph** (siehe MAGIC MOMENT, S. 119). Als Stammesunternehmen werden genannt: Log Homes, Sawmill, Green House, Meat Plant. Überall stehen Pferde auf den Weiden.

Die 7700 Angehörigen der Colville Confederated Tribes sind der kümmerliche Rest von elf Stämmen aus dem östlichen Washington und nordöstlichen Oregon, die hier ab 1872 angesiedelt wurden: Wenatchee, Entiat, Chelan, Methow, Okanogan, Nespelem, San Poil, Lakes, Moses, Palouse und Nez Percé. Benannt sind sie nach Fort Colvile (sic) bei Kettle Falls, das wiederum nach einem Kaufmann der Hudson's Bay Company benannt ist. Die Stämme waren Nomaden, die im Wechsel der Jahreszeiten von Wurzeln, Wild und Lachsen lebten; Kettle Falls war ihr überregionaler Treffpunkt.

Die rustikale **Cache Creek Road** führt von Nespelem in Richtung Keller ostwärts, zunächst durch offenes Weideland, dann durch Wald. Die Strecke ist eine der einsamsten der ganzen Reise. Selten kommt

Chief Joseph Memorial, mit Guide. Colville Indian Reservation, Washington

5 Durchs Land der Stämme

ein Holztransporter oder ein heimischer Pick-up entgegen. Die paar Schlaglöcher sind nicht tragisch. Es fällt auf, dass selektiv gerodet wird, was möglicherweise für eine schonende Waldwirtschaft und die Vernunft der Colville Tribal Enterprises spricht, in einem Gebiet, wo Niederschläge knapp sind.

Auf der Kammhöhe, die mit einem Schildchen markiert ist, das Lkws vor der vorausliegenden Gefällstrecke warnt, lässt man den Wagen auf einem holprigen Parkplatz ausrollen. Prächtige, reife Ponderosakiefern – *yellowbellies* – rahmen den Platz. Rechts zweigt eine Sandstraße nach KELLER L.O. *(Look-Out?)* ab. Läuft man auf dieser ein Stück weit durch offenen Wald, fühlt man sich in die Mark Brandenburg versetzt. Einem Waldspaziergang nach deutscher Art steht nichts im Wege, auch keine Hinweise auf PRIVATE PROPERTY oder NO TRESPASSING.

Unten an der WA-21 biegt man nach Keller und Wilbur rechts ab. Man passiert den lauschigen Camping- und Picknickplatz **San Poil Keller Park** am Sanpoil River, der sich hier zu einer Bucht des Stausees weitet. Es ist einer von 35 einfachen Campingplätzen um Roosevelt Lake, alle ohne *hookups* oder Reservierung. Die beschauliche Fahrt mit **Keller Ferry** über Lake Roosevelt ist eine Serviceleistung des State Highway Department von Washington.

Dann klettert die Straße in Haarnadelkurven auf das Plateau hinauf. Starke Farben leuchten im Abendlicht: Orange-Rot, Blassgrün, Tiefgrün, Braun und dazwischen das Grau des Basalts. Oben dehnen sich Weizenfelder. Dann führt die Straße schnurgerade nach Wilbur. Im schrägen Licht der Abendsonne erscheinen merkwürdige Konturen in den Feldern: gleichmäßig geformte Wellen in weiten Abständen ...

Spuren der Großen Fluten

In Wilbur ist ein »Big Bend Golf & Country Club« angezeigt. Das scheint normal, ist es aber nicht. Denn welcher frei fließende Fluss sollte auf dieser wasserarmen Ebene einen *big bend* hervorbringen, also eine »große Biege«? Es ist der Goose Creek, wie sich herausstellt, der, wie andere Wasserläufe weiter östlich, von Nordost nach Südwest über das Plateau fließt. Genau das war die Fließrichtung der Schmelzwässer aus Lake Missoula, die flache Fließrinnen *(channels)* ins Plateau schürften.

Weitere Auffälligkeiten kommen hinzu: feuchte Senken zwischen Weizenfeldern, Rinnen ohne Rinnsal, Täler ohne Fluss mit scharfen Kanten, Klippen und felsigen Inseln. Im Weideland streicht nacktes Gestein aus, als seien die Gletscher gerade erst darüber hinweg geglitten. Es sind die **Channeled Scablands** des östlichen und zentralen Washington. Sogar dem »Großen Langenscheidt« sind sie einen Eintrag wert: »*scabland* – Lava-Plateaulandschaft (bes. in den nordwestl. USA)«. Auf Geologen-Englisch heißt es: *The land has been »scabbed« to bedrock.*

Harlen Bretz hat es so erklärt: Im Grenzgebiet von Idaho und Montana staute ein Eiskorken glaziale Schmelzwässer im eiszeitlichen Lake Missoula. Wenn immer der Eisdamm unter dem Wasserdruck brach, strömte das Wasser explosionsartig aus und bildete eine Flutwelle – Hunderte Meter hoch, 100 Stundenkilometer schnell, die nach zwei bis fünf Tagen abgeflossen war. Die Schmelzwässer hobelten Coulees und Scablands in die Plateaus, ihre Eisschollen trugen Findlinge bis ins Willamette Valley in Oregon. Diese katastrophalen Fluten wiederholten sich viele Male während der Eiszeiten, zuletzt vor etwa 12 000 Jahren. Den letzten Beweis fand Bretz auf Luftbildern: Riesenrippelmarken, wie sie nur fließendes Wasser hervorbringen konnte ...

Creston grüßt mit Getreidesilos, dann **Davenport**, dann **Reardan**. Schließlich geht die US-2 in einen Business Strip über, der sich gewaschen hat: Autohändler, Fast-Food-Schuppen, Motels ... Dann verschmilzt sie mit der I-90 und beide zusammen führen die Skyline von **Spokane** vor. Doch herunter muss man, und so nimmt man am besten die Ausfahrt zur Division Street – und landet mitten in der City.

Dort wohnt man – natürlich – im **Historic Davenport Hotel**. Dieses ist ein Grandhotel von 1914, das wie durch ein Wunder überlebt hat. Es blühte, stagnierte, kam herunter und musste von »Freunden des Davenport« gerettet werden; 2002 wurde es neu eröffnet. Natürlich hat es seinen Preis. Günstigere Motels liegen citynah an der Second und Third Avenue. An diesen *business strips* sind auch die Pizza-Hütten und Burger-Könige nicht mehr fern.

Wenn es aber ein Bed & Breakfast in einer Villa mit Patina sein darf, dann findet man die in **Browne's Addition** (siehe 6. Tag, S. 124 f.). Dort hätte man auch das Northwest Museum of Arts & Culture am nächsten Morgen gleich vor der Tür.

War der Tag nicht ergiebig genug, dann beschließen Sie ihn mit einem Bier in der **Steam Plant**, einem zünftigen Bräulokal, das sich auf originelle Weise in einem ehemaligen Kraftwerk eingerichtet hat. Kommt ein Nachtclub infrage? Die jungen Leute drängen ins Marquee oder Vault. Vor den Eingängen stehen Herren, denen man ansieht, dass sie zupacken können. Schafft man es an ihnen vorbei, ist ein Hörschaden programmiert …

✺ MAGIC MOMENT In memoriam Chief Joseph

Die Highway Map von Washington zeigt bei Nespelem ein kleines rotes Viereck: **Chief Joseph Memorial**. Er markiert das Grab von Häuptling »Young Joseph«, der die Nez Percé 1877 auf der Flucht vor der US-Armee bis an die kanadische Grenze geführt hatte, aber aufgehalten, gefangen genommen und mit seinen Leuten nach Oklahoma verbannt wurde. Mit 150 Stammesgenossen durfte er 1884 zum Colville-Reservat zurückkehren, wo er 1904 starb. »Zurückkehren«? Die wirkliche Heimat der Nez Percé war das Wallowa Valley, bis man sie von dort vertrieb.

Das Grab ist nicht leicht zu finden. Der junge (weiße) Mann am Obststand an der Kreuzung weiß auch nicht genau, wo es liegt – und bemerkt dazu: »Ich lass' ihn in Ruhe, will nicht auf ihn treten« *(I don't want to step on him)*.

Hier der Weg. In Nespelem ab WA-155 rechts in die Cache Creek Road abbiegen, dann die erste Querstraße links bis zum Ende, dann rechts in einen Sandweg hineinfahren, dann neben dem Friedhof parken. Beim Aussteigen fliegen dohlenartige, schwarze Vögel kreischend auf, als wollten sie den Häuptling verteidigen. Das kleine Marmormonument verzeichnet nur den englischen und den indianischen Namen von Chief Joseph.

Kein Mensch lässt sich blicken. Der Ort berührt in zweifacher Hinsicht, einmal durch seine Verlassenheit und dann dadurch, dass doch noch jemand an ihn gedacht hat: Das Denkmal wurde 1905 von der Washington Historical Society gestiftet.

Chief Joseph Memorial bei Nespelem: Grabschmuck

◉ **Chief Joseph Memorial**
Nespelem, WA
Traditioneller Friedhof der Nez Percé.

5 Service & Tipps

Grand Coulee, WA

ℹ️ Grand Coulee Visitor Center
Hwy. 155 (unter dem Damm)
Grand Coulee, WA 99133
℅ (509) 633-9265
www.usbr.gov/pn/grandcoulee/visit/gcvc.html
Tägl. Juni/Juli 8.30–23, Aug. bis 22.30, Sept. bis 21.30, Okt.–Mai 9–17 Uhr, tägl. Führungen, im Sommer stündl. 10–17 Uhr
Spillway Show tägl. 13.30 Uhr (falls Wasser vorhanden), im Sommer **Laser Light Show** (siehe 4. Tag, S. 113).
Historische Fotos und Filme.

✕ Flo's Café
316 Spokane Way
Grand Coulee, WA
℅ (509) 633-3216
www.floscafe316.tripod.com
Tägl. 5.30–13 Uhr
Sympathisches Frühstücks- und Lunchcafé, das auf gesunde Kost achtet. (Fast) alle Speisen *from scratch*, d.h. selbst gemacht. Nichtraucher. $

🏛 Colville Tribal Museum & Gift Shop
512 Mead Way, Coulee Dam, WA
℅ (509) 633-0751
Tägl. 8.30–17 Uhr
Eintritt frei
»View Our Past«: Kultur der Plateau-Indianer vor Ankunft der Weißen. **Gift Shop** mit Kunsthandwerk aus der Region; Bücher, CDs.

Grand Coulee Dam, Columbia River, Central Washington

Spokane, WA

🏨 The Historic Davenport Hotel
Siehe MAGIC MOMENT, 6. Tag, S. 129.

🏨 Roberts Mansion Inn & Events
1923 W. 1st Ave. (Browne's Addition)
Spokane, WA
℅ (509) 456-8839
www.ejrobertsmansion.com
Viktorianischer Luxus: *Others book you a room, we give you a mansion.* $$$$

🏨🚐 Motels findet man citynah an der Second und Third Ave. **Campingplätze** liegen im weiteren Umkreis von Spokane, außer:

🏕 Riverside State Park
N. 4427 Aubrey White Pkwy. (6 mi nordwestl. Spokane)
℅ (509) 465-5064 (Verwaltung)
www.riversidestatepark.org
Günstig (per Auto) von Downtown zu erreichen. 101 Plätze, keine *hookups*; keine Reservierung.

✕ Luna Restaurant
5620 S. Perry St. (South Hill), Spokane, WA
℅ (509) 448-2383
www.lunaspokane.com
Mo–Fr 11 Uhr bis Schluss, Sa/So ab 9 Uhr
Erstklassiges Restaurant im malerischen South Hill (10 Min. Autofahrt ab Zentrum). Northwest Cuisine. $$$

✕ The Wandering Table
1242 W. Summit Pkwy., Spokane, WA
℅ (509) 443-4410
www.thewanderingtable.com
Tägl., meist 11.30–23.30 Uhr
Die Lebensmittel kommen von ortsnahen Erzeugern, es wird auf Apfel- und Mesquiteholz gegrillt. $$

🍺✕ Steam Plant
159 S. Lincoln St. (Downtown), Spokane, WA
℅ (509) 777-3900
www.steamplantspokane.com
Tägl. ab 11.30, Mo–Do bis 23, Fr/Sa bis 24, So bis 21.30 Uhr
Originelle Bräukneipe mit Restaurant im umgebauten Kraftwerk. $$

Weitere Informationen zu Spokane finden Sie beim 6. Tag, S. 130.

Weizenanbau auf den Channeled Scablands des Columbia Plateau

6 Inland Empire
Spokane und die Palouse

6. Tag: Spokane – Steptoe Butte – Colfax – Clarkston-Lewiston – Enterprise/Joseph (347 km/217 mi)

km/mi	Programm/Route
Vormittag	Besichtigung des **Historic Davenport Hotel**. Spaziergang zu den **Spokane Falls**, dann Shopping via **Skywalk** im **River Park Square** (Downtown). Fahrt nach **Browne's Addition** (1 mi westlich) zum **Northwest Museum of Arts & Culture**. Ggf. Lunch in **The Elk Public House**.
Nachmittag	
0	Auf US-195 South über Spangle (»The Harvester«) zum **Steptoe Butte State Park** (12 mi, ca. eine Stunde): Rundblick über die Palouse Hills. Evtl. 5 mi südlich von Colfax Abstecher zum **Klemgard County Park** (7 mi, ca. eine Stunde Umweg). Weiter zum
181/113	**Lewiston Hill**: Blick auf das Snake River Valley. Über **Old Spiral Highway** (Lewiston Hill Hwy.) nach Clarkston, dann US-12 West durch Clarkston, WA-129 South über Asotin, Anatone, **Fields Spring State Park** (ggf. Rast) zur OR-3 nach Enterprise und
Abend	
166/104	**Joseph** im **Wallowa Valley**.

Weichenstellung

Da die Etappe lang ist, sollten Sie am Zielort eine mögliche späte Ankunft ankündigen. Aber keine zu späte, denn die Serpentinen am Grande Ronde River fährt man besser bei Tage.

Spokane und die Palouse

Wer viel Land sehen will, kommt heute auf seine Kosten. Doch erst ist Spokane an der Reihe mit einem großartigen Hotel, berühmten Wasserfällen, einem historischen Museum – und viel Shopping. In der Fläche trifft der nackte Fels der Scablands auf die Ackerflächen der Palouse. Deren Farmer erwirtschaften dank eiszeitlichem Löss hohe Erträge. Die Reise geht tief ins Tal des Snake River hinunter und auf der anderen Seite wieder hinauf. Das Ziel der Etappe, die Wallowas, gelten als die »Schweiz Oregons«. Einst siedelten hier die Nez Percé, heute besucht man die Wilderness Areas im Gebirge und die Bronzegießereien im Tal.

Es gibt drei gute Gründe, **Spokane** zu besuchen. Erstens: das Davenport Hotel, zweitens: das Davenport Hotel, und drittens: die Spokane Falls im Riverfront Park… Na ja, ganz so trist ist die »Stadt des Flieders« nun auch wieder nicht, denn sie bietet immerhin hervorragende Einkaufsmöglichkeiten, interessante Gaststätten und eine gute medizinische Versorgung, falls man sie nötig hat.

Es ist schon Respekt einflößend, wie Spokane, ohne Zugang zum Meer oder einen schiffbaren Fluss, zur Hauptstadt des Inland Empire werden konnte – mit Symphonieorchester, Jazzorchester, Theaterensemble, »gotischer« Kathedrale, Grandhotel, Weltausstellung 1974 und mehr. Spokane ist mit seinen 470 000 Einwohnern (County) die drittgrößte Metropole des Pazifischen Nordwestens.

Spokane – Hauptstadt des »Binnenreichs«

Für die Indianer waren die Spokane Falls schon immer ein erstklassiger Standort – wegen der Lachse. Die Siedler nutzten die Wasserkraft der Fälle (ab 1872), um Holz zu sägen und Getreide zu mahlen; die Eisenbahnen kamen rechtzeitig (1881), um

Spokane Falls in Downtown Spokane

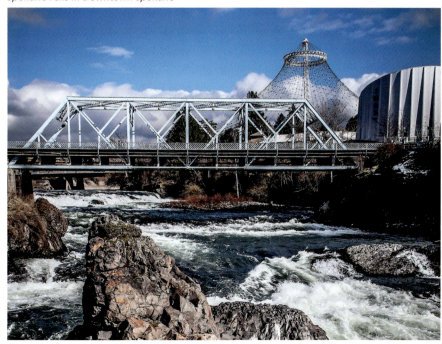

beides abzutransportieren. Der Goldrausch von 1883 brachte den Bergbau nach Coeur d'Alene (Idaho), hinzu kam der Silberbergbau, Weizenanbau und Ranching im eigenen Umland. Spokane profitierte von allem und wurde zum Handels- und Dienstleistungzentrum der Region.

Dass Spokane eine Einkaufsstadt ist, sieht man an den vielen Parkplätzen und Parkhäusern, die die Innenstadt wie einen Schwamm durchlöchern. Die Touristen profitieren vom Handel, denn sie finden hier alles, was sie brauchen oder nicht brauchen. Der kompakte **River Park Square** hilft ihnen dabei, denn hier sind insgesamt 15 City-Blocks in Höhe der ersten Etage durch einen **Skywalk** sowie **Sky Bridges** verbunden. So kommt man trockenen Fußes hinein, hindurch und auch wieder heraus.

Riverfront Park soll der »schönste Stadtpark Amerikas« sein – als Rummelplatz vielleicht. Man schuf ihn auf dem Gelände eines Rangierbahnhofs zur Weltausstellung 1974. Heute birgt er ein IMAX-Kino, Spielplätze, Grünflächen, ein paar metallene Skulpturen – und eine Perle: das alte **Looff Carousel** von 1909 mit seinen 54 handgeschnitzten, bunt lackierten Pferdchen. Ein Uhrturm aus Bahnhofs Zeiten steht so funktionslos herum wie ein Kaiser-Wilhelm-Denkmal im deutschen Wald.

In diesen Park eingebettet liegen die **Spokane Falls**, die wohl großartigsten Wasserfälle, die es irgendwo im Herzen einer Großstadt gibt. Aus der Ferne dringt zunächst nur ein leises Rauschen, das stärker wird, wenn man sich ihnen nähert – und zu einem Tosen anschwillt, wenn man auf der Hängebrücke über den Fällen steht. Im Frühjahr, wenn der Fluss voll ist, füllen die sprudelnden Wassermassen die Luft in ihrem Umkreis mit angenehmer Kühle. Im Geiste sieht man Indianer auf wackeligen Podesten stehen und in den Strudeltöpfen fischen.

Das **Historic Davenport Hotel** ist ein Must-See dieser Reise (siehe MAGIC MOMENT, S. 129), doch Spokane hält noch andere gastliche Stätten bereit. Zum Frühstück empfiehlt sich das lockere **Madeleine's Café & Patisserie** im Zentrum, wo man sich seinen Platz selber suchen darf. Das nahe **Mizuna** ist etwas Besonderes, weil es neben konventionellen auch vegetarische und vegane Speisen auf Feinschmeckerniveau anbietet. Im französisch inspirierten **Santé Restaurant & Charcuterie** wird »Gesundheit« schon im Namen großgeschrieben.

So ruppig sich die Stadt mit ihrem nervenden Autoverkehr auch darstellt, so versöhnlich stimmt ein Erlebnis an einem sonnigen Sonntag im April. Die Main Avenue ist plötzlich zu einer »Bürgermeile« geworden, über die Tausende Teilnehmer eines Volkslaufs *(race)* zugunsten der Krebshilfe joggen. Da sind Junge und Alte, Dünne und Dicke, solche mit Kinderwagen und solche, die ihren Hund an der Leine mitführen. Sie kommen aus allen Teilen des Staates, nicht um zu kassieren, sondern um zu spenden. Die Autos sind ausgesperrt.

Browne's Addition: ein besonderes Viertel

Browne's Addition ist ein ruhiges Wohnviertel im Westen der Stadt, wo das Gute dicht beisammen liegt: Man kann in einem antiken Bed & Breakfast übernachten, durch **Coeur d'Alene Park**, wo Anfang Mai der Flieder blüht und das Betreten des Rasens durchaus erlaubt ist, schlendern und anschließend beim **Northwest Museum**

Alter »Chevy Truck« vor Weizenfeldern der Palouse

Sommerweizen auf den Lösshügeln der Palouse

of Arts & Culture die Kultur der Region studieren.

Das Museum präsentiert »Portraits of the Inland Empire«, darunter die Stationen der Besiedelung: Indianer, Bergleute, Holzfäller, Landwirte. Grell warben die Plakate der Eisenbahngesellschaften um Siedler: *There is Ample Room for Millions of Settlers!* – tönt die Northern Pacific. Teils grandios, teils kurios zeichnen die monumentalen Historienbilder von Edward Grigware (1953) das Geschehen nach. So begrüßen Lewis und Clark 1805 in heroischer Pose das Inland Empire. So erhebt sich Spokane nach dem Brand von 1889 aus der Asche, als Zeichen des Fortschritts schwebt dazu ein Propellerflugzeug am Himmel.

An der Kreuzung Pacific und Cannon Street lädt das **Elk Public House** zu einem leichten Lunch. Dieser einstige Drugstore ist zum Kiezlokal von Browne's Addition geworden. Poster aus den 1920ern zieren die Wände, ein historischer *soda fountain* spendet Erfrischungen. Die Speisen sind lecker, Brot und Kuchen selbst gebacken. Ein Stammgast sagt, er würde dem Pub »vier Sterne im Reiseführer« geben. Also gut, vier Sterne …

Höchste Zeit zum Aufbruch nach – Oregon! Vielleicht schauen Sie unterwegs noch beim **Harvester Restaurant** in **Spangle** (US-195) herein, einem urigen *American Diner* auf dem Lande, in dessen schwammige Plastikpolster sich Farmerfamilien und durchreisende Senioren fallen lassen. Hier bekam man einst, als es noch ein *Family Restaurant* war, ein ordentliches Kombigericht aus Gemüsesuppe und deftigem Beef-Sandwich für vier Dollar. Die Bedienung war auffallend freundlich, man sieht, man nähert sich dem Lande.

Palouse: Landschaft auf Löss

Bald bestimmen die weichen Linien der **Palouse** das Bild der Landschaft. Ins Grün des jungen Weizens (im Juni) mischen sich die Rottöne der alten Stoppeln. An den Bö-

6 Inland Empire

Palouse-Lupinen

schungen blühen die buntesten Blumen. Vor Rosalia kreuzt der Channel des North Pine Creek den Highway; die Rinder, die dort weiden, ahnen nichts von den Fluten, die ihn schufen. Wer die Palouse von Nahem sehen will, biegt bei Rosalia in die Malden Road nach Malden ab und schlängelt sich auf Nebenstraßen zum Rock Creek vor (siehe »Weizen mit Linsen«, S. 127).

Die Getreidesilos von Cashup ziehen vorüber, **Steptoe Butte** taucht am südlichen Himmel auf. Man könnte auf Sicht fliegen, nimmt aber besser die beschilderte Zufahrt ab Steptoe (Ort). Diese führt im großen Bogen von Osten heran und am **Steptoe Butte State Park** vorbei. Vom Gipfel des Berges (1101 m) wandert der Blick hundert Kilometer weit in alle Richtungen. Es ist, als woge unten ein Meer von grünen Wellenbergen. Von ferne dröhnt milde der Highway. Dank »Steptoe« haben die Geologen einen Begriff für einen Bergtyp, der sich als Sockel aus Urgestein über jüngere Sedimente erhebt.

Hinter Colfax muss man sich entscheiden, ob man im Klemgard Park (Abzweig rechts) eine Rast einlegen will. Die Unsitte der Straßenbehörde, keine Entfernungsangaben zu machen! Also, es sind dreieinhalb Meilen zum **Klemgard County Park** am Union Flat Creek. An dessen Ufern quaken die Frösche und Amseln mit roten Punkten auf den Flügeln lassen ihr melodisches Trillern vernehmen. Picknicktische, Spielplätze, ein Nature Trail und ein Plumpsklosett sind vorhanden, der Rundweg von einer Meile (ca. 20 Minuten) wird dem Kreislauf gut tun.

Pullman zieht vorbei, die Aluminiumsilos von Uniontown blitzen in der Sonne. Am **Lewiston Hill** (840 m über NN) schweift der Blick weit und tief ins Snake River Valley hinunter. Links unten im Bild erscheint der Seehafen (!) Lewiston (Idaho) – Seehafen deshalb, weil die Stadt seit 1975 über den Snake und Columbia River mit dem Pazifik verbunden ist.

Nehmen Sie statt US-195 den **Old Spiral Highway** ins Tal. Dieses Straßenbaukunstwerk von 1914 überwindet die 600 Höhenmeter des Lewiston Grade mittels vieler Kurven bei gleichbleibendem Gefälle auf zehn Meilen Strecke. Die Straße ist neu geteert und breit angelegt, Lupinen färben die Hänge lila.

Gateway zu den Rocky Mountains

Spokane, so weit im Osten der Region gelegen, ist nicht nur die »Hauptstadt des Binnenlands«, sondern auch Einfallstor zu den Rocky Mountains. Kollegen in Spokane empfehlen mindestens eine Tagestour zum Lake Coeur d'Alene in Idaho (34 mi hin) – ein Touristenparadies mit allem Drum und Dran.

Doch die wirklich hohen Berge und einige der berühmtesten Nationalparks liegen weiter nördlich, östlich und südlich. Die I-90 führt über eine Strecke von knapp 200 Meilen nach Missoula (Montana, MT), wo der VISTA POINT-Reiseführer »Rocky Mountains« einsetzt. Dieser beschreibt eine Grand Tour zu den großen Zielen der Rockies, nämlich den Nationalparks Glacier (Montana, MT), Yellowstone (Wyoming, WY) und Badlands (South Dakota, SD) sowie dem Dinosaur National Monument (Colorado/Utah, CO/UT). Diese liegen in einem Städteviereck zwischen Missoula (MT), Rapid City (SD), Denver (CO) und Salt Lake City (UT) und werden durch eine Haupt- und zwei Nebenrouten erschlossen.

Weizen mit Linsen – Landpartie durch die Palouse

Die runden Hügel der Palouse im Südosten Washingtons bestehen aus Sand und Löss. Sie wurden in den Zwischeneiszeiten aufgeweht, als südwestliche Winde den Staub von den Basaltplateaus fegten. Sie blieben von den katastrophalen Fluten aus Lake Missoula ebenso verschont wie heute vom Tourismus. Stößt man von **Rosalia** über **Malden** bis zum **Rock Creek** vor, dann steht man an der Grenze zwischen beiden Landschaftsformen: der sanften Palouse (hüben) und dem nackten Basalt *(scabrock)* der Channeled Scablands (drüben).

Als die französischen Pelzhändler die ondulierte Büschelgras-Prärie entdeckten, nannten sie diese: *pelouse* – Rasen. Heute erweisen sich die Lösshügel als ungewöhnlich fruchtbar. Unter dem Pflug liefern sie die höchsten Weizenerträge der Welt (ohne Bewässerung); Linsen und Erbsen kommen hinzu. Wenn Cowboys eines der gefleckten Pferde der Palouse sahen, riefen sie: *a pelousey* – Appaloosa.

Auch wenn mäkelnde Reiseführer meinen, in der Palouse sei »nichts los«, die örtlichen Chambers of Commerce sehen es anders. Sie verweisen auf malerische alte Landstädte wie **Oakesdale** (mit Joseph Barrons Getreidemühle von 1890), auf **Garfield, St. John** oder **Dusty**; auf das grandiose Naturschauspiel der **Palouse Falls**; auf die alte Eisenbahnstadt **Dayton** (mit ihrem historischen Weinhard Hotel); auf **Boyer Park & Marina** bei Almota am Snake River – zum Zelten, Bootfahren, Baden.

Möchten Sie die lange Etappe unterbrechen? Dann logieren Sie im **Churchyard Inn B&B** in **Uniontown**. Dort haben Sie neben der lieblichen ländlichen Umgebung noch die katholische Bonifazius-Kirche von 1904 vor der Tür. Sie wollen mehr Action? Dann suchen Sie sich in Clarkston-Lewiston einen Veranstalter für Jetboat-Fahrten durch den **Hells Canyon** (siehe S. 131).

The Churchyard Inn B&B
206 S. Saint Boniface St.
Uniontown, WA
© (509) 229-3200, www.churchyardinn.com

Pfarrhaus von 1905, erbaut im flämischen Stil, neben St. Boniface.
1995 komplett renoviert, sieben Zimmer.
$$–$$$

Palouse Falls mit Basaltplateau in Südost-Washington

Inland Empire

Balsamwurzeln (Balsamroot) an der Großen Moräne des Wallowa Lake

Über Berg und Tal zum Wallowa Valley

Bei **Asotin** kommt die »letzte Tankstelle auf 77 Meilen«. Man darf sich auf eine stramme Fahrt von netto zwei Stunden bis zum Etappenziel gefasst machen. Die WA-129 biegt scharf rechts nach Anatone ab und erklimmt mit langer Steigung die Hochfläche – nicht die letzte auf dieser Strecke. Weideland, Weizenland, sogleich weht ein frischer Wind und bringt einen Hauch von Lavendel in den Wagen hinein. **Anatone** meldet 67 Einwohner, mit steigender Tendenz. Der offene Wald bestätigt das Paradox des Waldes im Nordwesten: Wo er spärlich wächst, steht er am besten (bzw. steht er noch). Rattlesnake Summit: 1209 Meter.

In einer der am dünnsten besiedelten Ecken der ganzen Region liegt **Fields Spring State Park**: eine Meile Zufahrt durch hohen Wald, 20 Stellplätze (plus zwei für Radler), Tipis mit Etagenbetten und eine »Lodge«. Ein Wanderweg (1 mi, zehn Grad Steigung) führt zum Overlook auf Puffer Butte. Es gäbe Bären im Park, lautet ein Hinweis, daher Proviant wegschließen. Ein Paradies für Freunde der Natur – ohne *hookups*, aber mit Trinkwasser und Dusche.

Tief bohrt sich die Straße ins Tal des **Grande Ronde River** hinein, steil klettert sie auf der anderen Seite wieder heraus. An jeder Kehre zeigt sich die wilde Erosionslandschaft dieser Badlands in neuem Licht. Unten an der Brücke steht ein Café. Auf halber Höhe drüben wechselt der Staat: WELCOME TO OREGON. Die WA-129 heißt jetzt OR-3.

Auf der Hochfläche schwebt man dahin wie in einem Ballon. Im **Joseph Canyon** hatte Chief Old Joseph, der sich nicht mit den Weißen schlagen wollte, mit seinen Nez Percé überwintert. In einer Höhle wurde sein Sohn Chief Young Joseph geboren, der sich mit den Weißen schlagen musste. Herrlich geführt verläuft die Straße nahe dem Plateaurand durch offenen Wald. Auf Wildwechsel ist zu achten. Dann ragen plötzlich die schneebedeckten **Wallowa Mountains** in den abendlichen Himmel. Man gleitet hinab in ein Hochtal mit Almwiesen, Lichtpunkte zeigen den Ort **Enterprise** an.

Noch sechs Meilen bis **Joseph**, und sechs weitere zum südlichen Ende von **Wallowa Lake**. Die **Wallowa Lake Lodge** von 1923 mit ihren alten Bäumen und dem Garten am See wirkt wie ein Hafen nach langer Seereise. Im gemütlichen Gästeraum flankieren Hirsch- und Elchgeweihe den Kamin, eine Reverenz an die alte *hunting lodge*. In die Zimmer wurden Bäder eingebaut – jetzt sind aus den Zimmern Zimmerchen geworden. Für ein Dinner im **Camas Dining Room** ist es wohl zu spät, aber ein Bier aus dem Kühlschrank wird man noch kriegen. Frösche quaken im Teich hinter der Lodge, ein Wasserfall rauscht. Doch nein, es ist nur der schnell dahinfließende Wallowa River.

✻ MAGIC MOMENT   The Historic Davenport Hotel

Haben Sie in Spokane im Davenport genächtigt? Dann haben Sie eines der großen Hotels des Nordwestens kennengelernt. Als Grandhotel alten Stils 1914 erbaut, siechte es gegen Ende des vorigen Jahrhunderts dahin, bis es von engagierten »Friends of the Davenport« gerettet wurde. Es wurden Investoren gefunden, man renovierte originalgetreu, kämpfte mit mancherlei Widrigkeiten und eröffnete das Hotel 2002 neu. Fünf Jahre später kam der »Tower« mit 22 Stockwerken hinzu, dann das »Hotel Lusso«.

Doch die Perle bleibt das Stammhaus. Drinnen blickt man zurück in andere Zeiten: Stuckaturen, Kronleuchter, Täfelungen, Marmorböden … Die Große Halle (Grand Lobby), im Stil der spanischen Renaissance erbaut, gilt als »Wohnzimmer Spokanes«: Man trifft sich hier zum Plaudern, Kaffeetrinken, Schauen, ja sogar zum Arbeiten. Der umlaufende Mezzanin in halber Höhe, auf dem die Handelsvertreter einst ihre Waren präsentierten, lädt zum Promenieren ein. Die grandiosen Ballsäle dienen Banketten, die Tea Dances von einst sind aus dem Programm verschwunden.

Ob Gast oder nicht, lassen Sie sich in eines der Sofas in der Halle fallen. Genießen Sie die Höhe und Weite des Raumes. Beachten Sie die stets frischen Blumen in der großen Vase, das ständig brennende Kaminfeuer (ein Zeichen der Gastfreundschaft), die Kassettendecke über Ihnen, deren falsche Farben bei der Renovierung für 2002 mühsam abgekratzt werden mussten. Und wen sehen Sie um sich herum? So nobel das Haus, so tolerant ist es. Familien in Freizeitshorts mit nackten Beinen sind genauso willkommen wie Geschäftsreisende, die ihren Laptop bearbeiten. Der Raum schluckt alle schrillen Töne.

Wo kommen die Gäste her? Aus einem weiten binnenländischen Umland, das von den Rockies bis ins südliche Kanada reicht. Denn »die Küste ist weit – und teurer«, sagt der freundliche Concierge.

🛏❌🍸🐾 **The Historic Davenport Hotel**
10 S. Post St., Spokane, WA
℡ (509) 455-8888 und 1-800-899-1482
www.davenporthotelcollection.com

Grandhotel von 1914. 611 Zimmer und Suiten (mit **Davenport Tower**, nebenan). Große, gastliche Lobby und Ballsäle. **Palm Court Restaurant** und **Peacock Lounge**. $$$$

Historic Davenport Hotel: Die »Große Halle« im Stil der spanischen Renaissance

6 Service & Tipps

Spokane, WA

ℹ️ Spokane Visitor Information Center
Main Level, River Park Sq.
808 W. Main Ave., Spokane, WA 99201
✆ 1-888-SPO-KANE
www.visitspokane.com
Mo–Sa 10–17, So 11–18 Uhr
Nicht vergessen: die Tourmap von Spokane.

🏨 River Park Square
808 W. Main Ave., Spokane, WA
✆ (509) 363-0304, www.riverparksquare.com
Mo–Sa 10–20, So 11–18 Uhr
Einkaufszentrum in Downtown. Die Geschäfte sind durch Skywalks verbunden.

🏨 Auntie's Bookstore
402 W. Main Ave. (Downtown)
Spokane, WA
✆ (509) 838-0206, www.auntiesbooks.com
Der beste Buchladen in Nordost-Washington; Lesungen. Direkt neben Santé Restaurant.

🏛️🍽️ Northwest Museum of Arts & Culture
(Vormals Cheney Cowles Museum)
2316 W. 1st Ave. (Browne's Addition)
Spokane, WA
✆ (509) 456-3931
www.northwestmuseum.org
Tägl. außer Mo 10–17, Mi bis 20 Uhr
Eintritt $ 10/5 (6–17 J.) unter 6 J. frei
Museum zur Geschichte des Inland Empire, 2001 neu eröffnet; auch zeitgenössische Kunst. »American Indian Collection«. – Nebenan: **Campbell House** (1898), mit Plüsch und Pomp des »Age of Elegance«.

🍽️❌ The Elk Public House
1931 W. Pacific Ave. (Browne's Addition)
Spokane, WA
✆ (509) 363-1973, www.wedonthaveone.com
Tägl. ab 11 Uhr
Freundliche Nachbarschaftskneipe im alten Drugstore. Leichte Kost *from scratch*, eigene Bäckerei. $

Weitere Informationen zu Spokane finden Sie beim 5. Tag, S. 120.

❌ The Harvester Restaurant & Lounge
410 W. 1st St. (US-195, 15 mi südl. Spokane)
Spangle, WA
✆ (509) 245-3552
www.harvesterrestaurant.com
Mo–Do, So 7–21, Fr/Sa bis 22 Uhr
Uriges Landgasthaus im Weizenland. Gutes, preiswertes Essen. $

📷🏞️ Steptoe Butte State Park
Hume Rd. (12 mi nördl. Colfax, WA, östl. US-195)
✆ (509) 549-3551
Ganzjährig, tägl. 8 Uhr bis *sunset*
Zufahrt über Hume Rd., dann McCroskey Rd. Vom Gipfel herrlicher Rundblick. Unten Picknicktische und Toiletten, keine Übernachtung.

🏕️🏞️ Fields Spring State Park
WA-129, 4 ½ mi südl. Anatone, WA
✆ (509) 256-3332
Ganzjährig. 20 Stellplätze mit Tisch und Feuerstelle, keine *hookups*, keine Reservierung. Sehr bescheiden, sehr abgelegen, sehr schön.

ℹ️ Eastern Oregon Visitors Association
✆ 1-800-332-1843
www.visiteasternoregon.com
Fördert Tourismus in den neun Counties von Ost-Oregon.

ℹ️ Wallowa County Visitors Center
309 S. River St., Suite B
Enterprise, OR 97828
✆ (541) 426-4622 und 1-800-585-4121
www.wallowacountychamber.com
Mo–Fr 10–15 Uhr
Auskunft zu Bergtouren auch bei U.S. Forest Service in Joseph, 201 E. 2nd St., ✆ (541) 426-5546.

Joseph, OR

🛏️❌🏞️ Wallowa Lake Lodge
60060 Wallowa Lake Hwy. (6 mi südl. Joseph)
Joseph, OR
✆ (541) 432-9821, www.wallowalake.com
Traditionsreiches Hotel (von 1923) am Südufer von Wallowa Lake. Gemütliche Lobby, großer Kamin, 22 winzige Zimmer (ohne Telefon und TV); acht Cabins am See. Nichtraucher. $$$–$$$$

🛏️ Indian Lodge Motel
201 S. Main St., Joseph, OR
✆ (541) 432-2651

Hells Canyon

Lewiston nennt sich »Tor zum Hells Canyon«. Für eine Exkursion mit dem Jetboot oder Schlauchboot braucht man Quartier in Clarkston-Lewiston und (mindestens) einen Extratag. Auskunft gibt das gemeinsame Besucherbüro von Clarkston (WA) und Lewiston (ID). Die Touren dauern von einem bis zu fünf Tagen; Abfahrt meist vor 8 Uhr morgens. – Allgemeine Auskünfte über **Hells Canyon National Recreation Area:** Website des U.S. Forest Service, www.fs.fed.us.

ℹ️ Visit Lewis Clark Valley
847 Port Way, Clarkston, WA 99403
✆ (509) 758-7489 und 1-877-774-7248
www.visitlcvalley.com
Mo–Fr 9–17 Uhr

Beamers Hells Canyon Tours
1451 Bridge St.
Clarkston, WA 99403
✆ (509) 758-4800 und 1-800-522-6966
www.hellscanyontours.com

Großes Angebot an Touren, darunter **One Day Tour** (7–18 Uhr), **Mail Run** (Mi/Do), **Boat and Float** (fünf Tage).
Hells Canyon ist auch ab Hells Canyon Dam bei Oxbow (OR) erreichbar. Anfahrt dann ab Joseph (siehe 7. Tag, S. 135 f.) über FS-39, OR-86 West bis Copperfield/Oxbow, dann weitere 23 mi auf der Idaho-Seite. Veranstalter: Hells Canyon Adventures (Oxbow, OR, ✆ 541-785-3352 und 1-800-422-3568, www.hellscanyonadventures.com).

www.indianlodgemotel.com
16 Zimmer: renoviert, sauber, komfortabel. $$

Wallowa Lake State Park
72214 Marina Lane (6 mi südl. Joseph, OR)
✆ (541) 432-4185 und 1-800-551-6949
www.oregonstateparks.org/undex…
Beliebter Erholungspark am Südufer von Wallowa Lake (600 000 Gäste pro Jahr!). 121 RV-Plätze *(full hookups)*, 90 Zeltplätze. Baden, Picknick, Bootsverleih. Reservierung möglich.

❌ Vali's Alpine Restaurant
59811 Wallowa Lake Hwy.
Joseph, OR
✆ (541) 432-5691
www.valisrestaurant.com
Sommer Mi–So 17–21 Uhr, nur auf Bestellung. Feines Speiselokal mit ungarisch-deutscher Küche und Tradition. $–$$

Weitere Informationen zu Joseph finden Sie beim 7. Tag, S. 138.

Joseph im Wallowa Valley, Eastern Oregon

7 Spur der Siedler
Vom Wallowa Valley nach Baker City

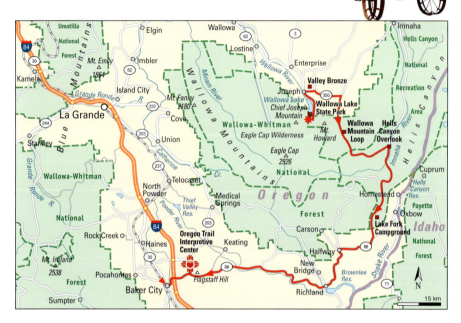

7. Tag: Wallowa Valley – Hells Canyon Overlook – Halfway – Baker City (222 km/139 mi)

km/mi	Programm/Route
Vormittag	Bummel durch **Wallowa Lake State Park** (evtl. Bootsfahrt), ggf. Gondelfahrt auf Mount Howard. Besuch der Bronzegalerien von **Joseph** (evtl. mit Führung durch eine Gießerei).
Mittag	
0	Ab Joseph WA-350 nach Osten zur **Wallowa Mountain Loop** (FS-39). Entlang Little Sheep Creek nach Süden über Lick Creek, Gumboot Creek, Dry Creek. Hells Canyon Rim Road (FS-3965) zum
Nachmittag	
74/46	**Hells Canyon Overlook:** Lehrtafeln, Picknick, Toiletten. FS-3965 nach Süden zur FS-39, dann OR-86 West über Halfway und Richland zum
140/88	**Oregon Trail Interpretive Center** auf Flagstaff Hill (vor Baker City): Besichtigung. Dann weiter nach
Abend	
8/5	**Baker City**.

Vom Wallowa Valley nach Baker City 7

Die Wallowas sind das »Tor zum Himmel« für die Bewohner der Küste, besonders bei Hochzeitspaaren stehen sie hoch im Kurs. Das Land atmet Geschichte, davon zeugen die Namen der Berge: Chief Joseph Mountain und Mount Howard stehen sich gegenüber – der eine war hier beheimatet, der andere hat ihn vertrieben. Hells Canyon ist die tiefste Schlucht Nordamerikas, entsprechend schwierig ist der Zugang. Will man sie von nah erfahren, braucht man Zeit, ein geländegängiges Fahrzeug und am besten ein Zelt. Am Ende dieser Etappe steht ein bedeutendes Museum zum Oregon Trail, komplett mit Siedlern, Wagen und Zugtieren.

Mit den Wallowa Mountains ist es wie mit den San Juan Islands: Gesprächspartner bekommen glänzende Augen, wenn man sie nur erwähnt. Für die Bewohner der Westküste sind die Wallowas im fernen Osten nicht nur die »Schweiz Oregons«, sondern gar das »Tor zum Himmel«. Junge Paare verbringen ihre Flitterwochen hier, fahren Boot auf Wallowa Lake oder Gondelbahn auf Mount Howard und kaufen sich Andenken in einer Galerie.

Am Wallowa Lake

Wo hinter Wallowa Lake alle Straßen enden (auch die OR-82), beginnt ein buntes Durcheinander von Wohnwagen, Ferienhütten, Galerien und Baumaschinen. An der Talstation der **Wallowa Lake Tramway** betteln zahme Maultierhirsche um Erdnüsse. Dahinter und darüber liegt das Revier der Naturfreunde und Bergwanderer: Ihre Wege führen sie hinauf zu den Almwiesen

Ranch in den Wallowa Mountains

Weichenstellung

Die Wallowa Mountain Loop ist generell nur von Juni bis November befahrbar (im Visitors Center nach Straßenzustand fragen). Für die Strecke Joseph–Halfway (73 mi) muss ausreichend Benzin im Tank sein. Das Oregon Trail Interpretive Center in Flagstaff schließt um 18 Uhr (Sommer), daher rechtzeitig vor Ort sein. – Die Strecke am Folgetag (8. Tag) ist lang! Um sie abzukürzen, evtl. heute noch bis Prairie City (z. B. Strawberry Mountain Inn B & B) oder John Day (z. B. Dreamers Lodge) weiterfahren.

7 Spur der Siedler

»The Promised Land« von David Manuel aus Joseph, heute in Portland aufgestellt

und Gletscherseen der **Eagle Cap Wilderness**; das Visitors Center des Chamber in Enterprise hält Wegepläne bereit.

Der Besitzer der Wallowa Lake Lodge (Are you the manager? – No, I'm just the owner) hat recht: Für die Wallowas brauche man mindestens zwei Tage, sagt er – so bescheiden ist er geworden. Dies hier sei Sommerreisegebiet, denn im Winter falle in der Höhenlage (1200 m) zu wenig Schnee, um Ski zu fahren. Die besten Monate seien Juni und September/Oktober; im Juli/August werde es sehr voll. Vor oder nach der Saison könne man in den Bergen gut wandern und auf Wallowa Lake Boot fahren. Im Herbst färbten sich die Kokanee-Lachse im See rot …

Die Kulisse am See ist bestechend. Zwei perfekte Seitenmoränen, wie aus dem Lehrbuch, rahmen **Wallowa Lake** ein. Darüber erheben sich hohe Berge. Ausgerechnet Mount Howard und Chief Joseph Mountain stehen sich gegenüber. Der US-General hatte Chief Joseph und seinen non-treaty Nez Percé im Mai 1877 ultimativ befohlen, das Wallowa Valley zu verlassen und ins Lapwai-Reservat in Idaho umzusiedeln. Merkwürdige Gaben hängen am Grab von Chief Old Joseph im **National Indian Cemetery** am nördlichen Seeufer: Fischhäute, Kiefernzapfen, ein Stein, ein Schlüssel, ein Tuch …

Auf der breiten Schwemmebene im Norden des Sees, von den Schmelzwässern der Gletscher aufgeschüttet, hört die Idylle schlagartig auf. Das Hochtal ist heillos zersiedelt – alpine sprawl von der bekannten Art. Vielleicht hätte man das Tal doch besser den Nez Percé überlassen sollen … Auf einer Koppel zwischen Joseph und Enterprise stehen schwere, schwarze Clydesdale-Rösser mit Wuscheln an den Hufen.

Kunst in der Provinz: Bronze in Joseph

Die Main Street von **Joseph** ist mit Hemlock Street in Cannon Beach (siehe 12. Tag, S. 137) vergleichbar, denn beide vertreten Kunst und Kunsthandwerk in der Provinz. Joseph ist zum Mittelpunkt der Bronzegießerei geworden. Ein Bummel über Main Street wird leicht in eine Diskussion über »Kitsch oder Kunst« einmünden. Es heißt, Gäste kämen per Tagesausflug sogar aus Baker City, um die Galerien zu besuchen. Bei Führungen durch die Gießereien (foundry tours) wird der künstlerisch-technische Prozess des Gießens (lost wax process) erläutert.

Valley Bronze versteht sich als »Ziehmutter« dieser Betriebe um Joseph, die nicht wie Pilze, sondern – so der zeitgemäße Vergleich des jungen Verkäufers – wie Mikrobrauereien aus dem Boden schießen. Angeboten und nachgefragt werden offensichtlich Western-Motive, feenhafte junge Frauen, Tiergruppen, die sich aufbäumen, brüllen oder Ähnliches. Außer den Preisen beeindruckt die Tatsache, dass Künstler aus aller Welt hier gießen lassen.

Amerikanische Touristen schätzen rides, also Fahrten aller Art, ob mit dem Boot, der Pferdekutsche, dem Planwagen, der Schmalspurbahn oder der Gondelbahn.

Vom Wallowa Valley nach Baker City 7

Hier kommen zwei Trips infrage, der eine mit der **Wallowa Lake Tramway**, die als »steilste Gondelbahn Nordamerikas« auf Mount Howard hinaufführt, der andere mit dem **Eagle Cap Excursion Train**. Dieser Ausflugszug verkehrt im Sommer zwischen Wallowa und Elgin (Union County) und berührt die schönsten Landschaften Nordost-Oregons. Streckenweise folgt die Bahn dem mäandrierenden Lauf des Wallowa wie des Grande Ronde River. Man kann die Fahrt mit Lunch oder Dinner buchen, für Liebhaber von *spare ribs* sei gesorgt.

Die tiefste Schlucht Nordamerikas: Hells Canyon

Von Joseph führt Highway 350 East zunächst eine schräge Ebene zur **Wallowa Mountain Loop** hinauf, wobei die Seven Devils Mountains aus Idaho herübergrüßen. An der Kreuzung mit FS-39 ginge es links nach Imnaha (siehe »Extras für Ost-Oregon«, S. 137 oben), rechts aber zum ersten Zwischenziel, dem HELLS CANYON OVERLOOK, 37 MILES. 35 MPH. Warum die Strecke »Loop« heißt? Weil sich der Forest Service einen Hells Canyon Scenic Byway ausgedacht hat, der Baker City mit La Grande über die Wallowas verbindet.

Die Beschilderung ist gut. Die schmale Straße folgt Bachläufen, doch von der Landschaft sieht man wenig, so tief steckt man im Wald. Das ändert sich plötzlich da, wo das Canal Fire von 1989 gewütet hat, das durch Blitzschlag ausgelöst wurde. Kilometerweit bedecken Baumgerippe die Hügel. Endlich erreicht man frischen Lärchenwald. Elf Meilen geht es nun am Gumboot Creek eineinhalbspurig bergab, dann ein Stück den Imnaha River und Dry Creek entlang zur FS-3962 (links), dann auf Hells Canyon Rim Road (FS-3965) zum **Hells Canyon Overlook** hinauf.

Der Aussichtspunkt ist der einzige am Canyon, der über eine asphaltierte Straße zu erreichen ist. Der Wald öffnet sich zum Park, Blumen sprenkeln die Wiesen. Der Blick schweift weit über die Schlucht, wandert an Schichten und Flexuren im gegenüberliegenden Fels entlang, doch bis auf den Grund gelangt er nicht. Hells Canyon

Hells Canyon Overlook an der Schlucht des Snake River, Eastern Oregon

7 Spur der Siedler

Morgens oberhalb von Hells Canyon

ist die tiefste Schlucht Nordamerikas: He Devil Mountain (auf der Idaho-Seite) ragt fast 2500 Meter über dem Snake River auf. Unten leben Fossilien der Tierwelt, etwa der Weiße Stör, der 75 Jahre alt, vier Meter lang und 800 Kilogramm schwer werden kann. Die Rim Road (FS-3965) führt zur FS-39 zurück; die Schotterpiste nach Norden lässt man lieber eine Schotterpiste sein …

Nach unzähligen Kurven auf enger Straße gelangt man zum kleinen, heimeligen **Lake Fork Campground**. Ganze zehn Stellplätze *(tentsites)* hat er zu bieten, keinen Komfort außer Trinkwasser, dafür kostet er nichts. Die Betreuer des Parks haben es sich am Lagerfeuer bequem gemacht. Ein Reh kommt aus dem Wald herunter, »und das tut es seit Jahren«, meint der *campground host*. Wer Lake Fork verpasst hat, kann zwei Meilen später noch in der **North Pine Rest Area** rasten. Der Forest Service stuft beide Plätze als wenig besucht ein.

Baker City und der Oregon Trail

Hinter **Halfway**, das sich im Jahre 2000 aus geschäftlichen Gründen vorübergehend in Half.com umbenannt hatte, durchquert die OR-86 West offenes Hügel- und Weideland. Es müssen zugige Winter sein da oben auf der Range! Für den Touristen kann es ungemütlich werden, wenn er an dem schön geführten Highway entlang Powder River partout keine Stelle zum Halten findet … »Hole in the Wall« verdankt seine Existenz einem Erdrutsch von 1984, schon das zählt hier als Sehenswürdigkeit.

Schaut man von **Flagstaff Hill** ins Tal hinunter, mag sich manch einem die Frage aufdrängen, was die Siedler wohl empfanden, als sie hier oben angekommen waren: Endlich flaches Land, Gras und Wasser! In der Ebene, durch die sich der Powder River schlängelt, dehnen sich heute bewässerte Wiesen, lagern Strohballen, weiden Schafe und Rinder. Das **Oregon Trail Interpretive Center** auf Flagstaff Hill ist eines der besseren historischen Museen der Region – großzügig gestaltet, reich an Atmosphä-

---

Extras für Ost-Oregon: Geländefahrten am Limit

Wer am Hells Canyon auf Geländefahrt gehen will, braucht viel Bodenfreiheit am Wagen und reichlich Zeit. Zwei Touren für Autofahrer, jeweils ab **Imnaha** (siehe Karte 6. Tag, S. 122), 30 Meilen nördlich von Joseph und über OR-350 zu erreichen, seien genannt:
1. **Dug Bar**, in Flusshöhe am Snake River gelegen. Man fährt am Imnaha River entlang auf FS-4260 27 Meilen nach Norden; Zelt mitnehmen.
2. **Hat Point** (2128 m), Aussichtspunkt hoch über dem Canyon. Man fährt 23 Meilen auf steiler, enger Schotterstraße über FS-4240 und FS-315 (Hat Point Rd.); Fahrtdauer eineinhalb bis zwei Stunden hin. Passierbar nur von Juli bis November; Wetter- und Straßenauskunft im Visitors Center einholen.

Natürlich hat das Gebiet auch seinen Scenic Byway, nämlich den Hells Canyon Scenic Byway. Dieser »umrundet die Wallowas« und führt von Joseph aus auf 350 Kilometern über La Grande und Baker City in sieben bis acht Stunden zum Ausgangspunkt zurück. Es heißt, dies sei ein Leckerbissen für Motorradfahrer. Übrigens, die Wallowas mit ihren Wilderness Areas sind auch ein hervorragendes Wandergebiet …

re, gut dokumentiert (siehe MAGIC MOMENT, S. 137).

Medial tut das Haus indes etwas zuviel des Guten, wenn dasselbe Tonband wieder und wieder abläuft und nachgestellte *living history* als Theater über die Bildschirme flimmert. Den Ureinwohnern ist ein Eckchen gewidmet. Ein schönes Bild vom deutschstämmigen Landschaftsmaler Albert Bierstadt verdient Beachtung: »The Rocky Mountains, Lander's Peak«. Ein Relief von Ost-Oregon hilft, sich in der Region zurechtzufinden. Im Gelände gäbe es noch echte Spurrillen *(ruts)*, aber vier Meilen und zwei Stunden Rundweg können heiß und lang werden … **Baker City** bietet Unterkunft und Nahrung – und pflegt seine Geschichte: 110 Gebäude von »historischer Bedeutung« sind in seinem National Historic District versammelt. Ende des 19. Jahrhunderts war Baker City die geschäftigste Stadt zwischen Portland und Salt Lake City. Gold (1861), die Eisenbahn (1884), Holz und Landwirtschaft markieren die Stationen ihres Erfolgs. Auf der Höhe des Booms reihten sich Saloons, Spielhöllen und Bordelle entlang Main Street East aneinander. Wenn die Cowboys die chinesischen Kulis jagten, sagen die Stadtführer, flohen diese durch unterirdische Gänge in ihre West Side. Und wohin fliehen die Bewohner von Baker City? Sie fahren nach Haines und gehen ins Steak House.

✺ MAGIC MOMENT | Auf den Spuren des Oregon Trail

Eingestimmt wird man mit den Geräuschen des Trecks: Ochsenbrüllen, Peitschenknallen, knarrende Räder, Flüche, Wimmern. Von einer Anhöhe blicken skeptische Natives aus dem Sagebrush auf den Zug der Siedler. Dieser ist detailgetreu nachgebildet, bis hin zum verlorenen Hufeisen und den ungleich gewachsenen Hörnern einer Ziege. Ochsen, Maultiere und Bisons sind »zum Streicheln« echt, deshalb müssen die Tierpräparatoren auch zweimal im Jahr die Felle ausbessern. Sogar die Himmelsrichtung stimmt: Durchs hohe Fenster schauen die Blue Mountains herein, das nächste Ziel der Siedler.

Fünf bis sechs Monate waren die Wagenkolonnen unterwegs; sie mussten vor dem Schnee im Willamette Valley sein. Der South Pass in den Rockies war noch leicht zu schaffen, verglichen mit dem, was die Siedler später bei Mount Hood erwartete. Seit den 1840er Jahren zogen insgesamt etwa 350 000 Siedler über den Trail nach Westen, etwa jeder Zehnte kam auf der Reise um. Eindrücke vom Elend des Trecks: Ein Hund hat die Zugtiere erschreckt, alle Hunde des Zuges werden erschossen. Eine Gruppe kommt zu langsam voran, alles Entbehrliche, auch Großmutters Nudelholz, muss über Bord. Eine Frau »dreht durch«, eine Tracht Prügel vom Ehemann soll sie zur Besinnung bringen …

🏛 **National Historic Oregon Trail Interpretive Center**
22267 Hwy. OR-86 (Flagstaff Hill, 5 mi östl. Baker City, OR)
📞 (541) 523-1843
www.blm.gov/visit/nhotic
April–Okt. tägl. 9–18, sonst bis 16 Uhr, Dez.–Feb. nur Do–So
Eintritt $ 8, unter 16 J. frei
Naturalistische Präsentation zum Oregon Trail; detailfreudig. Objekte zum Anfassen für Kinder. Lehrpfade zu Wagenspuren *(ruts)*; Bergwerksstollen.

Lebensecht: Tiere und Menschen im Museum zum Oregon Trail

7 Service & Tipps

Joseph, OR

Weitere Informationen zu Joseph finden Sie beim 6. Tag, S. 130 f.

Wallowa Lake Tramway
59919 Wallowa Lake Hwy. (6 mi südl. Joseph)
Joseph, OR
✆ (541) 432-5331 (Sommer)
✆ (503) 781-4321 (Winter)
www.wallowalaketramway.com
Tägl. Juni–Sept.
Fahrpreis $ 31/21/4 (4–11/unter 4 J.)
Gondelbahn zum 2515 m hohen Mount Howard. Oben Rundblick und sanfte Wege.

Eagle Cap Excursion Train
300 N. 8th St. (Depot)
Elgin, OR
✆ 1-800-323-7330 (Alegre Travel)
www.eaglecaptrainrides.com

Aktuelle Angaben zu Abfahrtsort, Fahrplan und Preisen siehe Website.
Nähere Auskünfte: Union County Tourism (✆ 541-963-8588).
Malerische Fahrt über eine 63 Meilen lange Strecke ab Elgin.

Valley Bronze of Oregon
18 S. Main St. (Galerie)
307 W. Alder St. (Gießerei)
Joseph, OR
✆ (541) 432-7445 (Galerie) und
✆ (541) 432-7551 (Gießerei)
www.valleybronze.com
Ein- bis eineinhalbstündige Führungen durch die Gießerei Mo–Sa 11 Uhr, $ 8
Populäre Motive, internationale Aufträge.

Red Horse Coffee Traders
306 N. Main St., Joseph, OR
✆ (541) 432-3784
Mo–Sa 7–17, So 8–16 Uhr
Bio-Kaffeebohnen, frische Backwaren, Frühstück.

Betteln um Erdnüsse: Maultierhirsch im Wallowa Lake State Park

Vom Wallowa Valley nach Baker City 7

🏕️ **Ollokot Campground**
Wallowa-Whitman National Forest
Hells Canyon Scenic Byway (FS-39, 38 mi südöstl. Joseph, OR)
✆ (541) 523-6391 (U.S. Forest Service, Baker City), www.fs.usda.gov
Auf halber Strecke zwischen Joseph und Halfway. Zwölf RV-Plätze unter Hochwald am Imnaha River. Einfach, idyllisch, schön. – Ähnlich: **Lake Fork Campground** und **North Pine Rest Area**.

Baker City, OR

🏛️ **National Historic Oregon Trail Interpretive Center**
Siehe MAGIC MOMENT, S. 137.

ℹ️ **Baker County Chamber and Visitor Bureau**
490 Campbell St. (nahe Sunridge Inn)
Baker City, OR 97814
✆ (541) 523-5855, www.visitbaker.com
Mo–Fr 8–17, Sa 9–16, So bis 14 Uhr (Winter nur Mo–Sa)
Faltblatt »Historic Baker City« mitnehmen.

🛏️❌🍷 **Geiser Grand Hotel**
1996 Main St., Baker City, OR
✆ (541) 523 1889 und 1-888-434-7374
www.geisergrand.com
Gediegenes Stadthotel von 1889 (National Historic Landmark), 1996 neu eröffnet. 30 Zimmer, Restaurant & Bar. $$–$$$$

🛏️ **Best Western Sunridge Inn**
1 Sunridge Lane (I-84, City Center Exit 304)
Baker City, OR
✆ (541) 523-6444 und 1-800-780-7234
www.bestwestern.com/sunridgeinn
Modern, komfortabel, angenehm. 156 ruhige Zimmer (die zum Innenhof liegen besser). Beheizter Swimmingpool. $$

❌🍽️ **AJ's Corner Brick Bar & Grill**
(Vormals Baker City Cafe)
1840 Main St., Baker City, OR
✆ (541) 523-6099
Gute Atmosphäre im Nostalgie-Dekor. Gutes *pubfood*. $

🍺❌ **Barley Brown's Brew Pub**
2190 Main St., Baker City, OR
✆ (541) 523-4266

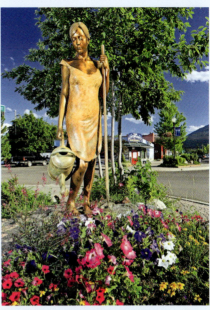
Bronze in der Bronzestadt Joseph

www.barleybrowns.com
Pub tägl. ab 14, Restaurant mit Dinner Mo–Sa 16–22 Uhr
Einzige Mikrobrauerei in Baker County. Familiäre Atmosphäre; Speisen auch *to go*. $

🏕️ **Union Creek Campground**
17564 Sumpter Stage Hwy. 7 (OR-7 West, 15 mi westl. Baker City, OR)
✆ (541) 523-6391 (Forest Service, Baker City) und 1-877-444-6777 (www.recreation.gov)
Mitte April–Okt.
Schönes Gelände unter Kiefern am Phillips Reservoir. 58 RV-Plätze, z.T. *full hookups*; Picknick, Baden, Angeln, Wandern auf Lakeshore Trail. Meist freie Plätze. Aber: Stausee wird im Herbst geleert!

❌ **Haines Steak House**
910 Front St. (Downtown), Haines, OR
✆ (541) 856-3639
www.hainessteakhouse.com
Mo, Mi–Fr ab 16.30, Sa ab 15.30, So ab 12.30 Uhr bis Schluss; Di geschl.
Ab Baker City 10 mi auf Old Highway 30 nach Norden. »Bestes Steak in Oregon!«. Salatbar im »Chuck Wagon«, Weine und Biere aus Oregon. Motive aus der Pionierzeit, Cowboy-Flair! $$

8 Geologie en gros
Von Ost-Oregon zum John Day Country

8. Tag: Baker City – Sumpter – John Day – Kimberly – Service Creek – Fossil (295 km/184 mi)

km/mi	Route
Morgen	
0	Von Baker City auf OR-7 West bis **Phillips Lake** (ggf. Rast). Abstecher nach **Sumpter** zum alten **Gold Dredge**. Über Austin zur US-26, dann über Prairie City nach
Mittag	
128/80	**John Day**; ggf. Lunch und Besuch des Kam Wah Chung Museum. Weiter auf US-26 West über Mt. Vernon und Dayville zur OR-19 North, dann zur
Nachmittag	
61/38	Sheep Rock Unit der **John Day Fossil Beds**. Besuch des **Thomas Condon Paleontology Center**; evtl. Lehrpfad im Blue Basin. (Option: Umweg über Mitchell und die **Painted Hills**, siehe S. 149.) OR-19 North über Kimberly, Spray und Service Creek nach
Abend	
106/66	**Fossil**.

Painted Hills, eine Abteilung der John Day Fossil Beds in Central Oregon

Von Ost-Oregon zum John Day Country 8

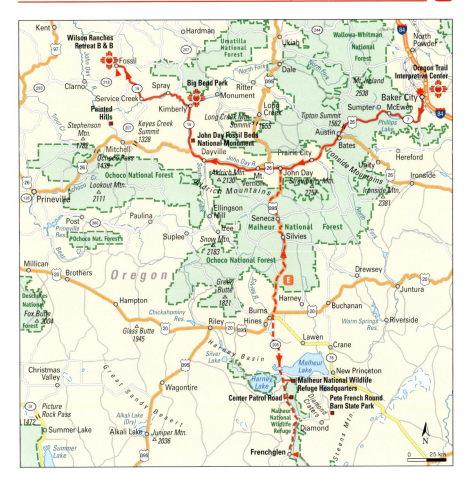

Wer die Wide Open Spaces liebt, findet sie hier. Wer Spuren früher Homesteader sucht, findet sie auf ländlichen Nebenstrecken wie der über Fox, Long Creek, Hamilton und Monument. Wer in die Welt der chinesischen Goldwäscher von einst eintauchen will, findet diese im Kam Wah Chung Museum in John Day. Wer der ewigen Basalthügel leid ist, erfrischt sich mit einem Bad im John Day River. Das Highlight der Strecke ist das neue Thomas Condon Center, wichtigstes Museum der John Day Fossil Beds. Wer ans Paddeln denkt, findet in Service Creek den passenden Service, und wer vom Reiten träumt, logiert auf einer Rinderfarm bei Fossil.

Weichenstellung

John Day Country ist dünn besiedelt, daher an der US-26 tanken; Gaststätten sind rar, daher Proviant mitnehmen. Am Ziel muss aufgrund des knappen Angebots ein Zimmer reserviert sein. – Bei John Day (City) ist ein Abstecher zum Malheur Wildlife Refuge möglich (siehe Extratage, S. 150 ff.). – Ab Mitchell ist eine Abkürzung direkt nach Central Oregon möglich (siehe 18. Tag, S. 257).

8 Geologie en gros

Ursprünglich sollte die heutige Route nach Shaniko führen, einer landwirtschaftlichen Ghost Town in der Nähe von – gar nichts. Auf einer windigen Höhe in Wasco County steht sie Wache am US-Highway 97. Doch nachdem das gastliche Shaniko Hotel 2007 geschlossen wurde, fehlen gute Gründe, die »Geisterstadt« zu besuchen. Ihre Einwohnerzahl ist auf 25 geschrumpft und die historische Kulisse aus ihrer Glanzzeit um 1910 verfällt.

Also muss das Ziel der Etappe offen bleiben. Folgende Stationen stehen zur Wahl: **1. Mitchell**, um die Painted Hills zu besuchen (bzw. nach Central Oregon weiterzufahren); **2. Service Creek**, um sich auf dem John Day River wassersportlich zu betätigen; **3. Fossil**, um eine Working Ranch zu erleben; und **4. Maupin**, um auf dem Deschutes River Rafting zu probieren oder zu angeln.

Eine bürgerliche Suburbia zeigt Baker City nicht, wenn man die Stadt in Richtung Süden verlässt, dafür stehen auf jeder Koppel Pferde. Dies ist Ranching Country. Wieder begleitet der Powder River die Fahrt,

Cathedral Rock im John Day Fossil Beds National Monument

Von Ost-Oregon zum John Day Country

diesmal jünger und frischer als am Vortag bei seinem Slalomkurs in Richtung Snake River. Wär das ein Fluss zum Paddeln! – eine kleine Altmühl, mit Pappeln an den Ufern. Doch öffentlichen Zugang findet man keinen, häufig sind sogar Drahtseile über den Fluss gespannt. Das ändert sich mit der Einfahrt in die Public Lands des Whitman National Forest.

Die **Union Creek Recreation Area** am **Phillips Lake** ist ein angenehmer Ort zum Rasten, mit schattigen Picknickplätzen und einem *shoreline trail* am Seeufer – Senio-

Schädel eines Säbelzahntigers im Besucherzentrum des John Day Fossil Beds National Monument

ren halten hier in der Vorsaison (Juni) die Angel ins Wasser. Richtig voll wird es auf ihrem Campground nie, sagen die *campground hosts*.

Sumpter: eine ehemalige Goldgrube

Szenenwechsel zu den Geröllhalden des **Sumpter Valley**! Goldwäscher haben das Tal des Powder River um und um gegraben, jetzt krallen sich Weidenbüsche, Kiefern und Wacholder an die Schuttberge und in den Baggerlöchern steht das Wasser. Bei McEwen Station hat man einen Scenic Wildlife Trail geschaffen, der sich drei Meilen weit durch den Abraum windet. Sozusagen eine zweite Nutzung: erst die Goldgräber, dann die Touristen. Der *Mining Act* von 1872 verpflichtete den Bergbau nicht, Schäden an der Umwelt zu beseitigen.

Damals war die **Sumpter Valley Railroad** ein wichtiges Transportmittel, heute schnauft sie als »Stump Dodger« zum Vergnügen der Kinder durch Wald und Kies. Die Strecke endet nach fünf Meilen am **Gold Dredge** von Sumpter, dem großen Bagger, der wie eine Riesenkröte in seinem Teich hockt.

Dieser Bagger hat das Tal zwischen 1935 und 1957 durchwühlt und dabei 4,5 Millionen Dollar in Gold gefördert. Wie er sich fortbewegte? Er grub sich den Tümpel selbst, in dem er schwamm. Die Geschichte von Sumpter klingt vertraut: im Jahre 1862 Goldfunde, ab 1896 Blüte durch die Eisenbahn, 1917 durch Feuer zerstört. Heute lebt Sumpter von seinem Ruf und den Ausflüglern.

Mit der Geröllwüste im Rücken wird der Blick frei für den Wald. Der wirkt forstwirtschaftlich gewartet: Das Unterholz fehlt, die Stämme sind angekohlt, die Bäume aber quicklebendig. In höheren Lagen herrschen Tannen vor. Nach Tipton Pass (1562 m) sterben die Bäume, ihre kahlen Zweige weisen nach unten. Der Forest Ranger in John Day erklärt die Lage. Früher habe man Waldbrände peinlich vermieden und bekämpft, heutzutage sei *fire management* ein Mittel der Forstpflege. Weil der Wald am Pass jedoch zu dicht stand, haben Schädlinge die Tannen befallen. Jetzt könne man nicht mehr brennen, da zu viel Totholz am Boden liege.

Die hohen Strawberry Mountains (2755 m) schieben sich wie ein Riegel vor den Blick. **Prairie City** trägt Züge einer Western Town. Gastronomisch muss man sehen, wo man bleibt. Vielleicht hilft ja, was die **Prairie City Bakery** in der Front Street zu bieten hat. Fragt man die junge Frau im Drugstore, die hier seit Kurzem lebt, was sie nach Prairie City gezogen hat, dann sagt sie: Ihr gefalle es im Osten Oregons, wegen der Einsamkeit und der »vielen Natur«.

John Day Country – unbekanntes weites Land

Man kreuzt zum ersten Mal den **John Day River**. Wer war dieser John Day, nach dem ein paar Ortschaften, ein Fluss, eine geologische Formation, ein Damm am Columbia und überhaupt der ganze Landstrich benannt sind? Nach den Werten des Wilden Westens: ein Versager. Als junger Mann nahm er an der Überland-Expedition der Pacific Fur Company von 1811 nach Astoria teil. Unterwegs wurde er von Indianern überfallen, ausgeraubt und ausgesetzt, dann hilflos aufgefunden und gerettet. Darüber verlor er den Verstand.

Nicht besser erging es den ersten Siedlern, die 1845 hier durchtreckten. Der Scout Stephen Meek hatte ihnen in Boise (Idaho) eine Abkürzung des Oregon Trail versprochen, doch aus der »Meek Cutoff Party« wurde bald ein »Lost Wagon Train«. Die Gruppe irrte durch Südost-Oregon, am Malheur (eben!) Lake vorbei, über Wagontire Mountain … erst am Crooked River stieß sie auf Wasser. Die Ochsen hatten wunde Füße, viele Siedler starben und der desolate Rest schlug sich nach The Dalles durch. Ihren Führer hätten sie fast gelyncht. Ein böses Omen für die Etappe? Nein! Am Ende steht ein ordentliches Bett mit einem Dach über dem Kopf …

Das **John Day Country** im Herzen Oregons ist eine der einsamsten, fremdartigsten, unbekanntesten und schönsten Landschaften des ganzen Nordwestens. 380 lange Meilen windet sich der John Day River durch bizarre Sedimente, ohne je auf einen Staudamm zu treffen; am Ende mündet er östlich von The Dalles in den Columbia. Das Land ist (fast) menschenleer, Flecken wie Hamilton, Richmond oder Twickenham halten sich nur mit Mühe auf der Landkarte. Niemand scheint das Gebiet zu kennen, nicht einmal die Bewohner von Oregon selbst.

Das Bureau of Land Management vermerkt nüchtern: »Das John Day Country kann man per Auto, Fahrrad, zu Fuß, zu Pferde oder mit dem Boot erkunden … Mit dem Schlauchboot, Kajak oder Kanu flussab zu treiben ist eine beliebte Methode, sich den John Day zu erschließen« (»John Day River Recreation Guide«).

John Day (City) hat ein paar Motels – Punkt, aus. Früher war hier mehr los. Als man 1862 im Canyon Creek Gold fand, wurde Canyon City (nebenan) über Nacht zur größten (Zelt-)Stadt Oregons. Bald halfen Tausende Chinesen, die Gerölle ein zweites und drittes Mal durchzusieben. Ihr Kulturerbe ist im einmaligen **Kam Wah Chung Museum** bewahrt. Umso merkwürdiger ist es, dass heute gar keine Chinesen mehr in Grant County leben, auch nicht in Baker City.

Von Ost-Oregon zum John Day Country

Goodbye Shaniko …

Über die Achterbahn des Shaniko–Fossil Highway schwingt man sich nach **Clarno**, eine Unit der John Day Fossil Beds. Durch wegeloses Weideland, über Berg und Tal führt der Weg zunächst nach **Antelope**, wo sich die Sannyasins des Bhagwan Shree Rajneesh in den 1980ern mit den heimischen Ranchern anlegten. Von Weitem glaubt man an eine Sinnestäuschung: Da gleiten große Schiffe am Horizont entlang… Doch es sind Trucks, die auf der US-97 zwischen Kanada und Kalifornien verkehren. Dann endlich, nach endlosen Hügeln und Tälern: GAS, FOOD, LODGING – **Shaniko**.

Das war einmal. Unterkunft gibt es nicht mehr, Speisen nur spärlich und Benzin zeitweise. Das gute alte Shaniko Hotel von 1901 ist seit 2007 geschlossen und steht zum Verkauf. Dabei hatten es Jean und Dorothy Farrell aus Salem 1985 so fein hergerichtet, dass es mit seinem Café zum Treff der Cowboys der Umgebung und zum Ausflugsziel geworden war. Beide sind verstorben. Die historischen Bauten und landwirtschaftlichen Reliquien, die der engagierte Ed Martin in den 1980ern herbeigeschafft und aufgemöbelt hatte, stehen verloren herum und verfallen. Die Einwohnerzahl steht bei 25.

Dabei war Shaniko einmal eine Boomtown des Wollhandels, nannte sich gar den »größten Wollmarkt der Welt«. Noch vor Jahren konnte man, wenn man sich mit den grasenden Pferden gut stellte, ins alte **Shaniko Warehouse** hineinschauen, wo einst 2000 Tonnen Wolle lagerten – plus der ganze Weizen der Region. Shaniko erlebte seine Blütezeit zwischen 1901 und 1911, als es Endpunkt einer Nebenstrecke der Columbia Southern Railroad war. Es wimmelte von Cowboys, Schafhirten und Fuhrleuten, von Hotels, Saloons und Bordellen.

Aus jener Zeit stammt eine hübsche Anekdote. Im Sommer 1911 gingen 28 Schüler aller Jahrgänge in Shaniko zur Schule; die meisten kamen auf Ponys von den Ranches geritten. Eine Lehrerin beschrieb die Szene so: »Außer den Kindern kamen täglich mindestens ein Dutzend Hunde mit zur Schule, die erst nach Schulschluss wieder gingen. Es half nichts, sie auszusperren, denn sie steckten ihre Nasen in die Ritzen und winselten so, dass keiner lernen konnte. Sie lagen also den ganzen Tag hechelnd an der Wand und heizten den Raum weiter auf. Bald hatten sich die Hunde ebenso an meine Handglocke gewöhnt wie die Kinder. Schulschluss hieß bei uns ›Zirkus‹, und manchmal standen draußen die Leute aus der Stadt, nur um das Spektakel zu erleben …«

Ab 1911 ging es mit Shaniko schubweise bergab, bis es 1959 zur »Ghost Town des Jahres« erklärt wurde. Und der Name? Der stammt von August und Cäcilie *Scherneckau* aus Rendsburg in Schleswig-Holstein, die 1874 in der Nähe siedelten. Da die Indianer den Namen nicht aussprechen konnten, wurde daraus *Shaniko*.

Verlassenes Hotel in der Ghost Town Shaniko

8 Geologie en gros

Reitstiefel für die Gäste – im Wilson Ranches Retreat B & B bei Fossil, Oregon

Erdgeschichte: die John Day Fossil Beds

Wie soll man die drei weit verstreuten »Units« der John Day Fossil Beds auf eine Route bringen? Es geht nicht, man müsste im Dreieck fahren. Geologisch Interessierte werden dennoch einen Weg finden, sie zu besuchen.

Die heutige Route führt von der US-26 weg über OR-19 durch das Felsentor der Picture Gorge zum **Sheep Rock Overlook**. Dort zeigt sich die bunte Schichtenfolge der John Day Formation mit ihrem Käppi aus Basalt in voller Pracht.

Das Nationalmonument der **John Day Fossil Beds** ist ein weltweit einmaliges Naturdenkmal. Das ganze Schichtpaket ist fünf Kilometer stark und repräsentiert einen Zeitraum von ca. 40 Millionen Jahren. Im neuen, großzügig gestalteten Besucherzentrum bei Sheep Rock, dem **Thomas Condon Paleontology Center**, erfährt man mittels Dioramen und Videos, was im Tertiär in Oregon los war. Zunächst kam *Clarno* mit subtropischem Wald; dann *John Day* mit Laubwald, Asche und Tuffen; darüber legte sich *Mascall* mit flächendeckenden Basalten und Savanne; und schließlich folgte *Rattlesnake* mit groben Sedimenten und Steppe. Die **James Cant Ranch** gegenüber erzählt indes die Geschichte der Menschen in der Region.

Folgt man OR-19 nach Norden, so liest sich die Landschaft wie ein Buch. Im **Blue Basin** (nördlich von Sheep Rock) kann man durch die Sedimente steigen. Der kurze **Island in Time Trail** (½ mi) führt in die blau-grünen Schichten hinein, der **Blue Basin Overlook Trail** (3 mi) über sie hinweg. Dann kurven Straße und Fluss abrupt nach rechts: Der abgerutschte **Cathedral Rock** versperrt beiden den Weg.

Es wird grauer und brauner im Land. Die Tafelberge, vor 15 Millionen Jahren durch Vulkane aufgeschüttet, erinnern mit ihren Bändern aus Basalt an Baumkuchen, die mit Schokolade gefüllt sind. Die Hänge sind spärlich mit Wacholder, Buschwerk und Gras bewachsen. Einst dominierte hier die Schafzucht, doch Schafe sieht man keine. Der Wollmarkt ist geschrumpft und die Schafzucht hat sich in andere Teile der Welt verlagert, nach Australien zum Beispiel.

Kimberly überrascht mit Obst. Ein Stück den Kimberly–Long Creek Highway nach Osten entlang, und man stößt auf die **Kimberly Orchards**. Ein ungewöhnlicher Standort für eine Plantage, hier im trockenen Osten Oregons! »Großvater aus Basel hat sie hier gepflanzt«, sagt die kleine Verkäuferin. Am Stand gibt es, je nach Jahreszeit, Kirschen, Aprikosen, Pfirsiche, Nektarinen, Pflaumen, Birnen und Äpfel – Frischobst für die Reise.

Am John Day River

Von Kimberly über Spray bis Service Creek bleiben Straße und Fluss eng verschlungen – es ist einer der schönsten *drives* dieser Reise. Fast übersieht man einen No-Name-Badeplatz der Einheimischen, wo Kinder und Hunde sich im flachen Wasser tummeln. Einer der Väter, die am Ufer Acht geben, erzählt von Bootsfahrten durch den Canyon: Das Put-in sei unten bei Service Creek, es sei das schönste Canyon Country, das man sich vorstellen kann.

Service Creek bietet – »Services«, nämlich Unterkunft, Restaurant, Kaufmannsladen, Benzin und Boote zur Miete. Und über allem waltete Rich Zwicker, der seinen **Service Creek Stage Stop** (heute **Kellie Frech's Service Creek**) seit 2000 führte. Er kochte, bediente, hütete den Laden und wies die Gäste in die Lodge ein. Seine Frau hatte die Zimmer nach Themen dekoriert. Eine Funkverbindung fürs Handy gibt es in diesem Winkel nicht, fürs Telefonieren braucht man eine Calling Card.

Zwicker erzählte: Er halte sein »Resort« von März bis Mitte Dezember offen, denn dann kommen die Jäger. River Rafting auf dem John Day sei am besten von Mitte Mai bis Mitte Juli. Man könne in vier Stunden bis nach Twickenham hinunter treiben, oder in drei bis vier Tagen bis Clarno. Fünfzehn Schlauchboote *(inflatables)* und fünf Kanus habe er zu vermieten, er sorge selber für Zubringerdienste *(shuttle service)*, ein Guide käme aus Kimberly.

Für die Angler gebe es *smallmouth bass*, Lachse und Steelhead, aber alle außer den Barschen müssen wieder freigelassen werden. Fürs Fischen sei das Wasser jetzt (im April) zu schlammig. Und die isolierte Lage? Das mache nichts, er beziehe seine Lieferungen aus Pendleton, John Day, The Dalles und Bend ...

Unterwegs noch ein Stopp an der schönen **Shelton State Wayside**, dann geht es von Osten nach **Fossil** hinein und nach Norden wieder heraus. Nach zwei Meilen auf OR-19 North zweigt links die Butte Creek Road zum **Wilson Ranches Retreat B & B** ab, eine Ranch mit Unterkunft für Gäste und der Möglichkeit zum Reiten (siehe MAGIC MOMENT, 9. Tag, S. 161). Die Zimmer sind komfortabel, die Preise erschwinglich, das Frühstück köstlich. Und das Abendessen? Jawohl, es gibt ein paar Gaststätten in Fossil ...

MAGIC MOMENT | Ein Badeplatz am John Day River

Folgt man der North Fork des John Day River ein paar Meilen flussauf, so gelangt man zu zwei unauffälligen kleinen Parks, die keiner kennt und keiner nennt: **Lone Pine** und **Big Bend Park** – sogenannte *primitive campgrounds* des Bureau of Land Management (BLM). Die Tafel sagt: »Kein Trinkwasser. Müll mitnehmen. Maximale Aufenthaltsdauer: 14 Tage.«

Big Bend Park liegt an einer Biegung des Flusses. Unter Wacholderbäumen stehen Picknicktische, in den Ästen darüber turnen Vögel mit gelben Bäuchen und lassen sich fotografieren. Ein sonniger Samstagnachmittag im Juni, und keine Menschenseele in Sicht. Am östlichen Saum des Parks klettert man über Basalt zu einem perfekten *swimming hole* (für Angler ein *fishing hole*, für Paddler ein »Kehrwasser«). Direkt von der Felskante gleitet man zu einem köstlichen Bad im Fluss.

Badespaß am John Day River bei Service Creek, John Day Country, Oregon

🏕️ 🏞️ **Big Bend Park**
OR-402, 2 mi nordöstl. Kimberly, OR, Richtung Monument
North Fork des John Day River
Primitive campground des BLM.

8 Service & Tipps

Bureau of Land Management (BLM)
3050 N.E. 3rd St., Prineville, OR 97754
℅ (541) 416-6700
https://www.blm.gov/contact/oregon-washington
Zuständig für einfache Campingplätze am John Day River; Auskunft über Kanu-, Kajak- und Schlauchbootfahrten.

Sumpter Valley Railroad
12259 Huckleberry Loop Rd. (McEwen Depot)
Sumpter, OR
℅ 1-866-894-2268 und 1-800-523-1235
www.sumptervalleyrailroad.org
Ende Mai–Ende Sept. an Wochenenden/Feiertagen, Abfahrt 10 oder 13.15 Uhr
Fahrpreis *round-trip* $ 21/12 (5–15 J.), pro Familie $ 57
Fünf Meilen (40 Min.) mit Schmalspurbahn von McEwen Depot bis Sumpter.

Kam Wah Chung & Co. Museum
Kam Wah Chung State Heritage Site
(ab US-26 rechts, am City Park)
John Day, OR
℅ (541) 575 2800 und 1-800-551-6949
www.oregonstateparks.org/park_8.php
Mai–Okt. tägl. 9–17 Uhr
Preziöses Museum zur chinesischen Kultur und Heilkunde im 19. Jh.; Gebäude von 1866. Führungen nach Bedarf.

Clyde Holliday State Recreation Site
US-26, 7 mi westl. John Day
59500 Hwy. 26 & US-395
Mt. Vernon, OR
℅ (541) 932-4453 und 1-800-551-6949
www.oregonstateparks.org/park_11.php
Camping März–Nov. Verkehrsgünstig gelegen an Straße und Fluss (kein Urlaubsziel!). 30 *hookups*, zwei Tipis (reservierbar), sonst keine Reservierung möglich. Picknickplätze.

John Day Fossil Beds National Monument
32651 Hwy. 19, Kimberly, OR
℅ (541) 987-2333
www.nps.gov/joda
Drei Units mit Trails und Picknickplätzen, ganzjährig täglich bei Tageslicht geöffnet:
– **Sheep Rock Unit**
OR-19, 8 mi nordwestl. Dayville
Thomas Condon Paleontology Center

Rich Zwicker in seinem Reich, dem vormaligen historischen Service Creek Stage Stop (2012)

Von Ost-Oregon zum John Day Country 8

Tägl. im Sommer 9–17, sonst 10–17 Uhr
Modernes Besucherzentrum (seit 2005) mit Dioramen, Fossilien, Video. Zugang zu Wanderwegen im **Blue Basin**.
James Cant Ranch House
Sommer tägl. 9–17, Winter Mo–Fr 10–16 Uhr
Exponate zur Siedlungsgeschichte.
– **Painted Hills Unit**
10 mi westl. Mitchell, via Bridge Creek Rd.
Trails durch bunte Hügel aus vulkanischer Asche.
– **Clarno Unit**
OR-218, 18 mi westl. Fossil
Fossile Schlammpalisaden; **Trail of the Fossils**.

▣✕▣▣ **Kellie Frech's Service Creek on the John Day River** (vormals Service Creek Stage Stop)
38686 Hwy. 19, OR-19 & OR-207, 20 mi östl. Fossil, OR
℅ (541) 468-3331
www.servicecreek.com
Lodge mit sechs Zimmern, Restaurant ($$), Laden, Bootsverleih, Zubringerdienste. Am John Day River, nahe John Day Fossil Beds. $$

▣ **Shelton Wayside Campground**
OR-19, 10 mi südl. Fossil
℅ (541) 575-2773 und (541) 763-2010
Hübscher Fleck für Rast, Picknick und Camping. Großer Park am Service Creek. 36 *primitive sites*.

Blue Basin: Schichtpakete der John Day Fossil Beds

▣✕ **Wilson Ranches Retreat B & B**
Siehe MAGIC MOMENT, 9. Tag, S. 161. ✣

Die Painted Hills

Die schräg stehende Nachmittagssonne bringt die Farben der Tuffhügel besonders schön heraus: von Schwarz über Braun, Gelb und Weiß bis Puterrot – wie »schmelzende Kugeln Erdbeereis«! Die Infotafel im Park erklärt die Geologie der Hügel. Man hat die Wahl zwischen 1. dem kürzeren (¼ mi) **Painted Cove Trail** mit seinen popcorn-artigen Feldspatkrümeln und 2. dem längeren Trail zum **Painted Hills Overlook** (½ mi) oder **Carroll Rim** (¾ mi).
    Die Painted Hills sind eine Unit der **John Day Fossil Beds** zehn Meilen westlich von Mitchell, über US-26 und Bridge Creek Road zu erreichen. Von hier ginge es direkt nach Bend in Central Oregon …

▣✿ **Painted Hills Vacation Rentals**
S. E. Rosenbaum St.
Mitchell, OR
℅ (541) 462-3921
www.paintedhillsvacation.com
Zwei Cottages, gepflegter Blumengarten. Man spricht Deutsch. $$. – Falls belegt:

▣ **The Oregon Hotel**
104 E. Main St., Mitchell, OR 97750

℅ (541) 462-3027
www.theoregonhotel.net
Historisches Hotel an der Dalles Military Rd. Sehr schlicht. $

▣ **Ochoco Divide Campground**
US-26, am Ochoco Pass, zwischen Mitchell und Prineville
25 Plätze, auch für RVs. Camping unter hohen Ponderosakiefern.

E Ein Paradies für Vogelfreunde
Abstecher nach Malheur

Extratage: John Day – Burns – Frenchglen – Refuge Headquarters – John Day (435 km/272 mi)

km/mi	Route/Programm
Mittag	
0	Ab **John Day** auf US-395 South durch Malheur National Forest über Seneca und Silvies nach
Nachmittag	
112/70	**Burns**. OR-205 South durch The Narrows zum Abzweig Narrows–Princeton Road. Weiter zum **Buena Vista Overlook:** Aussicht auf das **Malheur National Wildlife Refuge** (Vogelschutzgebiet). OR-205 South weiter nach
Abend	
96/60	**Frenchglen** mit **Frenchglen Hotel**. Spaziergang in Hotelnähe (John Ross fragen!). Abendessen *family style* und Übernachtung dort.
Folgetag	Von Frenchglen über **Center Patrol Road** (Halt am Benson Pond) zum **Refuge Headquarters** mit **Vogelmuseum**. – Zurück nach
227/142	**John Day** (Stadt) zum Anschluss an den 8. Tag.

Die Route finden Sie in der Karte zum 8. Tag, S. 141.

In John Day (City) ist die Gelegenheit günstig: zum Absprung ins **Big Country** von Südost-Oregon, das Land der *wide open spaces*, der weiten Horizonte und klaren Himmel. 70 Meilen sind es bis Burns und weitere 60 bis Frenchglen am Rande des **Malheur National Wildlife Refuge** (Tierschutzgebiet). Weltweit bekannt wurde es durch die Besetzung der Verwaltungsgebäude durch eine bewaffnete Bürgerwehrtruppe 2016. Doch es ist ein ganz erlesenes Ziel für Freunde der Natur und der Tiere. Das Klima ist semiarid, die Plateaus sind mit Sagebrush überzogen und zwischen den Büschen weiden die Rinder. Die sind hier zahlreicher als die Leute. Fahren Sie zunächst auf OR-205 South zum **Buena Vista Overlook:** Im Vordergrund zwei flache Seen, aus denen es nur so zwitschert und schnattert; dahinter Sumpf, feuchte Wiesen und Felder. Am südlichen Horizont zeichnet sich der quer stehende Riegel des **Steens Mountain** ab, eine mächtige, herausgehobene Bruchscholle von fast 3000 Metern Höhe. Das Wasser für die Feuchtgebiete holt sich der **Donner and Blitzen River** (so heißt er wirklich) vom Steens Mountain; er bewässert damit sein gleichnamiges Längstal und schüttet den Rest in die abflusslosen Seen Malheur und Harney Lake. Im Frühjahr und Herbst locken die Feuchtgebiete Tausende Zugvögel ins **Malheur Wildlife Refuge**. Vor der Gründung des Schutzgebiets (1908) wurden Reiher

Abstecher nach Malheur

und Schwäne hier erbarmungslos gejagt, damit sich die Bürger ihre Federn an den Hut stecken konnten. Das Refuge erstreckt sich über eine Länge von 40 Meilen vom Südufer des Malheur Lake bis hinauf nach Frenchglen. Vogelschutz und Ranching vertragen sich bestens, meint Rancher Richard Jenkins, freundlicher Hüter von **Pete French Round Barn** im Happy Valley: Die Wiesen und Kornfelder gäben den Vögeln Schutz und Nahrung.

Am Südrand des Refuge drückt sich **Frenchglen** unter den Rimrock, die Abbruchkante des Basaltplateaus. Sein Herzstück ist das historische **Frenchglen Hotel**, das 1916 als Gästehaus für die nahe **P Ranch** erbaut wurde. Heute birgt es acht kleine, quadratische Zimmer mit quadratischen Betten und ebensolchen Quilts darauf – ohne Fernseher und Telefon, mit dem Bad auf der Etage. Man speist *family style*, das heißt gemeinsam am großen Tisch, eine Seltenheit in der amerikanischen Gastronomie. Die Wände sind aus Holz, die Zimmer hellhörig. Deshalb steht man am Morgen besser mit den Vögeln auf.

Gehen Sie noch ein Stück weit den Sandweg neben dem Bach nahe dem Hotel entlang. Die Luft ist voller Vogelstimmen. Aus den Büschen, die den Bach säumen, tönt allenthalben das melodische Flöten der *redwinged blackbirds*. Bisweilen dringt ein merkwürdiges, fernes Rauschen ans Ohr. Schauen Sie in den Himmel: Das Rauschen kommt immer dann, wenn ein Vogel, der oben seine Kreise zieht, in den Sturzflug geht …

Die **Center Patrol Road** durchmisst das Schutzgebiet in voller Länge von Süden nach Norden. Im April ist hier kein Mensch, das Land gehört den Tieren. Schon bei Frenchglen spazieren Kraniche *(sandhill cranes)* geruhsam über eine Mähwiese. Prächtige Fasane trippeln über die Piste, tauchen in Weidengebüsche ab und fliegen knatternd auf, wenn man sich nähert. Derweil inspiziert ein Nerz die Reifen des Wagens. Im Kanal neben dem Fahrweg macht ein Trupp Enten einen Familienausflug.

Einige Weiher *(ponds)* entlang der Strecke liegen trocken – wegen der Dürre der letzten Jahre. Doch **Benson Pond** ist stets gefüllt. Eine Allee aus alten Weiden und Pappeln auf festem Boden erlaubt einen Erkundungsgang. Auf dem Wasser tummeln sich Horden von Enten und Gänsen, die unvermittelt aufsteigen. Zu den Vögeln, die hier im Frühling weilen, zählt der U.S. Fish and Wildlife Service folgende Arten: Trompeterschwan *(trumpeter swan)*, Virginischer Uhu *(great horned owl)*, Rauchschwalbe *(barn swallow)*, Pirol *(oriole)*, diverse Taucher *(grebe, loon)*, Rohrdommel *(bittern)* und viele andere.

Die Patrol Road endet bei den **Refuge Headquarters** am Nordende des Reservats. Finden Sie das Besucherzentrum geschlossen, drücken Sie trotzdem die Klinke zum Museum – und zu einer Schatzkammer. Die ausgestellten Vögel sind bestens präpariert, benannt und beleuchtet: Enten, Gänse, Sing-, Wat- und Greifvögel. Allein die Greifvögel! Der Bussard ist ein *buzzard* (Buteo), die Weihe ein *harrier* (Circus), der Rote Milan ein *kite* (Milvus), der Falke ein *hawk* oder *falcon* (Falco) und der Adler ein *eagle* (Aquila). Über allen thront der Weißkopf-Seeadler *(bald eagle)*, Wappentier der USA. Die schönsten Vögel? Brautente und Schnee-Eule. Der hässlichste? Truthahngeier. Es ist ein herrliches Museum.

Das Frenchglen Hotel wurde 1924 gebaut

E Service & Tipps

ℹ️ Harney County Chamber of Commerce
484 N. Broadway Ave.
Burns, OR 97720
✆ (541) 573-2636
www.harneycounty.com
Das Chamber ist für Malheur Wildlife Refuge zuständig. Jen Hoke fragen!

ℹ️ Malheur National Wildlife Refuge – Headquarters
Narrows–Princeton Rd. (5 mi östl. OR-205)
36391 Sodhouse Lane (Postadresse)
Princeton, OR 97721
✆ (541) 493-2612
www.fws.gov/malheur
Visitor Center Mo–Do 8–16, Fr bis 15 Uhr, Museum tägl. *dawn to dusk*
Vogelmuseum mit 200 meisterhaften Präparaten; Eintritt frei. – Übernachtung zur Not: Malheur Field Station.

Frenchglen Historic Hotel
Oregon State Heritage Site
Frenchglen, OR
✆ (541) 493-2825 und 1-800-551-6949
www.oregonstateparks.org/park_3.php
Mitte März–Anfang Nov.
Ehemaliges Gästehaus der **P Ranch** (1916), heute einfacher Gasthof mit acht Zimmern; Etagenbad. Alle Mahlzeiten *family style* à la *ranch house cuisine* ($$). $$ – Alternative: **Hotel Diamond** (49130 Main St., Diamond, OR 97722, ✆ 541-493-1898, www.historichoteldiamond.com; $$).

Weitere Ausflüge
Zu Fuß oder Pferde mit Steens Mountain Packers (ab Frenchglen) auf **Steens Mountain** (2979 m). Oder Geländefahrt über Steens Mountain Loop (66 mi), nur Juli bis Oktober: herrliche Ausblicke, Halbwüste bis Höhentundra, hängende Trogtäler, Wildpferde.
– **Diamond Craters:** rezente Lavablasen, zu Kuppen gewölbt wie geborstener Asphalt. Zufahrt von OR-205 über Diamond Lane nach Osten.
– Rancher Richard Jenkins führt zu **Pete French Round Barn** im Happy Valley (✆ 1-888-493-2420). Merke: Wo ein »Malheur Lake« ist, ist manchmal ein »Happy Valley« nicht weit …

Das Vogelparadies des Malheur Wildlife Refuge: Gold-Waldsänger (oben) und Amerikanischer Säbelschnäbler (unten)

9 Durchbruch nach Westen
Durch die Columbia Gorge nach Portland

9. Tag: Fossil – Shaniko – Maupin – The Dalles – Troutdale – Portland (319 km/199 mi)

km/mi	Route
Morgen	
0	In **Fossil** auf OR-218 West über **Clarno** (eine Abteilung der John Day Fossil Beds) und Antelope nach
74/46	**Shaniko**, dort über Bakeoven Road nach
Mittag	
37/23	**Maupin**, ggf. Schlauchbootfahrt. Über Deschutes River Access Road (rechtes Ufer) nach **Sherar's Falls** mit Stopp am Fluss. Auf OR-216 West über **Sherar's Bridge** zur **Tygh Valley State Wayside**, dann US-197 North über Dufur nach
Nachmittag	
75/47	**The Dalles**. Besuch des **Columbia Gorge Discovery Center** und/oder Lunch. **Historic Columbia River Highway** (Old US-30) zum **Rowena Plateau**. Zur I-84 West nach Hood River, dort über **Hood River Bridge** und WA-14 West bis **Bridge of the Gods**. Hinüber nach Cascade Locks und zur I-84 West nach **Bonneville Lock & Dam**. Weiter auf I-84 West (bzw. westliches Teilstück des Historic Columbia River Highway) nach
Abend	
123/77	**Troutdale** (McMenamins Edgefield, siehe S. 165) oder
10/6	**Portland**. Hinweis: Einen Stadtplan finden Sie beim 10. Tag, S. 168/169.

Durch die Columbia Gorge nach Portland

Zwei touristische Leckerbissen liegen am Wege, ein dritter wartet am Ziel. Der erste ist der Canyon des Deschutes River bei Maupin mit der Gelegenheit zu einer Schlauchbootfahrt durch seine Stromschnellen. Der zweite ist die Columbia River Gorge, die große Schlucht des Columbia zwischen The Dalles und Portland. Man erlebt sie am eindrucksvollsten von den zugänglichen Teilen des Historic Highway 30 aus. Im historischen The Dalles klingt das Pathos der großen Trecks nach, die in den 1840er Jahren über den Oregon Trail nach Westen zogen und hier ihre riskante Floßfahrt begannen. Und drittens wartet bei Troutdale eine »etwas andere Unterkunft«.

Es führen drei Wege nach Portland. Der schnellste ist der über Condon, OR-206 und I-84 West; der abenteuerlichste der über Mount Hood auf den Spuren des Oregon Trail; den Vorzug erhält ein Kompromiss: die Route über Maupin, The Dalles und durch die Columbia River Gorge.

Die **Clarno Unit** der John Day Fossil Beds liegt ein Stück abseits der OR-218. Vor 65 Millionen Jahren haben hier gewaltige Schlammströme die heutigen Felspalisaden aufgeschichtet. **Antelope** wirkt vernagelt und verlassen. Unweit von hier gründeten Anhänger des Bhagwan Shree Rajneesh 1981 die Siedlung Rajneeshpuram. Die Kommune existierte bis 1985, heute nutzt eine christliche Jugendorganisation namens Young Life die Anlagen. Alle Spuren des Baghwan scheinen getilgt.

Nicht ganz: Ein Einwohner hat Fotos, Zeitungs- und Buchauszüge an eine Tafel vor seinem Haus gepinnt. Auf einem Foto grüßt der Bhagwan lächelnd aus seinem Rolls-Royce. Die Zeitung nennt die Preise für die Workshops: Fünf Wochen »Rajneesh Atemtherapie« kosteten 2500 Dollar.

Wollen Sie wirklich in **Shaniko** zwischenhalten und Zeuge werden, wie die Ghost Town allmählich ihren »Geist« aufgibt? Das Postamt ist noch da, ein Laden verkündet trotzig und in fragwürdiger Grammatik: »We Be Here« und Goldie von Goldie's Ice Cream Parlor bereitet Sand-

Ehemaliges Gefängnis auf Rädern in Shaniko

wiches und serviert Suppe in der Pappschachtel. Eigentlich wollte sie den Laden ja letztes Jahr aufgeben, doch dann haben Freunde sie bekniet … (Siehe »Goodbye Shaniko …«, S. 145.)

Der Deschutes und sein Canyon

Ein Schmuckstück ist **Maupin** gerade nicht, wie es da an den Hängen des Canyons klebt. Die Autofahrer mögen es auch nicht, weil sie mit der US-197 hier auf die Talsohle des Deschutes River herunter müssen. Als in den 1980er Jahren auch noch das Sägewerk schloss, schien das Schicksal des Ortes besiegelt. Doch da besann sich Maupin auf seinen »Scenic Waterway« und den Tourismus. Jetzt ist Maupin ein beliebtes Ziel für Wassersportler und Angler.

Weichenstellung

Maupin bietet die Gelegenheit zur Schlauchbootfahrt auf einem schnellen Fluss. Nach dem Trip wäre sogar die Weiterfahrt nach Troutdale/Portland am selben Tage möglich. Besser ist ein Extratag mit Übernachtung in Maupin (sportlich), The Dalles (praktisch) oder Hood River (klassisch). Edgefield (Troutdale) als Unterkunft ist cool, doch ein Stadthotel in Portland hat auch seine Vorzüge.

9 Durchbruch nach Westen

Fliegenfischen im Deschutes River

Auf der **Deschutes River Access Road**, die einer ehemaligen Bahntrasse folgt, gelangt man zu Parks, Picknickplätzen und Anglerbuchten. Im April ist es am Deschutes noch, im Oktober wieder ruhig. Dann können die Angler beim Fliegenfischen Abstand voneinander halten. Auch sieht man dann eher sportliche Kajakfahrer, die sich in Wellentäler stürzen, um im Kehrwasser neue Anläufe zu nehmen. In der Saison (Mitte Juni bis Mitte September) ist es mit der Ruhe vorbei, dann haben Outfitter und Guides richtig zu tun (siehe »Rafting the Deschutes«, S. 157).

Nahe Sherar's Falls wird der Fluss richtig wild – mit tiefen Strudellöchern, glatt radierten Platten und steilen Klippen. Ein ausgewaschener Fahrweg begleitet den Canyon noch 17 Meilen weiter bis zum DEAD END am Macks Canyon, für die restlichen 25 Meilen bis zum Columbia bräuchte man ein Boot. Es gibt Zeltplätze zum Übernachten am Weg. Das Fischen im Deschutes ist streng geregelt: Nur glatte Haken *(no barbs)* dürfen verwendet, nur Zuchtfische *(hatchery fish)*, die man am Fehlen der »Fettflosse« erkennt, behalten werden; alle Wildfische *(wild fish)* sind dem Fluss zurückzugeben.

Bei **Sherar's Falls** stehen Warm-Springs-Indianer auf wackeligen Stegen und fischen mit dem Käscher. Das Recht dazu geben ihnen die Verträge von 1855, die bestimmten, dass die Ureinwohner »für alle Zeiten an ihren gewohnten Plätzen« fischen dürften. In der Nähe befinden sich Petroglyphen an einer Felswand. Man braucht dicke Schuhsohlen, um sicher über den scharfkantigen Basalt zu kommen.

Sherar's Bridge ist historisch bedeutsam. Die erste Brücke (von 1860) führte die Siedler des Oregon Trail über den Barlow Cutoff zur Barlow Road und ersparte ihnen fünf Tagesreisen gegenüber der Floßfahrt ab The Dalles. Als Joseph Sherar die Mautbrücke 1871 erwarb, baute er ein Gasthaus, ein Hotel sowie Ställe, die heute allesamt verschwunden sind.

Die **Tygh Valley State Wayside** ist ein reizvoller Halteplatz. Während das Sprühwasser von den **White River Falls** die Haut netzt, erkennt man oben die Reste einer Getreidemühle und unten die eines Kraftwerks. Von dem idyllischen Fleck aus schweift der Blick zu einem Tafelberg, dahinter liegen Basaltplateaus, die im Himmel zu schwimmen scheinen.

Die US-197 North klettert durch den lang gezogenen Butler Canyon zu einer welligen Hochfläche hinauf. Die Siedler kamen aus der Gegenrichtung – und wie sie die Meilen zählten! Threemile Creek, Fivemile, Eightmile, Fifteenmile Creek … Das Winterweizenland um Dufur erinnert an die Palouse. Sind die Wellen im Gelände etwa Rippelmarken der großen Fluten? Möglich wäre es. Bei Dufur dehnte sich um 1920 die »größte Apfelplantage der Welt«. Doch die Niederschläge hielten nicht, was die Makler der Dufur Orchard Company versprachen, und so rodete man die Bäume und säte Weizen.

»She Who Watches« – indianische Felsmalerei in der Columbia River Gorge

Rafting the Deschutes

In den Prospekten glänzen die Boote, spritzen die Wellen, kreischen die Mädchen. Der Deschutes ist einer der besten Wildwasserflüsse *(white water river)* des Nordwestens – neben Skagit, Methow, Snake, McKenzie und Rogue. Die einstige C&J Lodge von Carrol & Judy White in **Maupin** wurde von der **Imperial River Company** übernommen. Das klingt kaiserlich, ist es aber nicht. Der Name leitet sich vielmehr von der Imperial Stock Ranch ab, einer örtlichen Familienranch 20 Meilen östlich von Maupin, die zum National Historic District erklärt wurde.

Der Betrieb ist bestrebt, einen »gediegenen, ländlichen Lebensstil zu erhalten und mit seinen Besuchern zu teilen«. Die Produkte der Ranch tauchen im Restaurant als *Angus steak* oder *lamb chops* auf. Man legt Wert auf natürliche, örtlich erzeugte Lebensmittel, die zu einer »Imperial Desert Cuisine« verschmolzen werden. Vom Grundstück aus streicht der Blick über den Fluss. Die 25 Themenzimmer heißen High Desert, Birdwatching, Granary, Homestead o. ä.

Zu den Schlauchbootfahrten *(raft trips)* soll man angemeldet sein, doch ein Extraboot mit Guide steht für *Drop-in*-Gäste bereit. Ein Schlauchboot fasst sieben Teilnehmer plus Guide. Zum Programm gehören *safety talk*, Lunch und Transfer zum und vom Boot. Jeder Teilnehmer bekommt ein Paddel in die Hand, mit dem er bisweilen kräftig schaufeln muss.

Die beliebte Tagestour dauert sechs Stunden (mit Lunch) und kostet 95 Dollar (wochentags). Put-in ist auf dem Gelände der Lodge, ebenso der Barbecue-Lunch, zu dem herzhafte Hamburger serviert werden. Man gleitet über Stromschnellen und Strudellöcher, von Sherar's Falls hält man wohlweislich Abstand. Die eigentliche Saison geht von Mitte Mai bis Ende September (der Guide empfiehlt den September). Alternativ bietet **The Oasis** rustikale Anglerhütten zu Übernachtung und Camping an.

**Imperial River Company –
Deschutes River Lodging & Dining**
304 Bakeoven Rd., Maupin, OR
℅ (541) 395-2404 und 1-800-395-3903
www.deschutesriver.com
Rafttrips tägl. April–Okt., dazu Barbecue
25 Themenzimmer in schöner Lage am Fluss, ohne TV und Telefon. Dinner im **Maupin Restaurant** auf der Terrasse; frische Zutaten von der Ranch. $–$$$

The Oasis
609 S. Hwy. 197
Maupin, OR
℅ (541) 395-2611
www.deschutesriveroasis.com
Kleine, schlichte Hütten (für Angler), aufgereiht unter Bäumen. Traditioneller Familienbetrieb (seit 1955). Für Zeltler und Camper: River View Camping mit Flussblick. **Oasis Café**. $–$$

Kajaksportlerin im Wildwasser des Deschutes

9 Durchbruch nach Westen

»Lachs am Grill«, eine Spezialität der Native Americans

Schon immer ein Treffpunkt: The Dalles

The Dalles war von jeher ein Knotenpunkt des Handels und der Kommunikation. Lewis und Clark trafen hier 1805 auf einen »großen Indianermarkt für das ganze Gebiet«. Trapper der Hudson's Bay Company kamen 1821, methodistische Missionare 1838, die ersten Siedler über den Oregon Trail 1843. Nach dem Mord an den Whitmans in Walla Walla kam 1847 die US-Armee. Bereits 1859 baute die Stadt ein Courthouse, denn sie war Verwaltungssitz für Wasco County, das damals bis an die Rocky Mountains reichte.

In den 1840ern stand den Siedlern des Oregon Trail in The Dalles die schwierigste Etappe ihres Trecks bevor. Weil die Steilufer der Schlucht keinen Raum für die Fuhrwerke ließen, mussten sie diese samt Fracht auf Flöße oder Kanus verladen und den Columbia abwärts flößen. Ihre Zugtiere trieben sie im Gänsemarsch über einen schmalen Ufersteig. Mit der Old Barlow Road kam 1846 der Landweg als Alternative hinzu, ein Vergnügen waren beide nicht.

Historisch hat The Dalles also einiges zu bieten, darunter das **Fort Dalles Museum** (mit Resten des Forts von 1856) und das **Wasco County Courthouse** von 1859. Im **Baldwin Saloon** (von 1876) mit seinen kuriosen Landschaftsbildern von Joseph Englehart (um 1900) könnte man bei einem Bier über die Herkunft des Namens »The Dalles« spekulieren. Kanadische *voyageurs* sahen in den Basaltplatten »Kacheln« oder »Fliesen« (französisch: *les dalles*) und benannten den Ort danach. Die Indianer nannten ihn schlicht *win-quatt*, d.h. »Ort, der von Felswänden umgeben ist«.

Das bedeutendste Natur- und Kulturdenkmal liegt allerdings unter Wasser. Mit dem Bau von The Dalles Dam 1957 versanken die berühmten **Celilo Falls** im Stausee hinter dem Damm. Dort hatten die Plateau-Indianer seit Jahrtausenden gefischt und gefeiert, ihre Lachse geräuchert und in Körben verwahrt, als Nahrung für das ganze Jahr. Es war *das* Handelszentrum des Pazifischen Nordwestens, wo man Lachs, Muscheln, Büffelhäute, Holz, Obsidian, Türkis u. a. tauschte. Im Rahmen des »Confluence Project«, das überregional das ganze Columbia-Becken repräsentieren wird, soll die Stätte mit einem Gedenkpark gewürdigt werden. Architektin ist die chinesischstämmige Maya Ying Lin, die auch das Vietnam Veterans Memorial in Washington, D.C. entworfen hat.

Hinter so viel Geschichte mag die Gegenwart nicht zurückstehen. Seit 1940 zeigt das **Maryhill Museum of Art** (25 mi flussauf auf der Washington-Seite) Werke von Auguste Rodin und andere Schätze. Das **Columbia Gorge Discovery Center** von 1997 stellt die Natur und Geschichte der Columbia Gorge publikumsfreundlich dar. Und wer hätte gedacht, dass man in den Betonsilos einer Getreidemühle namens **Sunshine Mill** eine Weinkellerei einrichten könnte, die Weine der Umgebung in *Gläser* abfüllt und erfolgreich vermarket? Und wer gehofft, dass das reizende **Riverenza Café** sich einmal in einer hundertjährigen Kirche niederlassen und drinnen und draußen Gäste bewirten würde?

Durch die Columbia River Gorge

Am westlichen Ortsrand von The Dalles nimmt der **Historic Columbia River Highway** (oder Old Highway 30) seinen Anfang, jenes Meisterwerk des Ingenieurs Sam Lan-

Die zweistufigen Multnomah Falls am Columbia River Gorge (Oregon)

caster, das zwischen 1913 und 1923 erbaut wurde. In harmonischen Schleifen kurvt die Straße zum **Rowena Plateau** hinauf. Am **Rowena Crest Viewpoint** raubt nicht nur die Aussicht den Atem, sondern auch der Wind. Man staunt, was sich da alles durch die schmale Düse der Gorge zwängt: der Strom selbst, die Bahn, die Autobahn, das Wetter. Denn hier liegt die Wetterscheide zwischen dem trockenen Osten und dem feuchten Westen. Die Basaltdecken sind waagerecht geschichtet; beim Erkalten der Lava haben sich die typischen Basaltsäulen gebildet.

Als die Fluten aus Lake Missoula durch die Schlucht schossen – 300 Meter tief, also noch 60 Meter über dem Standort –, schliffen sie die Klippen glatt, spülten jeglichen Boden fort, setzten das Willamette Valley 120 Meter tief unter Wasser und trugen Findlinge (auf Eisschollen) bis nach Eugene (im Valley). Die letzte dieser Fluten ging hier vor etwa 12 000 Jahren durch. Der heutige Boden stammt von einem Aschenregen aus dem relativ nahen Mount St. Helens vor 6000 Jahren.

Mit dem **Tom McCall Preserve** wurde dem fortschrittlichen Gouverneur von Oregon (1967–75) fürwahr ein herbes Denkmal gesetzt. Lupinen und Balsamwurzel, die sich im Winde biegen, markieren mit ihrem Blau und Gelb die karge Hochfläche.

Nehmen Sie den Umweg über die beiden zierlichen Mautbrücken, schon um die volle Breite des Stromes unter sich zu spüren. Durch den Gitterrost der **Hood River Bridge** schimmert er silbern herauf. Die bescheidene Maut ist nichts gegen das, was die Siedler damals für die Barlow Road berappen mussten: fünf Dollar pro Wagen und zehn Cent pro Zugtier.

In Höhe der **Spring Creek Fish Hatchery** (ab WA-14 West links) kann man zuschauen, wie die Windsurfer über Wellenkämme springen, hinüber und herüber kreuzen und am Ufer der kleinen Bucht Rast machen. Strömung plus Gegenwind werfen steile Brandungswellen auf, ideale Bedingungen für die Surfer. Folgerichtig rühmt sich Hood River, die »Sailbording Capital of the World« zu sein. Drüben thront klassisch und gelb das Columbia Gorge Hotel.

Die zweite Mautbrücke ist nicht die **Bridge of the Gods**, die die Indianer meinten, als ein Erdrutsch hier um 1260 n. Chr. die Schlucht versperrte und den Fluss bis hinauf nach The Dalles staute. Ihre »Götterbrücke« ist im Oregon State Building in Portland in einer eindrucksvollen Wandkeramik zu sehen. In buntem Glasguss stellt sie die heimische Tierwelt dar: Lachse, die den Fluss hinaufschwimmen, ein uriger Stör, spielende Flussotter, Adler, Kojoten, Bären. Später durchbrach der reale Fluss dann den Damm und schuf die berüchtigten Stromschnellen der »Cascades«, nach denen das Kaskadengebirge benannt ist.

Vier Meilen westlich von Cascade Locks kann man von der I-84 West nach **Bonneville Lock & Dam** abbiegen, dessen Visitor Center im Sommer bis 20 Uhr geöffnet ist. Das U.S. Corps of Engineers zeigt eine Fischtreppe hinter Sichtfenstern, über die eigentlich Lachse steigen sollten, aber die sind selten geworden. Statt ihrer sieht man gewöhnlich Alsen und Lampreten, die sich an der Scheibe festsaugen.

Haben Sie Lust auf weitere Wasserfälle und Aussichtspunkte? Dann nehmen Sie statt der glatten I-84 das westliche Teilstück des Historic Highway (ab Exit 35). So oder so landen Sie in Troutdale, wo mit **McMenamins Edgefield** eine »etwas andere Unterkunft« auf Sie wartet (siehe S. 165).

Windsurfer rasten bei Hood River in der Columbia River Gorge

Brandmarken der Jungtiere auf der Wilson Ranch bei Fossil

❖ MAGIC MOMENT   Zu Gast auf einer Working Ranch

Zum Frühstück gibt ein *American breakfast*, und das ist warm und üppig. Phil und Nancy Wilson bewirten ihre Gäste am langen Tisch ihres B&B. Sie führen die **Wilson Ranch** in der vierten Generation. Tischgespräch ist das Tagesprogramm der Rancher, die Gäste können entscheiden, ob sie mitarbeiten wollen. Jemand erzählt, er habe eine Kuh mit einer ganzen Schar Kälbchen gesehen. Phil erklärt, diese Kuh sei ein »Babysitter«, sie soll die Kleinen vor Cougars, Koyoten, Wildkatzen usw. schützen; die anderen Kühe könnten derweil nach besseren Weidegründen suchen. Dabei wechseln sie sich sogar ab. Im Keller stehen Reitstiefel für die Gäste bereit.

Reiterferien im Nordwesten? Warum nicht. Am besten auf einer Working Ranch. Die Wilsons bewirtschaften 3600 Hektar (36 Quadratkilometer!) als extensive Weide und halten 400 Rinder plus Kälber, 26 Bullen und 16 Pferde. Die Pferde sind Quarterhorses, also gut zu reitende *cow horses*. Die Ausritte sind keine *trail rides*, sondern *ranch rides*; man reitet also nebeneinander und quer durchs Gelände. Die Gäste dürfen sich an der Rancharbeit beteiligen, und da gibt es einiges zu tun: ausgebüchste Kälber einfangen, Rinder treiben, Zäune flicken, Salzblöcke verteilen …

🛏🍴 **Wilson Ranches Retreat B&B**
15809 Butte Creek Rd. (2 mi nordwestl. Fossil)
Fossil, OR
☏ (541) 763-2227 und 1-866-763-2227
www.wilsonranchesretreat.com

Kommerzielle Rinder-Ranch (Working Ranch); Ausritte (zwei Stunden $ 85, für ein bis drei Personen) und Mitarbeit möglich. Sieben hübsche Zimmer; freundliche Gastgeber, super Frühstück – *family style*. $$

9 Service & Tipps

ℹ Maupin Area Chamber of Commerce
Maupin, OR 97037
℡ (541) 993-1708, www.maupinoregon.com

✕🍴 Tygh Valley State Wayside
OR-216, zwischen Sherar's Bridge und Tygh Valley
Hübscher Picknickplatz bei **White River Falls**. Spuren alter Anlagen: Kraftwerk, Mühle.

The Dalles, OR

ℹ The Dalles Area Chamber of Commerce
404 W. 2nd St. (nahe I-84)
The Dalles, OR 97058
℡ (541) 296-2231 und 1-800-255-3385
www.thedalleschamber.com
Visitor Center an US-197, ℡ (541) 395-2599

🛏🍴 Celilo Inn
3550 E. 2nd St., The Dalles, OR
℡ (541) 769-0001, www.celiloinn.com
Motel mit Aussicht (auf The Dalles Dam). $$$

🏛🎒🍴 Columbia Gorge Discovery Center & Museum
5000 Discovery Dr. (3 mi westl. The Dalles)
The Dalles, OR
℡ (541) 296-8600, www.gorgediscovery.org
Tägl. 9–17 Uhr
Eintritt $ 9/5 (6–16 J.), unter 6 J. frei
Hwy. 30 West, dann den Schildern folgen. Großzügig ausgelegtes Infozentrum zu Natur und Geschichte der Columbia Gorge. Greifvogelschau. Lunch im **Basalt Rock Café**.

🏛 Fort Dalles Museum
500 W. 15th St. & Garrison St., The Dalles, OR
℡ (541) 296-4547
www.fortdallesmuseum.org
Tägl. 10–17 Uhr (Winter auf Anfrage)
Eintritt $ 8
Surgeon's Quarters aus der Zeit des Forts von 1856; ansonsten Heimatmuseum.

✕🍴☕ The Baldwin Saloon
205 Court St. & 1st St., The Dalles, OR
℡ (541) 296-5666, www.baldwinsaloon.com
Mo–Sa 11–20 Uhr
Gebäude von 1876, früher Bordell, Bürohaus, Sattlerei und Lagerhaus. Lunch, Dinner im historischen Rahmen; Bildergalerie. $$

✕🍴 The Riverenza – Gathering Hall & Café
401 E. 10th St., The Dalles, OR
℡ (541) 2980-5001, www.riverenza.net
Mo–Fr 7–16, Sa/So bis 15 Uhr
Café für Frühstück und Lunch in einer alten Kirche. Service drinnen und draußen. $$

🍷✕ Sunshine Mill Winery – Artisan Plaza & Winery
901 E. 2nd St., The Dalles, OR
℡ (541) 298-8900, www.sunshinemill.com
Sommer tägl. außer So 12–18, Fr bis 19 Uhr, Winter nach Vereinbarung
Weinkellerei in ehemaliger Getreidemühle; kleine Mahlzeiten. Weinprobe. $

🏛 Maryhill Museum of Art
35 Maryhill Museum Dr. (WA-14, 25 mi östl. The Dalles), Goldendale, WA
℡ (509) 773-3733, www.maryhillmuseum.org
15. März–15. Nov. tägl. 10–17 Uhr, Eintritt $ 9/3 (Jugendliche), Kinder frei
Auguste Rodin am Columbia! Europäische, amerikanische, indianische Kunst.

📷ℹ▶ Bonneville Lock & Dam
Cascade Locks, OR (I-84 Exit 40)
℡ (541) 374-8442 und (541) 374-8820 (Visitor Center), www.nwp.usace.army.mil/bonneville
Visitor Center tägl. 9–17, im Sommer bis 20 Uhr, Eintritt frei
Ausstellung zu Siedlungsgeschichte, Schifffahrt, Dammbau; Fischfenster und Fischzucht.

Portland, OR

🛏 Die **Motels** in Portland liegen aufgereiht an N.E. Sandy Blvd. (zwischen 82nd und 33rd Ave.), der südlichen S.E. 82nd St. sowie am S.W. Barbur Blvd.

🛏✕🍸🛎 The Heathman Hotel
1001 S.W. Broadway & Salmon St. (Downtown), Portland, OR
℡ (503) 241-4100 und 1-800-551-0011
www.heathmanhotel.com
Klassisches Stadthotel von 1927 mit legendärem Service (Personal Concierge). 150 Zimmer. Nachmittags Tee, abends Drinks und Jazz im **Tea Court**. **Headwaters Restaurant** mit preisgekrönter Northwest Cuisine ($$$). $$$$ – Ein Stadthotel mit ähnlichem Flair ist das **Benson Hotel** von 1913, ℡ 1-800-716-6199, www.bensonhotel.com. $$$–$$$$

Durch die Columbia Gorge nach Portland 9

The Mark Spencer Hotel
409 S.W. 11th Ave. & Stark St.
Portland, OR
✆ (503) 224-3293 und 1-800-548-3934
www.markspencer.com
Keine schöne Gegend – aber hübsche große Zimmer mit Bad und Küche. »Portland's Hotel to the Arts« (Künstlerbleibe). Tierfreundlich. Relativ günstig, weil bejahrt (von 1907). Unweit **Powell's** und **Jake's Crawfish**. $$$

Hotel Rose Portland
50 S.W. Morrison St. (Downtown, nahe Fluss)
Portland, OR
✆ 1-877-237-6775
www.hotelroseportland.com
140 Zimmer und Suiten. Kann mit Parkplatz gebucht werden! Fitness, Fahrräder gratis. **H50 Bistro & Bar**. $$$

HI Portland Hawthorne District
(Hostelling International)
3031 S.E. Hawthorne Blvd. & 30th Ave. (Bus 14), Portland, OR
✆ (503) 236-3380 und 1-866-447-3031
www.portlandhostel.org
Gut geführtes Haus in lebendigem Viertel. 47 Betten. $

Columbia River RV Park
10649 N.E. 13th Ave., Portland, OR
✆ (503) 285-1515 und 1-888-366-7725
www.columbiariverrv.com
Schöner Platz nahe Columbia River. Zufahrt ab I-5.

Im weiteren Umkreis:

Portland Fairview RV Park
21401 N.E. Sandy Blvd. (15 mi östl. Zentrum Portland), Fairview, OR
✆ 1-877-777-1047
www.portlandfairviewrv.com
Am Columbia River (bei Gresham). 407 Plätze mit Waschsalon, Teich etc.

Champoeg State Heritage Area
8239 Champoeg Rd. N.E. (5 mi westl. I-5 Exit 278, via Ehlen Rd.)
St. Paul, OR
✆ (503) 678-1251 und 1-800-452-5687
www.champoeg.org
Park tägl. 7–21, im Winter bis 17 Uhr, Visitor Center im Sommer tägl. 9–17 Uhr, sonst wechselnde Öffnungszeiten
Schöner, großer Park am Willamette River: Altwald, Spazierwege, Picknickplätze. Visitor Center zur frühen Geschichte Oregons. 46 RV-Plätze (mit *hookups*).

Weitere Informationen zu Portland finden Sie beim 10. Tag, S. 176 ff.

Im Fort Dalles Historical Museum in The Dalles

Die weite Felsenschlucht Columbia River Gorge im Abendlicht

McMenamins Edgefield – die etwas andere Unterkunft

Die Geschäftsidee der McMenamin-Brüder, Mikrobrauer aus Portland, hat zum Ziel, alte Bausubstanz dadurch zu retten, dass man sie auf neue Weise nutzt. Dabei wird jeweils darauf geachtet, dass der Geist des Ortes bewahrt wird. Inzwischen sind die so renovierten und umfunktionierten Stätten – Kennedy School, Crystal Ballroom, Bagdad Theater u.a. – zu Besucherattraktionen in Portland und Oregon geworden.

Edgefield wurde 1911 als Poor Farm für Multnomah County erbaut, von 1962 bis 1982 als Pflegeheim genutzt, dann aufgegeben, so dass es verfiel und abgerissen werden sollte. Die McMenamins erwarben es im Jahre 1990 und bauten es um. Jetzt erwartet den Gast ein Mix aus Hotel, Restaurant (Black Rabbit), Bräukneipe (Power Station), Weinkeller und Kino.

Als Quartier ist Edgefield ungewöhnlich. Die Flure der **Lodge** (Hotel) sind mit Bildern von 14 einheimischen Künstlern geschmückt, die das Vorleben des Hauses teils rührend naiv, teils poetisch, teils historisch darstellen.

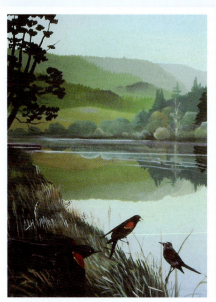

Türdekoration im Flur der Lodge, Werk eines lokalen Künstlers

Die Räume sind betont sachlich gehalten: Rohrleitungen laufen durch, Spritzdüsen zum Brandschutz ragen aus der Decke. Die Möbel sind »echt«, also abgenutzt und von damals. Telefon und TV gibt es nicht. Die Waschräume liegen, *private but shared*, am Ende der Flure; das gilt hier als *European style*.

Im **Power Station Pub** fließt das Bier frisch vom Hahn. Junge, fixe Kellner knallen die Bierkrüge auf den Tresen, dass es scheppert. Die Wände sind aus rohem Ziegelstein, die Rauchabzüge grell gestrichen – »Kraftwerk« eben. Als Bierprobe wird ein Sampler mit sechs Sorten angeboten. Der Pinot Gris wächst vor der Tür, wird vor Ort gekeltert und im Keller verkostet. Das Kino zeigt *second runs*, also fast neue Filme, für einen Dollar Eintritt. Man genießt die Schau bei Speis und Trank, entsprechend sind die Düfte.

Das Realitätsprinzip wird hochgehalten. Die einstige Leichenhalle (Halfway House) ist heute Konferenzraum. Vom Hotel schweift der Blick hinüber zu den Metallwerken von Reynolds und einer dampfenden Papiermühle jenseits des Columbia. Gerät man etwas zu weit nach links, so landet man vor dem Zuchthaus von Multnomah County. Das Tor öffnet sich, wie von Geisterhand bewegt, ein verdunkelter Bus fährt ein, zwei Sheriffs springen heraus und führen die Häftlinge, zu zweit und dritt aneinander gefesselt, ins Haus.

McMenamins Edgefield
2126 S.W. Halsey St.
Troutdale, OR
℅ (503) 669-8610 und 1-800-669-8610
www.mcmenamins.com/edgefield
I-84 Exit 16, links in 238th Dr., dann links in Halsey St. einbiegen und ½ mi weiter bis Edgefield
103 Zimmer ohne TV und Telefon. **Black Rabbit Restaurant** (tägl. 7–22 Uhr), **Power Station Pub** (tägl. 11–1 Uhr), Weinkeller (tägl. 12–22, So bis 20 Uhr), Kino (tägl. 18, 21 Uhr). Täglich Führungen. Anbindung mit Bus 77 plus MAX an Downtown Portland. $–$$$
Weitere McMenamins-Stätten in Portland sind **Bagdad Theater** (Hawthorne-Viertel), **Crystal Hotel** (nahe Downtown) und **Kennedy School** …
Details unter www.mcmenamins.com.

🔟 Eine »sehr lebenswerte Stadt«
Portland

10. Tag: Portland

Vormittag	Besuch des **Travel Portland Visitor Information Center** am **Pioneer Courthouse Square**. Spaziergang durch Downtown zu **Portland Building** und **Public Art** (um Transit Mall, Yamhill, Morrison & Alder Sts.). Hinüber zur Waterfront mit **Tom McCall Waterfront Park**. Promenade am Willamette River zum **Saturday Market** (Sa/So) oder zu den **Salmon Street Springs**.
Mittag	Mit **Portland Streetcar** oder **Pedal Bike Tours** durch **Pearl District** nach **Nob Hill**.
Nachmittag	Besuch des **Portland Art Museum** und/oder von **Powell's City of Books**. Alternativ: Zu Fuß, per MAX oder Bus 63 zum **Washington Park** mit **Rose Test Garden**; evtl. auch Japanese Garden. Weiter mit Bus 63 zum **Hoyt Arboretum:** Rundgang. Rückfahrt mit Bus 63 nach Downtown.
Abend	Symphoniekonzert, Dinnerrestaurant, Brew Pub, Jazzkneipe oder Nachtcafé.

Portland: Dämmerung über dem Willamette River

Weichenstellung

Ein Tag für Portland ist zu knapp, besser sind zwei, mit folgender Aufteilung. 1. Tag: Stadtbummel plus Kulturangebote wie Portland Art Museum, Powell's usw. 2. Tag: Washington Park und Hoyt Arboretum. – Downtown ist nicht alles: Da sind noch Nob Hill (vornehm), Pearl District (im Umbruch) und Hawthorne (alternativ). McMenamins sind ein Programm für sich … – Als Tagesausflüge kommen infrage: Mount St. Helens (WA), 110 mi bis Johnston Ridge an der Blast Area (siehe Extratag, S. 270 f.) und die Weingärten von Yamhill County (siehe Touren von EcoTours of Oregon, www.ecotours-of-oregon.com, u. a.).

Portland 10

Portland ist anders als Seattle: grüner, freundlicher, verrückter ... Sogar die Innenstadt gibt sich gelassen, Radler und Fußgänger können sich sicher fühlen. Er ist ganz aus Stein – und trotzdem ein beliebter Treffpunkt der Portlander, die ihn als ihr »Wohnzimmer« sehen: Pioneer Courthouse Square. Über die Ufer des Willamette flanieren Spaziergänger, Jogger, Walker, Skater, Radler. Portland hat so viel Public Art, dass man nicht mal ins Museum muss ... Schließlich: Die Natur ist in der Stadt: Washington Park, Hoyt Arboretum, Oregon Zoo – alles zu Fuß oder per Bus zu erreichen. Will man weiter hinaus, nimmt man den MAX.

Die Einwohner von Portland gelten im Lande als *quirky*, also eigenartig bis schrullig. Dabei sind sie doch nur für gesunde Ernährung, wollen mit dem Rad zu Arbeit fahren und die Natur schützen. Gelegentlich steigen sie auf Bäume, um diese vor der Säge zu retten. Die Portlander und ihre Eigenarten sind Thema einer Fernsehserie namens »Portlandia«, über die die Nation schmunzelt. Doch das ficht sie nicht an. Inzwischen sieht man Autoaufkleber mit Texten wie: KEEP PORTLAND WEIRD (*weird* = leicht verrückt). Und sie lieben ihre Food Carts! Das sind eher klapprige Imbissbuden, die überall in der Innenstadt herumstehen und nicht viel erwarten lassen. Es gibt schon an die 400 davon, einige genießen Kultstatus.

Portland wird, wie Seattle, immer mal wieder zur *Most Livable City* der USA gekürt. Für die einen ist es die City of Roses (Rose Festival im Juni), für die anderen die City of Books (Powell's). Für das »Bicycling Magazine« ist es die *Best Cycling City in the USA*. Außerdem besitzt Portland noch den größten Stadtpark (Forest Park, mit 21 km^2), die meisten Mikrobrauereien (38) und die größte Kino- und Kneipendichte von allen Städten der USA. Dazu kommt ein gut entwickeltes öffentliches Nahverkehrsnetz und eine Menge Public Art (verordnet seit 1980).

Was die Konkurrenz zwischen Seattle und Portland betrifft, so gebärdet sich Seattle wie ein jüngerer Bruder, der dem älteren über den Kopf gewachsen ist. Denn Portland war immer zuerst da: mit der Gründung 1844 (Seattle: 1851), mit der transkontinentalen Eisenbahn 1883 (Seattle: 1892), mit der ersten großen überregionalen Ausstellung 1905 (Se-

Wandgemälde in der Alberta Street, Portland

attle: 1909). Mit der Weltausstellung von 1962 zog Seattle dann an Portland vorbei.

Was die Lebensqualität betrifft, so ist Portland dem lärmenden Bruder am Puget Sound deutlich überlegen. Der Autoverkehr ist eingedämmt, Radfahrer genießen Schutz, in manchen Vierteln haben sie Vorfahrt. Fußgängern wird an der Ampel angezeigt, wieviel Zeit sie noch haben, bevor diese auf Rot schaltet.

Viel verdankt die Stadt dem Portland Plan von 1972. Damals wurden Autos in Parkhäuser verbannt: Man wollte sie zwar nicht vertreiben, aber auch nicht sehen. Der Anteil der Berufstätigen, die mit dem Fahrrad zur Arbeit fahren, beträgt 60 Pro-

10 Eine »sehr lebenswerte Stadt«

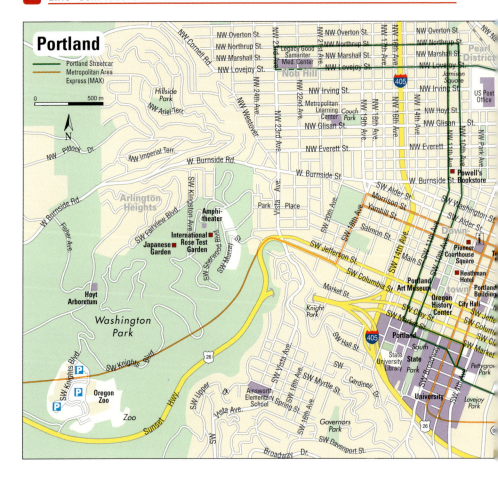

zent – das ist Rang zwei nach Minneapolis. Sogar die Polizei fährt Streife auf Rädern. Man hat der Innenstadt *mixed use* verordnet, damit sie nachts nicht verödet. Man schuf *clear vistas*, damit die Bürger mindestens fünf Blocks weit sehen können.

Beginnen Sie den Tag mit einem Frühstück im **Flying Elephants Delicatessen**. Der Laden öffnet um 6.30 Uhr – günstig bei Jetlag. Freundliche junge Leute bereiten Suppen, Salate, Sandwiches, es gibt drei Sorten unverpackten Tees, knackend frische Backwaren, Grußkarten sowie feine Weine aus der Region. Es ist ein amerikanischer »Deli« von der besten Sorte. Man setzt sich an kleine runde Tische unter dicken Rohrleitungen und sechs kreisenden Ventilatoren – sauber, einfach, gesellig. An den Wänden Malereien nach Toulouse-Lautrec: *Sandwich, Salad, Soupe – tous les jours.*

Mit dem **Pioneer Courthouse Square** ist es wie mit einem (deutschen) Bahnhof: Er liegt immer in der Nähe. Er ist zwar nur eine mit Ziegelsteinen gepflasterte, ummauerte Grube – der Stil gilt als *brutalistic* –, doch die Portlander lieben ihn. Sie gehen hin, um Konzerte zu hören, Ausstellungen zu sehen oder, wie am »Earth Day« im April, zu demonstrieren.

Wäre da nicht eine Infotafel, man ahnte nicht, dass hier einmal das feine Portland Hotel von 1890 stand, in dem Präsidenten logierten. Es wurde 1951 abgerissen, um

Portland 10

Festival of Flowers auf dem Pioneer Courthouse Square

Spaziergang durch Downtown

Man könnte sich also den **Portland Walking Tours** anschließen und sich die Stadt zeigen lassen. Man würde möglicherweise auf einen jungen Guide treffen, der die Technik des Rückwärtsgehens gelernt hat und so seine Gruppe stets vor sich hat. Er würde einem erklären, dass es in Portland keine Verkaufssteuer *(sales tax)* und in Washington keine Einkommensteuer gibt. Sparfüchse wohnen also in Vancouver (WA) jenseits des Columbia, gehen aber in Portland (OR) einkaufen.

Das klingt wie die Einladung zu einer Shoppingtour! Und tatsächlich liegen namhafte Bekleidungs- und Outdoor-Häuser wie **Nike** (mit Firmensitz nahe Portland), **Columbia**, **Mountain Hard Wear** usw. nahe beieinander – nur **Patagonia** hat sich in den Pearl District abgesetzt.

Das Geschäft von Nike ist wie eine Galerie gestaltet, eine breite Freitreppe führt nach oben. Junge Verkäufer inszenieren die Marke in aktuellen Outfits. Doch wenn die Saison vorbei ist, wandert das ganze Sortiment in die Zentrale und Schnäppchenjäger gehen leer aus. Der Kettenladen **Made in Oregon** vertreibt überteuerte Heimatprodukte, von denen er meint, dass Touristen sie brauchen könnten.

Platz für ein Parkhaus zu schaffen. In den 1980er Jahren kauften die Bürger dann 63 500 rote Ziegel, um den Platz zu finanzieren; die Namen der Spender sind in die Ziegel eingestanzt.

Um die steinerne Schüssel herum gruppieren sich nützliche Dienstleister, darunter das **Visitor Information Center, TriMet Public Transit, Powell's Travel Store** und – natürlich – Starbucks. Außerdem: der »Herr mit Schirm«, der eigentlich **Allow Me** heißt, so als wolle er sagen: »Erlauben Sie mir, dass ich Ihnen die Stadt zeige?« Es ist ein idealer Treffpunkt, auch für die Stadtführer, die hier gern ihren Rundgang beginnen.

Wenn Sie aber die Stadt auf eigene Faust erkunden wollen, brauchen Sie nur die handliche »Walking Map of Downtown Portland« von Powell's Books und ein paar Tipps vom Besucherzentrum. Beginnen Sie mit City Hall und Portland Building in der Fifth Avenue, ein paar Blocks südlich vom Pioneer Square. **City Hall** ist ein »Renaissance«-Bau von 1895, das **Portland Building** das erste größere postmoderne Gebäude der USA (von 1983). Das Dunkeltürkis und Dunkelmagenta der Fassade wirken zunächst befremdlich. Der Architekt Michael Graves wollte mit solchen Erdfarben den »Bezug zur natürlichen Welt« aufzeigen. Drinnen werden in einer Nische bisweilen kontroverse Installationen gezeigt. Außerdem gibt es Sitzgelegenheiten zum Ausruhen und ordentliche Toiletten.

Über dem Portal thront **Portlandia** aus gehämmertem Kupfer, die an Masse nur von der Freiheitsstatue in New York übertroffen wird. Sie wird regelmäßig gewachst, damit die Vögel keinen Halt an ihr finden. Die Riesendame mit den olympiareifen Armen und der einnehmenden Geste soll »Mutter Erde« verkörpern. Aber irgendwie will das kriegerische Weib nicht so recht zur »Stadt der Rosen« passen …

Am Chapman Square hinter dem Portland Building erwartet Sie eine brave Siedlerfamilie, die ihre Blicke hoffnungsvoll auf **The Promised Land** gerichtet hält (siehe Foto S. 134). Die Bronzestatue stammt von David Manuel aus Joseph (Wallowa Valley), der dafür 1993 in den Rang eines »offiziellen Bildhauers der 150-Jahr-Feier des Oregon Trail« erhoben wurde, was prompt zu Kontroversen über die Political Correctness des Werks führte.

Der weitere Rundgang ist Kunst im öffentlichen Raum (Public Art) gewidmet, die sich im Stadtkern ballt. An der Transit Mall (5th Ave.) trifft man auf die »Soaring Stones« (zwischen Taylor und Yamhill St.) und »Kvinneakt« (nahe Washington St.). Läuft man den Bogen zur Alder Street (zwischen 4th und 3rd Ave.), dann kann man dort den 18 Aluminiumfischen von »Upstream Downtown« begegnen, während Yamhill Street mit »A Human Comedy« und der Sprüchesammlung »Street Wise« aufwartet. *Ein* Gutes haben die Parkhäuser also doch: ihre Wände. Schreitet man noch das Spalier der vielgeliebten 24 Bronzetiere »Animals in Pools« an der Yamhill und Morrison Street ab, so landet man wieder am Pioneer Courthouse Square.

Was wäre Portland ohne seinen Willamette River? Nutzen Sie das Gefälle der Yamhill oder Morrison Street, queren Sie die lästige Front Avenue und betreten Sie **Tom McCall Waterfront Park**. Mit dem Park hat sich Portland ein weiteres Stück Lebensqualität gesichert, indem es eine vierspurige Stadtautobahn (I-405) um 15 Straßenblocks nach Westen verlegte. Jetzt nutzen die Bürger die einstige Rollbahn für Verkehrsmittel wie Fahrrad, Skateboard, Rollschuhe oder Kinderwagen oder schlicht zum Flanieren.

An Wochentagen sieht man eher gestylte Hausfrauen, die es ernst meinen mit

Portland ist die Stadt mit der höchsten Lebensqualität im Land (Oregon)

Portland 10

Mehr als 500 Food Trucks findet man in Portland

ihrer Fitness, neben Herren in Schlips und Kragen, die beim Lunchspaziergang Geschäftliches besprechen. Weniger gestylte Schulkinder müssen sich anhören, was ihre Lehrer über die zwölf Brücken, die den Fluss überspannen, zu sagen haben. Diese sind allerdings nach Konstruktion und Alter so unterschiedlich, dass sogar Bauingenieure hier etwas zum Studieren hätten.

Am Nordende des Parks erinnert die **Japanese-American Historical Plaza** an unrühmliche Taten der US-Regierung gegenüber ihren japanischstämmigen Bürgern im Zweiten Weltkrieg. Nahe Burnside Bridge pulsiert an Wochenenden der **Saturday Market** – mit Kunsthandwerk, Imbissküchen, Musikbands und entspannten Besuchern aller Altersgruppen. Möchten Sie Ihre Promenade nach Süden ausdehnen, dann wandern Sie zu den **Salmon Street Springs**, wo die Kids bei warmem Wetter juchzend durch die Fontänen springen.

Man kann an beiden Ufern des Willamette entlangradeln. Eine drei Meilen lange Schleife führt über die beiden »Esplanaden« zwischen Steel Bridge und Hawthorne Bridge und quert den Fluss auf einer schwimmenden Fußgängerbrücke. Das Rad können Sie sich bei **Pedal Bike Tours** nahe Burnside mieten (siehe MAGIC MOMENT, S. 175).

Lunchtime! Die Dame von Travel Portland hatte gemeint, in Portland gebe es so viele gute *Lower end*-Gaststätten, dass man gar nicht selber kochen müsse. Ein sympathisches Exemplar des Typs ist das **Clyde Common** nahe Burnside, wo alles auf Transparenz gerichtet ist: der große Tisch, die offene Küche, die übersichtliche

Kirschblüte im Tom McCall Waterfront Park

Eine »sehr lebenswerte Stadt«

Thunderbird im Portland Art Museum

Speisekarte. Auf dieser ist sogar der Gehalt an Nüssen in den Speisen vermerkt. Die Zutaten sind frisch, es gibt offene *(by the glass)* Weine.

Ein Luncherlebnis besonderer Art erwartet den Gast im Western Culinary Institute mit seinem **Technique Restaurant**, wo Studenten der Gastronomie ihr Handwerk lernen. Die kellnernden Praktikanten sind so korrekt, ja ängstlich um Geschirr und Gäste bemüht, als schaute ihnen der Prüfer ständig über die Schulter. Es gibt raffinierte Gerichte und eine Speisekarte, für die ein Spezialwörterbuch nötig wäre: *Prosciutto Wrapped Sea Scallop; Watercress Béchamel and Truffle Edimamme* … Mit einem Drei-Gänge-Menü für zwölf Dollar ist man bestens bedient.

Doch das Nonplusultra ist und bleibt das **Heathman Hotel** (siehe 9. Tag, S. 162 f., und »Und abends?«, S. 179) am Broadway. Auch wenn man hier nicht speisen möchte, sollte man einen Blick hinein werfen. Früher prangten im Restaurant ein streng blickender Löwe, ein grünes Dickhornschaf, ein rot-weißer Pandabär usw. – Bilder aus Andy Warhols »Endangered Species Series«. Heute sind die Bilder auf die Etagen gewandert, diese müsste man mit dem Fahrstuhl abklappern, um sie zu betrachten. Doch wo ist der »Frosch« geblieben? Der hängt in der Andy-Warhol-Suite im achten Stock. Erwägen Sie zumindest einen Besuch im Tea Court.

Bei aller Tradition weht in der Lobby des Hauses von 1927 ein frischer Wind. Der große Tresen, hinter dem sich das Empfangspersonal normalerweise verschanzt, ist drei lichten Konsolen gewichen. Dort empfängt ein »Personal Concierge« den Gast. Der (oder die) betreut ihn (oder sie) dann rundum – als Kofferträger, Programmberater und/oder persönlicher Sekretär.

Nach Pearl District und Nob Hill mit der Straßenbahn

Wer müde Beine hat, steigt nun am besten in die **Portland Streetcar** und fährt – Straßenbahn. Die Locals benutzen die Bahn als Nahverkehrsmittel, Touristen gehen damit auf Stadtrundfahrt und profitieren vom öffentlich-rechtlichen Fahrpreis. Die Linie streift die City im Westen, durchquert den Pearl District, wo ehemalige Lagerhäuser zu modischen Lofts und Cafés umfunktioniert werden, und wendet schließlich an der 23rd Avenue in Nob Hill. So gewinnt man einen ersten Eindruck von den beiden trendigen Vierteln.

Man kann an jeder Haltestelle aus- oder zusteigen, was gelegen kommt, wenn man die älteste Mikrobrauerei Oregons (von 1984) besuchen will. Nachmittags wird die **BridgePort Brewery** zum launigen Treff für alle, die sich bei ofenfrischer Pizza und Bier vom Fass unterhalten oder entspannen möchten. Mikrobrauereien (auch *craft breweries*) unterscheiden sich von konventionellen *mega-* oder *national breweries* dadurch, dass sie handwerklich brauen. Sie sind eine ureigene Erfindung des Nordwestens.

In **Nob Hill** um 21st und 23rd Avenue mischen sich Designerläden, Boutiquen und Cafébars unter feine Villen. Designerkleider aus echtem Naturstoff, garantiert knitternd, lassen Besucher aus der Provinz staunen, ein massives Schlittenbett auf Kufen, grellfarbene Schuhe aus Plastik ebenfalls. Bei den **Urban Outfitters** hat man eine Fabrikruine zur Kulisse gemacht: zerfetzter Spannbeton, gekappte Rohrleitungen … Ein junger Mann in überweiten Hosen wippt im Rhythmus von »House« und verkauft – Haushaltswaren. Am Abend lockt ein flackernder Grill ein junges schickes Publikum in die **Jo Bar & Rotisserie**. Oben am Hang leuchten die Villen von Uptown Heights im Lichterkranz, mit steiler Auffahrt und *restricted access*.

Welches Programm – Kultur oder Natur?

Im Folgenden hat man die Wahl zwischen den kulturellen Angeboten der Stadt und denen der Natur in den Parks. Das **Portland Art Museum** zeigt amerikanische Kunst und europäische Malerei ab der italienischen Renaissance, dazu Kunst und Kunsthandwerk der Native Americans. Im dritten Stock gibt es ein Center for Northwest Art, das zeigt, wie Künstler aus der Region »ihren« Nordwesten seit ca. 1900 gesehen haben. Gelegentlich finden renommierte Sonderausstellungen statt, wie die über die »Kaisergräber Chinas«. Am Eingang überrascht eine raumgreifende Installation von Joseph Beuys: »Blitzschlag mit Lichtschein auf Hirsch«. Solche Leihgaben, meint der Museumswächter, interessierten die Studenten der nahen Portland State University, die gelegentlich herüberkämen, um sie zu betrachten.

Überschreiten Sie die soziale Schallmauer der Burnside Street und besuchen Sie **Powell's City of Books**. Auf drei Etagen verteilt und nach Sachgebieten geordnet, findet man hier über eine Million Bücher, *new and used*. Damit ist Powell's die größte unabhängige Buchhandlung der Welt. Der Green Room 106 mit dem Signum »PNW« (für Pacific Northwest) könnte Sie interessieren. Ob Sie kaufen oder nicht, nehmen Sie die Bücher mit in **Anne Hughes Coffee Room**. Dort kriegen sie bei Kaffee und Kuchen ihre ersten Flecken.

Portland ist mit dem größten Stadtpark der USA (Forest Park, 21 Quadratkilometer) gesegnet. Überschaubarer und zugänglicher ist **Washington Park**; man erreicht ihn mit dem »Kulturbus« ART (oder 63), dem MAX oder zu Fuß. Zu Fuß folgt man Salmon Street westwärts, erklimmt die steile Wohnstraße Park Place und taucht am Parkeingang in ein Meer von Azaleen und Rhododendren ein.

Powell's City of Books an der Burnside Street in Portland

10 Eine »sehr lebenswerte Stadt«

Unter Bäumen stehen die beiden Statuen, die Susan Anthony für die Lewis & Clark Exposition von 1905 geschaffen hat: »Coming of the White Man« und »Sacajawea«. Im **International Rose Test Garden** kann man einige tausend Rosenstöcke begutachten, auch die Sorte »Helmut Schmidt« – »Konrad Adenauer« ist nicht darunter. Der **Japanese Garden** liegt nur wenige Schritte entfernt.

Das **Hoyt Arboretum** im Washington Park ist die verkannte Perle Portlands. Mit 230 Arten besitzt es die größte Koniferensammlung der USA, dazu zehn Meilen Spazierwege, einen überdachten Picknickplatz und ein Visitor Center. Die 70-Hektar-Fläche wurde 1928 bepflanzt, es gibt also keinen Primärwald, doch die Bäume sind inzwischen ausgewachsen. Der Wegeplan des Arboretums führt zu Gruppen wie Fir, Spruce, Redwood, Hemlock usw. Besonders eindrucksvoll sind die Haine der Redwoods und Sequoien, der *incense cedars* (oder Fluss-Zedern) sowie der Eichen, Magnolien und des Ahorns. Naturkundlich Interessierte wissen zu schätzen, dass die Bäume mit ihren englischen und lateinischen Namen etikettiert sind.

Reisen Sie mit Kindern? Dann wären der **Oregon Zoo** (MAX: Washington Park) oder das **Oregon Museum of Science & Industry** (am anderen Ufer des Willamette) gute Optionen.

Am Abend breitet sich in Downtown die übliche Leere eines Geschäftsviertels nach Feierabend aus – mit Ausnahmen. Im **Tea Court** des **Heathman Hotel** erklingt an manchen Abenden Musik und durch die Scheiben der **Rock Bottom Brewery** blickt man auf das heitere Treiben der aktuellen Jeunesse dorée.

Hawthorne – ein Viertel mit Pfiff

Anders der Hawthorne District östlich des Willamette River. Neben Downtown und Nob Hill wirkt das Viertel geradezu proletarisch. Bus 14 und Hawthorne Boulevard führen mitten hinein in dieses Mischgebiet, wo Upgrading und Gentrification auf dem Vormarsch sind. Zwischen Gewerbehallen schieben sich heute Cafés, von denen man sagt, aufgeweckte junge Leute träfen sich hier zum Brunch. Weiter oben, von der 32nd bis zur 39th Avenue, verdichtet sich die Szene zu einem Mosaik von Gaststätten und ausgefallenen Spezialitätenläden.

Hawthorne ist nicht nur gut für den Abend. Tagsüber darf man bei **Crossroads Music** (3130 S.E. Hawthorne Blvd.) in großen Kisten nach alten LPs stöbern, im **Perfume House** (3328 S.E. Hawthorne Blvd.) von Chris Tsefalos die Düfte der Welt schnuppern und den Stories des weitgereisten Parfumkünstlers lauschen, um dann im **Bread & Ink Cafe** (3610 S.E. Hawthorne Blvd.) an einem bereits wieder weiß (!) gedeckten (!) Tisch Platz zu nehmen. Eine kleine Drogenszene mit schneeweißem Hund als Maskottchen behauptet sich noch, oder schon wieder.

Auch **McMenamins** sind gut aufgestellt. Im **Bagdad Theater & Pub** (3702 S.E. Hawthorne Blvd.) hat ihr Hausmaler ein exotisches Ambiente zwischen Indien, Arabien und Hollywood entworfen. Bei einem ungemein süffigen Golden Ale namens »Bagdad« blickt man durch große Scheiben auf den Stil der Zeit: von Hippie über Dreadlock zu Punk und Schlabberlook. Oder man greift sich ein Bier und eine Tüte Popcorn und geht ins Kino, und zwar in einen echten Filmpalast aus den 1920er Jahren. Es laufen *Second run*-Filme, die kaum ein halbes Jahr alt sind. Der Preis beträgt drei Dollar, ohne Bier.

Ein ganz und gar ungewöhnliches Nachtcafé ist das **Rimsky-Korsakoffee House** (siehe »Und abends?«, S. 179). Es ist kaum zu finden, so unauffällig mischt es sich unter die Wohnhäuser der Eastside. Es gibt dort nichts zu essen (außer Nachtisch), nichts zu trinken (jedenfalls keinen Alkohol) und auch nichts zu rauchen (rauchfreie Zone) – alles bei klassischer Musik. Die Chefin, Goody Cable, hat noch anderes in petto: das Sylvia Beach Hotel in Newport (siehe MAGIC MOMENT, 12. Tag, S. 199).

Fahrradladen in Portland

✺ MAGIC MOMENT Mit dem Rad zum Brew Pub

Sogar die Polizei radelt hier, also probieren Sie es auch! Radfahrer genießen Artenschutz in Portland, selbst die Autos respektieren ihre markierten Boxen auf der Fahrbahn.

Das Rad bekommen Sie bei **Pedal Bike Tours** in der 2nd Avenue nahe Burnside. Dort kann man das Rad nicht nur mieten, sondern auch geführte Touren buchen. Folgen Sie zum Beispiel Ihrem Guide auf die »Oregon Brewery Tour« quer durch den **Pearl District** nach **Nob Hill**. Man kehrt in vier Brew Pubs ein und kostet bei dreien. Denn: Portland ist nicht nur die Stadt der Radler, sondern auch der Mikrobrauereien. Wie sagt es die Firma: *We'll … taste at three (microbreweries) and taste how the MAGIC is made …* Eben!

Doch keine Sorge, der Führer trinkt nicht und die Gegend ist verkehrsberuhigt. Die erste Station ist der BridgePort Brew Pub, die letzte Probe nimmt man im zünftigen **McMenamins Ringlers Pub** an der Burnside Street. Dort zeigt man Ihnen auch den historischen **Crystal Ballroom**, wo seit 1914 Livemusik gespielt und zum Tanz gebeten wird – eine Anregung für den Abend?

Apropos McMenamins: Die Idee der beiden publikumsscheuen Brüder ist so genial wie erfolgreich. Sie rüsten alte Gemäuer und historische Stätten wie Schulen, Kinos oder Armenhäuser um und hauchen ihnen neues Leben ein: als Gaststätten oder Hotels – mit eigenem Bier (siehe »McMenamins Edgefield«, S. 165).

Auf der »Brewery Tour« von Pedal Bike Tours in Portland. Der Guide serviert die Kostproben

🚲 **Pedal Bike Tours**
133 S.W. 2nd Ave., Portland, OR
✆ (503) 243-2453, www.pedalbiketours.com
Tägl. 9–18 Uhr
Freundlicher Fahrradverleih. Geführte Touren: »Oregon Brewery Tour« z. B. dauert drei Stunden und kostet $ 69, inkl. Proben.

10 Service & Tipps

Portland, OR

Weitere Informationen zu Portland finden Sie beim 9. Tag, S. 162 f.

ℹ Travel Portland Visitor Information Center
Pioneer Courthouse Sq. (Downtown)
701 S.W. 6th Ave.
Portland, OR 97205
✆ (503) 275-8355 und 1-877-678-5263
www.travelportland.com
Mo–Fr 8.30–17.30, Sa 10–16, im Sommer auch So 10–14 Uhr
Im Herzen von Downtown. Fundgrube für Prospekte und Infos über ganz Oregon.

✕ 🍴 Flying Elephants at Fox Tower
(Elephants Delicatessen)
812 S.W. Park Ave. & Yamhill St. (Downtown)
Portland, OR
✆ (503) 546-3166
www.elephantsdeli.com
Mo–Do 6.30–19.30, Fr bis 20, Sa 9–20, So 11–18.30 Uhr
Suppen, Salate für den kleinen Imbiss. Weine aus der Region. Angenehm. $

📷 Portland Walking Tours
701 S.W. 6th Ave., Portland, OR
✆ (503) 774-4522
www.portlandwalkingtours.com
»Best of Portland« dauert zweieinhalb Stunden und kostet $ 20/17/9 (11–17/5–10 J.). Daneben »Epicurean Excursion«, »Rose Garden Tour« …

🎭 📀 🎵 Portland Saturday Market
Tom McCall Waterfront Park
MAX: Skidmore Fountain
Portland, OR
✆ (503) 222-6072
www.portlandsaturdaymarket.com
März–Weihnachten Sa 10–17, So 11–16.30 Uhr
Handwerk/Kunsthandwerk aus eigenen Werkstätten. Volksfestartig.

Gut für Fußgänger, Radfahrer und Benutzer öffentlicher Verkehrsmittel: Portland

Portland **10**

🕸 **Pedal Bike Tours**
Siehe MAGIC MOMENT, S. 175.

✕ 🍴 **Clyde Common**
1014 S.W. Stark St., Portland, OR
℃ (503) 228-3333
www.clydecommon.com
Tägl. Dinner, Mo–Fr Lunch, Sa/So Brunch; Happy Hour 15–18, Late Night Menu ab 23 Uhr
Heimische und internationale, gesunde Küche; lockere Atmosphäre. Bar bis spät. $

✕ 🍴 **Technique Restaurant at Le Cordon Bleu**
(Western Culinary Institute)
600 S.W. 10th Ave. (Downtown)
Portland, OR
℃ (503) 294-9760
Mo–Fr, Öffnungszeiten tel. erfragen
Fachhochschule für Köche und Kellner. Lunch und Dinner für Gäste; Reservierung erwünscht. **Technique Café** (Mo–Fr 6.15–19.30 Uhr). $

✕ 🍴 **Southpark Seafood Grill & Wine Bar**
901 S.W. Salmon St. (Downtown)
Portland, OR
℃ (503) 326-1300

Voodoo Donut ist bekannt für seine ungewöhnlichen Doughnuts (22 S.W. 3rd Ave.)

Unterwegs mit Public Transit

TriMet Public Transit, die Verkehrsgesellschaft für die Stadtregion Portland, besitzt eines der fortschrittlichsten Nahverkehrssysteme der USA. Das Schienennetz des **MAX** (Metropolitan Area Express) verbindet die östlichen (Gresham), südöstlichen (Clackamas) und westlichen (Hillsboro) Bezirke sowie Washington Park und den Flughafen mit Downtown. Eine weitere Linie führt von Union Station (AMTRAK) über Downtown nach Portland State University (PSU). Die Fahrt mit MAX vom Flughafen nach Downtown kostet $ 2.50 und dauert 37 Minuten. Busse bedienen das übrige Stadtgebiet. Die meisten Linien laufen in der **Transit Mall** (S.W. 5th und 6th Ave.) zusammen. Ein Fahrschein für alle Zonen kostet $ 2.50/1.25 (Senioren und Jugendliche), ein Tagesticket $ 5/2.50; einen *fareless square* für die Innenstadt gibt es seit 2012 nicht mehr. Fahrpläne und eine Übersichtskarte gibt es bei TriMet am Pioneer Courthouse Square.

Einige Linien sind für Touristen besonders interessant: **Bus 63** verbindet Downtown mit Washington Park (an Wochenenden **Bus 83**); **Bus 15** fährt von Downtown nach **Nob Hill** (23rd Ave.); **Bus 14** folgt **Hawthorne Blvd.** bis 49th Ave.; **Bus 51** fährt zur Aussichtshöhe von **Council Crest** (nur stündlich und nur wochentags). Sehenswert ist Public Art auf der Teilstrecke des MAX nach Hillsboro, vor allem die Station Washington Park: 78 m unter der Erde, ein Bohrkern erklärt die Erdgeschichte. Ein Auto braucht man in Portland nicht. Einheimische Autofahrer staunen nicht schlecht, wenn man ihnen ihr Nahverkehrssystem erklärt …

ℹ️ **TriMet Public Transit Info Center**
Pioneer Courthouse Sq., 701 S.W. 6th Ave.
Portland, OR
℃ (503) 238-7433

www.trimet.org
Mo–Fr 8.30–17.30 Uhr
Auskunft, Fahrpläne, Fahrscheine, Fundbüro.

Service & Tipps

Ziel für Blumenfreunde: International Rose Test Garden

www.southparkseafood.com
Tägl. Lunch 11.30–15, Dinner 17–22, Bar 11.30–24, Happy Hour 15–18 und 22–24 Uhr
Beliebtes, gediegenes Speiselokal und Weinbar in bester Lage (South Park). $$

Der **Pearl District** wird schick! Zwei empfehlenswerte Cafés: **Pearl Bakery** (102 N.W. 9th Ave., ✆ 503-827-0910, www.pearlbakery.com) mit erstklassigen Backwaren und Lunch; **Daily Cafe in the Pearl** (902 N.W. 13th Ave., ✆ 503-242-1916, www.dailycafe.net), Lunch und Dinner.

BridgePort Brew Pub
1313 N.W. Marshall St. (Pearl District, via Portland Streetcar), Portland, OR
✆ (503) 241-3612, www.bridgeportbrew.com
Tägl. ab 11.30, So–Mi bis 22, Do–Sa bis 23 Uhr
Älteste Mikrobrauerei Oregons (seit 1984). Bräukneipe mit Atmosphäre, 2005 neu gestaltet. Große Speisekarte. $–$$

Portland Art Museum
1219 S.W. Park Ave. & Jefferson St. (South Park Blocks), Portland, OR
✆ (503) 226-2811
www.portlandartmuseum.org
Tägl. außer Mo 10–17, Do/Fr bis 20 Uhr
Eintritt $ 20, unter 18 J. frei
Kunst der Welt, daneben Northwest und Native American Art. Renommierte Wanderausstellungen.

Powell's City of Books
1005 W. Burnside St. & 10th Ave.
Portland, OR
✆ (503) 228-4651 und 1-800-878-7323
www.powells.com
Tägl. 9–23 Uhr
Größte unabhängige Buchhandlung der Welt. Bücher neu und antiquarisch. **Anne Hughes Coffee Room.**

Washington Park, Portland, OR

International Rose Test Garden
400 S.W. Kingston Ave.
MAX: Washington Park; Bus 63
Portland, OR
Tägl. 7.30–21 Uhr, Eintritt frei
9000 Rosenstöcke, 560 Sorten. Ab Downtown zu Fuß erreichbar. Schöner Stadtblick.

Hoyt Arboretum
4000 S.W. Fairview Blvd.
MAX: Washington Park (Blue/Red Line)
Portland, OR
✆ (503) 865-8733, www.hoytarboretum.org
Park tägl. 5–21.30, Visitor Center Mo–Fr 9–16, Sa/So 11–15 Uhr, Eintritt frei
Herrlicher, weitläufiger Park. Über 800 Arten identifizierter Bäume und Sträucher. Wegeplan im Visitor Center. – Zufahrt mit Auto (besser nicht!): Burnside St. (nach Westen), Vista Ave. (links), Park Place (rechts), Hinweisen auf SCENIC DRIVE folgen, Kingston Ave., Knights Blvd., Fairview Blvd.

Oregon Zoo
4001 S.W. Canyon Rd. (MAX: Washington Park; Bus 63), Portland, OR
✆ (503) 226-1561
www.oregonzoo.org
Tägl. Sommer 9–18, Winter 10–16 Uhr
Eintritt $ 15/10 (3–11 J.), unter 3 J. frei
Tiere in ihrer natürlichen Umgebung.

🏛 Oregon Museum of Science & Industry (OMSI)
1945 S.E. Water Ave. (Ostufer des Willamette River), Portland, OR
✆ (503) 797-4000
www.omsi.edu
Sommer tägl. 9.30–19, Winter Di–So 9.30–17.30 Uhr
Eintritt $ 14/10 (3–13 J.), unter 3 J. frei

Museum zu Wissenschaft und Technik; Objekte zum Anfassen (für Kinder). Ausstellung »Körperwelten« (Gunther von Hagens) war größter Publikumserfolg, sagt das OMSI. OMNIMAX-Kino.

ℹ **»Willamette Week«**
Wochenzeitung zur Kulturszene; liegt in Kneipen, Cafés, Buchläden usw. gratis aus.

Und abends?

Portland ist die Stadt der Mikrobrauereien: **McMenamins** (über die Stadt verteilt), **BridgePort**, **Rock Bottom** (206 S.W. Morrison St., ✆ 503-796-2739), **Widmer Brothers** (929 N. Russell St., ✆ 503-281-2437), **Alameda** (4765 N.E. Fremont St., ✆ 503-460-9025) … Da Brew Pubs laut Gesetz Speisen servieren müssen, bekommt man dort immer etwas zu essen. Vornehmer speist man im **Heathman Restaurant & Bar** (1001 S.W. Broadway Ave., ✆ 503-790-7752), volkstümlich bei **Jake's Famous Crawfish** (401 S.W. 12th Ave., ✆ 503-226-1419) oder **Dan & Louis' Oyster Bar** (208 S.W. Ankeny St., ✆ 503-227-5906).

Derzeit ist der Typus »Wine Bar and Restaurant« in Mode, wie er sich in der Gegend um N.E. 28th Ave. und E. Burnside St. präsentiert: **Noble Rot Wine Bar** (1111 E. Burnside St., ✆ 503-233-1999), **Navarre** (10 N.E. 28th Ave., ✆ 503-232-3555) und **Tabla Bistro** (200 N.E. 28th Ave., ✆ 503-238-3777).

Bis spät geöffnet ist das exzentrische Insider-Café **Rimsky-Korsakoffee House** (707 S.E. 12th Ave., ✆ 503-232-2640). Als Musikadressen empfehlen sich: **Brasserie Montmartre** (626 S.W. Park Ave., ✆ 503-236-3036), **Jimmy Mak's** mit Live-Jazz (221 N.W. 10th Ave., ✆ 503-295-6542) und **Berbati's Pan** (19 S.W. 2nd Ave., ✆ 503-248-4579), alle drei mit Restaurant.

Wem das alles zu laut, zu voll oder zu teuer ist, holt sich eine **American Dream Pizza** (4620 N.E. Glisan St., ✆ 503-230-0699) und verspeist sie im Hotel.

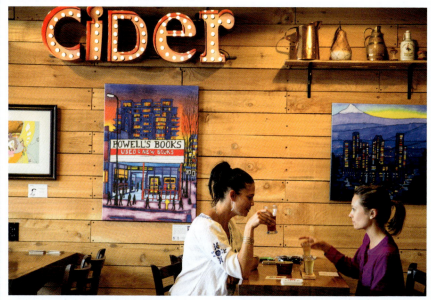

Portland ist die Stadt der Mikrobrauereien

11 Unterwegs zur Oregon Coast (I)
Von Portland nach Cannon Beach

11. Tag: Portland – Astoria – Seaside – Cannon Beach (220 km/137 mi)

km/mi	Route
Morgen	
0	Von **Portland** auf US-30 West über St. Helens und Rainier nach Alston zum Abzweig nach Mayger. (Option: Abstecher über Alston–Mayger Road nach **Mayger** am Ufer des Columbia, dann über Quincy zurück zur US-30 West; Umweg 18 mi.) Halt an der **Bradley State Wayside:** Aussicht genießen. Auf US-30 West weiter nach
Mittag	
154/96	**Astoria.** Dort **Astoria Column** auf Coxcomb Hill und **Columbia River Maritime Museum** besichtigen. Lunchpause. Auf US-101 BUS (Warrenton–Astoria Hwy.) nach Süden über Youngs Bay Bridge zum
Nachmittag	
13/8	**Fort Clatsop National Memorial.** Über US-101 BUS weiter zum **Fort Stevens State Park** mit Wrack der »Peter Iredale«; dort ggf. Strandspaziergang. Auf US-101 South über Gearhart und **Seaside** nach
Abend	
53/33	**Cannon Beach.**

Von Portland nach Cannon Beach 11

Heute heißt es endlich: »Ocian in view!« – wie Hauptmann William Clark in seinem Tagebuch notierte. Der Umweg über Mayger, wo der Geist der Vergangenheit über dem brackigen Ufer des Columbia schwebt, lohnt nur für Nostalgiker und Geografen. Ganz anders Astoria: Dort zieren schmucke Viktorianerhäuschen die Hänge. Höchst sehenswert ist das Maritime Museum, Fort Clatsop dagegen ist eher etwas für Freunde von *living history*. Allerdings, die beiden Expeditionsleiter, Lewis und Clark, werden von nun ab die Reise begleiten. Touristen von heute haben es deutlich besser: Sie kriegen die berühmte Küstenstraße US-101 unter die Räder …

Nach Scablands, Steppe und Großstadt – endlich die See! Das äußerst gesunde Frühstück im **Besaw's Cafe** in Nob Hill, startgünstig in der nordwestlichen Ecke von Portland gelegen, entschädigt für die folgende Fahrt durch triste Vorstadt. Jenseits der St. Johns Bridge befinden sich die Hausbootkolonien am Multnomah Channel.

Diese fröhlichen »Boat People«, deren Häuser auf vollgesogenen Baumstämmen ruhen, fühlen sich auf dem Wasser freier als auf festem Land, sagen sie. Im Haus genießen sie den normalen Wohnkomfort – und einen Vorteil: Sie sind überschwemmungssicher. Mit jeder Flut steigen sie samt Steg und Versorgungsleitungen an Haltepfosten senkrecht in die Höhe. Wenn sie nach einem Hochwasser wieder herunterkommen, sind ihre Häuser trocken, nur ihre Autos stecken im Schlamm.

Sauvie Island überlässt man am besten den Portlandern, die hier Naherholung suchen. Der alte Hafenort **St. Helens** besitzt einen **Columbia River View Park**, von dem aus man den Namensgeber des Ortes gut

Klettern im Treibholz: Ferienspaß an der Oregon Coast

Weichenstellung

Eine frühe Abreise aus Portland ist nötig, um Zeit für Astoria zu haben. Fort Clatsop National Memorial ist u. U. ersetzbar durch einen späteren Besuch im Lewis & Clark Interpretive Center bei Cape Disappointment (siehe 19. Tag, S. 284). – Übernachtungsalternativen zu Cannon Beach sind Astoria und Seaside. – US-26 West führt schneller nach Cannon Beach als US-30 (136 km/85 mi), ist aber weniger pittoresk.

Unterwegs zur Oregon Coast (I)

sehen kann. Captain Clark hielt den Berg für den »höchsten Kegelberg Amerikas«, aber er irrte schon damals, und erst recht heute: Seit dem Ausbruch von 1980 fehlen dem Vulkan rund 400 Meter.

Nach Mayger am Ufer des Columbia

Auf St. Helens folgt – logischerweise – **Rainier**, und wenn man auch dieses nichtssagende Städtchen hinter sich gelassen hat, kann man endlich Höhe gewinnen – und einen freien Blick. Der schweift über das weite Tal des Columbia hinüber zu dampfenden Papiermühlen, Stapeln von Stämmen, Halden von Spänen. Damit wird klar, was in Longview und Umgebung wirtschaftlich Sache ist. Der topographische Atlas von Oregon zeigt für die Hügel der Coast Range ein dicht geädertes Netz von Holzabfuhrwegen in einem Patchwork von Grün (für Wald) und Weiß (für Rodung). Seit 1938 ist Oregon der größte Holzproduzent der USA.

Bei **Alston** mit seinem verrammelten Country Store und der rostigen Tankstelle muss man entscheiden, ob es einen Abstecher zum Ufer des Columbia geben soll oder nicht. Bei **Mayger** standen noch in den späten 1990er Jahren zwei hölzerne Konservenfabriken krumm und schief auf Pfählen im Wasser, inzwischen wurden sie abgerissen. Mit einigem Leichtsinn konnte man über die morschen Plankenstege turnen, dem drohenden NO TRESPASSING zum Trotz. Von jenen Fabriken war nur noch die gute Verkehrslage übrig, die blanken Bahngleise bewiesen es. Vor dem Niedergang der Fischerei fuhr hier zweimal täglich ein Zug von Portland nach Astoria, jetzt rasselt ein kurzer Güterzug alle zwei Tage über die Strecke.

Der Ort schien schon damals verlassen, aber dann kletterte doch noch ein Mann mit Hund aus einem Wohnwagen. Er sagte, er »passe hier ein bisschen auf«. Dann sprach er über die Zukunft des Landes. In den Bergen werde weiter kahl geschlagen; die Holzabfälle verstopften den Unterlauf der Bäche; bei starkem Regen treibe alles zu Tal. Die Anwohner am Slough wunderten sich dann über den Schlamm in ihren Vorgärten und die Autofahrer über die Straßensperren. Die Holzfirmen halfen mit Umleitungen über »ihr« Land und stifteten Sandsäcke.

An der **Bradley State Wayside** ist man wieder obenauf. Vom Clatsop Crest schaut man zu den großen Flussinseln Puget und Tenasillahe Island hinüber. Würde man ein Stück weiter westlich in Richtung Brownsmead abbiegen, so erblickte man von Aldrich Point aus eine – so Lewis und Clark – »Weitung im Fluss, in der viele flache Inseln liegen, über die die Flut hinweggeht«. An anderer Stelle bemerkt Clark missgestimmt, dass die Truppe nicht schlafen konnte – »wegen des fürchterlichen Lärms, den die Schwäne, Gänse, Enten et cetera die ganze Nacht lang auf einer kleinen Sandinsel verursachten«. Zugvögel nutzen die Inseln nach wie vor. Heute sind sie als **Lewis and Clark National Wildlife Refuge** geschützt.

Astoria: die Säule und die Seefahrt

Man überquert einen John Day River und passiert das **Crest Motel** in aufregender Höhenlage. Vom Rasen des Motels aus streicht der Blick frei über den weiten Mündungstrichter des Columbia. Werfen Sie einen Blick ins Innere, es ist eine ordentliche Unterkunft zwei Meilen vor der Stadt. Dann grüßt **Astoria** selbst mit hübschen Häuschen an steilen Hängen. Astoria sei die »älteste Siedlung westlich des Mississippi«, meint die Broschüre des Chamber of Commerce arglos, nur weil John Jacob Astor dort 1811 ein paar Ausrüstungsgegenstände an Land werfen ließ. Doch lange Zeit vorher war Santa Fe in New Mexico besiedelt (seit 1610), gab es die spanischen Missionen in Kalifornien (seit 1769) – ganz zu schweigen von den Dörfern der Tillamook, Clatsop, Siletz, Coos, Coquille und Chinook, die an der pazifischen Küste siedelten.

Von Portland nach Cannon Beach

Astoria mit seinen Viktorianerhäuschen soll die »schönste Stadt der Küste« sein, sie ist auch die regenreichste. Aber: Nach jedem Guss ist die Luft wieder rein, die Sicht wieder klar, wirken Häuser und Straßen wie frisch geputzt. Küstenwetter! Vom Pazifik kommend streichen, vor allem im Frühjahr und Herbst, Böen mit Schauern im Wechsel mit Sonnenlöchern und blauem Himmel über die Stadt. Nach jedem Guss zieht man also die Regenjacke wieder aus, krempelt die Ärmel wieder hoch. Die Winter sind milde, zum Glück für Astoria – bei den steilen Straßen.

Im **Chamber of Commerce** erfährt man, dass Holz- und Fischindustrie dramatische Einbußen erlitten haben, jetzt setze man auf Geschichte und Tourismus. Das erklärt wohl auch die Anwesenheit so vieler Schulklassen bei der Astoria Column, im Maritime Museum und in Fort Clatsop. Im Chamber bekommt man noch den aktuellen Lunchtipp und Auskunft darüber, wie man zu Fuß zur Säule hinaufkommt, nämlich ab Irving Avenue über Cathedral Tree. Mit dem Auto nimmt man einfach die 16. Straße.

Wenn man die 166 Stufen der Wendeltreppe zur **Astoria Column** erklommen hat, muss man sich festhalten – so heftig weht es auf der Plattform. Der Lohn ist ein weiter Rundblick über die Gezeitenlandschaft des Unteren Columbia, wo selbst die Nebenflüsse noch breite Mündungstrichter aufweisen. In weiter Ferne sieht man das zarte Strebwerk der Astoria-Megler Bridge, weiter draußen auf See scheinen die Schiffe stillzustehen.

Um die Außenwand der Säule wickelt sich ein spiralförmiger Fries zur Geschichte der Region, nur: Wie soll man ihn lesen? Von unten nach oben und dabei zwölfmal um die Säule herumlaufen? Das Wichtigste findet sich an der Stirnseite und besagt Folgendes: Lewis und Clark kommen und gehen; John Jacob Astor (der nie hier war) stiftet die Siedlung; die »Tonquin«, Astors Versorgungsschiff, explodiert ... Dann ein Sprung ins Jahr 1893: die Ankunft der Eisenbahn. Die merkwürdige Auswahl er-

Um die Außenwand der Astoria Column wickelt sich ein spiralförmiger Fries zur Geschichte der Region

klärt sich leicht: Die Great Northern Railroad hat die Säule 1926 gestiftet.

Das **Columbia River Maritime Museum** ist das bedeutendste Museum zur Seefahrt des Pazifiks und zur meerabhängigen Wirtschaft der Stadt, es ist eines der besten im Nordwesten. Der Lachsfang wird breit dokumentiert. Historische Fotos zeigen, welch große Mengen des edlen Fischs gefangen und wie Stückgut in Kisten gestapelt wurden. Um die Wende vom 19. zum 20. Jahrhundert waren am Unteren Columbia 38 lachsverarbeitende Betriebe tätig. Man fing die Fische teils mit Schleppnetzen, die von Pferden durch seichte Gewässer gezogen wurden *(seining)*, teils mit Kiemennetzen *(gill netting)*, die man quer zum Strom treiben ließ: Die aufwärts wandernden Fische blieben so mit den Kiemen in den Maschen hängen.

An einem Schaukasten wird deutlich, wie die Landnahme im Nordwesten erfolgte. Die Pelzhändler wollten Felle (Seeotter, Seehund, Biber, Marder) und Lachs von den Indianern, und die Indianer bekamen

11 Unterwegs zur Oregon Coast (I)

Good Old Seaside

Es ist das älteste und größte Seebad Oregons, doch von »alt« ist nur noch wenig übrig. Der berühmte Boardwalk von 1908 ist kein Bohlenweg aus Holz mehr, sondern eine »Prom« aus Betonplatten, auf der sich Kids mit allerlei rollenden Untersätzen vergnügen. Der Salzofen *(salt cairn)* von Lewis und Clark mit seinen fünf Kesseln wirkt wie hingestellt. Was Seaside heute vor allem bietet, ist Urlaub am Strand. Seine weiteren großen Vorzüge sind Dooger's, Seaside Inn und Tillamook Head Trail … und den teilt es sich mit Cannon Beach.

»Granny's House«, Themenzimmer im Seaside Waterfront Inn, Seaside

Dooger's Seafood & Grill am Broadway ist *das* vernünftige Seafood-Restaurant – frisch, schnell und preiswert. Vernünftig an ihm ist auch, dass man bezüglich der Portionen zwischen *regular* und *light* wählen kann; dass man die Portion ohne Weiteres auch teilen *(share)* kann; dass man mit der *combination plate* diverse Sorten Seafood probieren kann; und dass man sich die Zubereitungsart aussuchen kann, nämlich *deep-fried*, *sauteed* oder *Cajun* (ist *sauteed* schon klasse, dann ist *Cajun* spitze). Offene Weine gibt es auch.

Einige wenige Hotels haben sogenannte Themenzimmer eingerichtet, in ihrer subtilsten Form gibt es sie wohl im Sylvia Beach Hotel in Newport (siehe 12. Tag, S. 199). Unter den 14 Zimmern des **Seaside Oceanfront Inn B & B** findet man einen Northwest Timber Room (mit viel Holz), einen (eher maskulinen) King's Retreat (natürlich mit King Size Bed), ein zierliches Granny's House (mit hellem Quilt und Erker), ein poppiges Fifties-to-Sixties Rock'n'Roll (mit den Flossen eines Chevrolet als Bettumrandung) und manches mehr. Einige Zimmer seien besonders »romantisch«, meinen die Wirte.

Ab 1902 brachte die Bahn Tausende Familien aus Portland zur Sommerfrische nach Seaside. Doch das klassische alte Kurhotel und die kleinen Beach Homes an der Prom sind ebenso verschwunden wie der Boardwalk und der Pier, der einst ins Meer hinausragte. Mittelpunkt des touristischen Lebens ist heute das Turnaround am Ende des Broadway mit einer Bronzestatue von Lewis und Clark, die den amtlichen Endpunkt des Lewis & Clark Trail markieren soll.

Doch die Entdecker gingen in Wirklichkeit weiter. Als Captain Clark in Fort Clatsop hört, dass an der Küste ein Wal gestrandet ist, macht er sich mit zwölf Mann und zwei Kanus auf den Weg, um Walfischspeck und Öl zu bergen. Die Truppe klettert über Tillamook Head und schaut nach Süden. Von dort, so Clarks Tagebuch, bietet sich ihnen »das großartigste und angenehmste Bild, das meine Augen je geschaut haben«. Die Gruppe steigt zu einem »butifull sand shore« beim heutigen Cannon Beach hinab, wo der Wal liegt. Doch den »haben die Tillamook-Indianer schon geplündert«, schreibt Clark. Er nennt das Flüsschen »Ecola Creek«, gemäß dem Chinook-Wort *ekoli* für »Wal«.

Mit von der Partie ist Sacagawea, die junge Shoshone-Indianerin und einzige Frau auf der Expedition. Sie muss am Vorabend eine rechte Szene gemacht haben, weil sie mitgehen wollte. Clark notiert: »Sie erklärte, dass sie so weit mit uns gegangen sei, um das große Wasser zu sehen, und dass sie es nun, da es außerdem noch den Riesenfisch zu sehen gebe, als große Härte empfinde, dass sie nichts von beiden sehen sollte.« Sacagawea bewies wahre touristische Neugier, und Clark gewährte die Bitte.

⊠ **Dooger's Seafood & Grill**
505 Broadway, Seaside, OR
✆ (503) 738-3773, www.doogersseafood.com
Tägl. Lunch und Dinner ab 11.30 Uhr
Frisches Seafood, gekonnt zubereitet; vernünftige Preise. Sehr beliebt und stark besucht. $$

🛏⊠ **The Seaside Oceanfront Inn**
580 Beach Dr., Seaside, OR
✆ (503) 738-6403
www.theseasideinn.com
Boutiquehotel direkt an der »Prom«. 14 Themenzimmer, höchst individuell. Restaurant **Maggie's on the Prom**. $$–$$$$

dafür blaue Perlen, Eisenknöpfe, Messer, Beile, Wolldecken, Priemtabak, Bleikugeln, Feuerwaffen und Feuerwasser. Eine Schulklasse hat es sich auf dem Boden eines Schauraums bequem gemacht. Der Museumsführer holt ein Robben-, ein Biber- und ein Seeotterfell aus einem Kasten und lässt die Felle herumgehen. Jeder kann spüren, wie dicht so ein Seeotterfell ist – und ahnen, warum die Tiere ausgerottet wurden: Die Chinesen zahlten nämlich über hundert Dollar für ein Fell.

Einen starken Eindruck hinterlässt ein kleines Video, das in einer Endlosschleife gezeigt wird. Man sieht darin große und kleine Schiffe beim Queren der Columbia River Bar, einer unterseeischen Barriere im Mündungsbereich des Stromes, die unzähligen Schiffen zum Verhängnis geworden ist. Wo nämlich der Fluss auf Meeresströmungen trifft, lagern sich Sande ab, die immer wieder verdriften, und über diesen Bänken türmen sich hohe Wellen. Das Video zeigt, wie selbst große Frachtschiffe schwer durch die Kreuzseen stampfen, kleinere springen gar durch die Luft.

Nicht weit vom Museum wartet das vegetarische **Blue Scorcher Bakery & Café** auf Lunchgäste. Der Raum ist hoch, die Ausstattung schlicht, der Fußboden scheußlich, die Bedienung reizend, die Speisen gesund, die Rechtsform ungewöhnlich. Das Café ist als Genossenschaft organisiert, die Mitarbeiter sind seine Besitzer. Das scheint sich günstig auf den Umgang mit den Kunden auszuwirken, denn man begegnet sich auf Augenhöhe. Das Motto auf der Karte, ORGANIC – LOCAL – HANDCRAFTED, spricht für sich. Der Lärmpegel ist wie immer: sehr hoch.

Will man in Astoria übernachten, dann bietet sich das **Cannery Pier Hotel** als originelle, wenn auch teure Alternative an. Es ist der Prototyp eines Boutiquehotels, aber was ist das Besondere an einem Boutiquehotel? Der Service am Kunden, meint die Dame am Front Desk. Dazu gehöre hier der Weinempfang am Abend, der Chauffeurdienst im *vintage* Cadillac (von 1952), die Architektur des Hauses, das kommunikative Feinschmeckerfrühstück in der Lobby, die Lage am und über dem Fluss ... Was sie nicht erwähnt: den Blick auf majestätisch vorbeiziehende große Schiffe.

Lewis and Clark were here!

Am 7. November 1805 notiert William Clark in sein Tagebuch: *Ocian in view! O! The joy.* Und weiter: »Wir haben den Ozean vor uns, diesen großen Pazifischen Ozean, auf dessen Anblick wir so lange gewartet haben, und das Brüllen der Wellen, die sich am Felsufer brechen, ist deutlich zu hören.« Doch es war nicht der Ozean, sondern erst ein Mündungsufer des Columbia. Eine Woche später dann steht Captain Lewis bei Cape Disappointment am Ziel der Expedition. Clark notiert: »Die Männer scheinen mit dem Ausflug sehr zufrieden; sahen mit Staunen die hohen Wellen gegen die Felsen schlagen und diesen immensen Ozean.«

Viel Zeit zum Staunen hatten sie jedoch nicht, denn sie standen im Regen und brauchten ein Winterlager. Freundliche Clatsop-Indianer wiesen ihnen den Weg zu einem »dichten Kiefernhain ... auf einer Anhöhe etwa 30 Fuß über der Flut«. Also wendeten sie ihre Kanus stromauf, überquerten den Fluss und landeten auf der Oregon-Seite nahe dem heutigen Lewis and Clark River. Dort bauten sie ein Palisadenfort und nannten es Fort Clatsop.

Living History im Fort Clatsop National Memorial

Fotogenes Wrack der »Peter Iredale« im Fort Stevens State Park

Davon ist nichts übrig. Alles, was man heute auf dem Gelände des **Fort Clatsop National Memorial** sieht, ist nachgebaut, getreu den Aufzeichnungen der beiden Hauptleute. Der Ort ist authentisch, die Park Ranger in Wildleder und Mokassins, die Lewis und Clark verkörpern sollen, sind es nicht. Die hohen Sitka-Fichten und Roterlen, die auf dem Gelände stehen, sind es auch nicht, denn vor hundert Jahren waren hier die Holzfäller. Am echtesten sind immer noch die Aufzeichnungen von Lewis und Clark.

Als das Fort fertig ist, ergeht die Order, dass die allzu geselligen Ureinwohner das Lager bei Sonnenuntergang zu verlassen hätten, bei Sonnenaufgang dürften sie wiederkommen. Der Posten hatte die Aufgabe des »Rausschmeißers«. Außerdem musste er die Landestelle mit den Booten kontrollieren und darüber wachen, dass das Fleisch nicht schimmelte. Weil man Salz für die Rückreise brauchte, schickte man eine Abordnung nach Seaside, um Salz zu sieden. Die Ausbeute betrug eine knappe Gallone pro Tag (siehe »Good Old Seaside«, S. 184).

Das Expeditionskorps blieb in Fort Clatsop vom 7. Dezember 1805 bis zum 23. März 1806, dann verließ es erleichtert das Quartier. Von den 106 Tagen ihres Aufenthalts hatten die Männer (und eine Frau) 94 Tage Regen. Die Kleider faulten, das ewige Hirschfleisch ging ihnen auf den Geist, die Läuse und Flöhe in den Bettfellen raubten ihnen den Schlaf.

Endlich: die Küste von Oregon

Wer sein Interesse an amerikanischer Militärgeschichte zügeln kann, erspart sich Fort Stevens (von 1864). Wer aber den Anblick des offenen Meeres nicht mehr erwarten kann, besucht **Fort Stevens State Park**. Diese nordwestlichste Ecke Oregons ist im Sommer höchst beliebt und belebt: Der State Park allein hat über 600 Zelt- und RV-Plätze und im KOA Campground nebenan liegen schon ab April große Wohnwagen vor Anker. Die Zufahrt zum höchst fotogenen Wrack der »Peter Iredale« ist leicht zu finden. Dieses steckt schon seit 1906 wie ein Walfischgerippe im Sand und ist – völlig echt.

Dann hat man endlich die berühmte Küstenstraße US-101 unter den Rädern, die in Olympia im Staate Washington beginnt, sich um die Olympic Peninsula wickelt und über Oregon bis nach Kalifornien führt. Das 344 Meilen lange Teilstück des **Oregon Coast Highway** gilt als eine der schönsten Autorouten des Landes, zumal sie reichlich von State Parks und Waysides gesäumt ist. Durchgehend gibt es sie erst seit Vollendung der großen Brückenbauwerke bei Newport, Florence und Coos Bay in den

Von Portland nach Cannon Beach

1930ern. Die Bäume am Highway sind mit dichtem Moos behangen. Wie muss es hier im Winter tropfen!

In Gearhart haben sich betuchte Bürger zwischen Highway und Dünen Kolonien von Zweithäusern und Alterssitzen geschaffen. Im **Pacific Way Cafe & Bakery**, wo eine Brombeertorte noch eine Brombeertorte ist, darf man auch am Abend (bis 21 Uhr) zu leichter Kost, Gemüsesuppe und selbst gebackenem Brot einkehren.

Wenn Sie aber frisches Seafood suchen – in volksnahem Stil, ohne Candlelight und Sternekoch –, dann gehen Sie zu **Dooger's Seafood and Grill**. Sie müssen allerdings schon in Seaside zugreifen, denn die Filiale in Cannon Beach wurde 2012 geschlossen. In Long Beach (siehe 19. Tag, S. 284) haben Sie noch eine Chance.

In den Leuchtschriften der Banken entlang US-101 taucht jetzt, neben Datum, Uhrzeit und Temperatur, ein weiterer Eintrag auf: der Zeitpunkt der nächsten Flut *(high tide)*. Südlich von Seaside stehen beim ELK XING tatsächlich Hirsche auf der Wiese und äsen.

✺ MAGIC MOMENT   Höhenflug über den Columbia

Man sah das filigrane Gebilde schon von der Astoria Column aus: Sie heißt **Astoria-Megler Bridge** und überspannt den Mündungstrichter des Columbia. Warum nicht mal – *just for fun* – auf die Washington-Seite hinüberfahren, zumal die Brücke seit 1993 mautfrei ist? Mit ihr wurde 1966 die letzte Lücke in der berühmten Küstenstraße US-101 zwischen Mexiko und Kanada geschlossen. Wie auf einer Achterbahn schraubt man sich vom Marine Drive in einer Spirale, die volle 360 Grad beschreibt, auf die Durchfahrtshöhe großer Seeschiffe hinauf, überquert mit einem einzigen Satz die Fahrrinne, um dann in einer langen Geraden auszurollen. Der Columbia ist hier breit wie eine Meeresstraße, die Brücke vier Meilen lang.

Weniger lustig ist die Überfahrt, wenn man *unfreiwillig* auf die Rampe gerät, so geschehen bei der Suche nach dem Cannery Pier Hotel ...

Astoria-Megler Bridge über den Mündungstrichter des Columbia, Astoria

11 Service & Tipps

Besaw's Cafe
1545 N.W. 21st Ave., Portland, OR
℅ (503) 228-2619
www.besaws.com
Tägl. Frühstück und Lunch, Di–Sa auch Dinner
Bestes Frühstück im Viertel. $

Oregon Coast Visitors Association/The People's Coast
2200 1st St., Tillamook, OR 97141
℅ (541) 574-2679 und 1-888-628-2101
www.visittheoregoncoast.com
Allgemeine Auskünfte zur Oregon Coast: Unterkunft, Reisetipps, Aktivitäten.

Astoria, OR

Astoria-Warrenton Area Chamber of Commerce
111 W. Marine Dr. Astoria, OR 97103
℅ (503) 325-6311 und 1-800-875-6807
www.oldoregon.com
Im Sommer tägl., sonst Mo–Sa 9–17 Uhr
Gut ausgestattetes Visitor Center.

Cannery Pier Hotel & Spa
10 Basin St., Astoria, OR
℅ (503) 325-4996 und 1-888-325-4996
www.cannerypierhotel.com
Luxus-Boutiquehotel, direkt am Columbia. Interessante Architektur. Sauna, Hot Tub, Frühstück gratis. $$$–$$$$

Einst eine Industrie, heute ein Thema fürs Museum: die Lachsfischerei im Columbia River Maritime Museum in Astoria

Blue Scorcher Bakery & Café
1493 Duane St., Astoria, OR
℅ (503) 338-7473, www.bluescorcher.coop
Tägl. 7–16 Uhr
Vegetarisches Café, genossenschaftlich betrieben. Angenehmer Stil. $

Wet Dog Cafe & Brewing
144 11th St., Astoria, OR
℅ (503) 325-6975, www.wetdogcafe.com
Tägl. 11–24 Uhr (und länger)
Lunch und Dinner mit Flussblick. Treffpunkt der »Fisher Poets« (mit Lesungen). Vielseitige Küche, beste Fish & Chips im Ort. $$

Astoria Column (Coxcomb Hill)
1 Coxcomb Dr., Astoria, OR
℅ (503) 325-2963
www.astoriacolumn.org
Tägl. *dawn to dusk* – (bei Tageslicht)
Eintritt frei, Parken $ 5
Aussichtsturm (von 1926) mit Fries zur Geschichte. 166 Stufen, großartiger Rundblick.

Columbia River Maritime Museum
1792 Marine Dr., Astoria, OR
℅ (503) 325-2323, www.crmm.org
Tägl. 9.30–17 Uhr
Eintritt $ 14/5 (6–17 J.), unter 6 J. frei
Bestes Museum zu Seefahrt und Fischerei an der nordwestlichen Küste. Feuerschiff »Columbia«.

Fort Clatsop National Memorial/Lewis and Clark National Historical Park
92343 Fort Clatsop Rd. (via US-101 BUS, 8 mi südwestl. Astoria), Astoria, OR
℅ (503) 861-2471
www.nps.gov/lewi/planyourvisit/fortclatsop
Ganzjährig, Sommer tägl. 9–18, Winter bis 17 Uhr
Eintritt $ 5, unter 16 J. frei
Nachgebautes Winterlager (1805/06) von Lewis und Clark. Visitor Center mit Diashow (17 Min.) und Video (30 Min.). Im Sommer täglich »Living History«.

Fort Stevens State Park
100 Peter Iredale Rd., Hammond, OR
℅ (503) 861-3170 und 1-800-551-6949
www.oregonstateparks.org/park_179.php
Bei Hammond, nordwestlich von Astoria. Ganzjährig. 539 Plätze, darunter 174 RV-*hookups*. Wanderwege, Radwege, Zugang zum Strand mit Wrack der »Peter Iredale«.

Von Portland nach Cannon Beach

🍴❌ Pacific Way Bakery & Cafe
601 Pacific Way, Gearhart, OR
✆ (503) 738-0245
www.pacificwaybakery-cafe.com
Do–Mo Lunch ab 11, Dinner ab 17 Uhr
Bekömmliche Kost; frisches Brot, Kuchen aus eigener Bäckerei. Fotos über Fotos! $

🛏 Seaside International Hostel
930 N. Holladay Dr.
Seaside, OR
✆ (503) 738-7911 und 1-888-994-0001
www.seasidehostel.net
Ganzjährig. 48 Betten (auch Familienzimmer). Bus fährt 2 x täglich von und nach Portland, $ 17 einfach. $

Cannon Beach, Manzanita and Nehalem, OR

🛏 Cannon Beach Ecola Creek Lodge
208 E. 5th St., Cannon Beach, OR
✆ (503) 436-2606 und 1-800-873-2749
www.ecolacreeklodge.com
Originelles Motel (von 1946), »Charme Neuenglands«. Nähe Ecola State Park. 22 individuelle Zimmer. Familienfreundlich. Nichtraucher. $$–$$$

🚗🏊🍴 RV Resort at Cannon Beach
340 Elk Creek Rd. (US-101, Exit Cannon Beach

Alles Bio: Blue Scorcher Bakery & Café in Astoria

Loop), Cannon Beach, OR
✆ (503) 436-2231 und 1-800-847-2231
www.cbrvresort.com
Luxus-Campingplatz – mit *full hookups* und Kabelfernsehen. 100 Plätze (reservieren!). Swimmingpool, Kaufladen, Propangas.

❌ Fürs Abendessen in Cannon Beach empfehlen sich das feine **Driftwood Restaurant & Lounge** (179 N. Hemlock St., ✆ 503-436-2439) oder die Pubs **Public Coast Brewing** (264 E. Third St., ✆ (503-436-0285) und **Pelican Club** (1371 S. Hemlock St., ✆ (503-908-3377). 🔆

Ankunft in Cannon Beach, im Hintergrund Haystack Rock

12 Down the Oregon Coast (II)
Von Cannon Beach nach Newport

12. Tag: Cannon Beach – Manzanita – Tillamook – Oceanside – Lincoln City – Newport (182 km/114 mi)

km/mi	Route
Morgen	
0	Stadt- und Strandbummel in **Cannon Beach**. Dann US-101 South zum **Oswald West State Park** (links parken): zu Fuß zum Short Sands Beach und zurück. Dann US-101 South entlang Nehalem Bay über **Jetty Fishery** (crabs!) nach
Mittag	
64/40	**Tillamook**. Besuch der **Tillamook Cheese Factory** und (ggf.) des **Pioneer Museum**. Über Third Street durch Tillamook nach Westen, dann Bayocean Road rechts zur
Nachmittag	
	Three Capes Scenic Loop: Cape Meares, Oceanside, Cape Lookout, Sandlake, Tierra del Mar, Cape Kiwanda, Pacific City zur US-101. Über Neskowin nach
80/50	**Lincoln City** (ggf. Dinner bzw. Übernachtung). Auf US-101 South über Depoe Bay und **Otter Crest Drive** zum **Cape Foulweather**. Weiter nach
Abend	
38/24	**Newport**.

Hinweis: Ab Lincoln City südwärts wechselt die Telefonvorwahl von © 503 für Portland und Nordwest-Oregon zu © 541 für das übrige Oregon.

Von Portland nach Cannon Beach 12

Viel Sand, viel Strand bei Cannon Beach, nördliche Oregon Coast

So viel Küste an einem Tag! Ein steiles Kap folgt aufs andere, eine schäumende Felsenbucht auf die nächste, dazwischen eingestreut sandige Haken und Strände … Die Strecke ist nicht lang. Sie erlaubt einen ausgiebigen Bummel durch Cannon Beach, das Auskundschaften von Gezeitenbecken an der Felsküste, küstennahes Wandern und den Genuss von Dungeness Crabs und Tillamook Cheese vor Ort. Dazwischen liegen landschaftlich reizvolle Autofahrten und Zwischenstopps an felsigen Kaps – mit den dazugehörigen weiten Blicken übers Meer. Schließlich die nächtliche Einkehr in einem bemerkenswerten literarischen Hotel.

Cannon Beach gilt als *artsy*, also kunstoffen oder kunstnah, gar als »Carmel des Nordwestens«, das über seinen gewöhnlichen Nachbarn Seaside gern die Nase rümpft (was sich in den Zimmerpreisen niederschlägt). Doch so außergewöhnlich ist es auch wieder nicht. Im Sommer wälzen sich ganz normale Touristenmassen durch ganz gewöhnliche Andenkenläden. Kunst und Käufer treffen sich in Downtown um Hemlock Street. Je heftiger der Kommerz dort tobt, desto leerer ist der Strand.

Kunst oder Kitsch an der Hemlock Street

Was macht die Kunst in Cannon Beach? Bronze Coast und Valley Bronze aus Joseph (OR) sind mit ihren Bronzen dabei. Jay Stewart vom House of the Potter fer-

---

Weichenstellung

Nach dem Plan dieses Buches sind Cannon Beach, Newport und Florence Etappen- und Übernachtungsziele. Attraktive Alternativen sind Manzanita (Strand und Nehalem Bay), Oceanside (pittoreske Lage), Pacific City (Cape Kiwanda) und das Gebiet um Yachats (Steilküste und B & Bs). Ggf. Zwischenstopp in Depoe Bay zu Whale Watching oder Deep-Sea Fishing.

12 Down the Oregon Coast (II)

Was macht die Kunst in Cannon Beach? Hier die Icefire Glass Works

tigt vorzugsweise funktionale Keramik – »sämtliche Glasuren frei von Blei oder anderen toxischen Stoffen«. Die Galerien Northwest by Northwest und White Bird präsentieren vor allem Künstler aus der Region. Dazwischen immer wieder eingestreut: das Cover Girl im Negligé, die Indianermaid am Bach, der kleine Junge mit dem viel zu großen Golfschläger usw.

In Midtown schaut man den Glasbläsern von **Icefire Glass Works** über die Schulter, der Schmelzofen glüht im Hintergrund. Das Ergebnis sind mundgeblasene Schalen und Gläser, zum Anfassen schön – DO TOUCH lautet der freundliche Hinweis.

Haben Sie schon das Meer entdeckt? Nein? Dann schlendern Sie von der Glasbläserei in Midtown über die Gower Street zum Strand, wandern neun Blocks über den Strand nach Norden und betreten in Downtown wieder festen Boden. Dort lädt **Tom's Fish and Chips** zum Lunch. Man speist in einem angenehm hohen Raum, dessen voriger Besitzer als »JP's« für *casual elegance* bekannt war. Das Lokal ist praktisch, weil es täglich von 11 bis 21 Uhr geöffnet hat. Es bietet als Fisch auch Lachs und Heilbutt sowie Burgers, Salate und echte – kalorienreichen – New England Clam Chowder.

Man mag sich fragen, wie der kunstsinnige Ort zu seinem kriegerischen Namen kam. Aufgrund eines Kanonenteils, das hier 1846 angeschwemmt wurde. Wie, kann denn eine Kanone schwimmen? Das Maritime Museum in Astoria hatte die Antwort: An der Kanone des US-Aufklärungsschoners »Shark«, der den Briten am Columbia auf die Finger schauen sollte und sank, war noch etwas dran: nämlich ein Teil vom Schiff.

Die etwa 1300 Einwohner von Cannon Beach empfinden ihren Ort als *laid back* und *relaxed* – jedenfalls außerhalb der Saison. Nur der Winter sei *gloomy*, meint der junge Mann im Information Center, denn dann treibe der Nordweststurm den Regen waagerecht gegen die Schindeln der Häuser. Man ahnt es, wenn man die schiefgewehten Bäume am Strandwall betrachtet. Wer von den Einheimischen nicht nach Kalifornien flüchtet, macht aus der Not eine Tugend: Storm Watching!

Natürlich muss man **Haystack Rock** besuchen, den Symbolberg der Oregon Coast. Dementsprechend umschwärmen Scharen von Besuchern diesen Zeugenberg einer früheren Küstenlinie. Bei Ebbe kann man ihn trockenen Fußes erreichen und dabei in die typischen Tidepools (Gezeitenbecken) hineinschauen. Diese stecken voller Muscheln, auf denen Seepocken sitzen, dazu Seesterne, Seeigel und grüne Seeanemonen. Den Berg umschwärmen (außer den Touristen) noch Möwen, Lummen, Taubenlummen, schwarze Kormorane und die drolligen Papageitaucher mit Häubchen.

Von Cannon Beach bis Tillamook

Im **Oswald West State Park** führt ein kurzer Wanderweg zur Küste (siehe »Wandern an der Küste«, S. 197). Der leichte Regen lässt die Tröpfchen an den zarten Nadeln des Hemlock wie Perlen glitzern. Vor **White Sands Beach** liegen *beach logs* quer, schweres Strandgut, das bei Nässe mit Vorsicht zu betreten ist. Junge Leute mit Courage kampieren auf einem *primitive campsite*, ihr Gepäck holen sie mit einer Schubkarre vom Parkplatz am Highway.

Am **Neahkahnie Mountain** seien von der Straße aus Wale zu sehen, heißt es. Die Grauwale wandern im Winter von der Beringsee nach Baja California und kehren im Frühling zurück. Auf ihrer insgesamt 16 000 Kilometer langen Reise halten sie

Von Cannon Beach nach Newport

sich zum Glück an die Weihnachtsferien bzw. das lange Wochenende um Memorial Day (Ende Mai). Grauwale werden 14 Meter lang und 40 Tonnen schwer. Im 19. Jahrhundert fast ausgerottet, stehen sie seit 1946 unter Schutz und zählen heute wieder etwa 20 000 Exemplare. Die beste Zeit für Whale Watching ist vormittags, wenn das Meer noch glatt ist.

Am weiten Strand von **Manzanita** ist Raum für jeden – zum Durchatmen und Ausschreiten. Wenn sich das Wasser bei Ebbe zurückzieht, erkennt man, welche gestalterischen Wunderwerke die Wellen bei Flut geschaffen haben: lauter kleine Waschbretter aus Sand; eine kleine Erosionslandschaft aus Hügeln, Tälern, Rinnen und Seen; regelrechte Schwemmfächer, die das ablaufende Wasser erneut zerschneidet. Horden kleiner Schnepfenvögel *(sandpipers)* picken im Sand und achten darauf, dass sie nicht nass werden. Und das Baden im Meer? Dazu ist es für die meisten zu kalt – bei etwa 13 Grad Celsius.

Manzanita selbst mag elitär auftreten, doch **Nehalem Bay State Park** ist eine weiträumige Erholungslandschaft für alle. Der Park liegt auf einem drei Meilen langen Sandhaken *(spit)* vor der Bucht und lädt zu vielerlei sportlichen Aktivitäten ein, vom Surfen bis zum Reiten. »Raus an den Strand, Schuhe und Strümpfe aus und durch den Sand stapfen; eine Kuhle in den Dünen, und man liegt im warmen, weichen Sand und hört die Wellen rauschen …« – so eine Leserzuschrift.

Die traditionsreiche **Jetty Fishery** am Südufer der Bucht ist ein Dorado für Freunde des Meeres – und Liebhaber fangfrischer Schalentiere. Die Dungeness Crabs kommen mit der Flut herein und driften bei Ebbe wieder heraus. Man leiht sich einen Krabbenring, bestückt ihn mit Köder (»je stinkiger, desto besser«) und versenkt ihn im Gezeitenstrom, entweder von einem Boot aus oder direkt vom Steg. Im brodelnden Kessel der Fishery finden die Tiere einen schnellen Tod. Drüben auf der Sandinsel räkeln sich Seelöwen.

Zum *clamming* muss man dagegen früh aufstehen. Wenn die Ebbe zu einer Minus-Tide ausläuft, versammeln sich an Oregons Stränden vermummte Gestalten, die an unauffälligen Vertiefungen den Spaten ansetzen: Sie graben nach Scheidenmuscheln *(razor clams)*. Liebhaber dieses Volkssports reisen in aller Frühe sogar aus Portland an.

Tillamook und Tillamook Cheese

An den öden Küstensiedlungen Rockaway Beach und Garibaldi vorbei geht es weiter

Einer von vielen State Parks: Oswald West an der Oregon Coast

Wahrzeichen der Oregon Coast: Haystack Rock bei Cannon Beach

Down the Oregon Coast (II)

nach **Tillamook**. Man kennt ihn inzwischen, den Tillamook Cheese, doch während man im Supermarkt nur Kunde ist, ist man in der **Tillamook Cheese Factory** Gast. Hinter großen Schaufenstern wird der Käse von korrekt behaubten Mitarbeitern geschnitten und verpackt. Er wird, so erfährt man, ohne Farbstoffe und Konservierungsmittel hergestellt, sogar das satte Orange des Cheddar wird naturrein aus dem Samen des Annato-Baums gewonnen. Kostproben werden gereicht. Eltern spendieren ihren Kindern am Ende ein Eis. Im Shop erwirbt man einen Riegel Cheddar für die Reise, vielleicht gar den würzigen Vintage White Cheddar, der über zwei Jahre gereift ist.

Soll man sich nun für das **Latimer Quilt & Textile Center** oder das Pioneer Museum entscheiden, das schon draußen mit einem *steam donkey* (Motorwinde zum Bergen der Stämme) raue Holzfällertöne anschlägt? *Quilting* ist seit der Pionierzeit handwerkliche Tradition amerikanischer Frauen, bot es den »Quilting Bees« doch neben dem praktischen Nutzen auch Gelegenheit zum geselligen Plausch.

Das **Pioneer Museum** zeigt Artefakte der Tillamook-Indianer und dokumentiert die traurige Geschichte des Waldes. Man erfährt, dass es um Tillamook kaum noch originären Wald gibt. Was nicht gerodet wurde, ist den verheerenden Tillamook Burns der 1930er bis 1950er Jahre zum Opfer gefallen. Das Schönste im Museum sind die Dioramen mit heimischen Tieren, vor allem Vögeln. Den amselgroßen *Nevada red-winged blackbird* mit den roten Punkten an den Flügeln wird man bald aus den Ufergebüschen in Zentral-Oregon flöten hören. Lust auf eine Lunch- oder Kaffeepause? Dann schauen Sie einfach unter »Service & Tipps«, S. 200 f.

Kaps ohne Ende: von Tillamook bis Newport

Für »Autowanderer« kommt mit der **Three Capes Scenic Loop** der Höhepunkt des Tages. Die 35 Meilen lange Strecke, die sich näher an die Küste herantastet als die US-101, berührt drei imposante Kaps: Meares, Lookout und Kiwanda, jedes da-

Cape Kiwanda ist Teil der Three Capes Scenic Route

Von Cannon Beach nach Newport 12

Wanderer an der Oregon Coast

Wandern an der Küste

Die hier beschriebenen Wanderwege folgen der Küste von Norden nach Süden.

1. Tillamook Head Trail zwischen Cannon Beach und Seaside (nicht bei Tillamook!) ist ein besonders schönes Teilstück des Oregon Coast Trail (der insgesamt 375 mi lang ist). Vom Klippenweg schaut man auf Seevögel, Seelöwen und vorbeiziehende Wale herunter. Ganzjährig begehbar, nur stellenweise morastig. Für die sechs Meilen von Indian Point (Parkplatz) im Ecola State Park bis zum *trailhead* am Sunset Boulevard bei Seaside (Parkplatz) braucht man drei bis fünf Stunden (hin) – also einen Extratag.

Ecola State Park, US-101, zwei Meilen nördlich von Cannon Beach; State Park nur für Tagesbesucher.

2. Oswald West State Park ist Ausgangspunkt für drei Wanderwege von unterschiedlicher Länge und Schwierigkeit. Der kürzeste (½ mi) führt durch Wald zum **Short Sands Beach** (siehe 12. Tag, S. 192). Ein längerer (2 mi) folgt dem Oregon Coast Trail durch ursprünglichen Küstenregenwald zum **Cape Falcon** (75 m über dem Meer). Ein dritter, anstrengender (4 mi) führt durch Wald und Wiesen steil auf **Neahkahnie Mountain** (500 m) hinauf – mit wunderbarer Aussicht.

Ab **Oswald West State Park**, US-101, zehn Meilen südlich von Cannon Beach. März bis November, 29 einfache Zeltplätze.

3. Cape Lookout State Park: Fußweg ab Ridgetop Parkplatz (Richtung WILDLIFE VIEWING AREA) bis zur Spitze des Kaps (2 ½ mi hin). Auf Küstenregenwald folgt offenes Gelände mit *salal, box blueberry, salmonberry* und *Pacific wax myrtle*. Am Kap krachen die Brecher gegen die Felsen.

Ab Three Capes Scenic Loop (Whiskey Creek Rd.), zwölf Meilen südwestlich von Tillamook. Ganzjährig. Reservierung möglich: 38 *full hookups*, 176 Zeltplätze, zehn Jurten.

4. Die Cascade Head Nature Area (zwischen Neskowin und Lincoln City) ist ein exquisites Naturreservat mit Urwald, Gräsern, Blumen, seltenen Schmetterlingen und grandioser Aussicht aufs Meer und die Mündung des Salmon River. Zufahrt zu den *trailheads* über Cascade Head Road (FS-1861) und Three Rocks Road (beide ab US-101). Die Nature Conservancy wünscht keine weitere Publizität für das Gebiet. Wer hier mit Respekt wandern will, braucht Zeit und übernachtet in Lincoln City.

Zuständig: **Hebo Ranger District Office** (U.S. Forest Service), 31525 Hwy. 22, Hebo, OR, ✆ (503) 392-5100.

Hinweis: Sie finden die State Parks von Oregon unter www.oregonstateparks.org. (Siehe auch »Unterkunft: Resorts …, Campingplätze«, S. 26 f.)

12 Down the Oregon Coast (II)

von in einen State Park gebettet. Zunächst aber schwingt sich die Strecke in einem nordwestlichen Bogen an der Nehrung von Bayocean vorbei, wo ein Baulöwe aus Kansas City 1906 ein zweites Atlantic City errichten wollte. Nichts ist davon übrig, die See hat alles geholt. Blickt man von der Klippe im **Cape Meares State Park** hinunter, dann scheint der Regen von unten nach oben zu fallen – so heftig schlagen die Wellen gegen den Fels.

Das feine **Oceanside** lehnt am Hang wie ein italienisches Städtchen am Golf von Salerno. Seine Häuser achten auf Abstand – und lassen Geld vermuten. Ihre wohlhabenden Besitzer erscheinen in Gummistiefeln im Café und geben sich leger: Wer hier angekommen ist, braucht nicht mehr anzugeben. Für Touristen bleibt der berühmte *marionberry cobbler* in **Roseanna's Cafe** – mit Meerblick.

Tierra del Mar nennt sich die Streusiedlung südlich von Sand Lake, die einst als »Lido of the Pacific« vermarktet wurde. Mit mäßigem Erfolg, wie die Baulücken im Gelände zeigen. Folgt man einer der Stichstraßen in Richtung Meer, so kommt man an einen Dünenwall, auf dem solide Häuser stehen. Welch eine Vorstellung, am Morgen von der Terrasse weg den Pazifischen Ozean zu begrüßen! Wie müssen hier die Winterstürme toben!

Mitunter fällt der Blick auf große Sandflächen im Wald, ein Vorgeschmack auf die Dünenlandschaft südlich von Florence. Die **Grateful Bread Bakery** in Pacific City ist längst nicht nur ein Wortwitz, sondern ein Begriff für gute Backwaren. Eine Pause kurz vor Ende der Aussichtsstraße dürfte gelegen kommen, zumal das Café (außer 15–16.30 Uhr) durchgehend geöffnet hat – für Frühstück, Lunch und Dinner.

Schier endlos zieht sich **Lincoln City** am Highway entlang. Die Ferienstadt wurde in einem bekannten Reiseführer so arg »verrissen«, dass man geneigt ist, ein gutes Haar an ihr zu finden. Lincoln City besitzt nicht nur einen sieben Meilen langen öffentlichen Strand, sondern auch die »meisten Zimmer mit Meerblick zwischen Seattle und San Francisco«. Wohnt man zum Beispiel im Resortmotel **Sea Horse**, so kann man schon morgens vom Zimmer aus fernsehen: nämlich aufs Meer. Die Stadt bietet in der Tat »viel Zimmer fürs Geld« – dazu Strandfreuden, Drachenfestivals und Shopping in Factory Stores. Zum Dinner empfehlen sich das **Rockfish Cafe** (voll im Trend) oder das noble **Bay House** *(fine dining)*.

Zwischen Depoe Bay und Newport bildet **Otter Crest Drive** eine hübsche Verzierung der heutigen Route. Einbahnig geführt schwingt sich die Trasse vier Meilen weit durch Fels und Wald, um am Lookout von **Cape Foulweather** (mit dem hübschen Andenkenhäuschen von 1937) mit Aplomb zu enden. Hier liegt einer der schönsten Aussichtspunkte der Küste. Das Kap wurde von Captain Cook so benannt, nachdem er hier 1778 auf *the most vile and hideous thicke fogges* gestoßen war.

Auch **Otter Rock** bietet weite Blicke, eine reiche Gezeitenfauna, eine tobende See und sogar einen ordentlichen *coffeecake* im Otter Rock Cafe …, aber irgendwann hat auch der fleißigste Tourist genug von all den Naturschönheiten und will nur noch – ins Hotel nach **Newport**.

Die Stadt enttäuscht zunächst mit ihren nicht enden wollenden Zweckbauten am Highway. So hatte es sich Samuel Case nicht vorgestellt, als er hier 1866 sein Hotel »Ocean House« erbaute und dessen Namen, wie auch den der Stadt, dem berühmten Vorbild in Rhode Island entlehnte. Und die *summer people* kamen! – per Kutsche aus Corvallis und per Dampfer aus San Francisco. Bis in die 1920er Jahre war es in Nye Beach schick, »heiße Seebäder« zu nehmen.

Heute kommen die Gäste ins **Sylvia Beach Hotel**, und zwar zu jeder Jahreszeit. Das vierstöckige grüne Haus am Rande des Kliffs ist eine der originellsten Herbergen der Region. Man muss nur noch entscheiden, in welchem der 20 Themenzimmer man schlafen will – bei Herman Melville, Agatha Christie oder Mark Twain (siehe MAGIC MOMENT, S. 199).

Einst »Cliff House«, heute das Sylvia Beach Hotel in Newport

❋ MAGIC MOMENT Nur für Leser: Sylvia Beach Hotel

Zufallsgäste halten »Sylvia Beach« für einen Strand, Dauergäste wissen es besser. Sylvia Beach war jene Pariser Buchhändlerin, bei der sich in den 1920er Jahren die Literaten der Zeit trafen. Heute treffen sich literarisch interessierte Gäste im Oceanfront Bed & Breakfast for Booklovers, um in einem der 20 Themenzimmer den Geist »ihres« Autors/»ihrer« Autorin zu atmen – sei es nun Shakespeare, Virginia Woolf, John Steinbeck oder einer (oder eine) der 17 anderen.

Die Zimmer sind mit Fantasie und viel »Werktreue« gegenüber dem jeweiligen Autor eingerichtet. In der Bibliothek unter dem Dach kann man seine Kenntnis von Literatur wie auch der örtlichen Landeskunde vertiefen. Mancher soll hier bei Kaffee und Glühwein schon die Nacht verplaudert haben.

Beim Frühstück trifft man sich in großer Runde an den »Tables of Content« wieder und tauscht die nächtlichen Erfahrungen aus: Wie gefiel es Ihnen in der Glasmenagerie von Tennessee Williams, bei Emily Dickinson, bei Mark Twain …? Seit einiger Zeit fehlt Edgar Allan Poe. »Sein« Zimmer wird jetzt von Joanne K. Rowling eingenommen, die Säge über dem Bett (aus Poe's Short Story »The Pit and the Pendulum«) war manchen doch zu schaurig. Einige Gäste bleiben länger und wechseln jede Nacht das Zimmer, nur zum Spaß.

🛏✕🐱 **Sylvia Beach Hotel (B & B)**
267 N.W. Cliff St. (Nye Beach), Newport, OR
☏ (541) 265-5428 und 1-888-795-8422
www.sylviabeachhotel.com
Als »Cliff House« 1910 erbaut, heute Literatenhotel ohne Telefon und TV, Nichtraucher. Katzen im Haus! Restaurant **Tables of Contents**, *family style;* Reservierung erforderlich ($$). $$–$$$$

Literatur schon im Foyer: Sylvia Beach mit James Joice

12 Service & Tipps

Cannon Beach, OR

Weitere Informationen zu Cannon Beach siehe 11. Tag, S. 189.

ℹ️ Cannon Beach Chamber and Visitor Center
207 N. Spruce & 2nd Sts.
Cannon Beach, OR 97110
✆ (503) 436-2623, www.cannonbeach.org
Tägl. 10–17 Uhr

✕ Tom's Fish and Chips
240 N. Hemlock St. (New Coaster Village)
Cannon Beach, OR
✆ (503) 436-4301
www.tomscannonbeach.com
Tägl. 11–21 Uhr
Fish & Chips und Burger stehen im Mittelpunkt. $

🛏 Spindrift Inn
(Vormals Fireside Inn & Cafe)
114 Laneda Ave., Manzanita, OR
✆ (503) 368-1001

Kleiner Muschelsammler vor Haystack Rock

www.spindrift-inn.com
Ganz normales Motel (15 Zimmer), strandnah, tierfreundlich, preisgünstig. Nichtraucher. $$. – Gleich gegenüber der vornehme **Inn at Manzanita**, ✆ (503) 368-6754, www.innatmanzanita.com.

Nehalem Bay State Park
9500 Sandpiper Lane (nahe US-101, zwischen Manzanita und Nehalem)
Nehalem, OR
✆ (503) 368-5154 und 1-800-551-6949
www.oregonstateparks.org/park_201.php
Camping ganzjährig: 265 *full hookups*, 18 Jurten. Vielerlei Sport: Reiten, Radfahren, Rollerblading, Paddeln, Windsurfing, Angeln, *crabbing*.

Jetty Fishery Marina & RV Park
27550 Hwy. 101 N. (Südufer von Nehalem Bay)
Rockaway Beach, OR
✆ (503) 368-5746
www.jettyfishery.com
Ganzjährig. Originell. RV-Camping, Bootsverleih, Einkaufsladen, *crabbing* in der Bucht und *crabs* aus dem Topf.

Tillamook, OR

Tillamook Cheese Factory
4175 Hwy. 101 N. (2 mi nördl. Tillamook)
Tillamook, OR
✆ (503) 815-1300 und 1-800-542-7290
www.tillamook.com/cheesefactory
Tägl. 8–20, im Winter bis 18 Uhr
Besichtigen, probieren, einkaufen. Deli-Restaurant, Eisdiele. Im Sommer 2018 öffnet ein neus Visitor Center.

Tillamook County Pioneer Museum
2106 2nd St.
Tillamook, OR
✆ (503) 842-4553
www.tcpm.org
Tägl. außer Mo 10–16 Uhr
Eintritt $ 4/1 (Kinder 10–17 J.), unter 10 J. frei
Steam donkey (Motorwinde) vor dem Haus; drinnen Indianer-Artefakte, Dioramen mit Tieren.

Lunch- oder Kaffeepause in Tillamook?
Zu empfehlen der elegante **La Tea Da Tea Room**, preisgekrönt, 904 Main Ave., ✆ (503)

Von Cannon Beach nach Newport

842-5447, Mo–Sa 9–17.30 Uhr; oder das **Blue Moon Cafe** (nahe Museum), 2014 2nd St., ℂ (503) 354-5444 (Lunch!).

X **Roseanna's Cafe**
1490 Pacific Ave., Oceanside, OR
ℂ (503) 842-7351
www.roseannascafe.com
Mo, Do/Fr 11–20, Sa/So 10–20 Uhr
Beliebte Gaststätte mit Meerblick. Frühstück, Lunch, Dinner – Nachtisch! Spezialitäten: Clam Chowder und Fruchtpastete *(cobbler)*. $$

X **Grateful Bread Restaurant and Bakery**
34805 Brooten Rd.
Cloverdale/Pacific City, OR
ℂ (503) 965-7337
www.gratefulbreadbakery.com
Tägl. Frühstück/Lunch 8–15, Dinner 16.30–20 Uhr
Ideal für einen Imbiss nach der Three Capes Route. Pizza, Sandwiches *to go*, köstliches Gebäck. $

Lincoln City, OR

i **Lincoln City Visitor Information**
540 N.E. Hwy. 101
Lincoln City, OR
ℂ (541) 994-3302 und 1-800-452-2151
www.oregoncoast.org
Tägl. außer Di 10–17, im Winter bis 16 Uhr

The Sea Horse – Oceanfront Lodging
1301 N.W. 21st St.
Lincoln City, OR
ℂ (541) 994-2101 und 1-800-662-2101
www.seahorsemotel.com
Resortmotel am Kliff mit vielen Vorzügen: Meerblick, Pool, Hot Tub. 52 praktische Zimmer mit Küche. Nichtraucher. $$–$$$

Depoe Bay liegt günstig für Whale Watching und Deep-Sea Fishing. Anbieter sind **Dockside Charters** (ℂ 1-800-733-8915, www.docksidedepoebay.com) und **Tradewinds Charters** (ℂ 1-800-445-8730, www.tradewindscharters.com).

Newport, OR

X **Sylvia Beach Hotel (B&B)**
Siehe MAGIC MOMENT, S. 199.

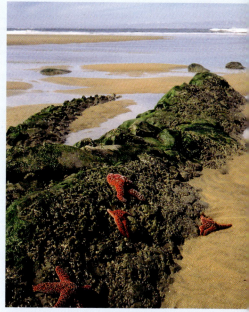
Tierwelt der Gezeitenzone: Seesterne und Seepocken

Elizabeth Oceanfront Suites
232 S.W. Elizabeth St. (Nye Beach)
Newport, OR
ℂ (541) 265-9400
www.elizabethoceanfrontsuites.com
76 schöne Zimmer mit Kamin. Warmes Frühstück gratis. $$$

South Beach State Park
5580 S. Coast Hwy. (ab US-101, 2 mi südl. Newport), South Beach, OR
ℂ (541) 867-4751 und 1-800-551-6849
www.oregonstateparks.org/park_209.php
227 *full hookup* RV-Plätze, 60 Zeltplätze, 27 Jurten. Guter Zugang zum Strand, Wandern im Park. Reservierung möglich.

X **Abendessen in Nye Beach?** Ein paar Tipps: **Café Mundo**, das originelle kleine Restaurant (ℂ 541-574-8134); **Chowder Bowl at Nye Beach** mit Seafood, Fish & Chips, *prepared in trans fat-free oil* (ℂ 541-265-7477); und **Nana's Irish Pub & Kitchen**, echt irische Kneipe mit Pub Food (ℂ 541-574-8787).

Weitere Informationen zu Newport finden Sie beim 13. Tag, S. 208.

13 Down the Oregon Coast (III)
Von Newport nach Florence

13. Tag: Newport – Waldport – Yachats – Florence (80 km/ 50 mi)

km/mi	Programm/Route
Vormittag	
0	Strandwanderung unter dem Kliff von **Nye Beach**. Besuch der **Old Bayfront** in Newport (Downtown). Auf US-101 South über Yaquina Bay Bridge zum **Oregon Coast Aquarium:** Meerestiere der pazifischen Küste. Weiter auf US-101 South über Waldport nach
Nachmittag	
38/24	**Yachats**. Dort Rast im kleinen Yachats State Park direkt am Meer. Auf US-101 weiter zum
3/2	**Cape Perpetua Visitor Center**. Evtl. AUTO TOUR über FS-55 und Viewpoint Road zum Viewpoint. Weiter auf US-101 South, mit Stopps bei Devil's Churn, Strawberry Hill, Ocean Haven (Gasthof mit Zugang zur Küste), Devil's Elbow. Besuch der **Sea Lion Caves**, elf Meilen vor Florence. Dann US-101 South nach
Abend	
39/24	**Florence**. Evtl. zu den Dünen von **Jessie M. Honeyman State Park** (3 mi US-101 nach Süden) oder **South Jetty** (Siuslaw River Bridge, dann über South Jetty Dune & Beach Access Rd.). Dinner in **Old Town** Florence.

Weichenstellung

Gelegenheit zu Bootsausflügen ab Newport z. B. mit **Marine Discovery Tours** (© 541-265-6200; zwei Stunden »Sea Life Cruise« $ 40. – Yachats ist eine gute Übernachtungsalternative zu Florence. – Wer mehr von der Küste sehen will, verlängert die Küstentour bis Winchester Bay (inmitten der Oregon Dunes), Bandon (pittoreske Old Town), Port Orford (abgelegen und bizarr) oder Gold Beach (am Rogue River). Siehe Karte vordere Umschlaginnenseite.

Von Newport nach Florence 13

Brücke in Art déco: die Yaquina Bay Bridge in Newport

Das Oregon Coast Aquarium bei Newport ist eine Top-Sehenswürdigkeit dieser Reise und mit Sicherheit eine Attraktion für Kinder. Es wird von einer Vierjährigen berichtet, die sich mehr für die schwebenden Quallen als für den schwebenden Wal »Keiko« interessierte (der nicht mehr da ist). Gezeigt wird die Unterwasserwelt der Küste, die man am Viewpoint nur erahnen kann. Erfreulich, dass die Felsküste zwischen Newport und Florence an mehreren Punkten gut zugänglich ist. Ein weiteres Plus sind die Bed & Breakfasts in schöner Lage, das Chamber in Yachats hilft bei der Suche. Und auf den Speisekarten steht fast immer: Seafood ...

Nye Beach ist das Vorzeigeviertel von Newport, aus touristischer Sicht jedenfalls. Sein größtes Gut ist der lange, breite Strand unter dem Kliff. Hier kann man durchatmen, weit schauen, ausschreiten, kleine Siele durchwaten ... Das gastronomische Angebot tut ein Übriges (siehe 12. Tag, S. 201). Außer Sylvia Beach Hotel und Elizabeth Street Inn sind weitere geeignete Herbergen vorhanden. Für Kunstfreunde gibt es ein Center for the Performing Arts sowie ein Visual Arts Center.

Die Unterhaltung am Frühstückstisch des Sylvia Beach kreist gern um die Frage, wie man denn auf die kuriose Herberge gestoßen ist. Da erzählt ein Gast treuherzig, er habe *beach*, *coast* und *Oregon* eingegeben und so das Hotel gefunden. Ein anderer berichtet von den Umständen der Gründung. Die Bank habe Anschlüsse für Telefon und Fernsehen verlangt, weil sie überzeugt war, ein Hotel ohne diese *conveniences*

Krabbenfischer in Newport

13 Down the Oregon Coast (III)

könne nicht bestehen. Heute erinnern nutzlose Buchsen in den Wänden daran.

Die Handelskammern der Küstenorte müssen sich auf eine Liste von Freizeitangeboten geeinigt haben, so sehr ähneln sich ihre Prospekte: *whale watching & bird watching*; *tidepooling* (Stöbern in Gezeitenbecken) an felsigen Küsten, *clamming & crabbing* (nach Muscheln graben und Krabben fangen) an Sandstränden bzw. Gezeitenströmen; *boat cruising & deep-sea fishing* (Bootsausflüge und Tiefseeangeln) in Hafenorten, *kayaking & canoeing* (Kajak- und Kanufahren) auf Küstenflüssen, *surfing & wind surfing* – wo immer es passt; *beachcombing* (Strandlaufen), *kite flying* (Drachen steigen lassen) und *sandcastle building* (Sandburgen bauen). Selten nennen sie *ocean swimming* (Baden im Meer), meist ist das Wasser zu kalt. Wattlaufen ist unbekannt.

Newports Old Bayfront …

Newport behauptet von sich, die einzige noch aktive historische Waterfront der USA zu besitzen. Die Häuserfronten an der **Old Bayfront** stammen aus der Zeit um 1900. Man findet realistisch gemalte Wandbilder von Fischerei und Seefahrt; einen Betrieb, der zuschauerfreundlich Garnelen abpackt; Seelöwen, die feist und schwer auf schwankenden Plattformen ruhen und schrille Schreie ausstoßen; das Stammhaus von **Rogue Ales**, das »Bed & Beer« sowie ein preisgekröntes »Shakespeare Stout« anzubieten hat …

Die Stadt begann mit der Entdeckung hochkarätiger Austernbänke am oberen Ende der Bucht. Dann folgten die Sommerfrischler um Nye Beach, die Fischerei kam in Schwung, es wurde eine Bahnstrecke nach Corvallis verlegt. Dann sollte Newport Welthafen werden und mit Portland konkurrieren. Doch der rührige Oberst Egonton Hogg kam mit seiner Corvallis & Eastern Railroad 1888 nur auf zwölf Meilen an den Kaskadenkamm heran (statt bis Boise, Idaho), dann strichen ihm die Geldgeber die Mittel. Yaquina Bay war einfach zu seicht, um großen Seeschiffen Zugang zu gewähren.

Seafood ist Pflicht in Newport, denn heute sind Krebse, Austern (aus dem Yaquina River), Garnelen aus der Bucht, Heilbutt, Lachs und Kabeljau fangfrisch zu haben, morgen (in Central Oregon) schon nicht mehr. Die **Local Ocean Seafoods** wäre eine legere, das **Saffron Salmon** eine feinere Alternative für den Lunch. Die kleine Kette **Mo's Seafood and Chowder** ist so beliebt, dass man sie um **Mo's Annex** erweitern musste.

… und sein Oregon Coast Aquarium

Bayfront hin oder her, für die meisten Besucher ist das **Oregon Coast Aquarium** die größte Attraktion von Newport. Überqueren Sie die bogenreiche Brücke über Yaquina Bay und folgen Sie den Schildern. Hier bekam Whale Watching vor einigen Jahren eine neue Bedeutung. 1996–98 war »Keiko«, der große Schwertwal (oder Orca), hier einquartiert, schwebte wie ein Zeppelin durch sein Becken und ließ sich vorführen. Dann wurde er in isländische Gewässer ausgewildert und ist dort gestorben.

Aus Keikos Becken wurden die Passages of the Deep, eine auf der Welt wohl einmalige Tunnelröhre unter Wasser, in der man »die tiefe, kalte See durchquert, ohne nass zu werden«, lobt der Leiter des Aquariums das Konzept. Die Fische des Meeres schweben über, neben und unter dem Betrachter. An das Halbdunkel gewöhnt man sich bald, an die ständige Berieselung mit klassischer Musik weniger.

Doch stürmen Sie nicht gleich auf das Highlight los, denn die die Zoologen des Aquariums haben sich eine »didaktische Route« ausgedacht, die von einem Ökosystem zum logisch nächsten führt. Diese beginnt mit dem Gift Shop und dem Café, führt dann zu den Flundern, die sich vorzüglich im sandigen Boden verschanzen können, dann zum Pazifischen Hering … und so geht es weiter. Beachten Sie die zylindrischen Aquarien mit den zarten Quallen, die auf und nieder schweben, und die fast durchsichtigen Seepferdchen, die an Wasserpflanzen knabbern.

Im Freien befinden sich die Becken für Seeotter und Seehunde, die wie Torpedos durch das Wasser schießen. Unter dem weit gespannten Netz des Aviariums, der Voliere, putzen und baden sich Murren, Lummen, Kormorane und Papageitaucher, die im Frühjahr meist paarweise unterwegs sind.

Als Nächstes erwartet Sie das Orford Reef, ein künstliches Riff, vor dem sich der Seetang wiegt. Es folgen die Halibut Flats, wo Heilbutte, deren Augen zu ihrer getarnten Oberseite gewandert sind, neben Hechtdorsch, Froschfisch, Drachenkopf und Rochen über einen vermeintlichen Meeresgrund gleiten. Dort wurde auch ein »Schiffswrack« installiert, an dem Klippenbarsche *(rockfish)* stehen. Den Höhepunkt bildet das große Becken mit den Haien – urzeitlich in ihrem Aussehen – neben Rochen, Pazifischer Makrele, Grashecht und Lachsen. Warum sie sich nicht gegenseitig fressen? »Weil sie genug zu fressen kriegen.«

Yachats und und seine Küste

Die Küstenstraße US-101 South führt über Waldport zunächst nach **Yachats**. Man sollte sich den kleinen Abstecher (via Yachats Ocean Rd.) zum **Yachats State Park** gönnen, einem kleinen Freigelände mit Tischen und Bänken direkt am Meer. Die Tidepools sind nur ein paar Schritte entfernt, und die Wellen schwappen in kleine Buchten, dass der Schaum nur so spritzt. Ein guter Platz zum Rasten – besten Dank an die Gemeinde.

In der **Overleaf Lodge** und dem **Fireside Motel** wohnt man so nah an der Felsküste wie sonst selten. Ein paar Schritte vor die Tür, und schon warten Felsbrocken, auf denen man herumklettern kann, umgeben von schäumendem Gischt. Wo das Wasser die Felsen benetzt, wächst ein glitschiggrüner Tang, offenbar salztolerant. Eine

Schar winziger Vögel *(sandpipers)* spielt mit der Flut: Immer wenn sie hereinkommt, weichen sie geschlossen zurück, um sich gleich wieder vorzuwagen. Ein gepflegter Fußweg, der Historic 804 Trail, führt durchs Gelände.

Auf Yachats folgt südlich die **Cape Perpetua Scenic Area** mit ihrem Interpretive Center und Wanderwegen zur Küste und zu Urwald. Ferner gibt es eine medial geführte AUTO TOUR zum Viewpoint. Wer die 180 Höhenmeter zu Fuß überwinden will, findet über einen Serpentinenweg dorthin. Der Blick von oben ist großartig: Er reicht kilometerweit die südliche Küste hinunter.

Die folgende Fahrt *down the Oregon Coast* berührt die schönsten Abschnitte der mittleren Küste. Zwar haben die Gouverneure Oswald West und Tom McCall die Küsten Oregons zum öffentlichen Ei-

Cape Perpetua von oben

Down the Oregon Coast (III)

Felsküste mit Leuchtturm: Heceta Head Lighthouse bei Florence

gentum erklärt, doch versperren private Grundstücke in der Regel den Zugang. Die schönsten öffentlichen Zugangsstellen sind: **Devil's Churn Viewpoint** (kaum nördlich von Cape Perpetua), **Strawberry Hill Wayside** (kaum südlich davon), der hübsche kleine Campground von **Rock Creek** (mit Pfaden zur **Ocean Beach Picnic Area**) sowie **Devil's Elbow** im **Heceta Head State Park**.

Etwa acht Meilen südlich von Yachats liegt rechter Hand der Gasthof **Ocean Haven**. Fragen Sie den Wirt, ob Sie den Pfad zum Strand benutzen dürfen. Bei Ebbe kleben dort fette Seesterne und Muscheln wie angewachsen an den Felsen, und grüne Seeanemonen spritzen Wasser, wenn man sie berührt. Die Seevögel, die man eben noch im Aviarium von Newport beobachten konnte, schaukeln in aller Freiheit auf den Wellen. Wenn man Glück hat, trifft man hinter einem Felsen auf eine Familienidylle: Die Flossen in die Felsbank gestemmt, hält eine Schar Robben Siesta. Nur zwei aufgeweckte Jungtiere planschen im Wasser und recken die Hälse nach den Besuchern.

Zu Gast im Bed & Breakfast

Sie liegen, mit reichlich Abstand voneinander, in bester Halbhöhenlage über dem Meer: **Ocean Creek**, **Ambrosia Gardens** und **Heceta Lighthouse**, feine B & Bs um Tenmile Creek oder Searose Beach (Postadresse: Yachats). Sie bedienen eine Klientel, die es sich leisten kann, um die 200 Dollar pro Nacht und Zimmer hinzublättern. Dafür stellen sie kuschelige Betten mit wahren Kissentürmen bereit und bieten ein erstklassiges Frühstück.

Kommt man etwa abends – natürlich angemeldet – in ein nobles B & B, dann könnte man am Eingang einen Zettel vorfinden mit der Nachricht: *Welcome – Please come in and join us upstairs*. Oben mag ein Feuer im Kamin knistern, dürften Kaffee und Kuchen bereitstehen, dazu bequeme Polstermöbel und Bücher. Beim ersten Gang durchs Haus könnte man auf einen antiken Sekretär stoßen, auf dem wie zufällig ein halbfertiger Brief und eine alte Lesebrille lägen. Manchmal findet man im Zimmer vor lauter Antiquitäten kaum Platz für die Kamera.

Beim Frühstück kommt es zum Showdown unter den Wirten. Diese bieten ihren Gästen auf erlesenem Geschirr alles, was der angestellte Koch in fünf Gängen auf den Tisch zaubern kann. Unweigerlich gerät man in einen Konflikt zwischen Kauen und Konversation, dem Wunsch nach Nachschlag und dem, mehr über Land und Leute zu erfahren. Hauptthema bei Tisch sind andere B & Bs, die womöglich noch exklusiver und komfortabler sind.

Dann erst fällt auf, dass man das Meer noch gar nicht gesehen hat. Man vereinbart einen *late checkout*, tritt über die Terrasse ins Freie, wandert eine Weile über hauseigenes Gelände, hält den Fuß ins Wasser und sucht das Meer nach Walen ab. Ins Haus zurückgekehrt, riskiert man einen Blick in die Zimmer der anderen Gäste, nachdem diese abgereist sind. Wenn Sie im Gebiet um Yachats ein B & B suchen, finden Sie oben im Text eine kleine Auswahl.

Bei **Devil's Elbow** brechen die Wellen so heftig durch Felsentore, dass man hangaufwärts ins Trockene flüchten muss. Von Norden schimmert Heceta Head Lighthouse herüber, ein Waldweg würde hinüberführen. Am Parkplatz stehen Picknicktische bereit.

Seelöwen, Dünen, Seafood

Vom nächsten Viewpoint aus sieht man unter Umständen Seelöwen in den Wellen turnen und tauchen. Fast ist Florence erreicht, da schiebt sich eine der großen kommerziellen Touristenattraktionen in den Weg: die **Sea Lion Caves**. Doch fragen Sie, bevor Sie Ihre 14 Dollar Eintritt bezahlen, ob die Seelöwen auch wirklich da sind. Diese halten sich nämlich in der Regel nur im Herbst und Winter sowie bei stürmischem Wetter in der Höhle auf (siehe MAGIC MOMENT, unten).

Florence empfängt mit den üblichen Zweckbauten am Highway. Die Stadt behauptet von sich, eine »Historic Old Town« zu besitzen und fordert ihre Gäste auf, deren »über 60 einzigartige Geschäfte« auf einem »Scenic Walk« zu besuchen. Allzu *old* kann die Old Town nicht sein, denn sie brannte 1910 fast völlig ab. Nur das Kyle Building von 1901 überlebte, es gilt als das älteste Gebäude an der Bay Street und birgt das gepflegte **BridgewaterFish House**. Mit einem feinen Dinner hier oder im **Waterfront Depot Restaurant & Bar**, das einen schönen Blick auf die Bucht erlaubt, wäre das Abendprogramm fast schon gelaufen. Natürlich gibt es auch günstigere Einkehrstätten, so ein Haus der beliebten Seafood-Kette **Mo's** – draußen wie ein Fischerschuppen, drinnen wie ein Wartesaal. Und wenn alle dicht haben, gibt es noch den **Beachcomber Pub** mit Mikrobräu und Baseball im Fernsehen.

Zur Quartierfrage in Florence ist zweierlei zu sagen. Erstens, **Edwin K Bed & Breakfast** ist eine sehr gute Wahl, und zweitens, halten Sie Abstand von der Brücke. Sie ist zwar ein Baudenkmal des Art déco von 1936, aber sie dröhnt!

MAGIC MOMENT — Die Seelöwenhöhle bei Florence

Durch einen Fahrstuhlschacht, der 63 Meter tief in den Fels getrieben ist, geht es hinunter. Unten angekommen folgt man einem dunklen Gang zu einem Gitter – und meint, die Höllenvision eines Hieronymus Bosch zu schauen. Im Halbdunkel der Höhle recken sich nackte, glänzende Leiber wie verdammte Seelen, winden ihre Hälse, bellen, schnappen und kämpfen um die Plätze. Oben liegen die »Kings«, darunter im nassen Fels, dicht gedrängt, die Masse des Volkes. Ständig schwappen neue Leiber herein, wuchten sich auf die Felsplatten, bahnen sich eine Gasse, werden weggebissen oder fortgebellt und gleiten wieder hinab und hinaus. Draußen auf der Terrasse ist für die Zuschauer der Spuk vorbei. Da wiegen sich elegante Schwimmer im Meer, ihre Köpfe tanzen auf den Wellen: die Steller-Seelöwen.

Sea Lion Caves – größte Seelöwenhöhle der Welt

Sea Lion Caves
91560 Hwy. 101 N. (11 mi nördl. Florence)
Florence, OR
✆ (541) 547-3111
www.sealioncaves.com
Ganzjährig, tägl. 8.30–19, im Winter 9–16 Uhr
Eintritt $ 14/8 (5–12 J.), unter 5 J. frei
Die größte Seelöwenhöhle der Welt.

13 Service & Tipps

Newport, OR

Weitere Informationen zu Newport finden Sie beim 12. Tag, S. 201.

ℹ Newport Chamber of Commerce
555 S.W. Coast Hwy., Newport, OR 97365
℡ (541) 265-8801 und 1-800-262-7844
www.newportchamber.org
Mo–Fr 8.30–17 Uhr

Oregon Coast Aquarium
2820 S.E. Ferry Slip Rd. (südl. Yaquina Bay Bridge), Newport, OR
℡ (541) 867-3474
www.aquarium.org
Tägl. 9–18, im Winter 10–17 Uhr
Eintritt $ 23/20/15 (13–17/3–12 J.)
Hervorragendes Aquarium. Passages of the Deep in einer Tunnelröhre. Becken für Seehunde, Seeotter, Seevögel (Aviarium). – Zur Vertiefung: **Hatfield Marine Science Center** (nebenan).

Canyon Way Restaurant & Bookstore
1216 S.W. Canyon Way, Newport, OR
℡ (541) 265-8319
www.canyonway.com
Mo–Do 11.30–15, Fr bis 20 Uhr
Kurios-gemütliche Lunch-Alternative (nur wochentags) etwas abseits der Bayfront. Fr abends Livemusik. $$

Kinder am Gezeitenbecken im Oregon Coast Aquarium, Newport

Yachats, OR

Hinweis: Die Aussprache von »Yachats« ist: YAH-hots.

ℹ Yachats Area Chamber of Commerce
241 Hwy. 101 (Visitors Center)
Yachats, OR 97498
℡ (541) 547-3530 und 1-800-929-0477
www.yachats.org/chamber.html

Overleaf Lodge & Spa
280 Overleaf Lodge Lane
Yachats, OR
℡ (541) 547-4880 und 1-800-338-0507
www.overleaflodge.com
Modernes, komfortables Hotel in bester Lage, alle Zimmer mit Seeblick. Direkter Zugang zur Küste via Historic 804 Trail. Prima Frühstück (inkl.). $$$–$$$$. – Nebenan: **Fireside Motel** (www.firesidemotel.com), älter und günstiger.

Cape Perpetua Scenic Area
2400 Hwy. 101 S. (2 mi südl. Yachats)
Yachats, OR
℡ (541) 547-3289 (Visitor Center)
www.fs.usda.gov/recarea/siuslaw/recreation/recarea/?recid=42265
Ganzjährig; Sommer tägl. 10–17, sonst bis 16 Uhr
Visitor Center: Geschichte und Ökologie der Küste; Führungen.
Bequemer Weg zu den Tidepools (0.6 mi), steiler Weg zum Viewpoint (1.3 mi), auch per Auto erreichbar. Urwald am **Old Growth Spruce Trail** (1 mi flussauf).
  Ein begehrtes Fotomotiv am Cape Perpetua ist das Naturphänomen **Thor's Well**, das auch als »Tor zur Hölle« bekannt ist. Das gigantische Loch scheint das Wasser des Pazifischen Ozeans zu verschlucken. Hunderte Touristen, vor allem Fotografen, zieht das »Loch« jedes Jahr an. Besucher sollten zu ihrer eigenen Sicherheit Abstand halten und das Naturschauspiel von einem Viewpoint aus genießen.

Heceta Head Lighthouse B&B
92072 US-101 S., Yachats, OR
℡ (541) 547-3696 und 1-866-547-3696
www.hecetalighthouse.com
Lage nahe dem historischen Leuchtturm (mit Führungen) am Klippenrand. Fünf stilvolle Zimmer für 15 Gäste. Frühstück mit sieben Gängen. $$$$

Von Newport nach Florence 13

Ocean Haven
94770 Hwy. 101 (8 mi südl. Yachats)
Yachats, OR
℃ (541) 547-3583, www.oceanhaven.com
Naturfreundlich, naturnah; ohne Telefon und TV (im Zimmer). Nichtraucher. Vier rustikale Suiten, eine Cabin. Aufenthaltsdauer mindestens zwei bis vier Tage. Zugang zur Küste. $$$

Florence, OR

Sea Lion Caves
Siehe MAGIC MOMENT, S. 207.

Florence Area Chamber of Commerce
290 Hwy. 101
Florence, OR 97439
℃ (541) 997-3128
www.florencechamber.com
Mo–Fr 9–17, Sa 10–14, Juni–Okt. auch So 11–15 Uhr

Edwin K Bed und Breakfast
1155 Bay St. (Old Town)
Florence, OR
℃ (541) 997-8360 und 1-800-833-9465
www.edwink.com
Haus von 1914. Sechs geräumige, komfortable, individuell ausgestattete Zimmer, plus Ferienwohnung. Frühstück mit Stil. $$$

The Landmark Inn
1551 4th St.
Florence, OR
℃ (541) 997-9030 und 1-800-822-7811
www.landmarkmotel.com
Motel abseits der Straße (auf einem Hügel), und doch zentral. Zwölf Zimmer, Frühstück. $–$$$

Camping: siehe **Jessie M. Honeyman State Park** (14. Tag, S. 222).

The Waterfront Depot
1252 Bay St. (Old Town)
Florence, OR
℃ (541) 902-9100
www.thewaterfrontdepot.com
Tägl. Dinner 16–22 Uhr
Blick auf Bucht und Brücke. Gepflegte Karte, berühmt für Seafood. Mit Bar. Reservieren! $$

Weitere Informationen zu Florence finden Sie beim 14. Tag, S. 222 f.

Thor's Well am Cape Perpetua

E Küstentour nach Kalifornien
Von Oregon nach San Francisco

Cable Car in San Francisco

Route: Florence – Gold Beach – Trinidad – Eureka – Mendocino – San Francisco (990 km/619 mi)

1. Tag: Florence – Coos Bay – Bandon – Port Orford – Gold Beach (OR) (216 km/135 mi)
2. Tag: Gold Beach – Brookings (OR) – Crescent City (CA) – Redwood National Park – Trinidad (198 km/124 mi)
3. Tag: Trinidad – Patrick's Point State Park – Arcata – Samoa – Eureka (64 km/40 mi)
4. Tag: Eureka – Ferndale – Avenue of the Giants – Mendocino (248 km/155 mi)
5. Tag: Mendocino – Fort Ross – Sausalito – San Francisco (264 km/165 mi)

Für Liebhaber der Küste ist in Florence weder Schluss mit Küste noch mit der US-101. Die berühmte Küstenstraße überschreitet die Grenze nach Kalifornien, schwenkt als Highway 1 (CA-1) näher an die Küste heran und führt über eine Strecke von über tausend Kilometern südwärts bis über Los Angeles hinaus. In San Francisco findet sie Anschluss an den VISTA POINT-Reiseführer »Kalifornien & Südwesten USA«, der außer Kalifornien noch Ziele in Arizona, New Mexico, Colorado, Utah und Nevada erschließt. Aus touristischer Sicht empfiehlt sich die Teilung der Strecke in fünf Tagesetappen.

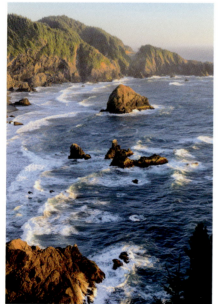

Pazifische Küste im Samuel H. Boardman State Park, südliche Oregon Coast

1. Tag: Von Florence nach Gold Beach

Wer die Dünen bei **Florence** nicht schon besucht hat, kann das jetzt nachholen. Bestens geeignet dafür ist eine Wanderung ab Siltcoos Beach Road acht Meilen südlich Florence (siehe 14. Tag, S. 216), das Mindeste aber ist ein Stopp am **Oregon Dunes Overlook** (10 mi südlich von Florence). Jenseits der langen Brücke über **Coos Bay** weisen Schilder TO BEACHES, gemeint sind drei Paradeparks der Oregon Coast: **Sunset Bay**, **Shore Acres** und **Cape Arago**. Naturkundler und -liebhaber dürfte das naturnahe Schongebiet des **South Slough Sanctuary** interessieren, zumal fortan reichlich kahlgeschlagene Hügel die Fahrt begleiten werden.

Von Newport nach Florence E

Avenue of the Giants: Humboldt Redwoods State Park, Kalifornien

Das kleine, feine **Bandon** hat sich zu Bandon-by-the-Sea gestylt und wartet mit einer pittoresken Altstadt auf. Im weiteren Verlauf werden häufig Schnitzereien aus *myrtlewood* (Berglorbeer) und *Port Orford cedar* (eine seltene Thuja-Art, die nur hier vorkommt) angeboten.

Das historische **Port Orford**, im gleichen Jahr wie Seattle gegründet (1851), ist einen Stopp wert, etwa zum Besuch des **Battle Rock** oder des kuriosen Hafens, wo die Boote auf hölzerne Plattformen gehievt werden. Am Aussichtsberg **Humbug** (sic) **Mountain** (533 m) vorbei geht es nach **Gold Beach**, einem Urlaubs- und Badeort mit allem touristischen Drum und Dran.

2. Tag: Von Gold Beach (OR) nach Trinidad (CA)

Unterwegs nach **Brookings** erschließt die US-101 den wohl wildesten Teil der Oregon Coast. Beim Bau der Straße in den 1930ern scheute man keine Kosten, um diese möglichst küstennah zu führen. Im **Samuel**

Küstentour nach Kalifornien

Boardman State Park sind elf Meilen dieser Naturlandschaft zugänglich. Gleich hinter der Grenze zwischen Oregon und Kalifornien lädt der **Pelican State Beach** zu Rast und Picknick ein – inmitten bewachsener Dünen an einem unbebauten Strand voller Treibholz.

Die wohl großartigste Natursehenswürdigkeit Nordkaliforniens sind seine mächtigen **Redwoods**, mit Höhen um hundert Meter die größten lebenden Organismen der Welt. Küstennah handelt es sich um die **Coast Redwoods** (Sequoia sempervirens), die auf milde Temperaturen mit viel Nebel und Regen angewiesen sind, weiter landeinwärts am Westhang der Sierras dagegen gedeihen die **Giant Sequoias** (Sequoiadendron gigantea), die über 3000 Jahre alt werden können.

Was heute als Urwald erhalten ist, wurde in mehreren State Parks dem Zugriff der Holz- und Bauindustrie entzogen. Seit 1968 fasst der **Redwood National Park** die geschützten Areale zusammen, mit einer Zentrale in Crescent City.

Im **Del Norte Coast Redwoods State Park**, sieben Meilen südlich von Crescent City, ziehen sich die Redwoodhaine fast bis an den Ozean heran, Azaleen, Rhododendren und Wildblumen begleiten die Wege. Zu empfehlen ist der Besuch des Visitors Center des **Prairie Creek Redwoods State Park** bei Elk Prairie, sechs Meilen nördlich von Orick. Dort gibt es eine Fülle von Informationen über Flora und Fauna der Region. Wer es etwas abenteuerlicher wünscht, kann erfahren, wie man **Gold Bluffs Beach** und **Fern Canyon** erreicht. **Trinidad** in USA? Der Name erinnert an Kaliforniens spanische Vergangenheit.

3. Tag: Von Trinidad nach Eureka

Möchten Sie den Tag in der Natur beginnen, dann wandern Sie am besten ein Stück weit auf der exponierten Halbinsel des **Trinidad Head** oder suchen den nahen **Patrick's Point State Park** (5 mi nördlich von Trinidad) auf. Dieser bietet Auslauf, Weite, Stille und die Gelegenheit, Wale zu beobachten. Es ist ein Kalifornien, wie es kaum einer kennt.

Man folgt US-101 South bis Arcata und zweigt auf CA-255 nach Manila und Samoa ab. Holz ist Trumpf auf dieser Nehrung, die Arcata Bay umgürtet, damit liegt die Einkehr im historischen **Samoa Cookhouse** (seit 1890) nahe. Dies ist eine der letzten Kantinen für Holzarbeiter, womit für reichliche und preiswerte Portionen gesorgt sein dürfte. Von Samoa führt eine Brücke über Humboldt Bay nach **Eureka**. Brücke, Bucht und die County sind nach Alexander von Humboldt benannt, der hier 1850 landete. An der Second Street von **Old Town** reihen sich hübsch verzierte Häuser, doch der Star der lokalen Architektur bleibt **Carson Mansion**, eine Zuckerbäckervilla im Queen-Anne-Stil.

4. Tag: Von Eureka nach Mendocino

Bei einer Reise durchs küstennahe Kalifornien darf man nicht mit schönem Wetter rechnen, denn oft hängt der Himmel voller Nebel- und Regenwolken, die bis in die Baumkronen herabreichen. Genau dieses Wetter lässt die Redwoods so prächtig wachsen! Man verlässt Eureka via US-101 und muss am Abzweig der CA-211 nach **Ferndale** entscheiden, ob man das hübsche Landstädtchen besuchen will. Bei Scotia an der US-101 künden weiße Schwaden die **Pacific Lumber Company** an, das größte Sägewerk der Welt. Eine Besichtigung mit Werksführung wäre möglich.

Dann hat man sie wieder vor und über sich, die Redwoods: Entweder nimmt man die **Avenue of the Giants** hindurch oder die US-101 entlang der Haine. Gleich am **Founders Grove** wäre ein Lehrpfad zu beschreiten. Bei Leggett trennt sich nun der sagenhafte Highway 1 (CA-1) von der US-101, durchquert kurvenreich das Küstengebirge und erreicht bei Rockport die Küste. Die Wildheit des Geländes hat den Highway, von Süden kommend, von der Küste weg gedrängt. Dadurch blieb die **Lost Coast** nördlich davon unberührt.

Dank seiner viktorianischen Villen hat das adrette **Mendocino** in etlichen Hollywoodfilmen mitgewirkt, denn fast die Hälfte der Häuser im New-England-Stil stehen unter Denkmalschutz. Das wiederum lockte betuchte Touristen an, vor allem wohlhabende Pensionäre oder junge Paare auf der Suche nach einem *romantic getaway*. Mit dem Niedergang der Holzindustrie in den 1930er Jahren ging es auch mit Mendocino bergab, bis es in den späten 1950ern wiederentdeckt wurde – ähnlich dem Schicksal von Port Townsend, dem Victorian Seaport am Puget Sound.

5. Tag: Von Mendocino nach San Francisco

Zum Abschied vom liebenswerten Mendocino empfiehlt sich ein Gang durch den **Headlands State Park**, der sich als Panoramafenster zum Ozean erweist, dann geht es auf Highway 1 weiter nach Süden. Einen Augenschmaus bildet sowohl die Steilküste von **Point Arena** wie auch der Ort selbst mit seinen kunterbunt bemalten Holzhäuschen an der Main Street. Bald fällt der Blick auf ein Meisterwerk handwerklicher Baukunst, das Hotelrestaurant **St. Orres** im russisch-orthodoxen Stil. Sehenswert ist auch die **Sea Ranch Lodge**, deren dezent-graue Holzarchitektur mit den Farben des meist verhangenen Ozeans harmoniert.

Wer Rhododendren mag, kann sie im **Kruse Rhododendron State Reserve** bewundern. Im **Fort Ross Visitor Center & Museum** erfährt man einiges über die Geschichte des Forts, das von den Russen als Vorposten ihrer Siedlungen in Alaska 1812 gegründet wurde. Zwischen Tomales Bay und Bolinas Lagoon folgt der Highway der berüchtigten **San Andreas Fault**, einer Bruchspalte zwischen tektonischen Platten, die für die Erdbeben in Kalifornien verantwortlich ist.

Das liebliche **Sausalito** ist der richtige Ort für einen Zwischenstopp – zur Stärkung, zum Shopping und zum Laufen. Als grandioses Finale folgt dann die Einfahrt über **Golden Gate Bridge** nach **San Francisco**. Die Stadt ist ein Liebling der Amerikaner, aber sie ist ein Thema für sich.

Mond über der Golden Gate Bridge, San Francisco

14 Von Dünen zu Lavafeldern
Von Florence zum Metolius

14. Tag: Florence – Eugene – McKenzie Bridge – McKenzie Pass – Sisters – Camp Sherman (264 km/165 mi)

km/mi	Route
Vormittag	
0	Spaß in den Dünen bei **Jessie M. Honeyman Memorial State Park** oder **South Jetty** (Zufahrten siehe 13. Tag, S. 202). Ggf. Lunch in Florence, dann OR-126 East über Mapleton und Eugene zum
Mittag	
147/92	**Ben & Kay Dorris State Park** am McKenzie River (ideal für Picknick). Bei Rainbow rechts auf McKenzie River Drive abzweigen und zur **Belknap Covered Bridge**, dann weiter zur OR-126 East. Über McKenzie Bridge zur

Von Florence zum Metolius 14

Nachmittag

32/20 **McKenzie Ranger Station:** Straßenauskunft einholen. Bei Belknap Springs auf **Historic McKenzie Highway** (OR-242) abzweigen. Evtl. Stopp bei Proxy Falls. Weiter über **McKenzie Pass** nach **Sisters**. Evtl. Dinner dort, da gastronomisches Angebot in Camp Sherman knapp. Neun Meilen auf US-20 West bis FS-14 North, dann rechts nach

Abend

85/53 **Camp Sherman** am Metolius River.

Landschaftswechsel! Große Kontraste prägen die heutige Route – bei Florence die Dünen der pazifischen Küste, am McKenzie der milde Charme einer traditionellen Sommerfrische, in Passhöhe die nackte Ödnis der Lavafelder, in Sisters die hölzernen Kulissen einer nachgebauten Western Town und am Ziel die grüne Waldeinsamkeit des Metolius. Für jeden ist etwas dabei, für die Kinder der Spaß in den Dünen, für Wanderfreunde ein Probegang auf dem McKenzie River Trail, für Kletterkünstler ein Balanceakt auf scharfkantiger Lava und für alle zusammen die wohltuende Ruhe einer zünftigen Cabin am Metolius River.

Genug zum Wandern: 80 Kilometer Oregon Dunes!

Weichenstellung

Gönnen Sie sich einen Extratag in den Dünen! – Starten Sie die heutige Etappe rechtzeitig, um bei Tageslicht über den McKenzie-Pass (1623 m) zu kommen. Historic McKenzie Highway (OR-242 East) ist meist Ende Juni bis Oktober befahrbar; Anhänger sind nicht erlaubt *(no trailers)*. Straßenauskunft über ✆ 1-800-977-ODOT, www.tripcheck.com, ✆ 511 oder bei McKenzie Ranger Station. Ist der Pass gesperrt, auf OR-126/US-20 East ausweichen. – Zum Crater Lake bei Eugene abzweigen (siehe Extratage, S. 224 ff.).

14 Von Dünen zu Lavafeldern

Traut man den Broschüren der Verkehrsämter, dann sind die Dünen von Oregon, die sich auf 50 Meilen Länge zwischen Florence im Norden und Coos Bay im Süden erstrecken, der mächtigste küstennahe Dünengürtel der Welt. Sie werden als **Oregon Dunes National Recreation Area** des U.S. Forest Service verwaltet und geschützt. Einzelne Dünen können Höhen von bis zu 150 Metern erreichen. Die Dünen sind teilweise dicht bewachsen und bergen eine eigene Pflanzenwelt. Darin befinden sich Seen, wo Buchten oder Zuflüsse durch Sand verschüttet wurden.

Nehmen Sie sich einen Extratag für die Dünen. Folgen Sie acht Meilen südlich von Florence der Siltcoos Beach Road und halten Sie am *trailhead*. Der liebliche und abwechslungsreiche **Waxmyrtle Trail** folgt ab Stagecoach Trailhead den Mäandern des Siltcoos River. Nach gut einer Meile durch Wald und Sand gelangen Sie zum Ästuar, der Trichtermündung des Siltcoos, wo Graureiher fischen. Die optimale Lösung wäre nun, sich die Schuhe auszuziehen, durch den Siltcoos zu waten, zum Driftwood Campground vorzulaufen und über die Siltcoos Beach Road zurückzukehren; es wäre ein Dreieck von dreieinhalb Meilen.

Doch auch **Jessie M. Honeyman Memorial State Park** und **South Jetty** bei Florence haben viel für sich; South Jetty gibt sogar naturkundliche Erläuterungen. Im Honeyman Park, drei Meilen südlich von Florence, beginnt der Spaß gleich hinter Cleawox Lake: steile Sandhügel, die man hinaufwaten und hinunterkugeln kann, ideal für Spiel und Sport. An manchen Stellen haben sich Inseln aus gelbem Ginster und Kiefern gebildet. Bis zum Strand sind es zwei Meilen zugänglicher Natur, aber der Weg zieht sich, und der Sand bremst.

Ganz ungestört bleibt man indessen nicht. Etwa ein Drittel der Dünenbesucher kommt, um einer Abart des Motorsports zu frönen, die in zwei Varianten angeboten wird. Entweder man lässt sich mit einem *dune buggy* (King Size oder normal), angeschnallt und mit Überschlagschutz versehen, auf dicken Ballonreifen durch die Dünen kutschieren, oder man mietet sich ein drei- oder vierrädriges *dirt bike* und fährt selbst. Alles ist streng geregelt. Nur bestimmte Areale sind freigegeben, die Freigabe gilt »nur« von 6 bis 22 Uhr, der Auspufflärm muss unter 99 Dezibel liegen, ein roter Wimpel muss 2,70 Meter über dem Boden wehen ... Doch was macht ein braver Dünengänger, wenn eine kreischende Sandwolke mit Wimpel auf ihn zurast? Er gräbt sich ein ...

Von Florence durch die Coast Range

Florence ist, trotz seines beziehungsreichen Namens, wirklich nicht schön. Immerhin ist das beliebte Café der **Siuslaw River Coffee Roasters** an der Brücke ein guter Platz für einen Frühstückskaffee. Hier treffen sich die Einheimischen zum Plausch an kleinen Tischen, drinnen oder draußen. Eine Dame ist sogar mit dem Fahrrad hergekommen, eine »Cyber-Ecke« gibt es auch. So ist der Fleck schon beinahe kommunikativ.

In einer Baulücke an der Bay Street liegt der »winzigste Stadtpark der USA« (so der Hinweis), ausgestattet mit einem Pavillon *(gazebo)* und einer Aussichtsplattform, die im Siuslaw River schwimmt. Auf vier gezimmerten Seekisten kann man Platz nehmen und den Blick über die Mündung des Siuslaw schweifen lassen. Schauen Sie nach, ob es im **Traveler's Cove Gourmet Cafe** noch den feinen, selbst gemachten Kuchen gibt ...

Aufbruch in eine völlig andere Landschaft: nach Central Oregon! Nach den Regeln der Klimatologie müsste es gleich anfangen zu regnen, denn an der Coast Range stauen sich die Wolken. Und so ist es dann auch. Das Wasser sammelt sich dann in den Auwiesen des breit ausgeräumten Siuslaw-Tals, und feuchter Dampf liegt über der Straße.

Diese führt zunächst nach **Mapleton**, dem »verregnetsten Ort Oregons« (oder einem davon). Eine Rast im Alpha-Bit Cafe wäre schön gewesen, denn der gesundheitsbewusste Laden veredelte die Produkte einer nahen Farmkommune zu Grainburgers und Kuchen. Doch die sozialutopische Gruppe, die »Fremdenfreundlichkeit und Offenheit« in die Gesellschaft tragen wollte, hat sich offenbar aus dem Geschäftsleben zurückgezogen.

Man fragt sich während der feuchten Fahrt, wie wohl die Siuslaw-Indianer früher mit dem Wetter zurechtkamen, ohne Zentralheizung und Dachpappe. Sie wohnten in Unterständen unter der Erde, die mit Astwerk bedeckt waren. Sie lebten von Flussfischen und von der Jagd. Als die weißen Siedler kamen, standen sie diesen im Wege und wurden 1859, wie die Lower Umpqua und Coos im Süden, auf die Alsea Reservation bei Yachats verbannt. Seit auch diese 1875 dem Druck der Siedler weichen musste, gibt es an der ganzen mittleren Küste kein Reservat mehr.

Vom Küstengebirge merkt man fast nichts, so allmählich gleitet die Straße hinauf und hinüber. Vom Wald der Coast Range zeugen im Dunst nur die triefenden Bäume am Straßenrand. Dann, auf einmal öffnet sich das Land zum Willamette Valley, dem Gelobten Land der frühen Siedler – und der Regen hört auf.

Die Durchfahrt durch Eugene wird mühsam, zum Glück gibt es immer wieder Hinweise auf OR-126 East. Soll man sich in die Höhle des Löwen begeben und sich einer Führung durch die Papiermühle von Weyerhaeuser Inc. in Springfield anschließen? Man könnte ja mal fragen, wie sich die Firma die Zukunft des Waldes in Oregon vorstellt …

Der **McKenzie Highway** (OR-126) wird landesweit als *wonderful drive* gepriesen. Wieso eigentlich? Auf der ganzen Strecke donnern schwere Holztransporter zu Tal, und bis zum Dorris State Park gibt es kaum eine zugängliche Stelle am Fluss. Fragt man unterwegs nach einem – noch so bescheidenen – *riverside trail*, dann wird man achselzuckend auf den 26 Meilen langen **McKenzie River Trail** bei McKenzie Bridge verwiesen, aber da wollen wir ja sowieso hin. Oder man wird auf einen weiteren

Die historische Belknap Covered Bridge über den McKenzie River

wonderful drive (!) hingewiesen, nämlich den über McKenzie Pass …

McKenzie: eine traditionelle Sommerfrische

Der **Ben & Kay Dorris State Park** (zwischen Vida und Nimrod) ist nun allerdings ein *wonderful place*, wo man unter alten Bäumen rasten, Picknick halten, sich die Beine vertreten und dem munteren Fluss mit den Augen folgen oder ein Boot zu Wasser lassen kann – wenn man eines hat.

Bei Rainbow kommt es zum *sidestepping* auf dem **McKenzie River Drive**, der einstigen Fernstraße. Dort kann man die schönen Anwesen am Fluss einmal aus der Nähe betrachten. Unter der **Belknap Covered Bridge** schießt der Fluss wie rasend hindurch, wenn er richtig Wasser hat, und an der Stirnseite der Brücke liest man von seinen Schandtaten. Die Brücke wurde 1890 erbaut, immer wieder fortgerissen, beschädigt, ersetzt (zuletzt 1966) und renoviert (zuletzt 1992). Noch im Februar 1996 verlor der Log Cabin Inn ein Stück flussauf seine Gartenmöbel von der Wiese weg im reißenden McKenzie.

Von der alten Kutschenrast Holiday Farm, die heute als **Holiday Farm Resort** Gäste bei festlichen Anlässen mit eigenem Catering versorgt, führt die Straße, an Wasserpflanzen und zierlichen Brücken vorbei, zurück zur OR-126. Im zünftigen **Harbick's Country Store** kann man sich mit Benzin und Proviant für die Fahrt eindecken. Die warmen Hähnchenbeine und Cookies von der Deli-Theke würden auch im **McKenzie Bridge Campground** unter alten Douglastannen munden. An den Jahresringen der Baumstümpfe könnten Kinder das Zählen üben: vierhundert … vierhundertfünfzig … fünfhundert …

An der **McKenzie River Ranger Station** kann es spannend werden: Ist McKenzie Pass frei oder nicht? Im Juni vielleicht schon, Ende Oktober eventuell nicht mehr. Die Ranger halten Prospektmaterial zum **McKenzie River Trail** bereit, der jenseits des Highways beginnt (siehe »Die Option McKenzie«, S. 219). Sie könnten auch erklären, warum der Wald am Santiam Highway östlich des Kamms stirbt: nicht wegen des Verkehrs, sondern weil der *Western spruce budworm* an den Knospen von Tannen und Fichten nagt.

Man hat die Ranger Station verpasst (im April) oder niemand angetroffen, dann stellt sich die Frage, ob man die Passfahrt trotzdem wagen soll oder nicht. Ein verwaschenes Schild am Eingang zur OR-242 macht stutzig, der Schnee am Straßenrand erst recht. Nach sieben Meilen ist Schluss, ein SNOW GATE versperrt den Weg. Doch auch so müssen Sie nicht auf Ihr Nachtlager am Metolius verzichten. Die Strecke OR-126 East, US-20 East und Santiam Pass wird frei gehalten. Den wiederholten Hinweis CARRY CHAINS darf man bei trockenem Wetter übersehen.

Die Einsamkeit der Lavafelder

Nachdem sich der **Historic McKenzie Highway** (OR-242) von OR-126 East getrennt hat, windet sich die Straße in so engen Schlingen durch den Wald, dass man kaum 50 Meter weit sehen kann. Und das war einmal die Hauptstrecke zwischen Willamette Valley und Central Oregon! Sie wurde 1862 projektiert, 1871 bis 1894 als Mautstraße betrieben, 1917 zur Staatsstraße erklärt und 1925 vollends ausgebaut.

Exponierter Blick auf den McKenzie River am Rande der Kaskaden

Typischer Wald in den westlichen (feuchten) Kaskaden

Die Option McKenzie

Der McKenzie ist fast zu schade, um einfach nur an ihm vorbeizufahren. Der **Historic Log Cabin Inn** bei McKenzie Bridge war zunächst Postkutschenstation, dann seit 1886 Hotel. Seine Gäste badeten gerade in den warmen Quellen von Belknap Springs, als das Hotel 1906 abbrannte und sie »nicht nur ihre Koffer, sondern auch ihre Oberbekleidung« verloren (berichtet die Chronik). Genau hundert Jahre später brannte er wieder und die hübschen Blockhütten gingen verloren. Doch der magische Ort besteht weiter: die schönen Tannen und Thujas, die sanft abfallende Wiese, der sprudelnde Fluss …

Nach dem letzten Brand wurde das Anwesen an einen Developer verkauft und neu bebaut. Die neuen Häuser sind käuflich, sie kosten zwischen 260 000 und 540 000 Dollar. Der Betrieb heißt **Inn at the Bridge**, die Häuser kann man mieten (✆ 541-822-6006, www.mckenzie-river-cabins.com).

Unterkunft findet man auch im noblen **Holiday Farm Resort**, viereinhalb Meilen weiter westlich. Oder in der Lodge und den Cabins von **Belknap Hot Springs**, deren Pool (mit natürlichem Thermalwasser) auch für externe Gäste zugänglich ist. Der Outfitter **Jim's Oregon Whitewater** bietet River Rafting an.

Doch das Beste am McKenzie ist der **McKenzie River Trail**, ein Geschenk für Naturfreunde. Dieser führt von der Ranger Station im Süden 26 Meilen flussauf bis zur Old Santiam Wagon Road im Norden. Er ist von OR-126 her zugänglich, in seinem südlichen Teil ganzjährig begehbar und nur Wanderern und Radlern vorbehalten. Einer der schönsten Abschnitte führt vom Abzweig Trail Bridge nordwärts zum Tamolitch Valley (siehe MAGIC MOMENT, S. 221). Der Weg wird von Mountainbikern als America's No. 1 Trail gewertet (siehe www.mckenzierivertrail.com).

🛏❌▶🗺 **Holiday Farm Resort/Holiday Farm Cabins**
54455 McKenzie River Dr.
Blue River, OR
✆ (541) 822-3725
www.holidayfarmresort.com
Historische Ferienanlage (von 1910) am Ufer des McKenzie. Gepflegte Cottages, 36 ha Wald und Wasser. Angeln, Rafting, Golf in der Nähe. Der Check-in erfolgt in **Harbick's Country Inn**, 45791 McKenzie Hwy. $$$

🛏🍴♨🌿 **Belknap Hot Springs, Lodge & Gardens**
59296 Belknap Springs Rd. (OR-126 & OR-242), McKenzie Bridge, OR

✆ (541) 822-3512
www.belknaphotsprings.com
19 Lodge-Zimmer und sieben Cabins; 47 RV-Plätze. Weitläufiger, gepflegter Garten. Zwei Badebecken mit natürlichem Thermalwasser ($ 15 pro Tag für externe Gäste, 9–21 Uhr). $$–$$$

🏕 **McKenzie Bridge Campground**
Hwy. OR-126 (1 mi westl. McKenzie Bridge)
McKenzie Bridge, OR
✆ 1-877-444-6777 (recreation.gov) oder (541) 822-3381 (Ranger Station)
www.fs.usda.gov/recarea/willamette/…
Herrlich unter alten Douglasien gelegen, 20 m zum Fluss. 13 Plätze, acht davon reservierbar.

14 Von Dünen zu Lavafeldern

Blick auf den erloschenen Schichtvulkan Black Butte bei Sisters, Central Oregon

Neun Meilen nach dem Abzweig führt ein Fußweg (½ mi) zu den lieblichen **Proxy Falls**. Dann steigt die Straße immer steiler an, quält sich den Deadhorse (!) Grade hinauf, bis sich der Wald lichtet und robustere Tannenarten zu dominieren beginnen. Zwei Meilen vor der Passhöhe erinnert eine Tafel an John Craig, der die Post über den Pass trug und hier 1877 in einer Schutzhütte erfror. Dann öffnet sich der Wald zur »Einsamkeit der Lavafelder«, über die der Wind pfeift.

Auf 200 Quadratkilometern Fläche dehnt sich hier unverwitterte, scharfkantige, braune Lava – der mächtigste rezente (jünger als 3000 Jahre) Lavastrom der kontinentalen USA (außer Alaska). Das Gestein ist so schroff, dass schon das Balancieren auf den Lavablöcken gefährlich werden kann. Sporadisch krallen sich kümmerwüchsige Zwergkiefern, wie natürliche Bonsai, ins Gestein, mehr tot als lebendig. Wo sie noch leben, tragen sie lange Quasten an den Zweigen. Das Totholz kann nicht verwittern, sondern bleicht aus und bleibt als dürres Gehölz am Ort. In dieser Wüste haben sich die Astronauten auf die Mondlandung vorbereitet.

Das **Dee Wright Observatory** nahe der Passhöhe ist ein gedrungener Rundturm aus Lava, der an eine vorgeschichtliche sardische Nuraghe erinnert. Durch seine Sichtscharten blickt man auf die Vulkane der Kaskaden, die hier entlang einer Schwächezone der Erdkruste entstanden sind: den schneebedeckten Mount Washington, Three Fingered Jack und Mount Jefferson im Norden, die Three Sisters im Süden, dazwischen die bewaldeten, symmetrischen Kegel von Black Butte und Black Crater. Belknap Crater und sein Spross, Little Belknap, aus dem die rezente Lava floss, sind perfekte kleine Schildvulkane. Der **Pacific Crest Trail**, zwei Meilen von hier, berührt beide. Der Rundweg des **Lava River Trail** (eine halbe Meile) gibt Erklärungen zu den vulkanischen Ereignissen.

Dann wird es schnell und empfindlich kälter. Ein scharfer und eisiger Wind bläst über die Fläche, so dass man froh ist, kein Postbote um 1877 zu sein und einen funktionierenden Wagen zu haben. Vor der Nacht wird der Zimmerwirt empfehlen, Obst und Getränke aus dem Auto zu nehmen, denn das High Country erwartet Frost (im Oktober).

Dann taucht die Straße durch dichten Wald steil nach **Sisters** ab. Man passiert noch Patterson's Llama Ranch und findet sich – in einer »Western Town der 1880er Jahre« wieder. So nett die Dekorationen auch sind, das einzige wirklich historische Gebäude am Highway ist das alte **Hotel Sisters** von 1912, und das erwartet als **Sisters Saloon & Ranch Grill** heute nur noch Gäste zum Lunch und Dinner.

Bei der Weiterfahrt über US-20 West meldet sich linker Hand noch die **Black Butte Ranch**, eines der ersten Resorts von Central Oregon, dann biegt Forststraße 14 rechts nach **Camp Sherman** ab und es wird richtig still. Die Straße führt zwar hinein, aber nicht hindurch – der Metolius will kein Durchgangslager sein. Hohe Ponderosakiefern stehen zu beiden Seiten. Darüber thront rechts der Kegel von Black Butte, links grüßt von ferne der Charakterkopf des Mount Jefferson. Die Quelle des Metolius (Head of the Metolius) besucht man besser morgen – zu Fuß. Möglich, dass man im Kokanee Cafe noch eine gebratene Forelle bekommt …

✺ MAGIC MOMENT Auf dem McKenzie River Trail

In seinem schönsten Teilstück führt der Weg, zunächst hoch über dem Fluss, durch alten Hochwald aus Douglasien, Thuja und Fichten, der glücklicherweise erhalten geblieben ist. Dann senkt er sich auf Flusshöhe herab und gelangt 2.3 Meilen später zu einer Stelle, wo der Fluss im Tamolitch Valley unter rezenter Lava versickert. Von hier sind es 4.7 Meilen bis Koosah und Sahalie Falls, wo der Fluss über einen Basaltriegel springt, und weitere drei Meilen bis zum **Clear Lake** und dem dazugehörigen Resort. Das Ganze ergibt eine Tagestour, man braucht einen Extratag.

Anlaufstelle und Ausgangspunkt ist die McKenzie River Ranger Station bei McKenzie River Bridge. Von dort führt der Weg über 26 Meilen nordwärts zur Old Santiam Wagon Road. Den oben beschriebenen Abschnitt erreicht man über OR-126 East ab McKenzie Bridge, dann 14 Meilen nordwärts zum Abzweig Trail Bridge/Smith Reservoir. Man überquert die Brücke und biegt rechts in FS-655 ein. Nach einer halben Meile erreicht man eine Linkskehre von 180 Grad, im Scheitel der Kehre beginnt der Trail.

ℹ **McKenzie River Ranger Station**
Siehe Service & Tipps, S. 222.

Sahalie Falls am McKenzie River

Clear Lake in den Kaskaden, Quellsee des McKenzie River

14 Service & Tipps

ℹ️ Oregon Dunes National Recreation Area – Visitor Center
855 Highway Ave. (Visitor Center)
Reedsport, OR 97467
☎ (541) 271-6000
www.fs.usda.gov/goto/siuslaw/dunes
Mo–Fr 8–16 Uhr

Florence, OR

Jessie M. Honeyman Memorial State Park
84505 Hwy. 101 S. (3 mi südl. Florence)
Florence, OR
☎ (541) 997-3851 und 1-800-551-6949
www.oregonstateparks.org/park_134.php
Laden, Snackbar, Badesee, Leihboote. Zugang zu den Dünen; 2 mi bis zum Meer. 47 *full hookups*, 121 *electrical*, 187 Zeltplätze, zehn Jurten. Im Sommer reservieren!

Sand Dunes Frontier
83960 Hwy. 101 S. (4 mi südl. Florence)
Florence, OR
☎ (541) 997-3544
www.sanddunesfrontier.com
Sommer tägl. 9–18, Winter Di–Sa 10–16 Uhr
Kommerzieller Anbieter von Dünentouren; am Honeyman State Park.

Siuslaw River Coffee Roasters
1240 Bay St. (an der Brücke)
Florence, OR
☎ (541) 997 3443
www.coffeeoregon.com
Tägl. 7–17 Uhr
Feinschmecker-Kaffee, Treffpunkt der Locals. Internetzugang. $

ℹ️ McKenzie River Ranger Station
57600 McKenzie Hwy. (OR-126)
McKenzie Bridge, OR 97413
☎ (541) 822-3381
www.fs.usda.gov/recarea/willamette/recarea/?recid=4210
Mo–Sa 8–16.30 Uhr, im Winter Sa geschl.
Auskunft über Straßenzustand am Pass und **McKenzie River Trail**. Ggf. Karte »Deschutes National Forest« für Central Oregon erwerben.

Weitere Adressen zu **McKenzie:** Siehe »Die Option McKenzie«, S. 219. – Infos zu **Sisters:** Siehe »Sisters Country«, S. 234.

Dünensportler auf dem Sprung

Von Florence zum Metolius

🚗❌🌲♨️🚴 **Black Butte Ranch**
12930 Hawk's Beard Rd. (ab US-20, 8 mi westl. Sisters)
Black Butte Ranch, OR
✆ (541) 595-1252 und 1-866-901-2961
www.blackbutteranch.com
Resort im Wald mit Restaurant, Tennis, Golf, Schwimmen, Reiten; Leihräder. (Siehe auch »Die Resorts von Central Oregon«, S. 232.)
$$–$$$$

Camp Sherman, OR

❌ **Kokanee Cafe**
25545 S.W. FS-1419
Camp Sherman, OR
✆ (541) 595-6420, www.kokaneecafe.com
Mai–Okt. tägl. außer Mo 17 Uhr bis Schluss (telefonisch bestätigen lassen)
Zentral gelegenes, rustikales Abendrestaurant: Forellen und nordwestliche Küche. $$

🚗♨️ **House on Metolius**
(Resort & Event Center)
10300 FS-980 (2 mi nördl. Camp Sherman)
Camp Sherman, OR
✆ (541) 595-6620, www.metolius.com
Nobles Resort (*gated*, Zugang nur über Code) mit Lodge und Cabins auf 80 ha Grund direkt am Fluss. Konzerte und Bankette. Naturnah.
$$$–$$$$

🚗❌♨️ **Lake Creek Lodge**
13375 S.W. FS-1419
Camp Sherman, OR
✆ (541) 516-3030 und 1-800-797-6381
www.lakecreeklodge.com
Rustikale Unterkunft (seit 1935), renovierte Cabins. Hübsche Anlage mit Bach und Pool. Gemeinschaftsraum, Mahlzeiten *family style* – Kinder haben Vorrang! $$$–$$$$

🚗 **Metolius River Lodges**
12390 S.W. FS-1419, Camp Sherman, OR
✆ (541) 595-6290
www.metoliusriverlodges.com
Ganzjährig (Winter günstiger)
Hütten mit Tradition. 13 Cabins verschiedenen Typs, meist mit Küche, Kamin und Brennholz. Direkt am Fluss. $$–$$$$

🚗🚐 **Hoodoo's Camp Sherman RV Park & Motel**
25635 S.W. FS-1419, Camp Sherman, OR

Ausritt auf Black Butte Ranch, einem weitläufigen Resort bei Sisters

✆ (541) 822-3799 und (541) 595-6514
www.campshermanrv.com
Ganzjährig. Sechs Motelzimmer mit Küche. 31 RV-Plätze. $$

🚐 **Gorge Campground**
Ab Camp Sherman 2 mi auf FS-1419 North
http://hoodoorecreation.com/campgrounds/deschutes/sisters-district/metolius-river-area/
Primitive campground des Forest Service (einer von mehreren) direkt am Metolius River; 18 Plätze.

Weitere Informationen zu Camp Sherman finden Sie beim 15. Tag, S. 236.

E Ein unglaublich blauer See
Große Südkurve nach Crater Lake

Nordroute (Sommer): Eugene – Roseburg – Diamond Lake – Crater Lake (276 km/172 mi); weiter nach Bend (171 km/107 mi)

Südroute (Winter): Eugene – Grants Pass – Crater Lake (355 km/222 mi); weiter nach Bend (216 km/135 mi)

km/mi	Nordroute
0	Von **Eugene** (siehe 14. Tag, S. 214) I-5 South bis Roseburg, dann OR-138 East den North Umpqua River aufwärts über Steamboat, Diamond Lake und North Entrance (Wintersperre!) zum
276/172	**Crater Lake**. Übernachtung in **Crater Lake Lodge**, Dinner dort.
Folgetag:	
Vormittag	Wandern am Kraterrand; evtl. Bootsfahrt.
Nachmittag	
0	Weiterfahrt über North Entrance zur OR-138 East, dann US-97 North nach
171/107	**Bend** (siehe 15./16. Tag, S. 235 ff.).

km/mi	Südroute
0	Von **Eugene** I-5 South bis Exit 40 (zwischen Grants Pass und Medford), dann OR-234 und OR-62 East den Rogue River aufwärts über den südlichen Parkeingang zum
355/222	**Crater Lake**.
Folgetag:	
0	Weiterfahrt auf OR-62 East nach Süden, dann im spitzen Winkel US-97 North nach
216/135	**Bend**.

Die Routen finden Sie in der Karte zum 14. Tag, S. 214.

Weichenstellung

Die Nordroute über North Entrance ist die kürzere Strecke zum Nationalpark, aber oft bis Juni gesperrt; Auskunft über © 511, www.tripcheck.com oder beim Nationalpark. Die Südroute ist ganzjährig befahrbar und hat den Vorteil, dass man einen Zwischenstopp im historischen Wolf Creek Inn von 1883 (ab I-5) einlegen kann. Außerdem rückt die Theater- und Kulturstadt Ashland in greifbare Nähe. Schließlich findet man über I-5 Anschluss nach Kalifornien und das Routennetz des VISTA POINT-Reiseführers »Kalifornien & Südwesten USA«. – Der Besuch von Crater Lake ist auch als Extratag von Bend aus möglich.

Große Südkurve nach Crater Lake E

Crater Lake ist eine der großen Sehenswürdigkeiten des Pazifischen Nordwestens. Der gleichnamige Nationalpark schützt ein Naturdenkmal, das den Vulkanismus der Kaskaden von seiner »freundlichen« Seite zeigt – anders als Mount St. Helens. Für den Besuch des Parks werden zwei Extratage mit Übernachtung in Crater Lake Lodge veranschlagt; das bedeutet den Verzicht auf die Route über McKenzie Pass und den Tag am Metolius (siehe 14. und 15. Tag). Wer die lange Anfahrt, den möglichen Andrang und die Risiken des Wetters scheut, findet in Newberry Volcano in Central Oregon eine gleichwertige Alternative (siehe 17. Tag, S. 251).

Hier der Steckbrief des tiefen, blauen Kratersees: Seespiegel 1882 Meter über dem Meer, Durchmesser acht Kilometer, Fläche 54 Quadratkilometer, maximale Tiefe 589 Meter, entstanden vor etwa 7700 Jahren durch Ausbruch und Einsturz des Mount Mazama. Die Ureinwohner waren schon da, als der Berg einbrach, er spielt in den Mythen der Klamath-Indianer eine Rolle. Doch dann bewahrten sie Stillschweigen über den See, der ihnen heilig war, so dass weiße Prospektoren ihn erst 1853 per Zufall entdeckten.

Sie nannten ihn Deep Blue Lake, und das trifft im doppelten Sinne zu – als *tiefblauer* und als *tiefer, blauer* See. Der See und seine Umgebung wurde schon 1902 zum **Nationalpark** erklärt, und so blieb und bleibt er heutigen und künftigen Besuchern fast unberührt erhalten. Wie kann man sein Blau beschreiben, wie es erklären? In tiefem Wasser ist er preußisch-blau, an den Ufern türkis, vom Boot aus indigo. Doch das Wasser selbst ist nicht blau, sondern glasklar. Die blaue Farbe entsteht an sonnigen Sommertagen aus der Streuung und Reflexion der kurzwelligen Bestandteile des Spektrums (nämlich des Blaus), wäh-

Blick auf den Crater Lake, den tiefsten See der USA; in der Mitte erhebt sich der Vulkankegel Wizard Island

E Ein unglaublich blauer See

Vom Wind gebeutelt: »Mountain hemlock« am Steilufer von Crater Lake

Raum, mildes Licht strahlt aus Lampen, die mit *pigskin* bespannt sind, das Feuer im Kamin allerdings ist – aus Gas. Tritt man durch die Terrassentür ins Freie, dann liegt einem der See zu Füßen. Wollen Sie gepflegt im Hause speisen? Dann sichern Sie sich für den Abend einen Platz im **Dining Room** – Reservierung strengstens empfohlen. Geben Sie der Empfangsdame zu erkennen, Ihren Tisch auch gerne mit anderen teilen zu wollen, dann sagt man Ihnen: *We don't do that.* So rustikal meint sich die Lodge nun doch nicht …

Die meisten Touristen fahren nun von Viewpoint zu Viewpoint, studieren die Schautafeln am Kraterrand, machen ihre Fotos und gönnen sich in der Cafeteria des **Rim Village** einen Imbiss. Oder sie absolvieren den 33 Meilen langen **Rim Drive** um den See herum, der nur im Sommer zu befahren ist.

Von der Parkbehörde wird eine Bootsfahrt angeboten. Um zum Landeplatz zu kommen, muss man ab dem nördlichen Rim Drive den **Cleetwood Trail** hinuntersteigen, es ist der einzige Zugang zum Seeufer überhaupt. Ansonsten sind die Hänge steil und gefährlich und daher *strictly off limits*. Wer hier ins Rutschen kommt, der findet bis unten keinen Halt.

Doch es braucht keine langen Fahrten, um den See wirklich zu erleben. Gehen Sie ab Lodge oder Rim Village am Kraterrand entlang zum **Discovery Point**, Sie werden den Blick nicht vom See wenden können. Queren Sie dabei kleine Gehölze verbogener *Mountain hemlocks*, die den Stürmen und Schneelasten hier oben nur trotzen können, weil ihre Äste so kurz sind.

Wandern Sie zum Abzweig des Pacific Crest Trail, oder klettern Sie unterwegs auf den **Watchman** (milde 150 Höhenmeter). Wundern Sie sich nicht, wenn Sie ins Schnaufen kommen – auf 2000 Metern Höhe über NN ist die Luft dünn. An einem schönen Oktobertag begegnet Ihnen möglicherweise niemand außer den beiden Kanadierinnen mit Hund, die zuvor schon im **Steel Information Center** Ihren Weg gekreuzt haben …

rend sich die längerwelligen in der Tiefe des Sees verstrahlen.

Der Besuch am Crater Lake gipfelt in einer Übernachtung in der klassischen, völlig renovierten **Crater Lake Lodge** direkt über dem See. Ursprünglich 1909–15 erbaut, wurde das Berghotel Mitte der 1990er Jahre Stück für Stück auseinandergenommen und wieder neu zusammengesetzt – unter Verwendung derselben Materialien. Dem National Park Service (manche spotten deswegen über ihn) ist es zu danken, dass es in den Zimmern kein Telefon oder TV und im Hause keinen Andenkenladen gibt; dafür gibt es eine Ausstellung. Die Lodge ist nur im Sommerhalbjahr geöffnet, man muss weit im Voraus buchen. – Wohin, wenn die Lodge voll ist? Zu den nahen **Mazama Cabins** in Mazama Village oder dem fernen **Prospect Historic Hotel** in Prospect an der OR-62.

Doch auch Tagesbesucher dürfen sich am rustikalen Charme der Lodge erfreuen, zum Beispiel bei einem Drink in der **Great Hall**. Warme Holztöne erfüllen den

Große Südkurve nach Crater Lake

Service & Tipps

Crater Lake National Park
Crater Lake, OR 97604
℡ (541) 594-3000
www.nps.gov/crla/index.htm
Informationen vor Ort: **Steel Information Center**, 3 mi südl. Rim Village; tägl. etwa Mitte April–Anfang Nov. 9–17, sonst 10–16 Uhr
Eintritt zum Nationalpark: $ 20 pro Wagen im Sommer, $ 10 im Winter, gültig für sieben Tage.

The Historic Crater Lake Lodge
(Verwaltet von Crater Lake Lodges)
1211 Ave. C (Postadresse)
White City, OR
℡ (541) 594-2255 (Information)
℡ 1-888-774-2728 (Reservierung)
www.craterlakelodges.com
Etwa Mitte Mai–Mitte Okt. (variabel)
Berghotel in Traumlage am Kraterrand. 71 kleine Zimmer, individuell geschnitten und handwerklich gestaltet. **Dining Room** ($$$). $$$$ – Ferner: 40 **Mazama Cabins** in Mazama Village, ℡ 1-888-774-2728 (Reservierung), Ende Mai–Anfang Okt.

Mazama Village Campground
Mazama Village, 7 mi ab Crater Lake Lodge
℡ 1-888-774-2728 (Reservierung)
www.craterlakelodges.com
Mitte Juni–Ende Sept., 214 Plätze.

Prospect Historic Hotel B & B Inn, Motel & Dinner House
391 Mill Creek Dr. (35 mi südwestl. Crater Lake)
Prospect, OR
℡ (541) 560-3664 und 1-800-944-6490
www.prospecthotel.com
Acht kleine Zimmer im Hotel (von 1892), 14 im Motel. Dinner im **Dinner House Restaurant**. $$–$$$ (Motel bzw. B & B Inn)

The Historic Wolf Creek Inn
100 Front St., Wolf Creek, OR
℡ (541) 866-2474 und 1-800-452-5687
www.historicwolfcreekinn.com
Eine halbe Meile ab I-5, Exit 76. Historischer Gasthof von 1883 (State Heritage Site) mit Flair. Neun Zimmer, derzeit kein Restaurantbetrieb. Jack London und Clark Gable waren hier! $$

Ashland Chamber of Commerce
110 E. Main St.
Ashland, OR 97520
℡ (541) 482-3486
www.ashlandchamber.com
Reizvolles Städtchen in schöner Lage. Erlesene B & Bs, reichhaltige Gastronomie. **Oregon Shakespeare Festival** (OSF) mit drei Repertoire-Bühnen, März–Okt.

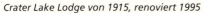
Crater Lake Lodge von 1915, renoviert 1995

15 Fluss zum Anfassen
Ein Tag am Metolius

15. Tag: Camp Sherman – Sisters (72 km/45 mi)

km/mi	Programm/Route
Vormittag	Besuch des Camp Sherman Store und Uferwanderung zum **Head of the Metolius** (2 mi). Ggf. Ausflug zum **Head of Jack Creek**.
Mittag	Lunch, selber zubereitet in der Cabin, oder Picknick im Freien.
Nachmittag	
0	Ausflug zur **Wizard Falls Fish Hatchery** (5 mi auf FS-14 North): Fischbecken besichtigen. Von hier Uferwanderung am Metolius möglich. Dann FS-14 South zur US-20 East und weiter nach
38/24	**Sisters**; Stadtbummel. Danach Weiterfahrt nach
Abend	
34/21	**Bend**. Sonnenuntergang auf Pilot Butte. Dinner in Downtown.

Metolius ist ein altes Sommerferiengebiet im Wald, etwas abgerückt von den touristischen Zugrouten nach Central Oregon. Genau das gefällt den wenigen Anwohnern und traditionellen Feriengästen: kein Rummel, wenig Verkehr. Es gibt ein kleines Versorgungszentrum, Camp Sherman mit seinem Store, und genügend naturnahe Unterkunft. Der Metolius ist ein Fluss, der glasklar aus einem Quelltopf rinnt und der in allen Teilen gut zu Fuß zu erreichen ist. Seine Uferwege sind mit das Schönste, was diese Reise dem Wanderer zu bieten hat. Danach geht es auf Stippvisite in die originelle »Western Town« Sisters, dann nach Bend mit seiner feinen Urbanität.

Viele Bewohner des Nordwestens kennen den Metolius nicht. Crater Lake, die Oregon Coast, die Wallowas – ja, aber Metolius? Wenn es nach den Anglern ginge, die hier mit der Fliege fischen, den eigensinnigen Naturfreunden, die auf einfachen Campingplätzen am Fluss zelten, und dem Forest Service, der das Gebiet verwaltet,

◁ *Goldmantel-Ziesel, in den westlichen USA verbreitet*

Weichenstellung

Strecken Sie das Programm! Erlauben Sie sich einen Extratag und erkunden Sie die Ufer des Metolius. Dazu zwei Tipps: 1. Fußweg ab Lower Canyon Creek Campground am Westufer bis Wizard Falls (2 ½ mi hin); 2. Fußweg ab Wizard Falls Fish Hatchery an einem der beiden Ufer bis Lower Bridge, am anderen zurück (6 ½ mi hin und zurück).

Ein Tag am Metolius 15

15 Fluss zum Anfassen

Brücke über den Metolius River bei Camp Sherman

soll es auch so bleiben. Die fünf Meilen Wald zwischen ihnen und der US-20 sind ihnen gerade recht. Den Metolius hegen sie wie eine geheime Liebe, die man nach außen nicht zeigt. Deshalb gibt es wohl auch keine vernünftige Wanderkarte im **Camp Sherman Store**, die vom »Deschutes National Forest« des Forest Service tut es aber auch.

Eine traditionelle Sommerfrische

Dabei ist das Gebiet kein touristisches Neuland. Die ersten Sommergäste kamen 1916, pachteten Grundstücke vom Forest Service (auf 99 Jahre) und bauten Sommerkaten darauf. Inzwischen verbringen sie hier ihre Ferien in der zweiten oder dritten Generation. Vor dem Camp Sherman Store (seit 1917) gibt es neben dem öffentlichen Telefon noch ein Geländer zum Anbinden der Pferde. Camp Sherman? Wie kommt der idyllische Ort zum Namen des kriegerischen Nordstaaten-Generals, der Atlanta in Schutt und Asche legte? Die ersten Sommerfrischler kamen aus der nahen Sherman County …

Die Angler mieten sich seit den 1970ern in den rustikalen Metolius River Lodges nahe Camp Sherman Store oder am Lake Creek ein, wo heute komfortable Cabins stehen. Sie wollen keinen Zirkus, sondern ihre Ruhe (die Fische eigentlich auch). Im Camp Sherman Store kaufen sie ihre Fliegen, Haken und Ösen, stellen sich an »ihr« *fishing hole* und lassen die kunstvoll gedrehte Fliege treiben. Es geht ihnen um den Sport – mit glatten Haken, *fly-fishing only* und *catch and release*; die Speisekarte im Kokanee Cafe enthält Hinweise zur Wiederbelebung der Fische.

Der kommerzielle Tourismus kann hier nicht groß ins Geschäft kommen, weil 90 Prozent des Landes dem Forest Service gehören. In den begehrten Sommermonaten füllen sich die Lodges und Resorts, Campingplätze und das einzige Restaurant, das **Kokanee Cafe**. Doch wenn die »Klimapendler« wieder nach Kalifornien oder Arizona abziehen, wird es still am Metolius. Wenn dann die Oktobersonne milde scheint, oder die Natur im April und Mai wieder erwacht, kommt hier die schönste Zeit. Warum dann keiner hier ist? Achselzucken, »es ist eben nicht Saison«.

Der Fluss, Lebensader des Metolius

Der Fluss ist die Lebensader des Gebiets und seine unveränderliche Konstante: Er trocknet nie aus, friert nicht zu und ist immer in der Nähe. Man kann ihn funkeln und glitzern sehen, glucksen und rauschen hören und mit den Händen greifen, auch wenn diese dabei klamm werden. Aus Quellen gespeist ist sein Wasser eisig kalt. Das mögen die Forellen, die Mücken jedoch nicht. Und wenn der Fluss noch so nahe an den Zelten des *primitive campground* vorbeirauscht, er führt kaum je Hochwasser – dank der Nähe und Stetigkeit seiner Quellen.

Man muss nicht befürchten, im Lateinunterricht nicht aufgepasst zu haben, wenn einem der Name nichts sagt. Der leitet sich nämlich vom indianischen *Mpto-ly-as* her und bedeutet: »weißer« oder »laichender Fisch«, oder auch »stinkendes Wasser«. Das ist, je nach Perspektive, dasselbe, denn die

Die Resorts von Central Oregon

Sie heißen Black Butte Ranch, Mount Bachelor Village, Seventh Mountain Resort, Sunriver ... **Black Butte Ranch** (siehe 14. Tag, S. 223) ist der Pionier unter den Resorts von Central Oregon. Die Firma Brooks Resources hatte die 512 Hektar große Ranch 1969 gekauft, sie in 1253 Parzellen unterteilt und diese nach und nach veräußert. Sie warb mit dem klassischen Spruch: »There is a Place« – nämlich für besser verdienende Haushalte mit über 40 000 Dollar Jahreseinkommen, denen zuzutrauen war, dass sie sich ein Zweitheim oder einen Alterssitz leisten wollten.

Doch was haben die Touristen davon? Auf Black Butte stehen ihnen etwa 100 Wohneinheiten zur Verfügung, von einfachen Lodge-Zimmern ohne Küche über *condos* und *country houses* bis zu luxuriösen Privathäusern. Gäste haben Zugang zu den Freizeiteinrichtungen: 16 Meilen Radwege, 19 Tennisplätze, zwei Golfplätze, vier Schwimmbäder, ein Reitstall und einiges mehr. In anderen Resorts kommt Angeln, Kanufahren, Rafting und Skifahren (auf Mount Bachelor) hinzu.

Das eine mag eher sportlich orientiert sein, wie das **Seventh Mountain**, das andere mehr Wert auf Komfort legen, wie **Mount Bachelor Village**. An dessen River Edge wohnt man nicht nur fürstlich, sondern auch direkt über dem Canyon. Die Tafeln längs des River Trail – eine Broschüre erhält man an der Rezeption – erklären die Ökologie des Geländes: Wacholder, Kiefern, Sträucher wie *manzanita*, *bitterbrush* und *snowbrush* ...

Warum haben sich die Resorts gerade in Central Oregon so prächtig entfalten können? Die nationalen Holzkonzerne suchten eine neue Verwertung für Land und Kapital, als ihnen die Bäume ausgingen. Die Gunst des Klimas und die Existenz einer wohlhabenden Klientel kamen ihnen zu Hilfe.

Die primäre Geschäftsidee ist der Verkauf von Immobilien, folglich gibt es auf ihren Webseiten auch immer einen Link zu »Real Estate«. Die Resorts sind daher in der Regel *destination resorts*, die touristische Nutzung der Anlagen war die ökonomische Folge. Positiv wirkt sich aus, dass ein Resort danach strebt, seine natürliche Umgebung intakt zu halten. Daher bleibt das Wiesengrundstück mit See in der Mitte der Black Butte Ranch unbebaut, werden die Häuser im Wald in so gedeckten Farben gestrichen, dass man sie kaum findet, dürfen Rehe in den Vorgärten grasen ...

Der Herr, der auf Black Butte Ranch Häuser verkauft (für 250 000 bis eine Million Dollar das Stück), scheint nicht ganz bei der Sache zu sein. Er erzählt lieber von den Tieren des Waldes. Da gäbe es Maultierhirsche *(mule deer)* und Hirsche *(elk)* – *they melt into the forest*; Waschbären *(raccoon)* und Rotluchse *(bobcat)* sowie jede Menge Enten und Eulen – *you can hear them*. Der Fischadler *(osprey)* hole sich seine Beute im Fluge aus dem See in der Wiese ...

Black Butte Ranch
Siehe Service & Tipps, 14. Tag, S. 223.

Mount Bachelor Village Resort
19717 Mount Bachelor Dr. (ab Century Dr., ½ mi südl. Bend), Bend, OR, ✆ 1-800-547-5204 www.mtbachelorvillage.com
»Urbanes Flair mit Aussicht«. Luxus-Condos über dem Fluss, daneben praktische Ski Houses. Schwimmen, Tennis, River Trail (2.2 mi). *Fine dining* im **Bistro 28** ($$–$$$). $$$–$$$$

Seventh Mountain Resort (WorldMark Bend)
18575 S.W. Century Dr. (7 mi südl. Bend) Bend, OR

✆ 1-877-765-1501
www.seventhmountain.com
Experten für Freizeit und Sport; Skifahren auf Mount Bachelor. 300 Zimmer, Apartments, Wohnungen. Reizvolle Lage über dem Deschutes. Kinderprogramm. Drei Restaurants. $$–$$$$

Sunriver Resort
17600 Center Dr. (ab US-97, 15 mi südl. Bend), Sunriver, OR
✆ 1-855-420-8206, www.sunriver-resort.com
Klassisches *destination resort*, wie eine Stadt. 211 Hotelzimmer und Suiten, über 200 Condos und Häuser. Golf, Tennis, Reiten, Radfahren, Bootfahren, Skilaufen. Diverse Restaurants. $$–$$$$

15 Fluss zum Anfassen

Mountainbiker auf Horse Butte, im Hintergrund Mount Jefferson

abgelaichten Fische sterben im Oberlauf des Flusses. Allerdings kommen die pazifischen Lachse nicht mehr herauf, weil ihnen die Dämme am mittleren Deschutes den Weg versperren. Es kommen nur die Kokanee-Lachse, denn die sind *land-locked*, le-

Zwei Häuptlinge – von den Warm Springs und Wasco-Indianern (vor Mount Jefferson)

ben und laichen also in Binnengewässern.

Für den heutigen Tag gelten Anglertugenden: sich Zeit nehmen, zu Fuß gehen und den Fluss nicht aus den Augen lassen. Als minimales Wanderprogramm bietet sich ein kurzer Rundweg an: von Camp Sherman an einem Ufer flussab bis Allingham Bridge und am anderen flussauf (2 mi hin und zurück).

Wer weiter ausschreiten will, geht zum **Head of the Metolius**. Schauen Sie vorher noch unter der Brücke bei Camp Sherman nach, ob die großen Forellen da sind. Wandern Sie nun am rechten Ufer flussauf, vorbei an den locker durcheinander gewürfelten Hütten der Metolius River Lodges. Man passiert ein paar private Fußgängerbrücken mit dem freundlichen Hinweis STRANGERS KEEP OUT. Die Brücken mit ihren Grundstücken lassen sie rechts liegen.

Es läuft sich wunderbar leicht auf dem federnden Waldboden. Weiden und Espen säumen die Ufer, im Frühjahr ist alles grün. Der leichte Regen stört nicht, er gehört dazu. Wo der Pfad zu feucht ist, schlagen Sie einen Bogen durch die Kiefern. Dazu spielt die Musik, und zwar *live*: rechts das Glucksen des schnell dahinströmenden Flusses, links das Rauschen des Windes in den Wipfeln der Bäume. So gelangen Sie zur Quelle des Metolius, die auf dem Grundstück von Sam und Becky Johnson liegt. Er war Holzbaron und Parlamentsabgeordneter von Oregon, beide haben die Quelle der Allgemeinheit gestiftet.

Nun steht die Allgemeinheit am Geländer und schaut in den Quelltopf. Ein ganzer Fluss quillt hier in einem Schwall aus dem porösen Vulkangestein. Wäre man Gärtner bei den Johnsons, dann könnte man (im Oktober) vom Steg aus sterbensmüde Kokanee-Lachse im Wasser stehen sehen, so matt, dass man sie streicheln könnte. Flussab schweift der Blick über einen Wiesengrund, in den plötzlich Bewegung kommt: Ein Kojote hat die Kanadagänse aufgescheucht. Über allem thront weiß der Mount Jefferson. Am Geländer betteln kleine Backenhörnchen um Erdnüsse.

Ein Tag am Metolius 15

Ranch bei Alfalfa, Central Oregon, im Hintergrund die Three Sisters

Sisters Country

Sisters Country ist das Land um Sisters, das High Country mit dem frischen Höhenklima und den großen Tagesamplituden. Hier geht der Ponderosa-Mischwald der Kaskaden-Ostseite in das offene Wacholder-Waldland der High Desert über. Unter allem liegt knallharter Basalt – ein Grund dafür, dass Sisters erst vor Kurzem einen Abwasserkanal bekommen hat. Der Name des Ortes leitet sich von den drei nahen Kaskadenvulkanen her – North, Middle und South Sister.

Was könnte Menschen dazu bewegen, aus Portland oder Kalifornien hierher zu ziehen? Die Sonne, die gute Luft, das weite Land, die Nähe zur Natur, die kleinen Schulen – so lauten die Antworten. Auf dem Gelände vor dem Haus spiele die Hauskatze mit (fast) zahmen Rehen. Durch den Squaw Creek Canyon drunten schleiche der *cougar* (Berglöwe), man habe seine Spuren gesehen. Und die isolierte Lage? Vom Canyonrand weg sei man mit der Welt verbunden – per Handy, Fax und Internet.

Und was bewegt die Touristen? Zum Beispiel die bizarre Landschaft um Squaw Creek Canyon und Squaw Creek Falls, die Nähe zum Metolius, die Möglichkeit, in privaten B&Bs mitten im Wacholderwald zu wohnen, die kuriose Kulisse einer vermeintlichen Western Town aus den 1880er Jahren… Seit 1972 bemüht sich die Gemeinde nämlich, ihre Innenstadt »alt« aussehen zu lassen, unterstützt durch die nahe Black Butte Ranch, die ihren Gästen mehr »urbanes Flair« angedeihen lassen wollte. Dass dieses Facelifting gefruchtet hat, sieht man spätestens an den Staus entlang der US-20 an Wochenenden.

Parken Sie beim Creekside City Park am östlichen Ortsausgang. Nicht weit davon liegt die ehrwürdige **Sisters Bakery** in der Cascade Avenue: Sie duftet nicht nur gut, sie schenkt auch heiße Schokolade aus. In **Angeline's Bakery & Café** an der Main Street serviert man einen schlanken Lunch. Merkwürdig, dass sogar in einem so legeren Lokal die Leute sich scheuen, den Tisch mit Fremden zu teilen. Der **Stitchin' Post** gegenüber zeigt alles, was mit Quilts und Quilting zu tun hat, und **The Pony Express** wartet mit schönen Ansichtskarten und selbst gedruckten Briefmarken auf; Briefe und Postkarten nach Europa kosten einheitlich 1.20 Dollar.

Und wo wohnt man in Sisters? Das gut betreute Chamber of Commerce hilft weiter. Inmitten des kommerziellen Kulissenzaubers steht als Bollwerk des Alten und Echten das **Sisters Hotel** von 1912, doch seine Zeiten als Herberge und Bordell sind vorbei. Die opulenten Ferienhäuser der **FivePine Lodge** in bester Lage bieten Maximalkomfort. Das Haupthaus empfängt mit Tiffany-Lampen und Grafiken von Paul Lanquist, dessen holzschnittartiger Stil hier als *Vintage* oder *Rustic Northwest* bezeichnet wird. Zur Anlage gehören eine Brauerei, ein Wellnessbereich (Shibui Spa), ein Athletics Club (für die Fitness) mit Schwimmbad, ein Kino …

Sisters Area Chamber of Commerce
291 E. Main St., Sisters, OR 97759
✆ (541) 549-0251 und 1-866-549-0252
www.sisterscountry.com

FivePine Lodge & Conference Center
1021 Desperado Trail, Sisters, OR
✆ (541) 549-5900 und 1-866-974-5900
www.fivepinelodge.com
Ökologisch gebaut *(green built)* und betrieben. 36 komfortable Cabins und acht Lodge-Zimmer. Wellness, Fitness, Kino und Three Creeks Brewing Co. $$$$

Campgrounds, Cabins und ein gediegenes Resort

Fährt man über FS-14 nach Wizard Falls (5 mi nach Norden), so begleitet parkähnlicher Kiefernhochwald die Straße. Die Bäume weisen Brandspuren auf, denn der Forest Service sucht hier mit kontrollierten Bränden einen Rest jenes Waldtyps zu erhalten, der einst die ganze Ostflanke der Kaskaden bedeckte. Früher »putzten« kleinere Brände, ausgelöst durch Blitzschlag, den Wald im Rhythmus von etwa 15 Jahren. So wurden Unterholz, Fallholz und Schädlinge beseitigt, bevor ein Wildfeuer genügend Nahrung finden konnte, um in die Kronen zu schlagen. Die Stämme der Ponderosakiefern sind in der Jugend grau, mit 150 Jahren zimtbraun, mit 300 goldgelb bis orange – *yellowbellies*.

Fischzucht in der Wizard Falls Fish Hatchery, Metolius River

Linker Hand liegen aufgereiht die einfachen Campingplätze des Forest Service, einer schöner als der andere. Man fragt sich dennoch: Wie muss das wohl sein, wenn man hier kampiert, so tief in der Natur und so nah am Fluss? Wie ist das, wenn abends die Dunkelheit hereinbricht, und mit ihr die Einsamkeit? Und wie, wenn man am Morgen steif und starr aus dem Zelt kriecht, um mit klammen Händen das Kaffeewasser aus dem Fluss zu schöpfen …?

Dagegen wirken die rustikalen Cabins von Camp Sherman grundsolide. Etwa die der **Metolius River Lodges**, wo der Fluss sechs Meter neben dem Kopfkissen vorbeirauscht. Angeln von der Terrasse aus – *no problem!* Oder erst die komfortablen Maisonettehäuser von **Metolius River Resort**, wo auch Großfamilien Platz finden und das trockene Kiefernholz im Kamin nur so knallt. Oder die schlichten, holzgetäfelten *(knotty pine)* Hütten der **Lake Creek Lodge**, wo der Lake Creek mitten durchs Gelände fließt …

Etwas Besonderes ist **House on Metolius** (sic!), das man über FS-14 und FS-980 zwei Meilen nördlich von Camp Sherman erreicht. Die Forststraße ist ein fester Waldweg, auf dem Ponderosazapfen liegen, die die Autoreifen springen lassen. Dann gelangt man an ein Tor, das sich bei Eingabe eines Codes leise öffnet. Als – angemeldeter – Gast wohnt man in einem der neun Lodge-Zimmer oder einer der vier Cabins im Wald, die hier mit krassem Understatement als »Fischerhütten« ausgewiesen sind.

Der Fluss mäandriert durch ein weites Wiesengelände, das man von nah erleben kann. Angler haben ihre Freude daran, in hohen Fischerstiefeln die vier *fishing holes* abzuschreiten, die auf einer Karte des Grundstücks vermerkt sind. Das »House« ist Nachfolger eines Resorts von 1908, das 80 Hektar (!) Wald und Wiese sein eigen nannte. Die Lodge bietet Raum für Tagungen und kleine Gesellschaften. Der Manager meint, der Geist des Ortes würde sich günstig auf die Stimmung der Besucher auswirken – man glaubt es sofort.

Wizard Falls: Fischzucht wie in einem Park

Fünf Meilen flussab von Camp Sherman liegt die **Wizard Falls Fish Hatchery**. Unter alte Bäume gebettet, ist sie eine der schönsten Fischzuchtanlagen der Region. In den Becken schwimmen Jungfische vom Winzling bis zum Fingerling, die umso heftiger zappeln, wenn man ihnen das Futter aus dem Automaten ins Becken streut. Man züchtet Regenbogenforellen neben Kokanee- und Atlantischen Lachsen für die Seen und Flüsse Oregons. Interessant sind die »Sonderlinge« *(oddities)*, erwachsene Fische, die wie Unterseeboote langsam durch ein eigenes Becken gleiten: *German brown trout*, *brook trout*, *rainbow trout*, *tiger trout*, *Atlantic salmon*, *kokanee salmon* und sogar ein – Albino.

Von Wizard Falls gehen vier Uferwege ab, an jedem Ufer einer, flussauf und flussab. Folgen Sie einem der Wege, egal wie weit. An der Brücke zur Fischzuchtanlage ist der Grund felsig; hier bildet der Fluss Strudel oder schießt durch tiefe Rinnen im Basalt. Wenn am Abend die Spiegelung aufhört, schaut man tief in dunkelblaue Wasserlöcher. Ob Fische drin sind, lässt sich nicht sagen.

Adieu Metolius! Versuchen Sie nicht, über FS-14 North und die fatale Holperpiste FS-1499 zum großen Stausee von Billy Chinook vorzudringen. Ersparen Sie sich auch die Serpentinenfahrt zum Green Ridge oder zum symmetrischen Kegel des Black Butte (1962 m), auch wenn örtliche Ratgeber solche aufwendigen Autotouren immer wieder empfehlen. Schauen Sie lieber, dass Sie noch mit der Abendsonne nach **Bend** kommen.

Biegen Sie dort von der US-20 East links in die Greenwood Avenue ein. Eine Meile weiter erscheint linker Hand die Auffahrt zum **Pilot Butte**. Zwar schraubt sich eine Spiralstraße nach oben, doch lustiger ist es, den Walkern und Joggern bei ihrem abendlichen Training zu Fuß zu folgen. Am Gipfel, 150 Meter über der Stadt, läuft bereits das Abendprogramm: Sonnenuntergang über den Kaskaden. Der Eintritt ist frei, der Park bis zum Einbruch der Dunkelheit geöffnet.

✷ MAGIC MOMENT Tiefer in den Wald – Head of Jack Creek

Der junge Mann im Camp Sherman Store gab folgende Wegbeschreibung: Über die Brücke und auf FS-1216 West geradeaus, dann FS-1420 rechts, dann FS-1217 links, dann (auf geteerter) FS-12 rechts und in einem nach halblinks schwingenden Bogen den Jack Creek überqueren (dort freier Platz im Wald, sprudelnder Bach), dann im rechten Winkel links in die FS-1232, über den *cattleguard* und halblinks abzweigen bis zu einem versperrten Tor – dort den Wagen abstellen und zu Fuß zur Quelle.

Alles stimmte. Es sind etwa sieben Meilen (hin), die Straßen sind für jeden Wagentyp befahrbar. Der Forest Service spart mit Hinweisen: Man findet die Quelle erst, wenn man schon kurz davor steht, ein einsamer Picknicktisch unter hohen Hemlocktannen markiert die Stelle. Es strömt Wasser aus einer Quelle, das ist alles. Doch von dem Ort geht etwas Feierliches, Wohltuendes aus. Der kleine Bach, soeben geboren, windet sich durch eine Wildnis umgestürzter Bäume, umfließt spielerisch kleinste Inselchen, bildet Löcher, in denen sich junge Forellen verbergen mögen. Er schäumt ein bisschen, wirbelt, verharrt – noch ungewiss über seinen Kurs.

Das frische Grün des Mooses und das warme Braun modernden Holzes sind die vorherrschenden Farben. Man balanciert mit kindlichem Vergnügen auf Stämmen über den Bach. Der Ort atmet Frische und Reinheit. Kein Mensch lässt sich blicken (im April).

15 Service & Tipps

ⓘ Camp Sherman Store & Post Office
(An der Brücke über den Metolius)
25451 S.W. FS-1419, Camp Sherman, OR
℗ (541) 595-6711
www.campshermanstore.com
Sommer Mo–Do 8–18, Fr/Sa bis 19, So bis 17 Uhr, im Winter nur Fr–So
General Store und Versorgungszentrum des Gebiets. Lebensmittel, Sandwiches, Postkarten *(scenic notecards!)*, Anglerbedarf. Postamt, Telefonzelle. Auskünfte jeder Art.

▶ Wizard Falls Fish Hatchery
7500 FS-14 (5 mi nördl. Camp Sherman)
Camp Sherman, OR
℗ (541) 595-6611, www.dfw.state.or.us/resources/visitors/wizard_falls_hatchery.asp
Ganzjährig tägl., im Sommer 7.30–19 Uhr (oder länger)
Fischzuchtanlage in parkähnlicher Lage. Füttern (aus dem Automaten) erlaubt. Ausgangspunkt für Uferwanderungen am Metolius.

Bend, OR

⌧ Tumalo Feed Company Steakhouse & Saloon
64619 W. Hwy. 20 (4 mi nordwestl. Bend)
Bend, OR
℗ (541) 382-2202
www.tumalofeedcompany.com
Tägl. ab 17 Uhr bis Schluss
Rustikales Steakhouse vor Bend. Familienspaß: Kinder mögen *sarsaparilla!* Country Music live. Reservieren! $$

ⓘ Central Oregon Visitors Association
57100 Beaver Dr., Bld. 6, Suite 130
Sunriver, OR 97707
℗ (541) 389-8799 und 1-800-800-8334
www.visitcentraloregon.com
Mo–Fr 8.30–17.30, Fr bis 18, Sa/So 9–12 Uhr
Zentrale Besucherinformation. Kostenlose Ferienplanung, Zimmerreservierung (rechtzeitig!).

Bend bietet eine Vielzahl gediegener **Unterkünfte**, darunter Motels entlang US-97 BUS, B&Bs, Resorts. Über Resorts siehe »Die Resorts von Central Oregon«, S. 232.

Pine Ridge Inn Hotel & Suites
1200 S.W. Mount Bachelor (½ mi südl. Bend)
Bend, OR
℗ (541) 389-6137 und 1-800-600-4095
www.pineridgeinn.com
Luxus-Boutiquehotel mit 20 Suiten in Bestlage über dem Fluss. Frühstück und Weinempfang gratis. $$$–$$$$

⌧ The Riverhouse
3075 N. US-97 BUS, Bend, OR
℗ (541) 389-3111 und 1-866-453-4480
www.riverhouse.com
Motel in zentraler, aber ruhiger Lage. 220 Zimmer mit Komfort. Fitness, Pool, Spa, Sauna, Golf. **Currents at The Riverhouse** für alle Mahlzeiten. Kleines Frühstück gratis. $$

The Mill Inn Bed & Breakfast
642 N.W. Colorado Ave. (nahe Downtown)
Bend, OR
℗ (541) 389-9198 und 1-877-748-1200
www.millinn.com
Einfache Pension (heute »Boutiquehotel«) im ehemaligen Fremdenheim (von 1917); zehn kleinere, individuell gestaltete Zimmer; auch Mehrbettzimmer *(hostel beds)*. Reelle Preise, herzhaftes Frühstück. $$

Rainbow Motel
154 N.E. Franklin Ave., Bend, OR
℗ (541) 382-1821
www.rainbowmoteloregon.com
Preiswert, sauber, citynah. $–$$

Tumalo State Park
64120 O.B. Riley Rd. (ab US-20, 5 mi nördl.

Treiben lassen auf dem Metolius River bei Camp Sherman

Ein Tag am Metolius **15**

Tumalo Falls am Rande des Kaskadengebirges, westlich von Bend

Bend, OR)
✆ (541) 388-6055 und 1-800-452-5687 (Reservierung)
www.oregonstateparks.org/park_45.php
Gepflegter Campingplatz am Deschutes River, schön unter Kiefern gelegen. 54 Zeltplätze, 23 *full hookups*, sieben Jurten; Picknicktische.

Crown Villa RV Resort
60801 Brosterhous Rd. (Division St. südwärts)

Bend, OR
✆ (541) 388-1131
www.crownvillarvresort.com
Luxus-Camping. 116 RV-Plätze mit allem Komfort. – Ebenfalls in Bend: **Scandia RV Park**, 61415 S. Hwy. 97, ✆ (541) 382-6206, www.scandiarv.com.

Weitere Informationen zu Bend finden Sie beim 16. Tag, S. 247.

16 Central Oregon (I)
In und um Bend

16. Tag: Bend

Vormittag	Stadtbummel durch **Downtown Bend** – mit folgenden Anlaufstellen: Visit Bend (Besucherbüro), Townshend's Bend Tea House, Des Chutes Historical Museum, Drake Park …
Mittag	Lunch in Downtown (oder Westside).
Nachmittag	Ausflug zum **Deschutes River** (südwestlich Bend) per Auto oder Fahrrad: Century Drive bis **Seventh Mountain Resort** (ggf. dort Fahrrad mieten), dann links auf FS-41 und wieder links auf FS-4120 in Richtung Lava Falls. FS-4120 weiter nach Süden, über Stichwege zum Fluss. Stationen: Big Eddy Rapids, Aspen Camp, Dillon Falls, **Benham Falls** (FS-100). Wandern auf ufernahen Pfaden.
Abend	Abendspaziergang auf **River Run Trail:** Ab Downtown über Portland Avenue und First Street. Dinner in Downtown.

Eine Karte finden Sie beim 15. Tag, S. 229.

Bend? Wer auf der Welt kannte vor 50 Jahren Bend? Die heutige Mittelstadt am Fuße der Kaskaden entstand praktisch mit der Gründung zweier Sägewerke 1916, doch als denen das Holz ausging, sah es zunächst trübe aus für Bend. Dann schaltete man um auf Tourismus. Mount Bachelor wurde für Skifahrer, der Deschutes River für Wassersportler und der Vulkanismus der Umgebung für die Allgemeinheit erschlossen. Und auf dem Land der Holzgesellschaften entstanden Resorts. All das zusammen hat eine Stadtkultur hervorgebracht, die sich in reizvollen Läden und Gaststätten manifestiert. Ganz zu schweigen vom Eigenleben der Resorts …

Radlerin auf einer Landstraße bei Bend

Weichenstellung

Bei Visit Bend einen Stadtplan von Bend besorgen. Für den Ausflug zum Deschutes River ein Fahrrad mieten (z. B. beim Seventh Mountain Resort). – Autofahrer schätzen die 104 Meilen lange Schleife des Cascade Lakes Highway (siehe »Wanderlust …«, S. 245). – Im Winter wird Mount Bachelor (2763 m) Skigebiet: mit zwölf Liften, 70 Abfahrten, 34 Meilen gespurter Loipen; die Saison dauert normalerweise von November bis Mai.

In und um Bend 16

»Paddleboarding« auf dem Deschutes River, Old Mill District in Bend

Einst kam ein Reisender ins Welcome Center von Bend und meinte arglos, Bend sei ja wohl eher eine »Durchgangsstation« zu anderen Zielen. Da wurde er aber eines Besseren belehrt: *Bend is not a crossroads, but itself a destination.* Die Einfahrt über US-97 BUS hatte Schlimmes befürchten lassen und Downtown hielt sich noch versteckt. Ein weiteres Vorurteil zerschlug sich schnell: die Vorstellung von Central Oregon als einem monotonen Binnenland. Binnenland ja, aber zerschnitten von Canyons, durchzogen von Flüssen, gesprenkelt mit Vulkankegeln, überragt von imposanten Bergen und bedeckt von Wald – wo er noch steht.

Bend – Provinzmetropole mit Pfiff

Der Tourismus um Bend ist jung, denn er begann erst in den 1960er Jahren mit der Erschließung von Mount Bachelor zum Skigebiet. Ein Stadtbesuch mag mit der Besteigung von Pilot Butte beginnen, ist aber mit der Einkehr in einer Mikrobrauerei noch lange nicht am Ende. Bend hat drei große Aktiva: erstens, die Service-Angebote seiner Downtown; zweitens, die Resorts in seinem Umland, und drittens, die Landschaften seiner Umgebung. »Bend ist die Bergstadt«, schreibt Visit Bend, »die alles hat«.

Bend liegt 1100 Meter hoch und empfängt 300 Millimeter Niederschlag und 260 Sonnentage im Jahr; die Hälfte des Niederschlags fällt als Schnee. Das bedeutet frische Höhenluft, geringe Luftfeuchtigkeit und viel Sonne. Ein Shuttlebus verkehrt täglich von und nach Portland. Weniger gut ist die Bahnverbindung: Die nächste Station (für Personen) ist Chemult, 65 Meilen südlich. Die Bevölkerung wächst und wächst: von 17 000 (1980) auf 52 000 (2000) auf 91 000 (2016). Die Neubürger bedauern nur zweierlei: die Staus auf der US-97 und den dünnen Boden auf dem Basalt – die Radieschen wollen einfach nicht wachsen.

Wie soll man die Sehenswürdigkeiten in und um Bend in einem Tagesprogramm unterbringen? Es geht nicht, eine bloße Aufzählung soll hier genügen:
- Bummel durch Downtown
- Besuch des Des Chutes Historical Museum
- Wandern, Radfahren und Rafting an und auf dem Deschutes River
- Besuch des High Desert Museum
- Besuch von Lava Lands mit Lava Butte
- Ausflug nach Tumalo Falls

- Sesselbahnfahrt auf Mount Bachelor
- Panoramafahrt auf dem Cascade Lakes Highway
- Ausflug zum Newberry Crater mit Lava Cast Forest
- Spiel und Sport im Resort … und … und …

Eine Entscheidung muss her: Der Vormittag sei also einem Stadtbummel gewidmet, der Nachmittag dem Deschutes River, der Folgetag der Erkundung der Umgebung.

Hat man im gediegenen **Riverhouse Motel** übernachtet, so wurde man wahrscheinlich durch das Schreien der Kanadagänse geweckt. Geht man die paar Schritte zum Fluss hinunter, der hier nur noch ein Rinnsal ist, so stößt man auf glatt polierte, schwarze Basaltblöcke, die aussehen, als hätte Henry Moore sie in Bronze gegossen. Zwischen Wacholder und Kiefern spielt das Wasser um diese Steine. Ein Stück flussab stehen die Gänse – und sind gar nicht scheu. Sie haben (Ende April) sechs bis acht wuschelige Küken, knallgelb wie die Stofftiere, die in den Osternestern liegen.

Downtown Bend

In Downtown liegt das Gute dicht beisammen. Ein paar Schritte im Gitternetz zwischen Wall und Bond Street, Greenwood und Franklin Avenue, und man begegnet einem ganzen Schwarm von gastlichen Stätten. Am besten beginnt man aber mit **Visit Bend** in der Lava Road und holt sich dort einen Stadtplan und die Broschüre »Heritage Walk Tour«. Wem das Stadtpflaster zu hart ist, besorgt sich bei **Birkenstock – Bend Shoe Co.** in der Wall Street noch die passenden Treter.

Schauen Sie bei der **Great Harvest Bread Co.** in der Bond Street herein (oder auch bei **La Magie Bakery & Cafe**, ebenfalls in der Bond Street). Früher wurde dem Kunden hier eine Gratisprobe Brot mit Butter für den Weg gereicht. Kaufen Sie wenigstens eine »Savannah Bar« und ein »Dakota Bread« fürs nächste Picknick. Wer hätte geahnt oder gehofft, dass in Amerika je solches Brot gebacken würde, nachdem nationale *bread companies* das Land mit ihren gebleichten Teigschwämmen überzogen hatten …

Überhaupt die *bakeries*. Man darf sie nicht als Bäckereien im deutschen Sinne verstehen. Es sind in der Regel Gaststätten, die von morgens bis mittags neben Backwaren auch kleinere Mahlzeiten ausgeben, also Sandwiches, Suppen, Kuchen. Die übliche Frage des Personals nach der gewünschten Brotsorte könnte Verwirrung stiften: *white, wheat or sourdough*? Ja, wie denn, Weizenbrot *ist* doch weiß! Ja schon, aber mit *wheat* ist hier *whole wheat*, also »Vollkorn« gemeint.

Ebenfalls zentral in der Bond Street liegt **Townshend's Bend Tea House**, ein idealer Treffpunkt für alle und jeden. Die roten Ziegelwände strahlen Wärme aus, die Fotos an den Wänden können hervorragend sein, und die großen Blechbüchsen bergen viele Sorten feinen Tees. Man kann hier in Ruhe lesen, surfen, plaudern – bis die Teenager kommen. Da die auf Gaststätten ohne Alkoholausschank angewiesen sind, kommen sie zu Hauf und nerven das Personal der Abendschicht. Benannt ist der Laden nach Charles Townshend, Urheber der *Townshend Acts* von 1767, mit denen die Briten den Kolonien das Teemonopol der East India Company aufzwangen. Daran liegt es wohl, dass Kaffee in USA heute beliebter ist als Tee, meint das Tea House …

Haben Sie Sinn für Geschichte, dann besuchen Sie das **Des Chutes Historical Museum** in der Idaho Avenue. Der Name weist auf die französisch-kanadischen Entdecker der *Rivière des Chutes* hin. Drinnen erfährt man von den Leiden der Siedler des Lost Wagon Train. Ein Raum ist den Pionierfrauen gewidmet: mit Quilts, Kleidern und – Stöckelschuhen. Im Panoramafoto erkennt man die gewaltigen Dimensionen der beiden Sägemühlen, die von 1916 bis 1994 das Wirtschaftsleben von Bend bestimmten. An einem Gesteinsbrocken im Obergeschoss lernt man endlich, was *thundereggs* sind: Achatdrusen.

Gönnen Sie sich eine Pause im stillen **Drake Park** am **Mirror Pond**. An dieser Stelle überquerten die frühen Siedler den

In und um Bend

Fluss an einer Furt. Heute watschseln hier Schwäne, Gänse und Enten über den Rasen. Stadtgründer Alexander Drake kam 1900 mit Familie aus Minnesota, um »einen ruhigen Flecken zu finden, wo ich meine angeschlagene Gesundheit wieder herstellen und einen neuen Anfang machen konnte«. Klingt sehr aktuell.

Lunchtime! Einst bot sich dafür das populäre **Alpenglow Cafe** am nördlichen Ende von Downtown an, das demjenigen 1000 Dollar Belohnung versprach, dem es gelänge, einen Büchsenöffner im Hause zu finden. Es hat sich verabschiedet, wird aber von **Mother's Downtown Kitchen** ökologie-bewusst vertreten. Für einen Lunch geeignet ist auch das historische **Pine Tavern Restaurant** von 1936, von dessen Terrasse man Mirror Pond überschauen kann. Auch **The Village Baker** in der Westside käme infrage …

Doch heute kreist der Hype um ein magisches Dreieck mit folgenden Eckpunkten:

Verlängern Sie Ihren Gang durch Downtown über Bond oder Wall Street nach Süden. Sie geraten in ein »historisches« Viertel, wo bescheidene Häuschen kleine Parzellen besetzen. **Jackson's Corner** am Broadway, Ecke Delaware Avenue ist eigentlich ein Nachbarschaftsladen. Der aber serviert »die beste Hausmannskost, die in Bend zu kriegen ist« (Homepage). Man betritt einen weiten Raum mit großen und kleinen Tischen und einer Theke für Laptop-User. Ein »Combo« aus einem halben Sandwich plus Suppe für neun Dollar wäre eine Option für einen leichten Lunch – die übliche Geräuschkulisse ist gratis.

Gehen Sie dann die Delaware Avenue hinunter und achten Sie bei Lake Place auf einen, na ja, Schuppen, in dem Leute mit leeren Halb-Gallonen-Flaschen verschwinden und aus dem sie mit gefüllten herauskommen. Pfandflaschen zur Wiederverwendung? Sollte es wahr sein, dass die Zeiten aufreißbarer Blechbüchsen, an

Man darf ihnen unter die Haube schauen: Oldtimer-Schau in Bend

Central Oregon (I)

denen man sich die Zunge zerschnitt, vorüber sind? **Boneyard** (sic) **Beer** heißt die Brauerei der Stunde, wo Gäste stehend ihre Bierprobe nehmen. Unter den – natürlich – handwerklich gebrauten Sorten ist »Diablo Rojo« mit sechs Prozent der derzeitige Renner.

Wenige Meter Luftlinie entfernt (aber durch die US-97 getrennt) liegt **The Sparrow Bakery** in der Scott Street. Kunden schwärmen von einer gewissen »Ocean Roll« und einem schinkenlosen Croissant-Sandwich, ebenso von der netten Atmosphäre und freundlichen Bedienung. Ein Gast postet, er finde den Stil »romantisch«, man könne draußen sitzen, es werde biologisch gebacken, es gebe französische Patisserien …

Schauen Sie, wenn Sie schon in der Scott Street sind, im **Old Ironworks Arts District** herein, wo Kunst »unter einem Dach« entsteht. In einer ehemaligen Fabrikhalle (von 1912) sind Abteile eingerichtet worden, wo Künstler oder Kunsthandwerker experimentieren und kommunizieren können. Ein Herr stellt Mützen aus alten Stoffen her. Es ergibt einen drolligen Verfremdungseffekt, wenn alte Küchenschürzen in Form einer Baseballkappe wieder auftauchen.

Der Schweizer Fotograf Christian Heeb hat einen Stadtrundgang für Besucher entwickelt, die die Stadt erstens nicht allein erkunden und zweitens gute Fotos mit nach Hause nehmen wollen. Sein **Photo Walk of Bend** führt nicht nur zu fotogenen Punkten der Stadt, man lernt auch, wie man diese am besten fotografiert.

Bierprobe bei Boneyard Beer in Bend

Deschutes River – mit Fahrrad oder Schlauchboot

Colorado Avenue geht westlich in **Century Drive** über, und der führt zu den Resorts am Deschutes River und weiter zum Mount Bachelor und den Cascade Lakes, wo der Fluss entspringt. Dieser windet sich bei Sunriver durch eine Talaue, schießt bei Benham und Dillon Falls über Stufen im Basalt, die ihm Lava Butte vor 6200 Jahren in den Weg gegossen hat. Dann passiert er die feinen Resorts am River Edge und rollt in Bend in einer langen Kurve aus.

Als Tourist kann man ihn zu Fuß, per Fahrrad und mit dem Boot erkunden. Wer es sich leisten kann, im **Mount Bachelor Village** zu wohnen, hat ihn direkt neben sich. Über einen Lehrpfad von 2.2 Meilen Länge kommt man hinunter und wieder herauf.

Mit einem Fahrrad, das man sich im **Seventh Mountain Resort** (7 mi südlich von Bend) leihen kann, radelt man auf sanften Wegen zunächst bis **Dillon Falls** (3 mi), dann bis **Benham Falls** (6 mi). Von hohen Bäumen eingerahmt, bildet der Fluss hier »Fälle«, die keine sind – eher rasante Stromschnellen. Die Holzgesellschaft Shevlin-Hixon hatte 1919 entschieden, die prächtigen Kiefernhaine stehen zu lassen, »um beim Besucher den Eindruck zu erwecken, er sei von tiefem Wald umgeben« – berichtete damals »The Bend Bulletin«.

Ein hübscher Platz für einen Damm, dachten ihrerseits die Ingenieure des U.S. Bureau of Reclamation beim Anblick der Fälle. Und so wurde von 1913 an immer wieder das »Benham Falls Dam Project« diskutiert, bis es an einem anderen Projekt scheiterte: dem Sunriver Resort. Ein Stausee hinter Benham Dam hätte die Great Meadow des Resort geflutet, und damit dessen künftige Golfplätze. Das Resort als höhere Nutzung, der Tourismus als Schützer der Natur …?

Radeln Sie weiter zum schönen Picknickplatz von Shevlin-Hixon. Dort feierte die Firma ihr alljährliches *company picnic*, zu dem Tausende Mitarbeiter und Angehörige auf Pritschenwaggons herangefahren

In und um Bend 16

Surfer im Deschutes River bei Bend

wurden. Eine Tafel erklärt treuherzig, die Firma habe den Platz gewählt, weil hier »so schöne Kiefern« standen. Ist das nun zynisch, paradox oder völlig logisch?

Beherzte Radler legen noch vier Meilen drauf und fahren über FS-9702 zum **Lava Lands Visitor Center** am **Lava Butte** (siehe 17. Tag, S. 251). Von dort geht es auf demselbem Wege zurück, denn eine Rückfahrt nach Bend über die US-97 North ist nicht zu empfehlen.

Wollen Sie den Fluss »hautfrisch« erleben, dann buchen Sie im Seventh Mountain Resort eine Schlauchbootfahrt. Das Resort ist Spezialist für solche Raft-Trips und veranstaltet sie auf einem drei Meilen langen Abschnitt mit Stromschnellen der Klassen I bis IV, eineinhalb Stunden zu 45 Dollar, bis zu fünfmal am Tag. Keine Angst, die Guides lassen die Boote nicht über die Fälle stürzen! Apropos: Der Hausprospekt des Mount Bachelor Resort zitiert ein englisches Sprichwort mit dem Satz »Jeder Tag am Fluss verlängert das Leben«. Dem ist nichts hinzuzufügen.

Möchte man vor dem Abendessen noch etwas für seine Fitness tun, dann ist der **River Run Trail** dafür der richtige Ort. Der Uferweg folgt dem Fluss ab Downtown drei Meilen weit bis zum Sawyer Park. Auf dem weichen Parcours aus Rindenspreu sind fast nur Jogger unterwegs, ansonsten gehört der Canyon den Tieren. Aus den Weiden- und Erlengebüschen dringt der schnarrende Ruf der *red-winged blackbirds*, warm wie der Klang einer Klarinette. Gänse nutzen die Flugschneise des Canyons zum abendlichen Rundflug, Enten kreuzen unorthodox ihre Bahn. Zwei Maultierhirsche staksen die Böschung herunter, halten inne, mustern kurz, und ziehen davon.

Feuchtfröhlicher Ausklang?

Einwohner gehen zum **Bistro 28**, wenn sie fein dinieren wollen. Doch es muss weder die Peripherie noch »immer Kaviar« sein. In Downtown findet man alles von Pub Food über **Toomie's Thai Cuisine**, die **Wild Rose** mit original nord-thailändischer Küche und

Central Oregon (I)

Deschutes Brewery & Pub

das mexikanisch inspirierte **Barrio** bis zu **Zydeco Kitchen & Cocktails** mit Northwest Cuisine und Cajun-Touch.

Ein Problem stellt sich allerdings angesichts der moderaten Preise in Bend: Was soll man mit seinen eingesparten Dollars anfangen? Eine Antwort könnte lauten: Shopping in Bend, T-Shirts mit Aufdruck oder Ähnliches ... Wenn Sie aber *richtig* Geld ausgeben wollen, dann kaufen Sie sich in einer der zwei Vinotheken der Stadt eine Flasche Wein aus Oregon! Besuchen Sie dazu **The Good Drop Wine Shoppe** oder **The Wine Shop and Beer Tasting Bar**, wo Sie die Weine *by the glass* verkosten können. Letzterer bietet außerdem im rustikalen Ambiente feinste Charcuterien und internationale Käsesorten zum Imbiss.

Dem haben die Bierbrauer einen **Ale Trail** an die Seite gestellt, einen Rundgang zu acht (!) lokalen Mikrobrauereien. Man muss die vier Meilen übrigens nicht zu Fuß gehen, man kann sie auch mit dem Brew Bus von Wanderlust Tours zurücklegen.

Die beiden Bräukneipen in Downtown sind beliebte Treffs. Beide haben außer Bier und dem Anblick der nackten Braukessel auch Speisen im Angebot. Die Liste der Biersorten im **Deschutes Brewery & Pub** liest sich wie ein touristisches Programm für Central Oregon (ersetzt es aber nicht!): Black Butte Porter, Bachelor Bitter, Obsidian Stout und, als *specials*, Mirror Pond Pale Ale und Broken Top Bock. Doch auch die Konkurrenz von der **Bend Brewing Co.** lässt sich nicht lumpen, mit: Kolsch (sic) und High Desert Hefeweizen (sic).

Rafting auf dem Deschutes River

Wanderlust am Cascade Lakes Highway

Der **Cascade Lakes Highway**, auch Century Drive oder schlicht FS-46 genannt, ist eine von fünf Must-See-Sehenswürdigkeiten des Besucherbüros von Bend. Der Rundkurs ist, je nach der Route, die man wählt, 76, 87 oder 104 Meilen lang und in der Regel von Mitte Mai bis Anfang November zu befahren. Sie führt tief ins Vorland der Kaskaden hinein. Bis Mount Bachelor ist sie ganzjährig offen. Ist das Wetter trübe, lohnt die Fahrt nicht. Auskunft über Straßen- und Wetterverhältnisse gibt es unter ✆ (541) 383-5300.

Mit der Morgensonne im Rücken folgt man Century Drive südwestwärts aus Bend heraus. Am **Mount Bachelor** erreicht man schon den höchsten Punkt der Strecke. Nähme man jetzt den Lift zur **Pine Marten Lodge**, dann könnte man bei klarer Sicht bis Mount Shasta im Süden und Mount Rainier im Norden schauen. Auf **Todd Lake** zur Rechten folgt der sumpfige **Sparks Lake**, der sich bei jeder Schneeschmelze breiter macht, als er ist. **South Sister** müsste in der Sonne glitzern. Schauen Sie bei **Devil's Garden** herein: Einen Dacit-Splitter von dort hat der Astronaut James Irwin 1971 auf dem Mond deponiert. Es folgen die Seen und Resorts von **Elk** und **Lava Lake**, die seit 80 Jahren zu rustikaler Einkehr laden.

Dann folgt die Straße dem jungen **Deschutes River**, der bei **Deschutes Bridge Guard Station** aus dem Wald heraustritt. Hier zeigt er seine volle Schönheit, Wiesenblumen säumen seine Ufer. Am **Crane Prairie Reservoir** weilen von Mai bis Oktober die Fischadler, danach starten sie wieder nach Mittel- und Südamerika. Auf FS-42 biegt man nach Osten ab und passiert **Twin Lakes**, zwei kreisrunde, vulkanische Maare. Die kürzere Route (FS-42) führt nun zur **Fall River Hatchery**, wo der Fall River liebliche Kaskaden zeigt, die längere (FS-43) nach **La Pine** mit Anschluss an die US-97. Man sieht La Pine nicht an, dass hier etwa 17 000 Familien gemeindefrei im Wald leben. Im Winter besuchen sie einander auf Skiern.

So verliefe die Autotour. Doch lassen Sie den Wagen einmal stehen und gehen Sie mit David Nissen, Gründer von Wanderlust Tours, ins Gelände:

Fragt man mich nach einem guten Wanderweg am Cascade Lakes Highway, dann empfehle ich: Green Lakes über Fall Creek. Dieser neun Meilen lange Rundweg zeigt die typische Landschaft der Region. Der »trailhead« liegt nur ein paar Meilen hinter Mount Bachelor, gegenüber Sparks Lake am Cascade Lakes Highway. Wir starten auf 1645 Metern Höhe und werden 335 Höhenmeter steigen.

Das Land um den quirligen Fall Creek gibt Kunde von Tausenden Jahren vulkanischer Ereignisse. Immer wieder haben South Sister (3157 m) und Broken Top (2797 m) das Land mit Schauern von Asche und Magma überschüttet. Jedes Stückchen Erde hier ist vulkanischen Ursprungs. Die Schmelzwässer der Gletscher von South Sister haben Bimsstein und Schlacken fortgespült, und Basalt und Dacit freigelegt.

Das Land ist schneereich, daher sind Spätsommer und Herbst die besten Wanderzeiten – schon wegen der Wildblumen. An manchen Stellen hat die Erde das Leben spendende Wasser aufgesogen wie ein Schwamm: Dort wachsen Unmengen von Lupinen. An manchen Tagen lockt die Sonne den Duft der Blumen hervor, als hätte der liebe Gott eine Flasche Parfüm über den Hang geschüttet ...

🚗🏨✉🕭 **Wanderlust Tours**
61535 S. Hwy. 97, Suite 13, Bend, OR
✆ (541) 389-8359, www.wanderlusttours.com, Mo–Sa 8–19, So bis 17 Uhr (Büro)
Naturkundliche Führungen ab Bend oder Sunriver. Halbtages-Wander-, Kanu-, Höhlen- und Ski-Touren, vor- und nachmittags, $ 55–100. David Nissen spricht Deutsch.

🏨✉🕭 **Elk Lake Resort**
Cascade Lakes Hwy., Bend, OR
✆ (541) 480-7378, www.elklakeresort.net
Ganzjährig. Rustikale Cabins (von 1922) für Sport- und Naturfreunde. Ebensolches Restaurant. $–$$$

🏨✉🍽🕭✉ **Twin Lakes Resort – Lakefront Cabins & Riverside RV Park**
FS-4260, 2 mi ab Cascade Lakes Hwy. Bend, OR
✆ (541) 382-6432, www.twinlakesresort.net
Ende April–Mitte Okt. Familienresort. 14 Cabins, Restaurant, Laden; 22 RV-Plätze mit *hookups*. Bootsverleih. $$$–$$$$

Ballons über Drake Park (Bend) und dem Deschutes River

16 Service & Tipps

Bend, OR

Weitere Informationen zu Bend finden Sie beim 15. Tag, S. 236 f. – Über Seventh Mountain Resort siehe S. 232.

ℹ️ Visit Bend
750 N.W. Lava Rd. (direkt östl. Downtown)
Bend, OR 97701
✆ (541) 382-8048 und 1-877-245-8484
www.visitbend.com
Mo–Fr 9–17, Sa/So 10–16 Uhr
Erste Anlaufstelle in Bend. Internetzugang gratis. – Siehe auch **Central Oregon Visitors Association**, 15. Tag, S. 236.

☕ Townshend's Bend Tea House
835 N.W. Bond St., Bend, OR
✆ (541) 312-2001, www.townshendstea.com
Mo–Fr 9–22, Sa bis 21 Uhr
Angenehm, kommunikativ; beliebter Treffpunkt. Fabelhafte Auswahl an offenen Tees.

🏛️ Des Chutes Historical Museum
129 N.W. Idaho Ave. (südl. Downtown)
Bend, OR
✆ (541) 389-1813, www.deschuteshistory.org
Di–Sa 10–16.30 Uhr
Eintritt $ 5/2 (13–17 J.), unter 13 J. frei
Dokumente zur Geschichte von Bend und der Region. Gute Buchauswahl zum Kauf.

✕ Pine Tavern Restaurant
967 N.W. Brooks St. (Downtown), Bend, OR
✆ (541) 382-5581, www.pinetavern.com
Mo–Fr 11.30–15 Lunch, tägl. 15–18 (Sa 12–17)
Happy Hour, ab 17 Uhr Dinner
Klassiker seit 1936. Im Sommer: Terrasse mit Blick auf **Mirror Pond**. Lounge. $–$$

✕ Jackson's Corner
845 N.W. Delaware Ave., Bend, OR
✆ (541) 647-2198
www.jacksonscornerbend.com
Tägl. 7–22 Uhr
Nachbarschaftsladen mit frischer Hausmannskost, *local/organic when possible*. Geräumig, angenehme Atmosphäre. $–$$

✕ The Sparrow Bakery
50 S.E. Scott St., Bend, OR
✆ (541) 330-6321
www.thesparrowbakery.net
Tägl. 7–14 Uhr
Gilt derzeit als beste Bäckerei in Bend. Frühstück, Brunch, Lunch, Kaffee. $

Old Ironworks Arts District
50 S.E. Scott St., Bend, OR
(siehe Facebook)
Kunst und Kunsthandwerk in alter Fabrikhalle (von 1912), Besucher willkommen. Jeden letzten Samstag im Monat Art Walk. Neben **The Sparrow Bakery**.

📷 Photo Walk of Bend – Cascade Center of Photography
2660 N.E. Hwy. 20, Suite 610 # 212
Bend, OR
✆ (541) 241-2266, www.ccophoto.com
Termine nach Absprache
Private, zweistündige Touren ab Visit Bend (Downtown): $ 129.

✕ Toomie's Thai Cuisine
119 N.W. Minnesota Ave. (Downtown)
Bend, OR
✆ (541) 388-5590
www.toomiesthaibend.com
Tägl. außer Mo Lunch 11.30–14.30, Dinner ab 17 Uhr
Sauber, hell, freundlich. Feine, leichte asiatische Küche. $$

🍸 The Astro Lounge
939 N.W. Bond St. (Downtown), Bend, OR
✆ (541) 388-0116
www.astroloungebend.com
Tägl. außer So ab 16 Uhr
Launige Bar für abends (oben ruhiger). Mit Musikprogramm. Kleine Gerichte. $

🍺✕ Deschutes Brewery & Pub
1044 N.W. Bond St. (Downtown), Bend, OR
✆ (541) 382-9242
www.deschutesbrewery.com
Tägl. 11.30–22.30, Happy Hour Mo–Fr 16–18 Uhr
Mikrobrauerei zum Zuschauen. Das Bier ist *handcrafted* und schmeckt – anders. $

🍺✕ Bend Brewing Co.
1019 N.W. Brooks St. (Downtown), Bend, OR
✆ (541) 383-1599, www.bendbrewingco.com
Tägl. ab 11.30 Uhr
Handcrafted Mikrobräu aus Bend, beliebter Treff der Locals. $

🟥 17 Central Oregon (II)
High Desert und Lava Lands

17. Tag: Bend – High Desert Museum – Lava Lands – Newberry Crater – Bend (163 km/102 mi)

km/mi	Route
Vormittag	
0	Von **Bend** auf US-97 South zum **High Desert Museum** (6 mi). Weiter auf US-97 South zum **Lava Lands Visitor Center** und **Lava Butte** (weitere 5 mi): Lehrpfad am Fuß des Berges oder Shuttlebus zum Gipfel. Abstecher via FS-9702 nach
Mittag	
24/15	**Benham Falls** am Deschutes River (4 mi) zum Picknick (siehe 16. Tag, S. 242 f.). Zurück zur US-97 und 13 mi nach Süden bis County Road 21, dann 13 mi nach Osten zum
Nachmittag	
48/30	**Newberry Crater**. Stopp bei Paulina Lake Resort am **Paulina Lake**, evtl. mit Imbiss, Bootfahren oder Wandern am See. Weiter zum **Big Obsidian Flow**. Evtl. Auffahrt zum **Paulina Peak:** Aussicht. Dann zurück nach
Abend	
91/57	**Bend**.

Die Route finden Sie in der Karte zum 15. Tag, S. 229.

Bend liegt an der Nahtstelle zwischen Kaskadengebirge im Westen und High Desert im Osten. So hat es Anteil an beiden Landschaften. Die High Desert, die keine Wüste ist, sondern eine Steppe, besetzt ausgedehnte Basaltplateaus, die in geologischer Zeit von Kaskadenvulkanen aufgeschüttet wurden. Ihre Charakterpflanze ist der Sagebrush, neben anderen Sträuchern. Im High Desert Museum südlich von Bend ist diese Landschaft, einschließlich ihrer kulturellen Aspekte, eindrucksvoll dargestellt. Der jüngere Vulkanismus um Bend zeigt sich in rezenten Lavakegeln, Lavafeldern und dem mächtigen Massiv des Newberry Crater.

Weichenstellung

Das Programm ist dicht – Prioritäten setzen! Trotz Rimrock Cafe im High Desert Museum und Cafébetrieb im Paulina Lake Lodge: Picknickkorb packen. County Road 21 zum Newberry Crater ist meist Ende Mai bis Mitte Oktober frei. Im Winter Schneeräumung auf zehn Meilen ab US-97, dann Umstieg auf Langlaufskier oder Schneemobil möglich (*snow park permits* in Bend oder La Pine).

High Desert und Lava Lands 17

Pferdetreiben in der Sagebrush-Steppe, High Desert von Oregon

Gestern war der Tag der Nahaufnahmen, heute sind Panoramafotos an der Reihe. Gestern konnte sich die Gastronomie von Bend beweisen, heute muss der Picknickkoffer herhalten. Gestern war Zeit zum Bummeln, heute drängt die Zeit. Der Besuch im High Desert Museum kommt zu kurz – gemessen an der Qualität des Hauses. McKenzie Pass war die Ouvertüre, Lava Lands wird die Durchführung, und Newberry Volcano das krachende Finale zum Vulkanismus in Central Oregon. Trotz seiner Ähnlichkeit mit Crater Lake ist Newberry weit weniger bekannt und weniger besucht als der berühmte Nationalpark in Süd-Oregon.

Die High Desert und ihr Museum

Unterwegs zum High Desert Museum mag man sich fragen, was genau bedeutet in diesem Falle *high*, und was *desert*? Als **High Desert** gilt das Hochland zwischen Kaskadengebirge und Rocky Mountains mit einer Meereshöhe zwischen 900 und 1200 Metern und 250 Millimetern Niederschlag (oder weniger) pro Jahr. Ihre Leitpflanzen sind Sagebrush, Büschelgräser und eingestreuter Wacholder, womit die vermeintliche Wüste zur Steppe wird. Die Verwirrung um den Begriff *desert* datiert seit 1820, als der Entdecker Stephen Long das Land westlich des Mississippis zur »Great American Desert« erklärte – zur Verwunderung späterer Weizenfarmer in Kansas und Oklahoma.

Die High Desert nimmt den ganzen Südosten Oregons und damit 40 Prozent der Fläche des Staates ein. Bend und sein Museum liegen an der Grenze zwischen Wald und Steppe. Der Klimariegel der Kaskaden bewirkt krasse Unterschiede zwischen den Zonen westlich und östlich davon: Am

Kojote – gilt bei den Native Americans als Schlaumeier

249

Central Oregon (II)

Westhang (Detroit, OR) fallen noch 1800 Millimeter Niederschlag pro Jahr, bei Bend sind es 300, bei Redmond 200. Der Tannenwald der Kammlagen geht östlich in Kiefernwald (*ponderosa* und *lodgepole*) über, der sich immer weiter lichtet, bis offenes Wacholder-Waldland *(juniper woodland)* und schließlich Sagebrush (Artemisia tridentata) vorherrschend werden.

Im Freigelände des **High Desert Museum** gibt es eine Siedlerhütte und einen Hirtenwagen zu besichtigen; man kann ferner einem Minisägewerk aus der Zeit um 1900 zuschauen und sich über »Wald im Wandel« belehren lassen. Otter tummeln sich, Stachelschweine verstecken sich und gefangene Greifvögel betrachten reglos die Szene.

Drinnen vermitteln Farbfotos von erstaunlicher Auflösung einen visuellen Eindruck von der Vielfalt und Weite der Steppe. Im »Desertarium« hängen Fledermäuse im Halblicht, hocken Höhleneulen vor ihren Erdlöchern, stellen sich Klapperschlangen leblos. Im Aquarium ziehen »Meuchelmörderforellen« – ja, so gelesen in einem deutschen Text – ihre Bahn, dabei ziert die harmlose *cutthroat trout* *(Salmo clarkii)* doch nur ein roter Streifen am Kiemen.

Die Dioramen der Ausstellung »Spirit of the West« legen Wert auf atmosphärische Wirkung: Gedämpftes Licht und die Stimmen der Steppe verhelfen dem Betrachter zum Sprung aus der Realität. Man wandelt durch eine »Zeitröhre« vom Indianercamp am See, wo man die Steppenvögel schnarren hört, zum Siedlerlager auf dem Treck. Man taucht in einem Goldbergwerk unter und in der geschäftigen Main Street einer Western Town wieder auf. Dort sorgen Farmerwerkstatt, General Store und ein Bankschalter für Detailansichten. Installationen mit Kleidung und Werkzeugen, Landkarten und Kunst runden die Show ab.

Die Ausstellung heißt zwar »Spirit of the West«, meint aber den Osten Oregons. Das spiegelt die Sicht der Ostküste wider, für die das übrige Amerika »Westen« war. Mit der »Hall of Plateau Indians« sind die Native Americans bedacht. Der Museumsladen ist mit Büchern und Bildern gut sortiert. Wem die Beine schwer geworden sind, begibt sich ins **Rimrock Cafe** und bestellt sich einen Snack.

Blick auf den Paulina Lake, einem Kratersee

Der Vulkanismus von Central Oregon

Lava Butte ist nur einer von vielen Aschenkegeln, die wie Seepocken auf den Plateaus um Bend sitzen, aber einer der vollkommensten. Deshalb schätzte man ihn auch lange als zu jung ein, suchte dann endlich nach verkohltem Holz, das man datieren konnte, und bestimmte sein Alter mit 6150 Jahren. Der kleine Vulkan mit dem perfekten Kegel spie nicht nur Asche und Bimsstein, sondern auch dünnflüssige Lava, die den Deschutes so einschnürte, dass er einen Bogen fließen musste (und noch muss). All dies erfährt man im **Lava Lands Visitor Center** am Fuße des Butte.

Ein gut befestigter Lehrpfad führt durch extrem verwundene und klüftige Lava zu Rinnen und Toren und zu einem Aussichtspunkt, von dem aus der Blick frei über die Lavafelder bis zur Kaskadenkette wandern kann. (Der Weg ist auch nach Torschluss und außerhalb der Saison zugänglich.) Zum Gipfel gelangt man heute nur noch per Shuttlebus, nachdem Autofahrer bei der Spiralfahrt Höhenangst und Schwindelanfälle erlitten hatten. Wer sich nach dem Besuch des Butte bei einem Picknick in schöner Lage stärken möchte, fährt die vier Meilen über FS-9702 nach Benham Falls am Deschutes River (siehe 16. Tag, S. 242 f.).

Wenn es im Kaskadengebirge poltert, ist Central Oregon vulkanisch meist mit dabei. Der Hausberg von Bend, Mount Bachelor, kam erst vor 8000 Jahren zur Ruhe – zur Freude der Skifahrer von heute. Mount Mazama (Crater Lake) flog vor 6800 Jahren in die Luft und Newberry Volcano folgte etwa hundert Jahre später. Lava Butte und andere Kegel bohrten sich vor nur 6000 Jahren durch ältere Basaltschichten nach oben. Die Lavaströme von McKenzie Pass sind jünger als 3000 Jahre und Newberry Crater spie noch vor 1300 Jahren Asche, Bimsstein und Obsidian.

Wie kommen die Anrainer des »Pazifischen Feuerringes« damit klar? Sie fragen sich: Wer wird der nächste sein. Mount St. Helens in Washington brach 1980 aus – mit spektakulären Folgen (siehe Extratag, S. 270 f.). Im Inneren von Mount Hood und Mount Adams brodelt es, aber auch Mount Rainier, South Sister und Newberry Crater werden als Kandidaten für eine nächste Eruption genannt.

24 Meilen südlich von Bend zweigt County Road 21 nach Osten zum **Newberry Crater** ab. Die gut geführte Straße steigt in weiten Kurven durch einstigen Hochwald, von dem noch mächtige Baumstümpfe zeugen. Einzelne reife Ponderosakiefern wurden als Saatbäume stehen gelassen. Nach 13 Meilen Bergfahrt ist bei **Paulina Lake** der Kraterrand erreicht, nach weiteren fünf Meilen der Endpunkt der Straße bei East Lake.

Newberry Crater – ein zweiter Crater Lake

Newberry Volcano ist ein massiver Schildvulkan, ähnlich dem Ätna auf Sizilien oder dem Mauna Loa auf Hawaii. Newberry goss vor etwa 500 000 Jahren seine Basalte als flach liegende Decken ins Land, bis hin zum heutigen Madras. Sein Gipfel stürzte ein, als die Magmakammern unter ihm leer waren. Übrig blieb ein Krater von vier bis fünf Meilen Durchmesser mit zwei kühlen, blauen Seen darin. Newberry ist also auf ähnliche Weise entstanden wie Crater Lake, doch während Crater Lake eine Rim Road besitzt, hat Newberry nur einen Rim Trail – zum Glück für robuste Wanderer.

Paulina Lake Lodge bietet schlichte Cabins, ein Restaurant-Café, Leihboote und einen sieben Meilen langen Uferrundweg, den man abkürzen kann. Auf dem See hocken vermummte Angler in ihren Kähnen, werfen hin und wieder den Motor an, um den Standort zu wechseln, und jagen – nach Rekorden. Der steht für *German brown trout* bei 27 dreiviertel (amerikanische) Pfund (= 12,5 kg). Sehr sportlich sieht das alles nicht aus.

Die zwölf roh gezimmerten Hütten mit ihrem zusammengewürfelten Inventar sind offenbar ganz nach dem Geschmack von Anglern: Resopaltisch in der »Wohn-

Central Oregon (II)

Viel Holz

Auf der schiefen Ebene von Central Oregon standen einst die größten Ponderosawälder der Welt – bis die Holzwirtschaft sie entdeckte. Als Shevlin-Hixon und Brooks-Scanlon 1916 gleichzeitig zwei riesige Sägemühlen bauten, jubelte Bend. Die Waldvorräte von Shevlin-Hixon sollten 25 Jahre (es wurden 34), die von Brooks-Scanlon 20 Jahre reichen.

1911 war die Bahn nach Bend gekommen, doch das war nur der äußere Grund für den Boom. Voraussetzung für die massive Ausbeutung der Naturschätze war der großflächige private Besitz an Wald. Erst holzten die Konzerne die Neuenglandstaaten ab, dann schlugen sie die Wälder an den Großen Seen (Michigan, Wisconsin, Minnesota) kahl, dann wandten sich Pope, Talbot, Weyerhaeuser und Co. vorausschauend nach Westen. Am Unteren Columbia und um Puget Sound waren sie schon tätig, ab den 1880ern erwarben sie dann Flächen in Central Oregon.

Die Aneignung des Landes besorgten meist Grundstücks- oder Investment-Gesellschaften, der *Timber & Stone Act* von 1878 schuf ihnen die gesetzliche Grundlage. Demnach konnten Siedler eine *quarter section* (64 Hektar) Wald für 2.50 Dollar pro *acre* zum Hausbau (!) erwerben. Diese Flächen gingen jedoch schnell an Spekulanten und Land & Timber Companies über, die bis 1896 große Areale beisammen hatten. Auf dem Höhepunkt des »Timber Rush« (1902) wurde hinzugekauft, getauscht und arrondiert. Die Giganten aus Minnesota, Shevlin-Hixon und Brooks-Scanlon, stiegen ein und erwarben die Dwyer, Mueller, Roberts & Co. …, so dass Besitzeinheiten von bis zu 250 Quadratkilometern entstanden. Als man den Rest der Public Lands 1906 unter die Kontrolle des Deschutes National Forest stellte, hatten die Firmen ihre Schäfchen schon im Trockenen.

Über Jahrzehnte trieben sie ihre Stichbahnen in den Wald, luden ihre mobilen Holzfällercamps auf Waggons und zogen an immer neue, jungfräuliche Standorte. Der mobile Ort Shevlin mit seinen 700 Einwohnern, Laden, Schule und Gemeindesaal zog so oft um, dass die Postbehörde bisweilen Mühe hatte, ihn zu finden. Als sich ab den 1950ern die flexibleren *logging trucks* durchsetzten, endete die Ära des *railroad logging*. Die mobilen Hütten von Brooks-Scanlon kamen 1946 in Sisters zur Ruhe, wo man sie heute noch besichtigen kann.

Am 21. November 1950 hatte Bend dann sein vorhersehbares Schockerlebnis: Shevlin-Hixon gaben die Stilllegung ihres Werks bekannt, und 1075 Arbeitsplätze gingen verloren. Brooks-Scanlon übernahmen zunächst die Aktiva, verkauften sie aber ihrerseits 1980. Die Nachfolger stellten den Betrieb 1994 wegen »schwindender Holzvorräte« ein. Seit 1980 ist die Holzproduktion in der Region auf etwa ein Zehntel geschrumpft. Die Holzbranche macht die Umweltschützer dafür verantwortlich.

Was tat der U.S. Forest Service indessen? Wenig. Er vergab Lizenzen – und übernahm die abgeholzten Areale. Heute macht er den Firmen gewisse Auflagen bei der Nutzung von Staatswald. Auf Privatland darf weiter kahl geschlagen werden. Die Branche befindet sich im Aufruhr und rebelliert gegen die Auflagen. Die restlichen Naturwälder, derzeit noch durch den *Endangered Species Act* und seinen Symbolvogel, die *spotted owl*, geschützt, kommen politisch unter Druck. Experten sagen, Prognosen über die künftige Entwicklung seien nicht möglich.

In der deutschen Version der Oregon State Highway Map steht der humoristische Satz: »Dass die Natur weitgehend ursprünglich erhalten bleibt, dafür sorgen strikte Umweltschutzgesetze, die in den ganzen USA als führend angesehen werden.«

Holz (hier Ponderosakiefern), ein starker Wirtschaftsfaktor im Nordwesten

High Desert und Lava Lands

küche«, grelle Neonröhren, ein Riesenkühlschrank (der brummt) und ein Power-Ofen, der heizt – und wie! Das Holz spaltet man vor der Hütte selbst. Zum Härtetest für den Gast wird das Feueranzünden (mit Papier und Heizöl), das *kindling* (mit Anmachholz) und die Bedienung des *damper* (Luftklappe). Abends kommt Besuch von oben. Vorsichtig und elegant schreitet eine Gruppe Rehe durchs Lager zum See. Eines kommt näher und holt sich einen halben Apfel vom Hackklotz.

Im Oktober wirkt der Krater eher abweisend. Hinter dem Wehr am Paulina Creek liegen verendete Kokanee-Lachse, während Artgenossen noch gegen die Strömung ankämpfen. Weiße Bimssteinkiesel, leicht wie Styropor, säumen das ferne Ufer des East Lake. Hunderte Enten treiben auf dem See – abflugbereit? Die struppigen Lodgepole-Kiefern stehen so dicht, dass sie – auch abgestorben – nicht fallen können, sondern ausbleichen und stehen bleiben. Pinus contorta ist hier adaptiert, weil ihre Sämlinge die eiskalte Luft über Bimsstein besser vertragen als Ponderosa. Den Rehen scheint es egal zu sein, eine ganze Schar von ihnen überquert in aller Ruhe die Fahrbahn, die Autos halten.

Scharf und schneidend blinkt das schwarze Vulkanglas im **Big Obsidian Flow**. Ein Lehrpfad (0.7 mi) führt durch die Splitterwüste, in der sich Obsidian mit Schichten aus dunklem und hellem Bimsstein mischt. Obsidian, so lernt man, ist Glas mit über 72 Prozent Silizium, bei dem das Silizium nicht kristallisieren konnte. Die Indianer schlugen daraus Pfeilspitzen, Werkzeuge und – Kapital. Bis nach Mexiko und Kanada lieferten sie das geschätzte Material. Der Astronaut Walter Cunningham testete hier 1964 seinen Mondanzug auf Schnittfestigkeit.

Soll man auf **Paulina Peak** hinauffahren oder nicht? Ein normales Auto schafft es sowieso erst ab Juli, wenn der Schnee weg ist, außerdem lockt die Gastronomie von Bend ... Am 2434 Meter hohen Gipfel erreicht die Caldera von Newberry ihren höchsten Punkt. Selten gibt es im Nord-

Die Pulina Lake Lodge bietet Leihboote

westen passierbare Straßen, die in solche Höhen hinaufreichen, nur Steens Mountain in Südost-Oregon und Harts Pass in den North Cascades sind vergleichbar. An einer Haltebucht, wo alte Hemlocktannen ihre Wipfel wie Zipfelmützen neigen, kann man es sich noch einmal überlegen. Zu Fuß geht es übrigens auch, als eine Etappe des 21 Meilen langen **Rim Trail**.

Die Aussicht von oben ist, wie zu erwarten, gigantisch. Eine scharfe Vegetationsgrenze zeichnet sich ab, denn Newberry schafft sein eigenes Klima. Im Westen steht neuer Wald, im Osten, im Regenschatten, breitet sich die High Desert aus. So weit das Auge reicht abgeholztes Land, über das sich der gnädige Schleier von Sekundärwuchs gelegt hat. Das Aderwerk von Bahntrassen und Holzabfuhrwegen verschwindet allmählich in neuem Grün. Kleinere Aschenkegel sprenkeln die Flanken des Berges.

Wie aktiv ist Newberry heute? Immerhin so aktiv, dass in tausend Metern Tiefe Temperaturen von 265 Grad Celsius gemessen wurden. Das rief die Energiewirtschaft auf den Plan, die das Potenzial geothermisch nutzen wollte, das aber alarmierte die Umweltgruppen. Diese erwirkten 1990 die Gründung des **Newberry National Volcanic Monument** zu dem Zweck, die raue Natur des Vulkans auf Dauer zu erhalten. Frühere Versuche, einen Nationalpark zu schaffen, waren am Widerstand der Holzwirtschaft gescheitert, die meinte, dass hier noch einiges zu holen sei.

Milchstraße über der High Desert, Central Oregon

High Desert und Lava Lands

17 Service & Tipps

Bend, OR

Weitere Informationen zu Bend finden Sie beim 15. und 16. Tag, S. 236 f. und 247.

High Desert Museum
59800 S. Hwy. 97 (6 mi südl., Bend, OR
(541) 382-4754
www.highdesertmuseum.org, tägl. Mai–Okt. 9–17, Nov.–April 10–16 Uhr, Eintritt $ 15/9 (5–12 J.), im Winter $ 12/7
Bedeutendes Museum – so anschaulich, dass auch Kinder ihre Freude haben. Landschaft, Natur, Wirtschaft des zentralen und östlichen Oregon. »Spirit of the West«, »Desertarium« etc.

High Desert Museum

Lava Lands Visitor Center
Deschutes National Forest
58201 S. Hwy. 97 (11 mi südl. Bend), Bend, OR
(541) 593-2421, www.fs.usda.gov
Juni–Aug. tägl., Mai und Sept. Do–Mo 9–17 Uhr, Winter geschl., Parken $ 5 (Day Pass)
Am Newberry Volcanic Monument. Exponate zum Vulkanismus in Central Oregon. Lehrpfade »Molten Land«, »Whispering Pines«. Shuttlebus zum Gipfel von **Lava Butte**: Kraterrundweg.

Weitere Ziele zum **Vulkanismus** um Bend sind **Lava River Cave**: Lavaröhre, die sich im Kontakt von erkalteter mit flüssiger Lava gebildet hat (US-97, 12 mi südl. Bend); **Lava Cast Forest**: einstiger Hochwald, im Lavastrom als Hohlform abgebildet (US-97, 14 mi südl. Bend, dann 9 mi auf FS-9720 nach Osten). Wanderlust Tours führt.

Paulina Lake Lodge
22440 Paulina Lake Rd. (Paulina Lake, Newberry Crater), La Pine, OR
(541) 536-2240
www.paulinalakelodge.com
Ganzjährig. 14 rustikale Cabins mit Küche für Angler (Frühjahr–Ende Okt.), Skilangläufer und Schneemobilfahrer (Mitte Dez.–Mitte März). Restaurant mit Hausmannskost; Bootsverleih. $$–$$$$

East Lake Resort, Marina & RV Park
22430 Paulina Lake Rd. (East Lake, Newberry Crater), La Pine, OR
(541) 536-2230, www.eastlakeresort.com
Mitte Mai–Sept.
16 Cabins, 40 RV-Plätze, sechs Zeltplätze. Restaurant **Blue Duck Grill** (Frühstück, Lunch), Einkaufsladen, Bootsverleih. $$–$$$

Lavafeld des Newberry National Volcanic Monument

18 Nordwärts durch die Mitte
Von Central Oregon nach Long Beach

18. Tag: Bend – Smith Rock – Cove Palisades – Warm Springs – Long Beach (474 km/296 mi)

km/mi	Route
Morgen	
0	Von **Bend** US-97 North über Redmond nach **Terrebonne**, dann 5 mi über Smith Rock Road zum
Vormittag	
42/26	**Smith Rock State Park:** Kletterwände. Zurück zur US-97 North und über **Ogden Scenic Wayside** zum Abzweig nach Culver: TOUR ROUTE folgen bis
Mittag	
32/20	**Cove Palisades State Park** am **Lake Billy Chinook**. Auf Mountain View Drive 6 mi nordwärts zum **Round Butte Dam Observatory:** Picknick. Über Elk Drive und Pelton Dam Road nordwärts zur US-26 West, dann 5 mi bis
Nachmittag	
35/22	**Museum at Warm Springs:** Besichtigung. Weiter über Government Camp und Portland (US-26/Powell Blvd.), I-205 North, I-5 North bis Exit 36 und WA-432 nach
237/148	**Longview:** Evtl. Rast im Park von Lake Sacagawea (15th Ave. rechts, dann Kessler Blvd.). Weiter auf WA-4 West über Cathlamet, Skamokawa, Naselle und US-101 South zur
Abend	
128/80	**Long Beach Peninsula**.

Three Sisters, Kaskadengebirge, Central Oregon

Von Central Oregon nach Long Beach 18

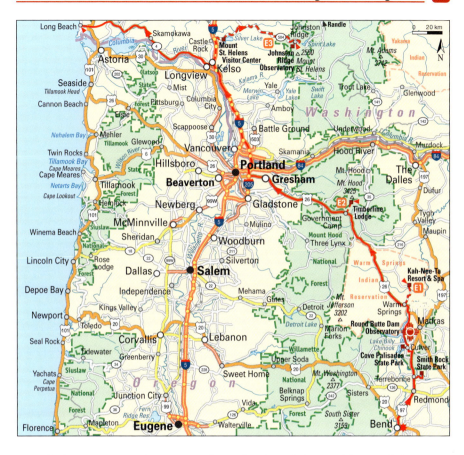

Es ist die längste Etappe der Reise, und eine der abwechslungsreichsten. Sie hat Anteil an den Canyonlands von Central Oregon, dem Kaskadengebirge um Mount Hood, den Flussmarschen des Unteren Columbia und den Sandstränden am Pazifischen Ozean. Am Wege liegen der Kletterfelsen von Smith Rock und die Schlucht von Cove Palisades, das Museum der Warm-Springs-Indianer und die einzigartige Timberline Lodge. Am Ende wartet ein Ferienparadies, wo Familien Urlaub machen. Stichrouten führen zum Kah-Nee-Ta Resort im Indianerland und zum geborstenen Vulkan Mount St. Helens im südlichen zentralen Washington.

Weichenstellung

Gewalttour! Wer morgens gebummelt hat, muss wissen: Von Madras sind es noch 243 Meilen (mit Stadtdurchfahrt Portland!) zum Etappenziel. Daher die Route besser dreiteilen. **1. Tag:** Smith Rock und Cove Palisades State Parks (Übernachtung in Madras), **2. Tag:** Warm Springs und Kah-Nee-Ta Resort (Übernachtung in Kah-Nee-Ta), **3. Tag:** Timberline Lodge und Mount Hood (Übernachtung in Timberline). – An die Route knüpfen sich **drei Extratage:** Kah-Nee-Ta, Timberline Lodge und Mount St. Helens. – Wem jetzt der Urlaub ausgeht, nimmt die I-5 und fährt durch bis Seattle.

18 Nordwärts durch die Mitte

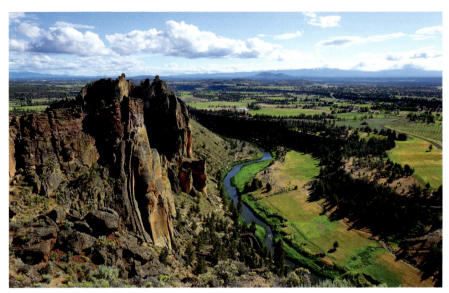

Der Smith Rock State Park gilt als Geburtsort des US-Sportkletterns

Es wird eine Tour mit Siebenmeilenstiefeln, das längste Teilstück der Reise – und vielleicht das kontrastreichste: High Desert, Plateaus und Canyons, Kaskadengebirge, Wattenlandschaft und pazifischer Strand. Die Reise geht an vielen Sehenswürdigkeiten – vorbei. Am Ende heißt es, wie bei William Clark: *Ocian in view! O! The joy.*

Die Wacholderbäume im Juniper Grassland nördlich von Bend sind knorrig und knotig wie alte Olivenbäume. Ihre blauen Beeren dienten den Indianern als Überlebensnahrung. Hölzerne Tore mit Verbotsschildern markieren heute die Einfahrten zu den Ranches. Je weiter man nach Norden kommt, desto karger wird die Steppe. Nach Osten zu liegen die Plateaus mehrfach geschichtet übereinander, am Rimrock brechen sie jeweils abrupt ab. Im Westen leuchtet die weiße Kette der Kaskaden. Seltsame Hüte, Wülste, Schnuten und Zacken markieren Broken Top; auch Three Sisters und Three Fingered Jack zeigen Spuren von Gletscherbiss.

Hochlandwetter – zu jeder Jahreszeit! Frühlingsluft und hohe Wolken, aus denen leichter Regen fällt … Sengende Hitze, die Windhosen steigen lässt … Klare Sicht mit Sturm, der über die Steppe jagt … Trockene Luft und dünner Schnee auf den Viehweiden … So lustig wie an den Skiliften von Mount Bachelor dürfte es hier im Winter nicht zugehen.

Die Canyonlands von Central Oregon

In Terrebonne zweigt die Straße nach **Smith Rock State Park** ab. Man könnte auf Sicht fahren, so klar markiert der rote Tufffelsen seine Position. Unterwegs kommt man an einer Koppel mit amerikanischen Bisons (Bison bison) vorbei, der Hinweis BUFFALO MEAT FOR SALE beweist es. Am Park selbst zahlt man seine fünf Dollar an den Automaten und wandert durch würzig duftenden Sagebrush hinunter zum Fluss.

Links hinter der Brücke geht es zu den berühmten Kletterwänden. Der Crooked River hat Smith Rock als Umlaufberg aus einem ehemaligen Vulkanschlot herausgeschnitten. Seine Wände bestehen aus *welded tuff*, das ist extrem verfestigte vulkanische Asche. Herausfallende Steinchen haben Löcher hinterlassen, in die sich die Kletterer krallen. Sie kommen aus aller

Welt und stehen an Wochenenden Schlange. Sie bilden Seilschaften aus Gruppen oder Paaren, bei denen der eine steigt, während der andere sichert. Einer witzelt: Er mag die Überhänge, da tut's nicht weh, wenn man fällt. Er ergänzt: *Of course, the idea is not to fall ...*

Im Park führen zwei Rundwanderwege um den Umlaufberg herum: der erste mit geringer Steigung zu den »Wackelsteinen« aus Tuff (6.6 mi); der zweite in steilen Serpentinen über Monkey Face hinauf zur Misery Ridge (4.1 mi, 240 Höhenmeter). Wer abkürzen will, legt sich bei Asterisk Pass auf den Bauch und *schaut* hinüber. Nach der Tour stärkt man sich im **Terrebonne Depot** in Terrebonne mit frisch zubereiteter, »neu-amerikanischer« Kost.

Man rollt im Verkehrsstrom der US-97 nach Norden – und überrollt einen Abgrund: den Canyon des Crooked River. Will man ihn in Ruhe betrachten, muss man *vor* Erreichen der Brücke an der **Ogden Scenic Wayside** parken; von dort führt ein steiler Pfad hinunter. Die Eisenbahnbrücke westlich von hier hat Geschichte gemacht, als sie 1911 den Wettlauf der Eisenbahnen nach Bend zugunsten der Oregon Trunk Line entschied; damals war sie mit 98 Metern eine der höchsten Brücken der Welt.

Die Siebenmeilenstiefel wollen im Dreisprung nach Norden: Madras – Portland – Pazifik, doch ein Abstecher zum **Cove Palisades State Park** ist allzu verlockend. Die TOUR ROUTE ab Culver führt direkt hinein. Zunächst hat man den Eindruck, das Plateau würde sich bis zum Fuße der Kaskaden fortsetzen ... doch dann bricht es plötzlich ein. Ungläubig steht man am Rand und blickt in einen tiefen, verzweigten Canyon, in dem ein großer Stausee blinkt: **Lake Billy Chinook**. Darin vereinen sich Crooked, Deschutes und Metolius River, eine bequeme Straße würde hinunterführen ... doch die Zeit drängt.

Erlaubt man sich trotzdem einen kleinen Umweg, nämlich den über Mountain View Drive zum **Round Butte Dam Observatory**, dann wartet dort eine Überraschung (siehe MAGIC MOMENT, S. 263). Wer eine kurvenreiche Talfahrt nicht scheut, schlängelt sich nordwärts und abwärts zum Anschluss an US-26 West.

Indianerland – und der Hausberg von Portland

Bald macht das Kulturzentrum der Warm-Springs-, Wasco- und Paiute-Indianer mit einem Kreissymbol auf Stäben auf sich aufmerksam. Das **Museum at Warm Springs** führt das traditionelle Leben der Stämme vor, zeigt die Beeren und Wurzeln, die sie sammelten, und die Hütten, in denen sie wohnten: das *wickiup* der Paiute, das *teepee* der Warm Springs und das *plank house* der Wasco.

Die gefällige Präsentation, die hübsche Wasco-Hochzeit in Wildleder machen das historische Geschehen verträglicher. Denn die Stämme von »Middle Oregon« mussten im Vertrag von 1855 immerhin fast 40 000 Quadratkilometer ihres Lebensraums abtreten – im Tausch für ein Reservat von 2584 Quadratkilometern plus 150 000 Dollar in Raten. Der *Dawes Act* von 1887 erzwang die Privatisierung von Stammesland, wodurch wiederum der Weiterverkauf an Fremde (Weiße) ermöglicht wurde. Ein Arzt aus Portland erwarb auf diese Weise 1935 das Land um die heißen Quellen bei Kah-Nee-Ta, doch der Stamm konnte es später zurückkaufen.

Große Farbfotos im Museum zeigen die Stammesangehörigen höchst lebendig, in

Bei einem Rodeo der Warm Springs-Indianer

Luftbild von Mount Hood, Kaskadenvulkan, 3424 Meter

Von Central Oregon nach Long Beach

Wildgänse auf ihrem Zug nach Norden

natura bekommt man sie indessen kaum zu Gesicht, es sei denn man trifft sie bei ihren Einkäufen im Safeway von Madras. Die 3500 Angehörigen der Confederated Tribes arbeiten im stammeseigenen Sägewerk, der eigenen Textilfabrik und im **Kah-Nee-Ta Resort**. Das Resort liegt nur elf Meilen entfernt in einer Landschaft, die an New Mexico erinnert (siehe Extratag, S. 266 f.). Entspannende Thermalbäder stünden dort bereit, zugänglich auch für externe Besucher, empfohlen von Freunden aus Bend, die sich hier im Winter auftauen lassen. Doch wer abends am Pazifik sein will, muss bei Warm Springs aufs Gas treten – und rauf auf die Hochfläche vor Mount Hood.

Das Klima wechselt spürbar, man sieht es an der Vegetation. Die Steppe geht in lichten Kiefernwald über, am lichtesten dort, wo er nur aus Baumstümpfen besteht. In Warm Springs sinnen die Verantwortlichen des Reservats inzwischen darüber nach, ob es klug war, den Wald zu verkaufen. Fichten und Tannen gesellen sich zu Kiefern, gewinnen allmählich die Oberhand und bilden westlich der Wasserscheide saftigen, grünen Regenwald.

Seit einiger Zeit schon drängt sich der weiße Kegel von **Mount Hood** ins Bild, jetzt zieht er am rechten Wagenfenster vorbei. Bei Government Camp zweigt die Zufahrt zum berühmten Berghotel **Timberline Lodge** ab (7 mi), doch das ist nur um den Preis eines Zusatztages zu haben (siehe Extratag, S. 268 f.). Stattdessen gleitet man die Westflanke des Berges hinunter, bis US-26 West in Powell Boulevard übergeht und in den Stadtverkehr von Portland einmündet. Auf I-205 North kommt man schnell hindurch, quert den Columbia und hält, wenn nötig, noch am Welcome Center für Washington State.

Wasserlandschaft am Unteren Columbia

Longview ist beileibe kein Ausflugsziel, aber im Park von **Lake Sacagawea** könnte man sich die Beine vertreten, falls einen die Düfte real produzierender Papierfabriken nicht davon abhalten. Entlang WA-4 West begleiten dann schlammige Flussmarschen die Fahrt. Für das alte **Cathlamet** (seit 1846) mit seinen Backsteinbauten und dem **Wahkiakum County Historical Museum** bleibt ebensowenig Zeit wie für den Besuch des **Julia Butler Hansen Wildlife Refuge**, wo es seltene Weißwedelhirsche zu sehen gäbe.

Die klassische River Town **Skamokawa** (9 m über NN) zeigt zerfallende Häuser auf Stelzen, faulende Schiffswracks im Wasser des Slough. Das **River Life Interpretive Center** in der alten Redmen Hall könnte viel über das Leben am Fluss zwischen 1850 und 1930 erzählen. Halten Sie kurz im **Skamokawa Vista Park** am westlichen Ortsausgang, um einen letzten Blick auf den großen Strom zu werfen: Frachter schieben sich durch die Fahrrinne stromauf, Treibholz schwimmt träge stromab. Mit »Skamokawa« meinten die Chinook-Indianer »Rauch über dem Wasser«, aber nicht den der Papierfabriken, sondern die Frühnebel.

18 Nordwärts durch die Mitte

Auf den Hoodoos bei Lake Billy Chinook, dahinter Mount Jefferson

Canyonlands in Central Oregon

Der **Cove Palisades State Park** mit **Lake Billy Chinook** ist ein beliebtes Sommerferienziel für Familien: zum Baden und Bootfahren (mit Wasserski), zum Wandern und Zelten. Der tiefe Canyon schafft sein eigenes Klima, im Sommer herrscht windstille Hitze, im Winter schützt er vor rauen Winden. Die Jordan Road (bzw. Cove Palisades Park Rd.) führt in den Westen des weitläufigen Parks. Jenseits des Crooked River findet man bei Headquarters alle nötigen Informationen sowie Zugang zu Badestellen. Wer will, wandert zur rauen Mesa von »The Island« mit ihrer unberührten Prärie, die als Crooked River National Grasslands geschützt ist.

Jenseits des Deschutes River streifen Rehe und Hirsche durch offenes Wacholderland, ohne Zäune, ohne Tore. Der Ladenbesitzer in Chinook Village meint, man könne getrost auch wild zelten, da es Staatsland sei, »aber nicht im Sommer, da wird zu viel getrunken und geballert«. Die Graham Road (County Rd. 64) führt über Fly Lake hinaus zu zwei sehr schlichten, abgelegenen Campingplätzen am Metolius River: **South Perry** und **Monty**. Es gilt *first come, first served*; es gibt keinerlei Service, nicht einmal Trinkwasser.

Zentraler Ort der Region, etwa zum Übernachten, ist **Madras**. Es empfängt mit dem diskreten Charme der amerikanischen Provinz: Tankstellen, Autohändler, Supermärkte, Fast Food und Motels am doppelt geführten Highway. Im Truck Stop die immer gleichen Fragen: *How do you want your eggs? More coffee?* Der Aufenthalt erfordert innere Stärke oder eine nette Begleitung.

Beides besaß offenbar der Bhagwan, der Anfang 1983 täglich, gefolgt von einer Autokarawane von Anhängern, aus dem 20 Meilen entfernten Rajneeshpuram anreiste, um hier sein Eiskremsoda zu schlürfen. Seine Jünger riefen dazu »Huh! Huh! Huh!«, tanzten und herzten sich auf dem Parkplatz vor dem Supermarkt – sehr zum Befremden der einheimischen Bevölkerung.

Im **Mexico City Restaurant** wechselt die Kultur: Hier ist Guacamole Trumpf. Die mexikanische Familie am großen Tisch lässt ahnen, wer in der »Mint Capital of the World« die Feldarbeit leistet. Außer Pfefferminz wachsen hier noch Kartoffeln, Knoblauch und anderes mehr.

Informationen zu Madras siehe Service & Tipps, S. 264.

🌲♨🚗🍴🏕 **Cove Palisades State Park**
7300 Jordan Rd. (4 mi westl. Culver)
Culver, OR
✆ (541) 546-3412 und 1-800-452-5687 (Reservierung)
www.oregonstateparks.org/park_32.php

Ganzjährig. Beliebtes Ferienziel am Lake Billy Chinook (Stausee) mit Baden, Booten, Camping (April–Okt.); 178 RV-Plätze mit *hookups*, 94 Zeltplätze an zwei Standorten. Ab Headquarters Zugang zu Badestellen, Wanderwegen, »The Island«.

Von Central Oregon nach Long Beach

Der Highway (WA-4) schlägt nun einen weiten nordwestlichen Bogen durch das Hinterland des Stromes. Nach Regen glänzen die jungen Nadelbäume taufrisch, sie wachsen hier in der zweiten oder dritten Generation. Bei Grays River öffnet sich das Tal, Rinder weiden auf den Flächen. Fährt man ein Stück in die wässerige Landschaft hinein, so zeigen die Wasserarme Schlammgirlanden an ihren Rändern, was darauf schließen lässt, dass sich die Gräben im Rhythmus der Gezeiten füllen und leeren. Welch ein Kontrast zur kargen Weite der High Desert! Plötzlich ein Geschrei in der Luft: Schwärme von Wildgänsen ziehen in Geschwadern ihre Kreise.

Auf die Idylle folgen Kahlschläge und verkohlte Hänge. Die Trucker haben ihre Fahrzeuge in die Einfahrten ihrer Häuser gestellt, die Hinterachse im Huckepack. Eine Holztafel verkündet: WE SUPPORT THE TIMBER INDUSTRY. Jawohl! Am anderen Ufer des Columbia zeichnen ausgefranste Hügelkämme mit eingestreuten Saatbäumen merkwürdige Konturen in den Himmel.

Mit den breiten Buchten des Naselle River, der unmerklich in Willapa Bay übergeht, kündigt sich das Wattenmeer an. Man rollt auf US-101 South über Seaview ins Sommerferienparadies der **Long Beach Peninsula**. So ein Paradies hat seine Vorteile: Es bietet reichlich Unterkunft – etwa der **Ocean Park RV Park**, wo man auch mit Wohnwagen und Kindern gut aufgehoben ist, oder **Our Place on the Beach**, wo man nachts dem ewig rollenden Zug der Brandung lauschen kann.

✴ MAGIC MOMENT Blick in den Abgrund

Lassen Sie sich von den bizarren Öffnungszeiten des Besucherzentrums am **Round Butte Dam Observatory** nicht einschüchtern. Schlüpfen Sie (wenn es keiner sieht) durch ein Loch im Zaun, folgen Sie einem sanften Sandweg zwischen Wacholder und bunten Steppensträuchern und stellen Sie Ihren Picknickkorb – an den Abgrund.

Dies ist nichts für tollkühne Kinder! Von der Felskante schweift der Blick schaudernd in die Tiefe, wo Fallwinde die Oberfläche des Stausees leicht kräuseln. Nördlich des Damms zieht sich ein langes, geschwungenes Betonband durchs Land, die »längste Fischtreppe der Welt«. Doch die Fische mochten sie nicht besteigen, und so züchtet man jetzt die Jungfische in den Resten der Treppe und schafft sie per Tankwagen zum See. Bei Tillamook Cheese, Brot aus einer Bakery in Bend und Red Delicious aus dem Supermarkt erleben Sie eine seltene Schwerelosigkeit – ein würdiger Abschluss für Ihren Besuch in Central Oregon!

🄿❎🅆 Round Butte Overlook Park & Observatory
S.W. Round Butte Dr. (via Mountain View Dr. & Riverview Rd.)
Culver, OR
℡ (541) 325-5292 (Portland General Electric)
Ende Mai–Mitte Sept. (Park und Observatory), übrige Jahreszeiten beschränkter Zugang
Hoher Aussichtspunkt im Nordteil des Cove Palisades State Park. Möglichkeit zu Picknick und Wildbeobachtung. Im Observatory Exponate zu den Kraftwerksanlagen von Portland General Electric und zu Maßnahmen zum Schutz und zur Pflege der Fische.

Blick in den Abgrund: Round Butte Dam am Lake Billy Chinook

18 Service & Tipps

Terrebonne, OR

Smith Rock State Park
9241 N.E. Crooked River Dr. (3 mi östl. Terrebonne/US-97), Terrebonne, OR
✆ (541) 548-7501 und 1-800-551-6949
www.oregonstateparks.org/park_51.php
Markanter Tufffelsen über dem Crooked River – zum Klettern, Wandern, Picknicken. Einfacher Zeltplatz. – Privater Ausrüster: **SmithRock.com** (✆ 541-516-0054, www.smithrock.com).

Terrebonne Depot Food & Drink
400 N.W. Smith Rock Way
Terrebonne, OR
✆ (541) 548-5030
Mi–So 11.30–20.30 Uhr
Lunch und Dinner im einstigen Bahnhof. Frische, örtliche Produkte. $

Madras, OR

Sonny's Motel & Restaurant
1539 S.W. Hwy. 97, Madras, OR
✆ (541) 475-7217
www.sonnysmoteloregon.com
Praktisches, *Good value*-Motel mit Restaurant, Pool, *hot tub*; Waschdienst in der Nähe. 44 Zimmer (z.T. mit Küche). Morgens Schwerverkehr auf US-97. $$ – Ruhiger gelegen: **Inn at Cross Keys Station** (66 N.W. Cedar St., ✆ 541-475-5800, www.innatcrosskeysstation.com; $$$).

Mexico City Restaurant
48 S.W. 4th St.
Madras, OR
✆ (541) 475-6078
So–Do 11–21.30, Fr/Sa 11–23 Uhr
Gute mexikanische Küche: Tacos, Enchiladas, Tortillas, Churritos, Burritos. Beliebt bei den Hispanics. $–$$

The Museum at Warm Springs
2189 Hwy. 26
Warm Springs, OR
✆ (541) 553-3331
www.museumatwarmsprings.org
Tägl. 9–17 Uhr (Winter Di–Sa)
Eintritt $ 7/3.50 (5–12 J.), darunter frei
Kleines, feines Museum (von 1993) zu Handwerk, Kunst, Tradition der Warm Springs-,

Smith Rock im Abendlicht, Smith Rock State Park bei Terrebonne

Von Central Oregon nach Long Beach 18

Wasco- und Paiute-Indianer. Artefakte und aktuelle Fotos.

Seaview, Long Beach, Ocean Park, Ilwaco, WA

ℹ️ Long Beach Peninsula Visitors Bureau
3914 Pacific Way
Seaview, WA 98644 (Büro)
✆ (360) 642-2400 und 1-800-451-2542
www.visitlongbeachpeninsula.com

🛏️✗🍸 The Shelburne Inn (B & B)
4415 Pacific Way
Seaview, WA
✆ (360) 642-2442 und 1-800-466-1896
www.theshelburneinn.com
Historisches (von 1896) Boutiquehotel im viktorianischen Stil: 15 Zimmer voller Antiquitäten. Erstklassiges Frühstück. Für Feinschmecker: **Shelburne Restaurant & Pub** (✆ 360-642-4150). $$$–$$$$

🛏️ Our Place at the Beach Motel
1309 Ocean Beach Blvd. S.
Long Beach, WA
✆ (360) 642-3793 und 1-800-538-5107
www.ourplacelongbeach.weebly.com
Viel Motel fürs Geld! – mit schöner Lage zu den Dünen. Privatweg zum Strand, Fitness, Sauna, Dampfbad. Tiere willkommen. $$–$$$

🛏️ Adrift Hotel & Spa
409 Sid Snyder Dr. W.
Long Beach, WA
✆ (360) 642-2311 und 1-800-561-2456
www.adrifthotel.com
Modernes Hotel mit *urban-industrial vibe* an den Dünen. $$$

✗🍽 Salt Hotel & Spa
147 Howerton Ave., Ilwaco, WA
✆ (360) 642-7258
www.salt-hotel.com
Für Bootsfreunde. Pub mit Blick auf den Hafen von Ilwaco und *local beer and seasonal food*. $$

🛏️ Mermaid Inn & RV Park
1910 Pacific Ave. N. (nördl. Ortsende)
Long Beach, WA
✆ (360) 642-2600 und 1-800-676-2601
www.mermaidinnatlongbeachwa.com
Sauber, geräumig, preiswert. Zehn Zimmer, elf *hookups*. $$

Klettern an der Steilwand, Smith Rock State Park

🛏️🍽 Ocean Park Resort
25904 »R« St. (zwei Blocks östl. Pacific Hwy.)
Ocean Park, WA
✆ (360) 665-4585 und 1-800-835-4634
www.opresort.com
»Schönstes Urlaubsquartier für Familien in Long Beach«. Zwölf Motelzimmer ($–$$), zwei Cabins, 140 RV-Plätze, 13 Zeltplätze; Gelegenheit für Spiel und Sport.

🛏️ Cape Disappointment State Park
244 Robert Gray Dr. (2.5 mi westl. Ilwaco, ab US-101)
Ilwaco, WA
✆ (360) 642-3078 (Information)
✆ 1-888-226-7688 (Reservierung)
www.parks.state.wa.us/486/Cape-Disappointment
Ganzjährig, 6.30 Uhr bis *dusk*
Schönster Park der Halbinsel, nahe **Lewis & Clark Interpretive Center**. 231 Stellplätze mit Herd und Tisch, davon 60 *full hookups*. Picknickplätze.

Kräutersammlerin, Diorama im Warm Springs Museum

E Im Indianerland
Abstecher nach Kah-Nee-Ta

Extratag: Warm Springs (US-26) – Kah-Nee-Ta Resort (18 km/11 mi)

Ein Tänzer der Yakama beim Powwow in Warm Springs

Die Route finden Sie in der Karte zum 18. Tag, S. 257.

Eine Landschaft wie im Western: Tafelberge bis zum Horizont, trockene Hänge, auf denen verstreut Wacholder steht, frische Höhenluft – New Mexico scheint in den Nordwesten verschoben. Über eine Nebenstrecke (Hwy. 8) gelangt man von Warm Springs (Ort) an der US-26 zum elf Meilen entfernten **Kah-Nee-Ta Resort**, einem Unternehmen der Warm-Springs-Indianer. Ein Zwischenstopp in Kah-Nee-Ta hat den Vorteil, dass man die überlange Strecke des 18. Tages damit unterbricht.

Das Resort ist zweigeteilt: Unten, am Warm Springs River, liegt das Village, oben am Hang, die Lodge. Es gibt Zimmer in Lodge und Village, einen Campingplatz, Tipis für Touristen, ein Thermalbad, sportliche Aktivitäten wie Reiten, Tennis, Golf und – bei Warm Springs (Ort) – ein Kasino. Die solide Bauweise der Lodge, die geschnitzte Geschichte des »Coyote« am *front desk*, der zentrale Kamin in der Lounge, das gepflegte **Chinook Northwest Grille** – alles atmet den Stil eines feinen Berghotels.

Ein Morgenspaziergang führt zur **First Mesa** (= Razorback Ridge), einen »Plant Guide« dazu erhält man an der Rezeption. *Balsamroots*, wie kleine Sonnenblumen, begleiten den Weg. Indirekt ist die

Beim Powwow der Warm Springs-Indianer

Abstecher nach Kah-Nee-Ta

»Pfeilblättrige Balsamwurzel« auch der Namensgeber des Resort. Denn »Kah-Nee-Ta« leitet sich ab von indianisch *Xnitla*, »die nach Wurzeln gräbt«, und die da nach Wurzeln grub, grub nach jener dickfleischigen Pfahlwurzel der Pflanze, die den Ureinwohnern als Nahrung diente.

Oben bilden Felsplatten natürliche Terrassen, von denen aus man ein bizarres Tafelland überschaut. Ein Guckkasten *(geolocator)* erklärt die Topographie, knorriger Wacholder umrahmt die Szene. Eine Etage höher liegt, mit noch besserer Sicht, **Raven's Roost** auf der High Mesa (= North Rim). Von dort schaut man nicht nur auf die schneebedeckten Kappen der Three Sisters und des Brokentop in den Kaskaden, man hört auch die Raben im Fluge krächzen – oder singen, denn sie gelten als Singvögel. Sie heißen »Lenore« und »Nevermore«, frei nach Edgar Allan Poe. Für die große Runde braucht man zwei bis vier Stunden, je nach Kondition.

Während der Saison erklärt eine indianische »Kulturbeauftragte« am eigenen Pult das Programm für die Gäste. Samstags gibt es einen **Salmon Bake**, bei dem der Lachs nach Indianerart am Spieß über Erlenholz gegrillt wird. Dazu bekommen die Touristen Bohnen, *Indian fry bread* und *corn on the cob*. Die *huckleberries* für die Marmelade sammeln Stammesmitglieder an den Hängen von Mount Hood. Zur Unterhaltung werden traditionelle indianische Tänze gezeigt. Ein Drittel der Belegschaft des Resort seien Angehörige des Stammes, heißt es.

Mit Stolz verweisen Touristiker in der Region auf das neue **Indian Head Casino**. Es liegt verkehrsgünstig an der US-26 bei Warm Springs, Pendelbusse bringen Gäste aus Portland, Bend und The Dalles heran. Doch was, fragt man sich, bringt diese dazu, ein Kasino aufzusuchen, was erwarten sie sich davon, was gewinnen sie dabei? Ist es die kurze Genugtuung, wenn es in der Schale klimpert? Für viele, vor allem auch Stammesangehörige, ist es jedenfalls eine einsame Freude. Und: Hat man eines gesehen, kennt man sie alle.

Eine Landschaft wie New Mexico: Kah-Nee-Ta am Warm Springs River

Die stärksten Eindrücke von Kah-Nee-Ta? Ein Lodge-Zimmer mit Aussicht – vom Bett aus; die Eingangshalle mit dem Holzrelief von Richard Beyer, »Coyote Comes Up the River«; die Wanderung hinauf zum Raven's Roost; das wohlig warme Wasser der Therme, heruntergekühlt auf 35 Grad Celsius … Im November schwimmt man hier allein, und die Sonne strahlt dazu.

Kah-Nee-Ta Resort & Spa
6823 Hwy. 8 (11 mi nördl. Warm Springs)
Warm Springs, OR
✆ 1-800-554-4786, www.kahneeta.com
139 Komfortzimmer in der Lodge, 30 Zimmer im Village, 20 Tipis und 51 *full hookups* im RV Park. Golf, Tennis, Reiten u.a. Thermalbad auch für externe Gäste. *Fine dining* im **Chinook Room**. Günstige Preise im Winter. $$–$$$$. – Hinweis: Gelegentlich wurde der Hotelservice bemängelt.

Tipis für Touristen: Kah-Nee-Ta Resort

Kunst an der Baumgrenze
Timberline Lodge

Extratag: Government Camp (US-26) – Timberline Lodge (11 km/7 mi)

Die Route finden Sie in der Karte zum 18. Tag, S. 257.

Mit 3424 Metern ist **Mount Hood** einer der mächtigsten Vulkanberge der Kaskaden. An seinen Südhang lehnt sich, in etwa 2000 Metern Höhe und hart an der Baumgrenze, die klassische **Timberline Lodge**. Der 18. Reisetag führt mit US-26 West bei Government Camp bis auf sieben Meilen an die Lodge heran. Ein Zwischenstopp in Timberline hat, ähnlich wie der Abstecher nach Kah-Nee-Ta (siehe Extratag, S. 266 f.), den Vorteil, die überlange Strecke des 18. Tages zu teilen.

Die Lodge wurde unter Federführung der Works Projects Administration im Rahmen des New Deal der 1930er Jahre errichtet und von Präsident Franklin D. Roosevelt 1937 persönlich eingeweiht. Trotzdem wäre das einzigartige Berghotel in den 1940er und 1950er Jahren fast verfallen, hätten sich nicht die Friends of Timberline seiner angenommen. Seitdem ist sie ein geschätztes Stück Kulturerbe für Oregon und mit 1,9 Millionen Besuchern pro Jahr zudem eine Top-Sehenswürdigkeit.

Das Gebäude ist mit großer Sorgfalt aus örtlichen Hölzern und Naturstein gefertigt. Mit seinen wuchtigen Balken wirkt es wie aus dem Berg gewachsen, der Baustil heißt *Cascadian architecture*. Hunderte von arbeitslosen Handwerkern und Künstlern fanden beim Bau der Lodge Lohn und Brot. Steinmetze, Kunstschmiede, Holzschnitzer, Möbeltischler, Teppichknüpfer, Weberinnen, Näherinnen und viele andere übten mit Hingabe ihre Kunst an handbehauenen Balken, geschnitzten Geländern,

Unterwegs nach Timberline Lodge auf Mount Hood

Timberline Lodge

schmiedeeisernen Leuchtern, handgewebten Vorhängen und Bettdecken – bis hin zu den Malereien, Fresken und Intarsienarbeiten der Großen Halle. Die Ausschmückung im Inneren der Lodge wird von drei Motiven bestimmt: Tiere, Indianer und Pioniere.

Unter dem zeltförmigen Dach der **Great Hall**, das die Umrisse von Mount Hood nachzeichnet, laufen alle Wege zusammen. Alles ist sechseckig: die sechs tragenden Säulen, der Kamin, der Grundriss der Halle. So erhaben das Bauwerk, so bescheiden sind die Zimmer. In ihrer komfortlosen Zweckmäßigkeit setzen sie touristische Maßstäbe – vergangener Zeiten. Doch auch hier findet man die Spuren der Kunsthandwerker von damals: an den Möbeln, den Bettdecken, den Vorhängen. Jüngere Renovierungsmaßnahmen zielen jedoch auf moderne Badezimmer, eine bessere Schallisolierung und – Fernseher.

Das Pathos der großen Gemeinschaftsaufgabe klingt im feinen Dokumentarfilm »Builders of Timberline« nach, der im Keller der Lodge in Endlosschleife läuft. »Jeder ist ein Künstler«, erklärt Marjorie Smith, die den Innenausbau leitete, »wenn man ihm eine Chance gibt«. Doch ist die Lodge kein Schrein, dem man huldigt, sondern ein Haus, das man bewohnt und benutzt. Die antiken Sessel, mit Rohleder bespannt, sind zum Sitzen da, die massiven Schreibtische zum Schreiben, die schmiedeeisernen Klinken zum Öffnen … Wenn ein Gebäude glücklich machen kann, dann dieses.

Übrigens, wenn Ihnen die Außenansicht der Lodge bekannt vorkommt, dann haben Sie sie wahrscheinlich in Stanley Kubrick's Film »The Shining« gesehen.

Draußen wartet eines der berühmtesten Skigebiete des Landes auf Gäste, die jedoch die Day Lodge benutzen, die zur Entlastung der historischen Lodge gebaut wurde. Ist der Schnee fort, können Wanderfreunde auf dem **Timberline Trail** in drei bis fünf Tagen, immer entlang der Baumgrenze, den Berg umrunden. Der **Magic Mile Lift** führt zur urigen **Silcox Hut**, dem Punkt, wo Joel Palmer im Oktober 1845 das Gelände überschaute und die Worte präg-

Per Schneeschuh über die Flanken von Mount Hood

te: *A sight so nobly grand …* Joel Palmer war der *trailblazer* des Oregon Trail auf dieser letzten Etappe. Die Spuren des Trail, wie **Laurel Hill**, **Pioneer Woman's Grave** und **Barlow Road**, laden ein zu weiteren Ausflügen.

Timberline Lodge & Ski Resort
27500 E. Timberline Rd. (7 mi ab US-26)
Timberline Lodge, OR
✆ (503) 272-3410 und 1-800-547-1406
Restaurant ✆ (503) 272-3391
www.timberlinelodge.com
Berghotel voller Kunsthandwerk. 71 Zimmer, in der *low season* (April/Mai, Sept./Okt.) gut verfügbar. Renommierter **Cascade Dining Room** ($$$) mit Weinkultur. **Ram's Head** für kleinere Mahlzeiten. Schwimmbad, Sauna; beliebtes Skigebiet. $$$–$$$$ (Mehrbettzimmer $$)

Gesamtkunstwerk: Timberline Lodge

E Ein Vulkanausbruch und seine Folgen
Mount St. Helens und sein Volcanic Monument

Extratag: Kelso (I-5) – Castle Rock – Johnston Ridge (99 km/62 mi)

Tagestour zum 10. Tag (siehe S. 166): Portland – Kelso – Castle Rock – Johnston Ridge (176 km/110 mi)

Die Route finden Sie in der Karte zum 18. Tag, S. 257.

Als **Mount St. Helens** im Mai 1980 ausbrach, machte er weltweit Schlagzeilen. Er spie eine gewaltige Gas- und Aschenwolke bis an die Stratosphäre hinauf und sprengte seine ganze Nordflanke ab. Daraufhin stürzte der Gipfel ein und der Berg verlor 400 Meter an Höhe (auf heute 2550 m). Der Gluthauch der Explosion vernichtete alles Leben im Umkreis. Übrig blieb ein Wasteland von Schlammströmen, Aschenfeldern, abgerutschten Schollen *(hummocks)* und zerfetzten Bäumen.

Vorausgegangen waren zahlreiche Erdbeben sowie eine Kraterbildung mit Rauchaustritt am Gipfel. Vor allem aber zeigte sich eine ständig wachsende »Beule«, hier als *ominous bulge* in Erinnerung.

Sodann kam es zum »größten beobachteten Erdrutsch der Geschichte«, begleitet von einem seitlichen Feuerstoß *(lateral blast)*, der die meiste Zerstörung verursachte. In drei Minuten wurden 500 Quadratkilometer Wald vernichtet, Wind von Hurrikanstärke legte Bäume bis zu einer Entfernung von sechs Meilen um, die Rauch- und Aschenwolke schoss bis in 16 Kilometer Höhe hinauf. Der Aschenregen des Ausbruchs trieb bis nach Spokane, wo er Autos zum Stehen brachte, weil ihre Luftfilter verstopften. Es starben 57 Menschen und zahllose Tiere durch Asche, Hitze und Schlamm.

Zwei Jahre nach dem Ausbruch wurde das **Mount St. Helens National Volcanic Monument** gegründet, um das Gebiet für die Allgemeinheit zugänglich zu halten. Überraschend schnell kehrte das Leben zurück, Pionierpflanze auf dem Bimsstein war die Lupine. Doch der Berg ruht nicht. Am 8. März 2005 spie er Dampf und Asche; seitdem baut er einen Lavakegel im Krater auf.

Wie erreicht und bereist man den Berg? Am besten über I-5 North bis Castle Rock, dann fünf Meilen nach Osten bis zum **Mount St. Helens Visitor Center at Silver Lake**. Die Dioramen und Modelle dort vermitteln einen guten Eindruck vom Vulkanismus im Allgemeinen und dem des St. Helens im Besonderen. Auch der schulfunkmäßig durchdramatisierte Film »Cycle of Chaos and Creation« kann die Ereignisse nicht verwässern. Ein Detail am Rande, eine kleine Fotoreihe folgenden Inhalts: Eine junge Frau beobachtet den Beginn des Ausbruchs von Mount Adams aus (1. Foto) – und setzt sich hin (2. Foto).

Nach 38 Meilen auf der WA-504 East am Milepost 43 erreicht man das **Science and Learning Center at Coldwater** des U.S. Forest Service, und noch neun Meilen weiter, in 1315 Metern Höhe, das **Johnston Ridge Observatory**. Die Auffahrt allein ersetzt einen Hubschrauberflug (der auch zu haben wäre). Beide Besucherzentren machen das vulkanische Geschehen auf vielerlei Art verständlicher. Über den **Hummocks Trail** gelangt man direkt in die Blast Area. Oh

Mount St. Helens und sein Volcanic Monument

diese Kinostreifen: »Life Begets Life« – mit Gottesdienstrhetorik!

Für einen anderen Zugang als den über WA-504 und die genannten Besucherzentren braucht man Zeit, gutes Wetter, eine Anfahrt von Norden her und freie Straßen. Die Alternative führte ab US-12 bei Randle über FS-25 und FS-99 nach **Windy Ridge**. Dabei geht es zunächst lange Zeit durch grünen Wald nach oben, als wäre nichts geschehen. Dann plötzlich wirken die Bäume angegriffen, ihnen fehlen die Spitzen, dann, wo die Glutwolke traf, stehen nur noch Baumruinen. Weißer Bimsstein bedeckt die Böschungen an der Straße. Windy Ridge liegt auf 1270 Metern Höhe im Herzen der Blast Zone.

Der Blick geht hinunter auf **Spirit Lake**. Damals schoss eine Schlammlawine mit solcher Wucht in den See, dass der Wasserspiegel um 250 Meter anstieg, so dass die Flut die Bäume von den Hängen riss und den nackten Fels bloßlegte. Noch im Jahre 2000 schwammen riesige Mengen Baumstämme im See.

Der **Truman Trail** führt eine Viertelmeile weit zum **Ridgetop Viewpoint** hinauf. Er ist mit hölzernen Stufen *(sandladder)* befestigt, man würde sonst in der weichen vulkanischen Asche versinken. Am Nachmittag zeigt sich der Krater im Gegenlicht. Er ist nach Norden offen, dort wo seine Flanke abgesprengt wurde. Vom Viewpoint wandert der Blick zu weiteren Vulkanen im Umkreis: Mount Rainier, Mount Adams, Mount Hood … Inzwischen weisen Schilder auf *Revegetation in progress* hin, man soll nicht vom Weg abweichen.

Von menschlichem Interesse ist das Schicksal des Geologen David A. Johnston, der trotz Warnungen am Berg blieb, um diesen weiter zu beobachten; er zahlte mit dem Leben dafür. Ebenso der Wirt der Spirit Lake Lodge, Harry R. Truman, der nicht weichen wollte, weil er schon immer hier gelebt hatte. Das Ehepaar Stoffel, das im privaten Flugzeug am Berg unterwegs war, konnte sich durch einen Sturzflug aus der Gefahrenzone retten und Filmaufnahmen machen, die berühmt wurden.

Für einen Besuch von Mount St. Helens gilt dasselbe wie für Mount Rainier: Gutes Wetter ist Bedingung. Wenn es im westlichen Vorland regnet, verschwindet WA-504 auf halber Strecke im Nebel. Wo findet man Quartier? In den Motels an den Ausfahrten von der I-5 (z. B. in Castle Rock) oder in den tristen Straßendörfern Morton, Randle oder Packwood mit GAS FOOD LODGING an der US-12. Schließlich das Resümee eines Rangers: Der Ausbruch hat zwar den Wäldern geschadet, aber dem Tourismus genützt.

Mount St. Helens Visitor Center at Silver Lake
3029 Spirit Lake Hwy. (I-5 North bis Castle Rock, dann 5 mi WA-504 East)
Castle Rock, WA
℗ (360) 274-2131
www.mountsthelens.com/visitorcenters.html
Tägl. Mai–Sept. 10–17, Okt.–April bis 16 Uhr
Eintritt $ 5/2.50 (7–17 J.)
Multimediale Darstellung des Ausbruchs von 1980. Draußen: Wetlands Nature Trail am Silver Lake. – Vor der Weiterfahrt nach Straßenzustand und Öffnungszeiten fragen: **Forest Learning Center**, WA-504, MP 33, Eintritt frei; **Science & Learning Center at Coldwater (SLC)**, WA-504, MP 43.3, ℗ (360) 274-2114, www.mshslc.org, Sa/So 10–18, im Winter bis 16 Uhr; **Johnston Ridge Observatory**, WA-504, MP 52, ℗ (360) 274-2140, Mai–Okt. tägl. 10–18 Uhr, Eintritt $ 8, unter 16 J. frei.

Windy Ridge im Mount St. Helens Volcanic National Monument

Mount St. Helens ist ein aktiver Vulkan

19 Strand, Watten, Regenwald
Von Long Beach zur Olympic Peninsula

19. Tag: Long Beach – (Halbinseltour) – Aberdeen/Hoquiam – Lake Quinault (245 km/153 mi)

km/mi	Route
Morgen	**Long Beach:** Spaziergang am Strand, in den Dünen, auf dem Boardwalk, über den Discovery Trail.
Vormittag	
0	Halbtagestour über Pacific Hwy. (WA-103) nach Norden, dann nach **Oysterville** und **Nahcotta** im Osten, und über Sandridge Road zurück nach Long Beach (Ort).
Mittag	
48/30	Lunch in **Long Beach** oder **Seaview**. US-101 South nach Ilwaco, an der Ampel rechts und über North Head Road zum
Nachmittag	
10/6	**Cape Disappointment State Park** mit **Lewis & Clark Interpretive Center:** Besichtigung. Spaziergang zum Leuchtturm **Cape D** oder **North Head**. Dann US-101 North über South Bend, Raymond, Aberdeen, Hoquiam, Humptulips und South Shore Road (2 mi) zur
Abend	
187/117	**Lake Quinault Lodge** am Lake Quinault.

Weichenstellung

Für Naturfreunde: Rehwild, Biber, Bären, Kojoten und Tausende Zugvögel im Willapa National Wildlife Refuge; auf Long Island ein Hain urwüchsiger, tausendjähriger *Western redcedars*, einer der letzten im Nordwesten (beste Zeit: Oktober bis Mai). – An der Route sind Geschäfte rar: daher in Hoquiam bei Swanson's an US-101 *South* (also Gegenrichtung) einkaufen. – Mögliche weitere Etappenziele (neben Quinault) sind Kalaloch oder Forks.

Eine Gruppe von Braunpelikanen in Willapa Bay, Long Beach Peninsula

Von Long Beach zur Olympic Peninsula 19

Drachen über Long Beach: International Kite Festival

Die Halbinsel mit ihrem »Langen Strand« in der Südwestecke Washingtons ist traditionelles Ferienziel für Familien aus der Region. Für sie gilt, was die Web-Adresse des Touristenbüros aussagt: www.*funbeach*.com. Eine Halbinselrundfahrt führt an die Wattenküste und bei Bedarf zu einem der ordentlichen, volkstümlichen Lunchlokale. Am Cape Disappointment heißt es Abschied nehmen von Lewis und Clark, dann geht es die Wattenküste entlang und in Areale hinein, wo teils wüste Rodungen, teils Aufforstungen die Straße begleiten. Endlich zeigt ein Spalier hoher, majestätischer Bäume die Nähe des Olympic-Nationalparks an.

Long Beach ist nicht so schlimm, wie man es von einem so beliebten Urlaubsziel erwarten möchte. Zugegeben, dem »Langen Strand« fehlt ein rechtes Zentrum, Autoschlangen schaffen noch kein urbanes Flair, und die paar *murals* im Stadtbild bleiben Kulisse. Doch auf den ersten Eindruck folgt ein zweiter, auf den Pacific Highway eine zweite und dritte Achse – wo alte Bäume, gediente Ferienhäuser und hübsche Unterkünfte in Reihe stehen. Als vierte kommt der **Boardwalk** hinzu. Der ist aus echtem Holz, 3,65 Meter breit, 700 Meter lang und abends beleuchtet (Zugang ab Ende Bolstad St.).

Von Bolstad Street aus erreicht man auch den neu geschaffenen **Discovery Trail**. Dieser folgt den Spuren der Expedition von Lewis und Clark, soweit sie aus den Tagebüchern der beiden Hauptleute ersichtlich sind. Also stößt man dort auf einen großen Stör (in Bronze) oder ein vielgliedriges Walskelett. Bemühtes Suchen nach Geschichte oder nicht – der Trail führt bequem durch die Dünen. Wenn er fertig ist, wird er auf 8.2 Meilen Länge Ilwaco mit Long Beach verbinden.

Long Beach Peninsula – ein Ferienparadies

Die drei Säulen der Wirtschaft der Halbinsel sind Tourismus, Austern und Preiselbeeren. Und die Säulen des Tourismus? Der »längste Strand der Welt«, ein breiter Dünengürtel, ein echtes Wattenmeer (Willapa Bay), das alte Dorf Oysterville, der alte Fischerort Ilwaco, Cape Disappoint-

19 Strand, Watten, Regenwald

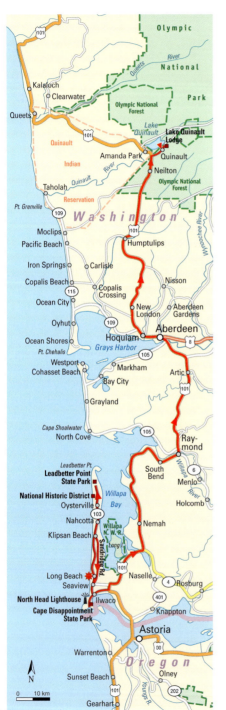

ment mit zwei historischen Leuchttürmen und einem beachtlichen Museum zu Lewis und Clark – dazu reichlich Unterkunft und Gastronomie. Und noch etwas: Long Beach ist *good value*, mit einem Preisvorteil gegenüber der Oregon Coast. Und – höre, Cannon Beach – Galerien gibt es auch! Eine kleine Künstlervereinigung stellt ihre Werke unter dem Label »Art Around Town« regelmäßig aus.

Es regnet bis in den Juni hinein, dann kommen drei trockene Monate, und mit ihnen die Sommerfrischler mit Kind und Kegel. Die bauen Sandburgen, lassen Drachen steigen und fahren gelegentlich mit ihren Autos über den Strand. An gefragten Wochenenden (Fourth of July, Labor Day) oder zum Kite Festival (Drachenfest) ist hier alles voll. Dann erhöhen die Motels die Preise, um hereinzuholen, was ihnen im Winter entgangen ist.

Mit den Preisen steigen die Feste – Ragtime & Dixieland (Ende April), Jazz & Oysters (Mitte August), das Kite Festival (Ende August), ein Rod Run für alte Autos (Anfang September), ein Knoblauchfest im Juni und ein Preiselbeerfest im September.

Im Winter ist hier alles ruhig, und das ist den paar hundert ständigen Bewohnern gerade recht. Sie scheuen weder die zwei Meter Regen im Jahr noch die Abgeschiedenheit des Ortes, sondern schätzen die Weite des Ozeans und den lässigen Lebensstil. Zusammen mit anderen Weitgereisten und Ausgeklinkten bilden sie eine kleine Boheme, die sich in den drei Buchläden der Halbinsel oder in wechselnden Cafés trifft. Was sie sonst noch brauchen, besorgen sie sich in Jack's Country Store, »der alles hat«.

28 Meilen fester Sandstrand sind eine ganze Menge – da bläst der Wind so manchen Kopf klar. Wenn es richtig weht, wickeln sich zarte Sandfahnen um die Knöchel der Strandgänger. In den Übergangszeiten treiben Regenschauer vom Pazifik herein, dann wieder reißen blaue Löcher am Himmel auf, durch die die Sonne strahlt. Mit Wetterjacke und Kapuze ist man immer richtig angezogen. Einen Vorteil hat die Halbinsel gegenüber dem

Von Long Beach zur Olympic Peninsula

Festland: Der Frühling kommt nicht im April, sondern schon im Februar.

Der Tourismus in Long Beach hat Tradition – Sou'Wester Lodge (1892) und Shelburne Inn (1896) zeugen davon. Damals kamen die Leute mit dem Raddampfer den Columbia herunter, setzten von Astoria mit der Fähre über und ließen sich von der Clamshell Railroad an ihre Urlaubsziele tragen. Das »Bähnle« der Ilwaco Railroad & Navigation Company stieß 1889 bis nach Nahcotta vor. Neben den Rückkehrern holte es Austern und Holz von der Halbinsel. 16 Wandbilder zwischen Chinook und Ocean Park zeichnen die Lokalgeschichte nach.

Auch heute geht es Touristen auf Long Beach gut. Da gibt es kleine, unspektakuläre Restaurants am Highway, die mit köstlichem frischen Seafood aufwarten. Allerdings: Der Lange Strand wird entdeckt. »Die Kalifornier kommen«, heißt es – und mit »Kaliforniern« sind all diejenigen gemeint, die das unschuldige naturnahe Land im Nordwesten der USA überrollen, verstädtern, verderben oder kaufen wollen.

Schon haben die Makler im Dünengürtel von Surfside ihre Claims abgesteckt, warten in Dune Crest neue Zweithäuser auf Käufer, werden *gated communities* eingerichtet, die sich abschirmen wollen. Die Einheimischen betrachten den Boom mit gemischten Gefühlen. Teils rufen sie den Neuen zu: *Go down (!) where you came from!*, teils spotten sie darüber, dass es »für Florida wohl nicht gereicht« habe. Teils machen sie Geschäfte.

Halbinselrundfahrt

Die Spitze der Halbinsel zeigt wie eine Magnetnadel nach Norden, und dorthin soll die heutige Halbtagestour auch gehen. Nahtlos fließen Seaview und Long Beach, Ocean Park und Surfside entlang dem Pacific Highway (WA-103 North) ineinander. Stichstraßen kündigen BEACH ACCESS an, womit sie Autofahrern signalisieren, dass sie den Strand befahren dürfen (mögen sie im Treibsand stecken bleiben …). Über Oysterville Road geht es zur Ostseite der

Austernschalenhalden in Oysterville

Halbinsel hinüber. Nördlich davon liegt **Leadbetter Point State Park**, doch der Fußweg, der zur Spitze führen würde, verläuft gar zu lange durch monotonen Fichten-Kiefern-Wald.

In **Oysterville** weisen Halden von Austernschalen den Weg zum ältesten Gewerbe der Halbinsel. Nachdem Häuptling Nahcati den ersten Siedlern 1854 die Austernbänke von Willapa Bay gezeigt hatte, wurden die Schalentiere auf dem Seeweg nach San Francisco verschifft, wo man in Gold dafür bezahlte. Heute züchte man hier eine japanische Art, sagt der junge Mann am Verkaufsstand, aber die *ghost shrimp* mache ihnen – den Austern wie den Züchtern – zu schaffen. Im seichten Wasser der Bucht stehen Graureiher und spähen nach Fischen aus. Warum hier niemand Watt laufe? *It's too muddy*, sagt der Austernmann. Aber das ist es ja gerade, Junge!

Aus Zeiten der »Boomtown« ist in Oysterville ein richtiger alter Dorfkern erhalten, eine Seltenheit im westlichen Amerika. Das Kirchlein von 1892 lädt zu »romantischen Trauungen« ein, das Ensemble alter Häuser ist seit 1976 als National Historic District geschützt.

Bei **Nahcotta** türmen sich weitere Schalenhalden und am **Willapa Bay Oyster House Interpretive Center** kommt man so dicht ans Wattenmeer heran wie später nicht mehr. Blickt man ein Stück weiter südlich an einem trüben Februartag durch die

19 Strand, Watten, Regenwald

beschlagenen Scheiben des Wagens, dann erscheint im Sprühregen ein kleines ländliches Postamt. Es hat sich im ehemaligen Bahnhof der Schmalspurbahn eingerichtet, einen Laden gibt es auch.

An der Sandridge Road scharen sich die FOR SALE-Schilder der *realties* und *realtors*. Das Plakat eines Maklers fordert zur Besichtigung von THREE LARGE LOTS WITH BAY VIEW auf. Man folgt der Einladung und staunt, was es alles Schönes zu kaufen gibt. Wagt man sich indes uneingeladen in eine der Privatstraßen hinein, dann wird man an ihrem Ende auf eine gut getarnte Villa in Bestlage stoßen. Man legt den Rückwärtsgang ein und sucht sich ein Plätzchen – fürs Mittagessen.

Die Einheimischen lunchen gerne im **42nd Street Cafe** in Seaview, 48 Sitzplätze klein und vom Angebot her »eklektisch«, d.h. von diversen Cuisines inspiriert. Waren Sie damals in Seaside schon bei **Dooger's**? Wenn nicht, bietet sich Ihnen hier eine zweite Chance (siehe »Good Old Seaside«, S. 184).

Abschied von Lewis und Clark

Ja, sagen Sie den beiden treuen Begleitern dieser Reise Lebewohl. Mit suggestiven Bildvergrößerungen, ausgewählten Realien (z. B. einem Einbaumkanu) sowie einem Lehrfilm stellt das **Lewis & Clark Interpretive Center** geographische, historische und menschliche Aspekte der berühmten Forschungsreise zur Schau. Zum Glück verzichtet der Film auf Schauspieler – dafür holt er weit aus: in Illinois, wo die Expedition begann.

Die Schifffahrt am Columbia war immer schwierig. Das musste auch der britische Seefahrer John Meares erfahren, als er 1788 die Mündung des Stromes verpasste und sich mit der Namensgebung »Cape Disappointment« dafür rächte. Die berüchtigte *Columbia River bar*, eine der gefährlichsten Mündungsbarrieren der Welt, machte die Passage zum »Graveyard of the Pacific«. Heute fangen mächtige Molen die driftenden Sande auf, markieren Bojen die Fahrrinne, halten Bagger sie frei. Sogar Long Beach profitiert davon: Der Lange Strand wird immer länger …

Am Kap stehen zwei der ältesten Leuchttürme des Nordwestens, **Cape D** (1856) und **North Head** (1898) – aus gutem Grund! Ein ziemlich feuchter Fußweg (¾ mi) führt zu Cape D hinüber und hinauf. Unten schlagen die Wellen wie wild gegen die Klippen: Storm Watching, noch bei Windstille. Man wirft noch einen Blick auf den Hafen von **Ilwaco**, genehmigt sich einen Imbiss am Howerton Way und startet per US-101 North zu den Olympics.

Auf zur Olympic Peninsula!

Eine Zeit lang noch streift der Highway die Schlammbänke von Willapa Bay, dann kreuzt er den trichterbreiten Naselle River und durchquert South Bend und Raymond am Willapa River, um nördlich davon in junge Forsten einzutauchen. Hier besitzt Weyerhaeuser Inc. große Areale, und hier begannen die Holzfirmen 1941 den Wald als »nachwachsende Ressource« zu betrachten und »Baumfarmen« anzulegen. Nach 15 Jahren dünnt man Douglastannen und Hemlock aus und bei Schlagreife schlägt man in der Regel kahl. Die Firmen führen an, die neuen Setzlinge bekämen so mehr Licht. Der Staat verlangt nur, dass zwei Jahre nach dem Kahlschlag wieder aufgeforstet wird.

In **Aberdeen** liegt Holz und nochmals Holz – Stämme zum Verschiffen, fertige Platten, Bauholz, Chips und Sägespäne. Im Chehalis River modern die Pfosten alter Stege und auch sonst bieten Aberdeen und **Hoquiam** ein Bild des Niedergangs. »Hoquiam« (ho-qui-umpts) heißt bei den Indianern: »hungrig nach Holz«, und so war es denn auch: Seit 1892 die erste Sägemühle am Grays Harbor zu sägen begann, gingen und gehen Holz und Holzprodukte von hier in alle Welt. Die lange Ortsdurchfahrt wird zur ödesten der Reise.

Nördlich der Doppelstadt zeigt sich das Drama des Waldes in voller Schärfe. Der Altwald *(old growth)* ist bis auf die mächtigen

Von Long Beach zur Olympic Peninsula

Der Leuchtturm von North Head am Cape Disappointment

Baumstümpfe, die nicht verwittern können, verschwunden. Die Holzgesellschaften haben Tafeln aufgestellt: CLEARCUT 1920 … CLEARCUT 1976 … PLANTED 1977 … READY FOR NEXT HARVEST: 2046. Bisweilen schieben sie die Parole nach: TREES GROW JOBS. Beim Verlassen des Nationalparks, später bei Crescent Lake, lautet die Botschaft dann: WELCOME TO A WORKING FOREST, als seien die Baumriesen im Nationalpark zu gar nichts nütze … Einmal abgeholzt, kommen die Urwälder nie wieder.

Gibt es **Humptulips** überhaupt noch? Haben wir es bei der Durchfahrt vielleicht übersehen? Auf der Washington State Highway Map ist es jedenfalls noch eingetragen. Hier stand einmal die originelle **Oxbow Tavern** (siehe unten). Der Census von 2010 meldet für Humptulips: »null Einwohner«, bei einer Bevölkerungsdichte von »null Einwohnern pro Quadratmeile«.

Vor Neilton zweigt der Moclips Highway zur **Quinault National Fish Hatchery** ab, wo Chinook-Lachse und Steelhead gezüchtet werden. Im Mai ist dort *tagging time*. Dann stehen die Quinault-Indianer aus Taholah

Humptulips: In der Höhle der Löwen

Bei Humptulips an der US-101, 16 Meilen südlich von Lake Quinault, stand einmal die originelle **Oxbow Tavern**, eine Highwaykneipe mit Budweiser und Coors (beides konventionelle Biersorten), wie sie im Buche steht. Vom Barhocker aus konnte man seinen Cheeseburger auf der Platte brutzeln sehen, einen Mann an der Theke beobachten (ein arbeitsloser *logger*?), der pausenlos Lose öffnet, ein paar Country Boys in der Ecke schwadronieren hören, an zwei Fernsehern zwei verschiedene Programme verfolgen und die Bierreklamen in den Fenstern studieren …

Ein Schild an der Tür verriet, woher der Wind wehte: SUPPORTED BY TIMBER DOLLARS. Hätte man sich auf ein Gespräch mit den Männern eingelassen, dann hätten sie gegen die Regierung, die Naturschützer und die *spotted owl* gewettert, die ihnen allesamt an den Kragen wollten. Dabei ist nicht mehr viel zu holen. Wer sähe Humptulips heute an, dass hier einst die dichtesten Douglasienhaine des Nordwestens standen – so dicht, dass man die Bäume immer in die gleiche Richtung fällen musste, sonst wären sie nicht umgefallen …

Cape Disappointment mit Leuchtturm an der Mündung des Columbia River

Strand, Watten, Regenwald

Klassisches Ferienhotel in bester Lage: Lake Quinault Lodge

dicht gedrängt im Trailer, werfen die Fingerlinge ins Narkosebad, beschneiden die Fettflosse (wodurch sie als Zuchtfische kenntlich gemacht werden) und stanzen winzige Marken in die Nasen der Fische. Im Herbst kommen reife Lachse den Cook Creek herauf, werden gefangen, erschlagen, entlaicht und an die Natives verteilt.

Endlich taucht ein Spalier schlanker Baumriesen auf, wie um den Nationalpark anzukündigen. Die Kronen der Fichten verlieren sich im Abendnebel. Doch dann folgen nochmals wüste Rodungen auf dem Reservat der Quinault-Indianer. Dann, endlich: der Abzweig zur schönen, alten **Lake Quinault Lodge**.

Die Lodge war und ist ein Glücksfall. Sie wurde 1926 schnell, aber gut gebaut. Ihre Balkendecke ruht auf zarten, vierkantigen Säulen, ihr gemauerter Kamin strahlt wohlige Wärme aus. Durch einen gepflegten Park blickt man auf den See, dessen Namen sie trägt. Ihr Angebot lautet: Rückzug in ein behagliches Inneres – und die Aussicht auf Regenwald am nächsten Tag.

Und das Wetter? Im Mai hellt es auf, der Juni bringt wieder Schauer. Die wirklich trockenen Monate sind Juli, August und

Von Long Beach zur Olympic Peninsula

Bemooste Telefonzelle – oder Scherz des Touristenbüros?

September. Wenn es im November dann richtig schüttet, wird es in der Lodge erst recht gemütlich – und die Preise fallen. (Nicht so krass, wie unter dem früheren Management, aber immerhin.) Mal gegen den Strich gedacht: Wer auf Dauer in Arizona leben muss, für den müsste der Regen doch eine Wohltat sein …

Direttissima nach SeaTac

Wer seinen Urlaub verbraucht hat und schnell zum Flughafen muss, findet bei Raymond an der US-101 North den absoluten Shortcut. Ein unauffälliges Schild weist rechts nach BROOKLYN (sic) – es ist die kürzeste Strecke nach Seattle. Auf der Highway Map von Washington ist sie mit einer dünnen grauen Linie eingetragen.

Zunächst ist die Straße noch ordentlich geteert, dann geht der Belag in festen Lehm über, dann in lose, scharfkantige Schotter, so dass der Wagen sich aufführt, als wolle er davonschwimmen. Kommen Holztransporter entgegen, sucht man sicherheitshalber den Randstreifen auf. Ansonsten ist die Strecke einsam. Brooklyn kommt und geht. An einer Baustelle die bange Frage: Straßensperrung – wie lange? Dann die armseligen Hütten der Chehalis-Indianer bei Oakville, dann US-12 East, I-5 North, Tacoma und schließlich – SeaTac. Jetzt noch die richtige Spur zu den Car Rental Returns am Seattle-Tacoma International Airport finden, und ab nach Europa …

19 Service & Tipps

Long Beach, Seaview, Ilwaco, WA

Cottage Bakery & Delicatessen
118 S. Pacific Hwy.
Long Beach, WA
℅ (360) 642-4441
Tägl. ab 4 Uhr
Backwaren und leichte Mahlzeiten.

42nd Street Café & Bistro
4201 Pacific Ave.
Seaview, WA
℅ (360) 642-2323
www.42ndstreetcafe.com
Mi–So Frühstück und Lunch 8–14, Dinner ab 16.30 Uhr
Kleines Restaurant, beliebt bei den Locals. Lokale Künstler stellen aus. $

The Depot Restaurant
1208 38th Place, Seaview, WA
℅ (360) 642-7880
www.depotrestaurantdining.com
Tägl. ab 17 Uhr
Casual fine dining in ehemaligem Bahnhof. Nur Dinner, dazu Wein- und Bierbar. Beheizte Terrasse. $$$

Dooger's Seafood & Grill
900 Pacific Ave. S.

»Lewis and Clark on the Lower Columbia«, Gemälde von Charles M. Russell (1905)

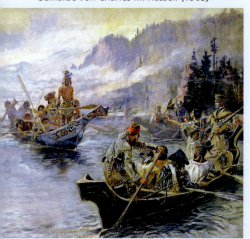

Long Beach, WA
℅ (360) 642-4224
www.doogersseafood.com
Tägl. 11.30–21 Uhr Lunch und Dinner
Kleine Kette, berühmt für frisches Seafood. Nichtraucher. Keine Tischbestellung möglich. $$

Lewis & Clark Interpretive Center
Cape Disappointment State Park
244 Robert Gray Dr.
Ilwaco, WA
℅ (360) 642-3029 und (360) 642-3078
www.parks.state.wa.us/187/Cape-Disappointment
April–Okt. tägl. 10–17 Uhr, sonst nur Mi–So
Eintritt $ 5/2.50 (7–17 J.)
Ab Parkplatz Cape Disappointment State Park 200 m bergauf zu Resten des Forts und zum Center. Gute Präsentation der Expedition (mit Ton-Bild-Schau) und der Seefahrt am Columbia. Große Wandbilder illustrieren den Ablauf der Expedition.

Willapa National Wildlife Refuge
3888 US-101 (8 ½ mi nördl. US-101 & 101 ALT)
Ilwaco, WA
℅ (360) 484-3482
www.fws.gov/refuge/willapa
Tägl. *dawn to dusk*; Headquarters Mo–Fr 7.30–16 Uhr
Eintritt frei
Schutzgebiet um Leadbetter Point, südliche Willapa Bay und Long Island. **Headquarters** US-101, gegenüber Long Island. Ökotouren, Dauer vier Stunden.

Quinault National Fish Hatchery
3 Sockeye Rd. (Moclips Hwy., 5 mi westl. US-101)
Humptulips, WA 98552
℅ (360) 288-2508
www.fws.gov/quinaultnfh
Tägl. 8–15 Uhr
Eintritt frei
Informatives Visitor Center zu Natur, Wirtschaft und Geschichte des Reservats; freundliche Auskunft und Führung.

Camping im **Rain Forest Resort Village** in der Südostecke von Lake Quinault (516 S. Shore Rd., ℅ 360-288-2535 und 1-800-255-6936, www.rainforestresort.com); oder **Kaloch Campground**, 32 mi in Richtung Forks (siehe Karte 20. Tag, S. 286).

Die Lodge als Lifestyle

Hat man im Nordwesten die Wahl zwischen Hotel, Motel, Bed & Breakfast, Resort und einer »klassischen« Lodge, dann ist die Lodge leicht die erste Wahl. Ob sie Sun Mountain, Wallowa Lake, Crater Lake, Kah-Nee-Ta, Timberline, Quinault oder Kalaloch heißt, eine Lodge ist per se schön gelegen, großzügig gebaut und hat Patina – Attribute, die frühere Touristen zu schätzen wussten. Eine Lodge ist kommunikativ. Sie besitzt eine Great Hall, Lobby oder Lounge, in der gewöhnlich ein Kaminfeuer knistert, die Gäste ihre Drinks einnehmen, lesen, plaudern oder in die Runde schauen.

Hier lautet die Alternative: Quinault oder Kalaloch. **Lake Quinault Lodge** blickt auf ihren See, **Kalaloch Lodge** aufs Meer. Quinault wurde 1926 von Künstlern und Handwerkern als Hotel gebaut, Kalaloch begann 1953 als Anglerherberge. Kalaloch bietet komfortable Blockhütten, so nah am Ozean, dass man ihn atmen hört. Nur den Holzofen muss man korrekt bedienen (das Holz liegt gespalten vor der Tür), sonst qualmt er und löst Feueralarm aus. Vom Restaurant (in Kalaloch) schaut man auf Sonnenaufgang, Sonnenuntergang, Brandungswellen und Wale. Über *beach logs* klettert man zum Strand. Wer weder in Quinault noch in Kalaloch Quartier findet, muss in Forks ins Motel.

Lake Quinault Lodge
345 S. Shore Rd. (2 mi ab US-101)
Lake Quinault, WA
(360) 288-2900 und 1-888-896-3818
www.olympicnationalparks.com
Klassische Lodge von 1926; ganzjährig. 92 verschiedenartige Zimmer. Swimmingpool, Sauna, Game Room. Touren zum Regenwald ganzjährig. Verwaltet von ARAMARK, Parks and Destinations. **Roosevelt Dining Room** für alle Mahlzeiten; Lounge. $$–$$$$

Kalaloch Lodge
157151 Hwy. 101 (35 mi südl. Forks)
Forks, WA
(360) 962-2271 und 1-866-662-9928
www.thekalalochlodge.com
Im Coastal Strip des Nationalparks. Ganzjährig. Acht Lodge-Zimmer, 44 Cabins (ohne TV und Telefon). Kleines, feines **Creekside Restaurant** für alle Mahlzeiten; Meerblick, Lounge. Für Camper: **Kalaloch Campground**, ¼ mi südlich. $$–$$$$

Von den Blockhütten der Kalaloch Lodge hat man einen schönen Blick aufs Meer

20 Wilder Nordwesten
Die Olympic Peninsula und ihre Küsten

20. Tag: Lake Quinault – Forks – Neah Bay – Cape Flattery – Lake Crescent (278 km/174 mi)

km/mi	Route
Morgen	
0	Rundgang über **Quinault Rain Forest Nature Trail** (½ mi) ab South Shore Road, nahe US-101. Dann US-101 North über Queets nach
51/32	**Kalaloch**. Evtl. Besuch der Lodge (mit Shop), Bucht (mit *beach logs*), Ranger Station (mit Infos). Wanderung auf **Kalaloch Creek Nature Trail** (Rundweg 1.2 mi). Weiter über **Ruby Beach** nach
Mittag	
56/35	**Forks:** Lunch hier oder Picknick später. Option: Abstecher nach **La Push** (14 mi hin); vorher am **Quileute Information Center** (2 mi nördl. Forks) Informationen einholen. Weiter auf US-101 North, WA-113 North, WA-112 West über Clallam Bay und Sekiu nach
Nachmittag	
80/50	**Neah Bay:** Besuch des **Makah Museum**. Option: Abstecher nach **Cape Flattery**. Dann WA-112 East über Pysht bis nahe Joyce, dann Piedmont Road nach Süden zum
Abend	
91/57	**Log Cabin Resort** am Lake Crescent. Dinner evtl. in **Lake Crescent Lodge**. Üernachtungsalternative: Port Angeles.

Weichenstellung

Für die Optionen La Push und Cape Flattery sind Extratage erforderlich – oder der Verzicht auf andere Ziele. Da das Makah Museum um 17 Uhr schließt, muss man spätestens um 15 Uhr in Neah Bay sein. Wegen der bescheidenen Gastronomie en route Picknick vorbereiten. Tanken in Forks, Sappho Junction oder Clallam Bay. – Die Etappe berührt drei Indianerreservate, das der Quinault, Quileute und Makah. Will man deren Kultur erleben, muss man ihre Feste besuchen: Taholah Days (Anfang Juli), Quileute Days (Mitte Juli) und Makah Days (Ende August). – Übernachtungsalternative: Port Angeles – mit reichlich Unterkunft, Gastronomie sowie der Nähe zu Hurricane Ridge und SeaTac (Rückflug!).

Ursprünglicher Regenwald (old-growth forest) im Olympic National Park

Wilder Nordwesten

Heute ist er zum Greifen nahe, der berühmte Regenwald mit seinen Riesenbäumen. Gelegenheit zu seiner Erkundung gibt es ab Quinault, Queets, Kalaloch, Hoh und La Push. Möglich ist, dass es tropft, dass die Planken glitschig sind und die Schuhe nass werden. Sicher ist, dass es trüb ist unter dem Dach der Riesen, sanft koloriert durch das Grün der Farne und das Braun des modernden Holzes – und still. Stationen entlang der folgenden Route sind die raue Hölzerstadt Forks, das freundliche Quileute-Dorf La Push, ein Museum zur Kultur der Makah und die wilde Küste von Cape Flattery. Dann: die Idylle von Lake Crescent.

Im »Official Travel Guide« für Oregon steht geschrieben: »Jahrhunderte vor Chartres, Sankt Peter und Notre-Dame gab es in Oregon Kathedralen, die heute noch stehen. Durch uralte hohe Säulen gefiltert, fällt dämmeriges Licht auf den Waldboden, wo eine unheimliche Ruhe herrscht. So total ist die Einsamkeit, die Stille so vollkommen, dass man meint, man habe die Hallen eines Heiligtums betreten …«

So ist es. Aber auch ohne das lyrische Zutun der Branche sind die Regenwälder der Olympics eine Sehenswürdigkeit ersten Ranges. Bei **Quinault**, **Queets** und **Hoh** erreichen sie ihre vollkommenste Form. Standortfaktoren sind Jahresniederschläge von 3500 Millimetern und mehr, milde Temperaturen und geringe Höhenlage. Ihre Charakterbäume werden bis zu 80 Meter hoch; den Rekord hält eine Douglastanne im Hoh Rain Forest mit 91 Metern Höhe und elf Metern Umfang. Zwischen den Koniferen gedeihen moosbehangene Laubbäume wie Ahorn und Erle, im Dämmerlicht des Waldbodens wachsen Farne.

Man wird vor Ort und gemäß den eigenen Vorlieben entscheiden müssen, wie gründlich man sich dem Regenwald widmen will. Minimalprogramm ist bei Quinault die halbe Meile Nature Trail an der South Shore Road nahe US-101, ferner der Plankenweg am Kalaloch Creek bei Kalaloch. Aufwendiger wäre eine Autofahrt über teils raue Pisten die East Fork des Quinault River hinauf bis Graves Creek, dann über die North Shore Road mit Maple Glade zurück (Ranger nach Straßenzustand fragen).

Im Regenwald

Die zünftigste Variante aber führt mitten in den wilden **Queets Rain Forest** hinein. Dazu biegt man fünf Meilen östlich von Queets in die Queets River Road ein und folgt ihr 13 Meilen bis zum **Queets Campground**. Dort zieht man die Schuhe aus und watet durch den Queets River. Der Lohn ist ursprünglicher Regenwald mit uralten Bäumen und menschenleerer Stille.

Bequemer ist es, in Quinault Lodge zu wohnen und Sandra Miller zu folgen: Sie leitet die naturkundlichen Exkursionen der Lodge. Der **Quinault Loop Trail** (4 ½ mi oder kürzer) beginnt direkt an der Lodge. Von den Brücken aus könne man, erklärt sie, dem Laichen der Lachse zusehen. Die Wasseramsel *(water ouzel)* habe drei Zehen am Fuß, auf denen sie über das Bachbett läuft und Larven aufpickt. Die grünliche Nacktschnecke *banana slug* räume mit den Abfällen im Walde auf.

In den Jahren 2006 und 2007 tobten hier Orkane, die den flach wurzelnden Fichten besonders zusetzten. Die großen Bäume verrotten wegen des kühlen Klimas so langsam wie sie wachsen. An einigen alten Baumstümpfen befinden sich in zwei,

Baumscheibe im Olympic National Park Visitor Center, Port Angeles

drei Metern Höhe Kerben. Dort setzten die Holzfäller einst ihre *springboards* an, um die Bäume da zu fällen, wo sie schmaler werden. Holzfäller im Nationalpark, wie das? Erstens ist das hier noch nicht Nationalpark, sondern National Forest, und zweitens waren die Holzfäller früher da, der Olympic-Nationalpark wurde erst 1936 gegründet.

Sandra Miller kennt die Pflanzen am Wege. Die *salmonberry* blüht im Frühjahr rot; sie heißt so, weil ihre Früchte dem Laich des Lachses ähneln. *Trillium* hat, wie der Name vermuten lässt, jeweils drei Blätter und drei Blütenblätter, und auch die Frucht hat drei Seiten. Zwei Sorten Farne sind hier in Küstennähe dominant, *sword fern* und *deer fern*; sie vermehren sich durch Sporen. Am Bach wachsen *swamp lantern* und *skunk cabbage* – letzteren erkennt man am Geruch.

Versäumen Sie nicht den kurzen Rundgang auf dem **Quinault Rain Forest Nature Trail** kurz vor der US-101. Der führt zu steifen Nacken, so kerzengerade ragen die Fichten in den Himmel. Die »Großen Vier« des Regenwaldes stehen eng beieinander: Sitkafichte, Douglastanne, Hemlock und Thuja. Keine Art verdrängt die andere, die Natur mischt sie durch. Wenn die Baumkronen im Nebel verschwinden, erkennt man sie noch an ihrer Rinde: Sitka spruce – groß geschuppt; Douglas-fir – rau mit tiefen Scharten; Western hemlock – eng gerippt; Western redcedar – geflochtene Strähnen.

Wo Baumriesen stürzen, bekommen Laubbäume wie der moosbehangene Großblättrige Ahorn *(bigleaf maple)* ihre Chance. Der Wald erneuert sich auf die Weise, dass sich junge Bäumchen an ihre »Ammenstämme« *(nurse logs)* klammern, aus denen sie im Sommer Wasser ziehen. Als Folge dieser Starthilfe stehen reife Bäume oft in Reih und Glied, gar auf Stelzen. Die Parkbehörde sieht darin Poesie. In ihren Broschüren ist vom »ewigen Werden und Vergehen« die Rede, denn »wo alte Bäume stürzen, wächst neues Leben«.

Abseits vom Nationalpark ist es mit der Poesie kahlschlagartig vorbei. Jim Tobin

Unter Großblättrigem Ahorn im Hoh Rainforest

von **JJ's Restaurant** in **Amanda Park** nimmt das Abholzen nicht so tragisch. Er ist von Geburt Yakama-Indianer, hat sich aber den Quinault angeschlossen: *It's good to belong somewhere*. Er finde es richtig, dass die Quinault ihren Wald verkaufen, denn im Park verkomme er ja nur: *goes to waste* – eine Formel, die man im Lande häufig hört. Allein der Verlust der Zedern rühre ihn, weil die nicht wiederkommen, sie wüchsen zu langsam. Thuja plicata oder Riesen-Lebensbaum war der »Überlebensbaum« der Ureinwohner schlechthin.

Seit 1922 holen die Holzfirmen aus dem Reservat heraus, was herauszuholen ist. Aufgrund von langfristigen Verträgen mit dem Indian Bureau holzten sie von 1950 bis in die 1970er Jahre ganze Landstriche ab, so dass die Flüsse in Schlamm und Astwerk erstickten. Als die Jüngeren aus den Colleges zurückkehrten und sahen, was geschah, blockierten sie 1971 die Holzabfuhrwege. Daraufhin wurden einige Auflagen in die Nutzungsverträge geschrieben. Am Highway stehen verstreut kleine Schindelfabriken mit dampfenden Meilern, die die Reste aufarbeiten.

Zwischen Park und Küste: die US-101

Das Indianerdorf **Queets** nahe US-101 kostet nur einen Schlenker. Ärmliche Hütten stehen aufgereiht, einige sind abgebrannt – dazwischen Autowracks, Kinderspielzeug, Unrat. Die Dorfhunde hocken auf den Türschwellen, bei den Briefkästen, in den Einfahrten – alles Mischlinge. Ein Hund spaziert mürrischen Blickes die Straße entlang, es regnet ihm aufs Fell. Als ein Artgenosse in einem Schuppen zu heulen beginnt, laufen alle zusammen, beschnuppern den Schuppen, drehen ein paar Runden und ziehen wieder ab. Ein Mann befreit den Hund. Er hält eine Schachtel in der Hand, aus der er etwas löffelt. *Must steal some beans*, murmelt er, und geht seines Weges.

Der Coastal Strip des Nationalparks beginnt mit South Beach, von da ab sind die Strände durchnummeriert: Eins bis Sechs, plus Ruby Beach. Alle Strände sind zugänglich. Die wilde Küste mit ihren Kiesbuchten, Treibholzbarrieren und Seastacks reicht bis zum Reservat der Makah im Norden – 57 Meilen. Manche Felsvorsprünge sind nur bei Ebbe zu umrunden.

Um **Kalaloch Lodge** gruppieren sich ein Campingplatz, ein Lehrpfad und eine Ranger Station. Die Ranger wissen viel über den Nationalpark, reden aber nicht gern über die Holzerei. Sie verweisen lieber auf eine »Logging & Mill Tour« des Chamber of Commerce in Forks. Vor einigen Jahren holten Trucker noch mächtige Altbäume aus dem Wald. Drei Trucker hatten sich eine Fichte geteilt, jeder fuhr ein 30-Tonnen-Stück. Wo sie die herhatten, wollten sie nicht sagen, aber sie brächten sie zum Hafen von Aberdeen. Ob der Baum zu Sägemehl verarbeitet würde? Nein, dazu sei er zu schade ...

Auf dem Plankenweg des **Kalaloch Creek Nature Trail** (Rundweg, 1.2 mi), der gleich hinter der Brücke über den Creek beginnt, haften Turnschuhe bei Nässe am besten. (Das tun sie übrigens auch auf

Rialto Beach im Küstenstreifen des Olympic National Park

Schwarzbär mit Lupinen, Olympic National Park

den *beach logs* am Strand.) Gegen den Regen braucht man einen Regenhut und ein Cape, das den Rucksack abdeckt. Der Lohn für durchweichte Schuhe? Eine mit allen Sinnen wahrnehmbare Frische. Am Hemlock glitzern die Tropfen wie Perlen an den Stickereien der Plateau-Indianer.

Die US-101 schwingt sich nun landeinwärts. Zwischen Kalaloch und Forks zweigt die Zufahrt zum berühmten **Hoh Rain Forest** ab. Wem die Wandertour ab Queets zu rustikal schien und wer auf das Makah Museum verzichten möchte, dem sei zu dem Abstecher (ca. vier Stunden) geraten. Die Betriebe am Highway heißen Cedar Products, Cedar Company, Logging & Shake Company … Dann kündigt sich die Hölzerstadt **Forks** an, mit groben Schnitzwerken und einem Holzfällerdenkmal. Der Name verweist auf die drei »Gabeln« des Bogachiel, Calawah und Sol Duc River, die sich hier zum Quillayute River vereinen.

Zum Lunch darf man Holzfällerportionen erwarten, jedenfalls im **Coffee Shop** des Supermarkts. Der *short stack* (zwei Lagen) Hotcakes zum Frühstück war schon nicht zu schaffen, doch der Herr am Nebentisch gräbt sich durch einen Berg von Bratkartoffeln, Eiern, Speck und Toast – und lässt die Hälfte liegen. So recht nach Holzfällerart: reinhauen, rausholen und die Reste liegen lassen. Die alten Männer, die draußen aus ihren Pick-ups klettern, sind gezeichnet wie der Wald.

Zwei Meilen nördlich Forks passiert man die Zufahrtsstraße nach La Push (siehe »Abstecher nach La Push«, S. 292 f.), die Hauptroute führt indes nach Norden zur Strait of Juan de Fuca. Dort folgt die Straße der Küste so eng, dass der Beifahrer die Vögel auf den Muschelbänken sehen kann. An einer Stelle, wo spitze Felsen das Ufer markieren, ermöglichen Parkbuchten den Zugang zum Strand.

In den Häfen von Clallam Bay, Sekiu und Neah Bay schaukeln Sportboote und Yachten, man hat sie vorher schon den großen Jeeps hinterherhüpfen gesehen. So sind auch die Unterkünfte in **Neah Bay**: sportlich-rustikal. Alle Motels an der Bayview Avenue haben Platz für Wohnmobile.

Wapiti-Hirsch im Hoh Rainforest

20 Wilder Nordwesten

Abstecher nach La Push

Zum Indianerdorf **La Push** zweigt man zwei Meilen nördlich von Forks auf La Push Road (WA-110) ab. Doch vor Erreichen der Siedlung lauscht man noch einer Symphonie mit zwei Motiven: Regenwald und Ozean. Die Ouvertüre am *trailhead* zum Third Beach ist noch *piano* gehalten. Am Waldboden herrscht feierliche Stille. Im Dämmerlicht liegen Baumriesen, die noch in hundert Jahren dort liegen werden. Weiter geht es *al passo maestoso* – durch einen Säulentempel aus Bäumen, die in unsichtbare Höhen aufragen. Der Wald wird lichter, das Rauschen des Ozeans stärker: *crescendo*. Noch liegt ein Riegel aus verkantetem Treibholz im Weg, dann kommt der Ozean: als krachendes Finale – *fortissimo*.

Die Quileute betreiben ihr **Oceanside Resort** in eigener Regie, ebenso den Bootshafen, das Restaurant, den Einkaufsladen. Sie tun das recht nonchalant, trotzdem hat sich die Qualität der Unterkünfte gewaltig verbessert. Während früher frischer pazifischer Wind durch die Ritzen des Motels pfiff, darf man heute geräumige, behagliche Zimmer mit Meerblick erwarten. Die Dünen, der Strand mit seinen *beach logs* und den mächtigen Brandungswellen liegen vor der Tür. Die Preise sollen *reasonable* bleiben, sagt die Managerin, denn die Betreiber »wollen ihre Stammgäste nicht enttäuschen«. Und maßvoll sind sie, besonders im Winter, wenn »Storm Watching Packages« angeboten werden.

Das Quileute-Mädchen an der Rezeption hatte gesagt, das Restaurant liege »gleich um die Ecke«. Auf den Hinweis, dass man zu Fuß gehe, war sie nicht erstaunt, sondern schätzte die Entfernung korrekt auf fünf bis zehn Minuten (oder ½ mi) ein. Man spaziert also an der Tribal School vorbei zum Hafen, wo Fangkörbe für Dungeness Crabs ausgebreitet liegen. Vor der Bucht ankern Seastacks, Zeugenberge einer ehemaligen Küstenlinie, deren Bürstenfrisur im Dunst verschwimmt.

Man findet das **River's Edge Restaurant** nicht gleich, denn es gibt keine grellen Hinweise, nur ein grünes Dach. Drinnen öffnet sich ein hoher, heller Raum mit Blick aufs Meer. Einst be-

Second Beach bei La Push, Olympic National Park

Die Olympic Peninsula und ihre Küsten

diente hier ein junger Mann, so resolut und *mainstream* wie einer, der gerade sein BWL-Studium absolviert hat. Doch dann erzählte er von den vier Rehen, die ihm am Morgen am Strand begegnet seien, und dass er gern den Holzschnitzern, die das Werk von Earl und Pat Penn fortsetzen, über die Schulter schaue …

Heute bedient eine junge Frau – aufmerksam und ohne Wirbel. Zum Essen gibt es amerikanische »Standards«, hausgemacht und ordentlich. Für den kleinen Hunger bereitet der Koch bei offener Küche einen »Indian Taco« zu. Der besteht aus einem weichen Teigfladen, darin eingehüllt geröstetes Hackfleisch, Salat, Tomate mit Zwiebeln, dazu saure Sahne und Salsa mit *Spanish rice* in einer Suppentasse, das Ganze für sechs Dollar.

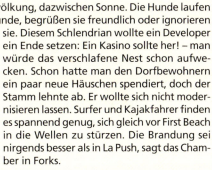

Gestrandeter Baumriese bei La Push

Benötigt man eine Auskunft vom **Tribal Center**, dem Rathaus des Ortes, dann darf man im Sitzungssaal das schöne Intarsienbild bewundern und nach Herzenslust fotografieren. Während die Sekretärin ein ganzes Blatt mit nützlichen Adressen vollschreibt, erzählt sie von den Kanufahrten entlang der Küste, die die Stämme jährlich zelebrierten. Sie selber sei seit ihrem 13. Lebensjahr dabei und habe viel Spaß daran, mit den anderen Stämmen zu feiern. Jedes Jahr spiele ein anderer Stamm den Gastgeber, diesmal gehe es in die Nähe von Olympia …

April an der Küste: Regenschauer, lockere Bewölkung, dazwischen Sonne. Die Hunde laufen wie immer frei herum, besuchen ihre Nachbarhunde, begrüßen sie freundlich oder ignorieren sie. Diesem Schlendrian wollte ein Developer ein Ende setzen: Ein Kasino sollte her! – man würde das verschlafene Nest schon aufwecken. Schon hatte man den Dorfbewohnern ein paar neue Häuschen spendiert, doch der Stamm lehnte ab. Er wollte sich nicht modernisieren lassen. Surfer und Kajakfahrer finden es spannend genug, sich gleich vor First Beach in die Wellen zu stürzen. Die Brandung sei nirgends besser als in La Push, sagt das Chamber in Forks.

Quileute Oceanside Resort & RV Park
330 Ocean Dr. (16 mi westl. Forks)
La Push, WA
✆ (360) 374-5267 und 1-800-487-1267
www.quileuteoceanside.com
Eigenbetrieb der Quileute; ganzjährig. 26 gediegene Zimmer (mit *kitchenette*) im Motel, 45 komfortable Cabins; Camping (mit RV-*hookups*) direkt am Meer (First Beach). Herrlicher, natürlicher, wilder Strand. $–$$$ (Motel)

River's Edge Restaurant
41 Main St., La Push, WA
✆ (360) 374-0777, Sommer tägl. 8–21 Uhr
Freundlich, gut, günstig. Schöner Raum mit Aussicht. – Hinweis: Siehe recht unterschiedliche Bewertungen bei TripAdvisor. $

Im Nordwesten des Nordwestens

WELCOME TO MAKAH INDIAN RESERVATION – heißt es am Ortseingang, dann folgt man dem Abzweig zum **Makah Museum**. Es ist eines der besten Museen zur Kultur der Native Americans im Nordwesten. In ihm finden sich die Relikte des Fischerdorfs Ozette bewahrt, das vor 500 Jahren von einer Schlammlawine verschüttet wurde. Anhand dieser Funde kann man sich ein Bild vom Alltagsleben der einstigen Bewohner machen. Diese nutzten die Materialien, die ihnen die Umwelt bereitstellte: Knochen, Stein, Holz, Gräser – aber kein Metall. Sie gingen in Einbaumkanus auf Walfang, benutzten Harpunen aus Eibenholz, Klingen aus Muschelschalen, Widerhaken aus Hirschhorn, Klebstoff aus Fichtenpech, Seile aus Zedernzweigen und Schwimmkörper aus Seehundfell.

Drei große Totempfähle geleiten den Besucher ins Innere. Dort steht, in gedämpftes Licht getaucht, ein komplettes Longhouse. Echter Fischgeruch dringt durch den Raum; er stammt von den Lachsschwarten, die von der Decke baumeln. Jim Jarmusch hat seinen Film »Dead Man« mit indianischen Komparsen aus Neah Bay gedreht (allerdings in Süd-Oregon). Die Kulissen wurden nachgebaut, ein vergessener Totempfahl aus Styropor lag draußen herum. Keiner hat den Film gesehen. Die Leute sagen, er war ein »Flop«.

Wer zwei, drei Stunden übrig hat und den nordwestlichsten Punkt des Nordwestens besuchen möchte, mag sich auf eine Geländefahrt zum **Cape Flattery** begeben: Dort erwartet ihn eines der großartigsten Naturschauspiele dieser Reise (siehe MAGIC MOMENT, S. 295). Und wer ganz viel Zeit hat, besucht den abgelegenen **Shi Shi Beach**, der wegen seiner Wildheit und Reinheit vom Travel Channel zum »besten Strand Amerikas« gekürt wurde. Wer aber bald sein Tagesziel erreichen will, fährt gleich auf WA-112 East in Richtung Port Angeles aus dem Reservat heraus.

Ein gnädiges Schicksal hat dem lieblichen Pysht River eine Allee alter Bäume bewahrt. Auf ihrer **Pysht Tree Farm** betreiben Merrill & Ring *resource management*, das heißt, sie forsten auf. Ihre Manager kamen 1882 aus Saginaw, Michigan, wo sie die *white pines* abholzten, inspizierten das Land und kauften es. Heute zielen sie auf *sustained yield* – »jedes Jahr und für alle Zeiten«. Auf einem Lehrpfad hören Schulkinder vom Segen der kommerziellen Forstwirtschaft. Die Branche rühmt sich, für jeden gefällten Baum vier neue zu pflanzen …

Vor Joyce ginge es geraden Weges nach Port Angeles – oder rechts ab zum **Lake Crescent**. Biegen Sie rechts ab. Nach ein paar Meilen rollt der Wagen vor das Tor des **Log Cabin Resort**, das sich an einem idyllischen Seeufer eingerichtet hat. Enten spazieren paarweise über die Wiese – am Morgen werden sie zur hinteren Terrasse hereinschauen. Das reizvolle Ensemble wurde 2011 »wegen zu hoher Abgaben an den Nationalpark« (so eine örtliche Quelle) geschlossen, im Sommer 2012 aber unter der Ägide von Aramark Parks & Destinations wieder eröffnet. Bleibt zu hoffen, dass die alte Sommerfrische ihren rustikalen Charme behalten durfte …

Von Weitem leuchtet die feine **Lake Crescent Lodge** über den See und lädt zum Dinner. Drüben weht ein Hauch von »Altem Süden«, denn süßlicher Magnolienduft erfüllt die Luft, Rhododendren und Azaleen säumen den Kiesweg. Das Essen ist hervorragend: Minestrone, Quiche aus Dungeness Crabs, warme Brombeertorte – dazu die gute Sitte, das Dressing auch ungebeten *on the side* zu liefern.

Mit dem Kajak auf Lake Crescent, Nordrand des Olympic National Park

✺ MAGIC MOMENT Kap an der Kante – Cape Flattery

In Neah Bay folgt man der Bayview Avenue, dann der Cape Flattery Road, dann der Cape Flattery Loop. Fünf Meilen nach Waatch erreicht man einen Parkplatz mit Toiletten. Wer es eilig hat, »schafft« das Kap ab Neah Bay in zwei Stunden. Das ist nicht ratsam. Einen Parkschein, erhältlich beim Makah Museum oder in Washburn's Grocery.

Der TRAIL zum Kap führt über 20 Minuten leicht abwärts durch offenen Wald. An feuchten Stellen sorgt ein Plankenweg für trockene Füße. Dann öffnet sich der Wald, und man betritt den nordwestlichsten Punkt des Reservats – und der nordwestlichen USA. Wählen Sie unter den drei Viewpoints den mit der Leiter. Die Aussicht von der Felsplatte aus ist phänomenal. Aus schwindelnder Höhe schaut man ungläubig in die quirlende Tiefe. Die Brecher zerbersten an triefenden Felsen, donnern in Höhlen hinein und schäumen durch Spalten wieder heraus. Im Gegenlicht der tief stehenden Sonne zeichnet sich Tatoosh Island ab …

Das war nicht immer so. Vor zwölf Jahren noch krachte der Wagen gleich hinter Waatch ins erste Schlagloch, auf dem Fußweg stolperte man über Wurzeln und querliegende Bäume, patschte auf schwappenden Planken durch schlammige Pfützen. Am Viewpoint stand man – ohne Geländer – direkt am Abgrund. Doch dann besannen sich die Makah darauf, was sie dem modernen Tourismus schuldig sind.

Suchen Sie das Abenteuer? Dann fahren Sie die Cape Flattery Loop zu Ende: Der Fahrweg wird immer enger, die Schlaglöcher und Wasserpfützen immer tiefer, bis die Zweige der Bäume gegen die Scheiben klatschen …

◉🅿 **Cape Flattery**
Makah Indian Reservation, Neah Bay, WA

Ab westl. Ortsausgang 7 ½ mi über Cape Flattery Rd., dann ¾ mi zu Fuß ab Trailhead.

Seehöhlen bei Cape Flattery, nordwestlichster Punkt der kontinentalen USA (ohne Alaska)

20 Service & Tipps

ⓘ Pacific Ranger District – Quinault
U.S. Forest Service
353 S. Shore Rd., Quinault, WA 98575
✆ (360) 288-2525, www.fs.usda.gov/recarea/olympic/recarea/?recid=47695
Mo–Sa 8–16, im Sommer auch So 9–16 Uhr
In Quinault Village. Aktuelle Wege- und Wander-Informationen.

Forks, WA

ⓘ Kalaloch Campground
US-101, ¼ mi südl. Kalaloch Lodge, Forks, WA
✆ (360) 565-3130 (Info)
✆ 1-877-444-6777 (Reservierung)
www.nps.gov/olym/planyourvisit/campgrounds.htm, ganzjährig
Größter Campingplatz des Olympic-Nationalparks in schöner Lage: 170 Plätze unter Bäumen; im Sommer reservieren, sonst *first come, first served*. Strand mit Treibholz. **Ranger Station** vor Ort.

ⓘ Forks Chamber of Commerce
1411 S. Forks Ave. (südl. Ortseingang)
Forks, WA 98331
✆ (360) 374-2531 und 1-800-443-7157
www.forkswa.com
Beim Loggers Memorial und Timber Museum. Vermittelt »Logging & Mill Tour« zu örtlichen Holzbetrieben (Mai–Okt.); kostenlos, aber anmelden!

The Forks Motel
351 S. Forks Ave. (US-101)
Forks, WA
✆ (360) 374-6243 und 1-800-544-3416
www.forksmotel.com
Traditionsreiches (seit 1947), praktisches Motel mit 73 Zimmern, großzügig und funktional, z. T. mit *kitchenettes*. Waschautomat, Pool. Morgens lärmen die Holztransporter.
$$–$$$

Rain Forest Hostel
169312 Hwy. 101 (23 mi südl. Forks)
Forks, WA
✆ (360) 374-2270

Typischer Seastack, Zeugenberg einer ehemaligen Küstenlinie, Washington Coast

Die Olympic Peninsula und ihre Küsten

www.fp1.centurytel.net/rainforesthostel
Freundliche Herberge fürs ganze Jahr, nahe Küste und Hoh Rain Forest. Linienbus von/nach SeaTac. 25 Betten, auch für Paare oder Familien. Bettzeug, Regenzeug, Beratung vorhanden. $

Neah Bay, WA

🏛️🍴 Makah Cultural & Research Center (Makah Museum)
1880 Bayview Ave. (Hwy. 112, am Ortseingang)
Neah Bay, WA
✆ (360) 645-2711
www.makahmuseum.com
Tägl. 10–17 Uhr
Eintritt $ 6/5 (Schüler), unter 6 J. frei
Kultur der Makah vor 500 Jahren. Komplettes Longhouse, Dioramen der Meeresküste. Video »A Gift from the Past« anschauen, »Museum Exhibit Leaflet« mitnehmen! Shop mit Kunsthandwerk der Makah.

🛏️🏠 Cape Motel & RV Park
1510 Bayview Ave., Neah Bay, WA
✆ (360) 645-2250
Sportlich-rustikale Unterkunft. $$

🛏️❌❌ Log Cabin Resort
3183 E. Beach Rd. (Nordufer Lake Crescent)
Port Angeles, WA
✆ (360) 928-3325 und 1-888-896-3818
www.olympicnationalparks.com
Ende Mai–Mitte Sept.
Urlaubsziel mit Tradition (seit 1895) in Uferlage. Komfortzimmer, Chalets, rustikale Cabins, RV-Plätze und alte redcedars. Einfaches Restaurant (Deli); Bootsverleih ($ 30 für drei Stunden). Verwaltet von ARAMARK, Parks and Destinations. $$–$$$ – Unter gleichem Management:

🛏️❌❌ Lake Crescent Lodge
am Südufer von Lake Crescent, ✆ (360) 928-3211 und 1-888-723-7127, www.olympicnationalparks.com, Mai–Dez., Lodge-Zimmer und Cabins. Hervorragendes Restaurant ($$); Bar. $$$–$$$$

Port Angeles, WA

ℹ️ Port Angeles Chamber of Commerce & Visitor Center
121 E. Railroad Ave. (am Fährhafen)
Port Angeles, WA 98362

Treibholz auf Rialto Beach

✆ (360) 452-2363
www.visitportangeles.com
Mo–Fr 9.30–17.30, Sa 10–17.30, So 10–15 Uhr

🛏️ Port Angeles Inn
111 E. 2nd St.
Port Angeles, WA
✆ (360) 452-9285 und 1-800-421-0706
www.portangelesinn.com
25 Zimmer, die meisten mit Hafenblick. $$$

🛏️❌🐾 Red Lion Hotel Port Angeles
221 N. Lincoln St.
Port Angeles, WA
✆ (360) 452-9215 und 1-800-733-5466
www.redlion.com
Praktisches Motel am Waterfront Trail (Jogging!). 186 geräumige Zimmer und Suiten. Tierfreundlich. Parken gratis. Restaurant **Port Angeles CrabHouse**. $$$

🛏️ Toadlily House International Hostel
105 E. 5th St.
Port Angeles, WA
✆ (360) 797-3797
www.toadlilyhouse.com
»Eines der besten Hostels im Westen der USA«. Etagenbett ab $ 25.

❌ Michael's Seafood & Steakhouse
117 B E. 1st St.
Port Angeles, WA
✆ (360) 417-6929
www.michaelsdining.com
Tägl. 16–22, Fr/Sa bis 23 Uhr
Örtliche Bioprodukte, Wildfisch und Fleisch von der Ranch. $$$

21 Gute Heimreise!
Zurück nach Seattle

21. Tag: Lake Crescent – Port Angeles – Port Townsend – Bainbridge Island – Seattle (234 km/146 mi)

km/mi	Route
Morgen	
0	Von **Lake Crescent** auf US-101 East nach Port Angeles, dort auf Lauridsen Blvd. abbiegen, dann Race Street rechts zum **Olympic National Park Visitor Center** (Pioneer Memorial Museum). Über Hurricane Ridge Road nach **Hurricane Ridge** (17 mi); ggf. weiter zu Fuß nach **Hurricane Hill**. Zurück nach
Mittag	
83/52	**Port Angeles** (ggf. Lunch). Dann US-101 East über Sequim und WA-20 East (ab Discovery Bay) nach
Nachmittag	
77/48	**Port Townsend:** Stadtbummel. Weiter über WA-20 West, WA-19 South, WA-104 East, Hood Canal Floating Bridge, WA-3 South, WA-305 East zur Fähre nach **Bainbridge Island** (Winslow), von dort nach
Abend	
74/46	**Seattle**.

Abschied vom sanften Lake Crescent, vom Regenwald, von den Olympic Mountains, vom Sund mit seinen wackeren Fähren, vom Pazifischen Nordwesten überhaupt. Welche Bühne wäre für die Zeremonie besser geeignet als Hurricane Ridge mit seinem Rundblick über die ganze Gipfelflur der Olympics? Einen kleinen Aufschub mag man sich noch gönnen mit einer Stippvisite im historischen Port Townsend und der Einkehr in einem seiner geschichtsträchtigen, in Backstein gefassten Cafés. Bevor man auf die Fähre rollt, sage man noch in Richtung Suquamish: »Goodbye, Chief Sealth« – und zurück in die Heimat.

Weichenstellung

Die Auffahrt nach Hurricane Ridge ist nur bei guter Sicht sinnvoll; Auskunft im Olympic National Park Visitor Center oder über ✆ (360) 565-3131. – Port Angeles ist Sprungbrett nach Kanada; »M.V. Coho« verkehrt täglich nach Victoria, BC. – Wer heute noch fliegen will, muss ca. vier Stunden (zur Rush Hour mehr!) für die Fahrt von Port Angeles zum Flughafen SeaTac veranschlagen; ab Port Townsend (falls Übernachtung dort) entsprechend weniger.

Wer sich nur schwer vom schönen Lake Crescent trennen kann, mietet sich im Log Cabin Resort oder an der Lake Crescent Lodge noch ein Paddelboot. Oder schaut noch eine Weile den knallblauen Hähern mit den schwarzen Köpfen – *Steller's jays* – am Parkplatz der **Storm King Ranger Station** zu. Oder folgt der Aufforderung des Rangers zu einer Wanderung durch *old growth* nach **Marymere Falls** (1 mi); *not many of these left* – fügt er mit Blick auf die Bäume hinzu. Oder schaut dem See vom kleinen East Beach unter Thuja- und bunten Madronabäumen nach.

Die Olympic Mountains auf Breitwand

Die Engel, die einst bei der Gründung von Puerto de Nuestra Señora de Los Angeles Pate standen, müssen sich vom nüchternen **Port Angeles** verabschiedet haben. Immerhin, am Landing, wo die Fährschiffe ankommen, tanzt ein Grüppchen Senioren zu Old Time Country Music und aus einer offenen Kneipe in der Front Street dringt Gitarrenmusik – live.

Die Stadt ist in erster Linie Hafen, Highway und Tor zum **Olympic National Park**, der sich in seinem **Visitor Center** mit **Pioneer Memorial Museum** vorstellt. Von dort führt eine bequeme Autostraße über 17 Meilen im steten Steigflug von quasi Null auf 1594 Meter über NN hinauf. Der Rundblick von **Hurricane Ridge** ist – bei klarer Sicht – einmalig: die ganze Gipfelflur der Olympic Mountains in Cinemascope!

Zum **Hurricane Hill** sind es ab Hurricane Ridge noch drei Meilen und 150 Höhenmeter zu Fuß. Dabei steigt man vom Tannengürtel in die Zone der Bergblumen und Gräser auf. Die *subalpine firs* tragen in dieser Höhe ein tiefgrünes Nadelkleid, das sie wie eine bodenlange Schürze umhüllt. Sie sind vollkommen ebenmäßig geformt – eine ganze Schar von kleinen Kirchturmspitzen.

Am Picknicktisch neben Hurricane Hill Road warten bereits kleine, aufgeplusterte graue Vögel auf Gäste, die *dippers*, und kaum hat man seine Brotzeit ausgepackt, da begreift man, warum sie so heißen. Zunächst hocken sie auf den Tannenzweigen und warten ab. Dann tauchen sie in eleganten Kurven zum Tisch hinunter, picken einen Krümel auf und schwingen sich hoch auf den nächsten Ast. Es wird ein Picknick fürs Album – eine Rast in völliger Ruhe und Reinheit der Natur. Der Rest ist Talfahrt, Rückfahrt, Heimfahrt, Abschied.

In Port Angeles ist der Mittagstisch schon gedeckt. **Toga's Soup House** war bereits bei der Einfahrt von Westen her aufgefallen. Toga (= Vorname) Hertzog hat zusammen mit seinen deutschen Eltern das Viktorianerhaus von 1928 in ein nettes Bistro für leichte Mahlzeiten verwandelt. Auf die Frage nach einer Lunch-Alternative stadt-

Auf Hurricane Ridge, 1598 Meter hoch, in den Olympic Mountains

21 Gute Heimreise!

einwärts erklärt er das hafennahe **Cornerhouse Restaurant** für *mainstream*, das **First Street Haven** für *upscale* und das günstig am östlichen Ortsausgang gelegene **Cafe Garden** zu einem gediegenen Anbieter gehaltvoller *garden salads* und interessanter *stir-fries* (Gemüsepfanne).

Im dichten Verkehrsstrom der US-101 schwimmt man gen Osten. Links ginge es über die Kitchen-Dick Lane zur **Dungeness Spit**, der »längsten Nehrung der USA«, in deren Lagune sich Tausende Seevögel tummeln – so öde ist es da draußen. Was hat das ewig lange **Sequim** für sich? Das Klima. Die Developer, aber auch die Landwirte, die im Dungeness Valley biologisches Gemüse anbauen, setzen auf Rentner, die angeblich die Dürre mögen. »Sunny Sequim« verdankt seine relative Trockenheit (380 mm pro Jahr) der Tatsache, dass es im Regenschatten der Olympics liegt.

Die Betonfestung des **7 Cedars Casino** bei Blyn kommt wie ein Schock. Ist es eine Filmkulisse, *made in Hollywood*? eine Haftanstalt?, eine Fata Morgana? Nein, nur eine harmlose, bürgerliche Spielhölle, in der schon Kinder zum Bingo willkommen sind. Die Macher des Jamestown S'Klallam-Stammes bekunden stolz: »Das Kasino ist ein Schlüssel zur Verwirklichung eines Traumes«, so der Stammeshäuptling. »Es zeigt, was Indianer leisten können.« Drei mächtige Totempfähle an der Einfahrt demonstrieren indianisches Kulturerbe.

»Stadt der Träume«: Port Townsend

Auch **Port Townsend** will Wünsche erfüllen, vor allem die von jungen Paaren, die in einer der zahlreichen Frühstückspensionen ein *romantic getaway* suchen. Ein bloßer Kaffeebesuch wird dem »Victorian Seaport« kaum gerecht. Wie Seattle im Jahre 1851 gegründet, holzte man zunächst die umliegenden Wälder ab und verkaufte sie nach Kalifornien. Dann wurde Port Townsend, wie Seattle, Welthafen am Sund, baute in den 1880ern Handels- und Herrenhäuser und schlitterte in den 1890ern in die Krise, weil sich die Eisenbahn nicht nach Port Townsend, sondern nach Tacoma und Seattle bemühte. Hippies entdeckten den alten Seehafen Ende der 1960er Jahre neu. Heute bummeln Touristen und Tagesbesucher in Scharen und kurzen Hosen über die zentrale **Water Street**. Das **Jefferson Museum of Art & History** zeigt die Geschichte der Stadt.

Die Besitzer feiner Villen in Uptown haben die Stadt zur »Bed & Breakfast Capital of the Northwest« erklärt und bieten wahre Frühstücksereignisse im großbürgerlichen Dekor. Da wollten die beiden ehrwürdigen Stadthotels nicht zurückstehen, wedelten den Staub von den Vertikos, modernisierten ihre Suiten und nutzten ihre hohen Hallen und alten Gemäuer, um den Besuchern »Echtes« zu bieten. Die Gemeinde hielt mit: Der ganze Stadtkern wurde 1976 zum National Historic District erklärt.

Mit der Fähre zurück nach Seattle

Von hier geht es nun ohne Umschweife weiter und zurück nach Seattle. Das Land um die östliche Olympic Peninsula, die nördliche Kitsap Peninsula und Bainbridge Island wird von zahllosen Meeresarmen zerrissen und zergliedert – und ist von so dichtem Sekundärwuchs bedeckt, dass man kaum je einen Blick auf die Landschaft erwischt. Das ändert sich jenseits der Hood Canal Floating Bridge bei **Port Gamble**, das wie eine englische Landstadt auftritt. Genießen Sie den Blick auf die Bucht bei einer Teepause. Ist noch Zeit für das **Suquamish Museum**? Wenn ja, dann sagen Sie dem Häuptling Goodbye.

Seattle greift mit seinen Schlafsiedlungen umso energischer über den Sund, je näher man der Stadt kommt. Dann, nach dem Ablegen der Fähre von Winslow, nimmt die Skyline der Stadt immer schärfere Konturen an, rücken immer weitere Details ins Bild. Das letzte Wort hat jedoch Mount Rainier, der größte der Kaskadenvulkane (4392 m). Sein weißer Schneehut schwimmt wie ein ferner Eisberg über den Wolken.

21 Service & Tipps

Port Angeles, WA

Olympic National Park Visitor Center/Pioneer Memorial Museum
3002 Mount Angeles Rd. (via Race St.)
Port Angeles, WA 98362
ℂ (360) 565-3130
www.nps.gov/olym/index.htm
Ganzjährig tägl., Öffnungszeiten variabel, je nach Saison, Eintritt frei
Am Highway nach **Hurricane Ridge**. Infos zum Nationalpark, Exponate zu Natur und Geschichte der Olympics. Discovery Room für Kinder.

Toga's Soup House, Deli & Gourmet
122 W. Lauridsen Blvd., Port Angeles, WA
ℂ (360) 452-1952
www.togassouphouse.com
Mo–Fr 7–16 Uhr
Angenehmes Tageslokal. Tägl. fünf Suppen, Sandwiches, Kuchen. $

First Street Haven Restaurant
107 E. 1st St., Port Angeles, WA
ℂ (360) 457-0352, Mo–Sa 7–16, So 8–14 Uhr
Beste Adresse für Frühstück und Lunch. $

Cafe Garden Restaurant
1506 E. 1st St. (US-101 East, östl. Ortsausgang)
Port Angeles, WA
ℂ (360) 457-4611, www.cafegardenpa.com
Tägl. Frühstück, Lunch, Dinner, So nur bis 14.30 Uhr
Üppige Salate (auch mit Seafood), Pasta, *stir-fries*. $–$$

Port Townsend, WA

Visitor Information Center
2409 Jefferson St.
Port Townsend, WA 98368
ℂ (360) 385-2722 und 1-888-365-6978
www.ptguide.com, www.enjoypt.com
Mo–Fr 9–17, Sa 10–16, So 11–16 Uhr

Jefferson Museum of Art & History
Jefferson County Historical Society
540 Water St. (nahe Pope Marine Park)
Port Townsend, WA
ℂ (360) 385-1003, www.jchsmuseum.org
Tägl. 11–16 Uhr
Eintritt $ 6/1 (3–12 J.)
Im alten Rathaus auf vier Etagen: Geschichte des »Victorian Seaport«.

The Bishop Victorian Hotel & Gardens
714 Washington St., Port Townsend, WA
ℂ (360) 385-6122 und 1-833-254-2469
www.bishopvictorian.com
Hotel von 1891. 16 historische Suiten in Backstein – mit TV. Steile Treppen, Frühstück im Körbchen. $$$–$$$$

Fort Worden State Park
200 Battery Way, Port Townsend, WA
ℂ (360) 344-4400 (Reservierung)
www.fortworden.org
50 *full hookups* am Strand, 30 weitere Plätze im Wald. Rechtzeitig reservieren!

Silverwater Cafe
237 Taylor St., Port Townsend, WA
ℂ (360) 385-6448, www.silverwatercafe.com
Tägl. Lunch und Dinner
Interessante Biere, biologische Weine, gesunde Küche (regionale Produkte), freundliche Wirte (seit 1989); angenehm. **Mezzaluna Lounge**. $$

Doc's Marina Grill
141 Hudson St., Port Townsend, WA
ℂ (360) 344-3627
www.docsgrill.com
Tägl. 11–23 Uhr
Lunch, Dinner, Spaß. Frische Produkte. Waterfront-Terrasse für draußen. $$–$$$

Port Townsend, der »Victorian Seaport« von einst, heute Gastgeber für das Wooden Boat Festival

Service von A bis Z

Anreise, Einreise 302	Mit Kindern im Nordwesten 311
Auskunft 303	Notfälle, wichtige Rufnummern . . . 311
Automiete, Autofahren 304	Öffnungszeiten 311
Camping 306	Post, Briefmarken 312
Diplomatische Vertretungen 306	Presse 312
Einkaufen 306	Rauchen 312
Eintrittspreise 307	Reservierungen 312
Essen und Trinken 307	Sicherheit 312
Feiertage, Feste, Veranstaltungen . . 307	Sport und Erholung 313
Geld, Kreditkarten 308	Steuern 313
Hinweise für Menschen mit Handicap 308	Strom 313
Internet 308	Telefonieren 313
Klima, Kleidung, Reisezeit 309	Trinkgeld 314
Literatur 310	Unterkunft 314
Maße und Gewichte 310	Verkehrsmittel 314
Medizinische Versorgung 311	Zeitzone 315
	Zoll 315

Anreise, Einreise

Seattle ist als Tor zum Nordwesten günstig gelegen und von Europa aus per Direkt- bzw. *Codesharing*-Flug gut zu erreichen, deshalb wurde es als Ausgangspunkt für die im Buch beschriebene Rundreise gewählt. Lufthansa (oder Partner) bietet täglich Direktflüge von Frankfurt nach Seattle an, im Sommer kommt der Ferienflieger Condor mit Direktflügen ab München oder Frankfurt hinzu.

Da die Route des Buches eine »Acht« beschreibt, kann die Reise an jedem Punkt derselben beginnen, also auch in **Portland**. Zwar wurde der Direktflug mit Lufthansa nach Portland eingestellt, doch gibt es einen solchen mit KLM/Air France/Delta ab Amsterdam. Gestückelte Verbindungen von europäischen Flughäfen nach Seattle oder Portland führen u. a. über New York, Toronto, Chicago, San Francisco oder Vancouver. Weitere Anbieter für die Region wie United Airlines kommen hinzu. Vancouver (BC) und San Francisco (CA) kommen als Einflughäfen auch für günstige Charterflüge infrage. Überhaupt hat **Vancouver** als Ausgangspunkt für die Reise seine Vorzüge (siehe »Gateway Vancouver«, S. 18 ff.).

Ein dreifach gestückelter Flug von Europa, z. B. über Amsterdam und Detroit nach Seattle, dauert ca. 19 Stunden und erreicht sein Ziel am Abend desselben Tages (Ortszeit). Der Direktflug ab Frankfurt dauert ca. 10 ½ Stunden und erreicht Seattle am frühen Nachmittag. In jedem Fall ist man wegen der Zeitdifferenz von neun Stunden bei der Ankunft entsprechend müde.

Service von A bis Z

Zur **Einreise** in die USA benötigen Besucher aus Deutschland, Österreich und der Schweiz (auch Babys und Kinder) einen **maschinenlesbaren Pass**, der mindestens bis zum Ende der geplanten Reise gültig sein muss. Für deutsche Staatsangehörige ist nur der **rote Europapass** zulässig, vorläufige Reisepässe, Kinderausweise oder Einträge in den Pässen der Eltern werden nicht mehr akzeptiert. Reisepässe, die nach dem 25. Oktober 2006 ausgestellt wurden, müssen zusätzlich über biometrische Daten in Chipform verfügen. Das gilt jedoch nicht für Reisende, die ein Visum besitzen.

Seit Januar 2009 müssen USA-Reisende, die ohne Visum einreisen, zusätzlich und mindestens 72 Stunden vor Reiseantritt online eine sogenannte **ESTA-Genehmigung** (Electronic System for Travel Authorization) beantragen, dies gilt auch für Kinder. Die Web-Adresse dafür lautet: https://esta.cbp.dhs.gov/esta; die Reisebüros helfen ggf. bei der Antragstellung.

Für diese Online-Reiseanmeldung ist ein Fragebogen mit persönlichen Daten auszufüllen. Die daraufhin erteilte ESTA-Auftragsnummer sollte man sich notieren. Die Genehmigung ist bis zu zwei Jahre oder bis zum Ablauf des Passes für mehrere Reisen gültig. Allerdings gilt die ESTA-Genehmigung nur für einen Aufenthalt von maximal 90 Tagen gemäß dem amerikanischen *Visa Waiver Program* (VWP); für einen längeren Aufenthalt muss ein Visum beantragt werden. Diese Registrierung ist kostenpflichtig ($ 14). Es wird empfohlen, einen Ausdruck der ESTA-Genehmigung bei der Einreise mitzuführen.

Da sich die Einreisebestimmungen kurzfristig ändern können, ist es ratsam, sich vor Reiseantritt auf der Homepage der US-Botschaft (http://germany.usembassy.gov) oder des Auswärtigen Amtes (www.auswaertiges-amt.de) zu informieren. Auskünfte auf Deutsch findet man auch unter http://german.germany.usembassy.gov/visa.

Zu den strengeren Sicherheitsbestimmungen seit dem 11. September 2001 gehört, dass **verschlossene Gepäckstücke** im Verdachtsfall von den Behörden **aufgebrochen** werden. Deshalb sollten Sie Ihre Koffer und Reisetaschen lieber mit Gurten als mit Vorhänge- oder Zahlenschlössern sichern. Aus Sorge vor Anschlägen verbieten die USA bei bestimmten Direktflügen aus dem Ausland seit Juli 2014 die Mitnahme unaufgeladener Handys und anderer elektronischer Geräte. Bei den Sicherheitskontrollen werden Reisende aufgefordert, ihre mitgebrachten Laptops und Handys einzuschalten, um zu beweisen, dass es sich tatsächlich um das Gerät handelt, nach dem es aussieht. Auch andere zusätzliche Sicherheitsüberprüfungen könnten auf die Fluggäste zukommen.

Während des Fluges haben Sie Gelegenheit, das **Zollformular** auszufüllen. Der Beamte der Einwanderungsbehörde *(immigration officer)* nimmt bei der Einreise Fingerabdrücke ab und ein digitales Passfoto auf. Er erkundigt sich nach Zweck *(holiday)* und Dauer der Reise und setzt die Aufenthaltsdauer fest. Manchmal wird nach dem Rückflugticket oder der finanziellen Ausstattung gefragt.

Achtung: Bei Umsteigeflügen findet die Pass- und Zollkontrolle bereits am ersten Flughafen in den USA statt. Am *Connecting-baggage*-Schalter unmittelbar nach dem Zollbereich gibt man dann sein bis zum Zielort durchgechecktes Gepäck wieder ab.

Am Flughafen von **Seattle** (SeaTac) beantwortet ein **Visitor Information Center** alle Fragen. Wer sich ein Mietauto bestellt hat, findet Hinweise auf die Verleihfirmen *(car rentals)*. Deren Vans *(car rental shuttle)* bringen Sie zu den Verleihstationen. Mit Hotelbussen gelangen Sie zu den Flughafenhotels, mit Taxis, Limousinen oder öffentlichen Bussen in die Innenstadt. Diese braucht von SeaTac bis Westlake Station ca. 40 Minuten und kostet $ 3. In Portland bietet sich der Schienenweg »MAX« ($ 2.50) an, in Vancouver die schnelle Bahnverbindung der Canada Line.

Auskunft

Der Staat **Oregon** besitzt eine hervorragend arbeitende zentrale Tourismusbehörde:

ℹ️ **Travel Oregon**
250 Church St. S.E., Suite 100
Salem, OR 97301
✆ (503) 967-1560
www.traveloregon.com

Im Staat **Washington** werden zentrale touristische Funktionen derzeit vom Besucherbüro in Seattle wahrgenommen:

ℹ️ **Visit Seattle**
701 Pike St. (Suite 800)
Seattle, WA 98101
✆ (206) 461-5800 und 1-866-732-2695
www.visitseattle.org
www.experiencewa.com

Service von A bis Z

Entlang der Küste von Oregon bei Yachats

Vertretung Oregon und Washington in Europa:

ℹ **Lieb Management & Beteiligungs GmbH**
Bavariaring 38, 80336 München
✆ (089) 689 06 38-42 (für Oregon)
www.traveloregon.de
✆ (089) 689 06 38-47 (für Washington)
www.visitseattle.de

Nützliche Internet-Adressen:

ℹ Touristische USA-Informationen:
www.usa.de
US National Parks: www.nps.gov
Nationalparks und Campingreservierung:
www.recreation.gov

Weiteres erfahren Sie auf den Websites regionaler und lokaler Stellen unter »Service & Tipps« zu den einzelnen Reisetagen.

Auskunft vor Ort erhalten Sie von den **Chambers of Commerce** oder **Visitor(s) Bureaus**, die auch Unterkünfte vermitteln, Restaurants empfehlen und Tipps zu Sehenswürdigkeiten geben können. In zentralen Besucherbüros wie in Seattle oder Portland erhalten Sie Auskunft und Materialien über den ganzen Staat.

Denken Sie bei Ihrem Besuch vor Ort daran, Straßenkarten *(highway maps)*, Stadtpläne und Unterkunftsverzeichnisse mitzunehmen. Sie erreichen örtliche Stellen auch per E-Mail, und meist erhalten Sie umgehend und hilfreich Auskunft. Bei schriftlichen Auskünften zögern die Kammern allerdings, spezifische Empfehlungen auszusprechen, da sie viele Mitglieder vertreten und niemanden benachteiligen wollen.

Eine weitere gute Quelle ist das jährlich erscheinende »TourBook« oder »CampBook« der **American Automobile Association (AAA)** für Oregon/Washington; gegen Vorlage des ADAC-Ausweises war es bisher in den Büros der AAA kostenlos erhältlich. Das Buch enthält neben knappen Informationen zu Orten und Regionen ein recht zuverlässiges Hotelverzeichnis. Bei der AAA erhalten Sie auch ordentliche Straßenkarten. Die Öffnungszeiten der AAA-Büros sind in der Regel Mo–Fr 8.30–17.30 Uhr.

Automiete, Autofahren

Es empfiehlt sich, den Wagen bereits **vor Antritt der Reise** zu mieten (z. B. durch ein Reisebüro) und zu bezahlen. Dabei bekommt man eine Buchungsnummer, unter der am Zielort der Wagen bereitsteht. Vor Ort sind die niedrigen Urlaubertarife nicht zu haben.

Wer den gemieteten Wagen nicht am Mietort zurückgeben will, muss in der Regel eine zusätzliche Einweggebühr *(drop off charge)* bezahlen. Bedenken Sie, dass Sie nach dem langen Flug müde sind, übernehmen Sie den Wagen daher besser erst am Ende Ihres Stadtaufenthalts. In Großstädten wie Seattle, Portland oder Vancouver, die über ein ausgebautes Nahverkehrsnetz verfügen, ist ein Auto sowieso eher hinderlich. Außerdem sparen Sie ohne Auto erhebliche Parkgebühren in den Hotels.

Bei der **Wohnmobilmiete** spielt die Größe eine entscheidende Rolle – für den beträchtlichen Komfort eines beispielsweise 27-Fuß-Motorhomes muss man Mobilitätseinbußen hinnehmen. Das Rangieren auf Campgrounds und Parkplätzen macht wenig Spaß. Während es bei Leihwagen kaum saisonale Preisunterschiede gibt, kann man bei Wohnmobilen außerhalb der Hochsaison Juli/August mit erheblichen Nachlässen rechnen. Wer in der Hauptsaison das Wohnmobil an einem bestimmten Ort zu einem bestimmten Termin und einem passablen Preis übernehmen will, muss dieses schon Monate im Voraus fest buchen. In der Nebensaison stellen sich Verfügbarkeit und Preis deutlich günstiger dar.

Bei der Übernahme des Wagens/Wohnmobils vor Ort muss man den nationalen **Führerschein** und eine **Kreditkarte** vorlegen. Eine Kreditkarte ist nahezu unerlässlich, denn ohne

Service von A bis Z

sie müssten Sie im Voraus bezahlen und eine Kaution hinterlegen. Die angebotene Vollkaskoversicherung – *collision damage waiver* (CDW) – ist zwar nicht billig, kann Sie aber bei Blechschäden vor höheren Kosten bewahren. Achtung vor **verdeckten Kosten**! Die Autovermieter jubeln Ihnen gerne Zusatzversicherungen, ein größeres Auto o. Ä. unter. Wenn Ihr Gutschein *(voucher)* für die bezahlte Automiete bereits Vollkasko abdeckt, brauchen Sie keine *extended protection* mehr. Im Schadensfall wird der lokale Vermieter die Selbstbeteiligung von der hinterlegten Kaution (Kreditkarte) einbehalten; diese Kosten werden sämtlich vom hiesigen Mietwagenunternehmen zurückerstattet.

Wer vorhat, auch unbefestigte Straßen im Hinterland *(back country)* zu benutzen, sollte darauf achten, dass sein Mietvertrag keine *unpaved, gravel* oder *dirt roads* ausschließt.

Überprüfen Sie den Wagen bei der Übernahme auf Zustand und Zubehör (Reserverad?) und lassen Sie sich ggf. unbekannte Technik (z. B. die Automatik) erklären. Moderne Mietautos sind so durchgesichert, dass es schon einiges Geschick erfordert, den Wagen überhaupt in Gang zu setzen oder auch nur den Schlüssel abzuziehen.

Laut einem Übereinkommen der USA mit den meisten Ländern ist der **nationale Führerschein** für die Dauer von bis zu einem Jahr zum Mieten eines Wagens gültig. Das Mitführen des internationalen Führerscheins wird darüber hinaus empfohlen. Ein **Global Positioning System** (GPS) brauchen Sie eher nicht: Die Highway Maps der beiden Staaten sind einschließlich der Nebenstrecken so präzise gezeichnet, dass Sie sich zurechtfinden werden. Wer sichergehen will, kann für zehn Dollar pro Tag beim Vermieter ein Navigationssystem leihen oder gleich selbst von zu Hause mitbringen (US-Straßenkarte aufspielen).

Autofahren

Grundsätzlich können sich europäische Autofahrer auf US-Highways erst einmal entspannt zurücklehnen. Man fährt dort immer noch rücksichtsvoller und langsamer als hierzulande. Hohe Aufmerksamkeit erfordert allerdings das **rechtzeitige Einordnen** in die richtige Fahrspur *(lane)* im dichten Verkehrsstrom der Städte. Gerät man auf einem Freeway in die ausleitende Spur (EXIT ONLY), dann muss man heraus, ob man will oder nicht. Straßenkarten und Stadtpläne bekommt man, außer bei den offiziellen Stellen, an vielen Tankstellen, in Drugstores und Buchhandlungen.

Einige **Verkehrsregeln** und Verhaltensweisen unterscheiden sich von denen in Europa:
– **Anschnallen** ist in allen Staaten für alle Insassen Pflicht, Kinder unter 4 Jahren brauchen einen speziellen Kindersitz (bei der Wagenmiete mitbestellen).
– Die **Höchstgeschwindigkeit** ist ausgeschildert. Auf Interstate Highways beträgt sie 65 oder 70 m.p.h. (Meilen pro Stunde), das sind 104 bzw. 112 km/h; auf US- und State Highways 55 m.p.h. oder 88 km/h; in Ortschaften 25–30 m.p.h. oder 40–48 km/h. Auch sind die Tempolimits für Tag und Nacht verschieden.
– An **Schulbussen** mit blinkender Warnanlage und ein- und aussteigenden Kindern darf man auf keinen Fall vorbeifahren. Das gilt auch für den gegenverkehr!
– **Rechtsabbiegen** an roten Ampeln ist nach vollständigem Stopp erlaubt, sofern man keinen anderen Verkehrsteilnehmer, auch keinen Fußgänger, behindert.
– Außerhalb von Ortschaften muss man zum **Anhalten** oder **Parken** mit dem Fahrzeug vollständig von der Straße herunter.
– Nie an **Bushaltestellen** und vor **Hydranten** parken, der Wagen wird in kürzester Zeit abgeschleppt.
– **Fußgänger**, besonders Kinder, haben immer **Vorfahrt**!

Die Farben an den **Bordsteinkanten** bedeuten:
Rot: Halteverbot
Gelb: Ladezone für Lieferwagen
Gelb und Schwarz: Lkw-Ladezone
Blau: Parkplatz für Behinderte
Grün: Parkdauer 10–20 Minuten
Weiß: Parkdauer 5 Minuten während der Geschäftszeiten

Wenn keine Farbe aufgemalt ist, darf man ungestraft und unbegrenzt parken, aber nie an Bushaltestellen oder vor Hydranten!

An manchen **Tankstellen** muss man im Voraus bezahlen (PAY FIRST) bzw. eine Kreditkarte hinterlegen. Gegen Barzahlung oder bei Selbstbedienung (SELF SERVE) gibt es u. U. mehr Kraftstoff als auf Kreditkarte oder beim Tankwart (FULL SERVE).

Bei **Pannen** oder einem Unfall setzt man sich als Erstes mit seiner Mietwagenfirma in Verbindung. In Notfällen wendet man sich an die Highway Patrol. Diese informiert dann Abschleppdienste, Notarzt usw. Bei Autopannen erweist es sich als Vorteil, Mitglied eines Auto-

Service von A bis Z

mobilclubs zu sein. Unter ℂ 1-800-AAA-HELP = 1-800-222-4357, www.aaa.com, hilft die amerikanische **AAA** (American Automobile Association) auch Mitgliedern des ADAC, ÖAMTC oder anderer europäischer Clubs. Unter ℂ 1-888-222-1373 meldet sich die deutschsprachige ADAC-Notrufstation in den USA/Kanada (Ausweis mitbringen!).

Wenn Sie unter kritischen Wetterbedingungen reisen, werden Sie sich nach dem **Straßenzustand** (z. B. von Passstraßen) erkundigen wollen. Zuständig für Washington ist das dortige Department of Transportation (DOT), ℂ 1-800-695-7623 oder wsdot.wa.gov/traffic/passes. Zuständig für Oregon ist das Oregon Department of Transportation (ODOT), ℂ 1-800-977-6368 oder tripcheck.com. Über die Nummer ℂ 511 erhält man in beiden Staaten eine aufgezeichnete Durchsage.

Polizei, Feuerwehr und Notarzt ruft man über ℂ 911.

Camping

Dank den Naturschönheiten des Nordwestens und den reichlich vorhandenen State Parks ist der Campingplatz für viele Reisende eine willkommene und preiswerte Alternative zum Hotel oder Motel. Einige private Campingplätze sind zudem mit allem Komfort ausgestattet.

Ausführliche Informationen zum Thema Camping finden sie im Kapitel »Unterkunft: Resorts …, Campingplätze«, S. 26 f.

Zeltplatz mit Feuerstelle, North Cascades, Washington

Diplomatische Vertretungen

ℹ **Botschaft der Vereinigten Staaten von Amerika in Deutschland**
Clayallee 170, D-14191 Berlin
ℂ (030) 83 05-0
https://de.usembassy.gov/de

ℹ **Botschaft der Vereinigten Staaten von Amerika in Österreich**
Boltzmanngasse 16
A-1090 Wien
ℂ (01) 313 39-0
https://at.usembassy.gov/de

ℹ **Botschaft der Vereinigten Staaten von Amerika in der Schweiz**
Sulgeneckstr. 19, CH-3007 Bern
ℂ (031) 357 70 11
https://ch.usembassy.gov

ℹ **Deutsches Generalkonsulat San Francisco**
1960 Jackson St.
San Francisco, CA 94109
ℂ (415) 775-1061
www.germany.info

ℹ **Österreichisches Generalkonsulat Los Angeles**
11859 Wilshire Blvd.
Los Angeles, CA 90025
ℂ (310) 444-9310
http://bmeia.gv.at/botschaft/gk-los-angeles

ℹ **Schweizer Generalkonsulat in San Francisco**
Pier 17, Suite 600, San Francisco, CA 94111
ℂ (415) 788-2272
www.eda.admin.ch/sanfrancisco

Einkaufen

Der Einkauf von Lebensmitteln ist in manchen Supermärkten rund um die Uhr möglich. Lustiger geht es allemal auf einem *farmers' market* oder an einem *roadside stand* zu. Mit einer Kühlbox im Wagen macht man sich von der kommerziellen Gastronomie unabhängig und kann kleine Mahlzeiten an schönen Plätzen genießen.

Soviel zur eigenen Versorgung vor Ort, aber was kann man mit nach Hause nehmen? Viel Ortstypisches bleibt nicht in Zeiten globalisierter Wirtschaft und ebensolchen Einzelhandels. Röstfrischer Kaffee von Starbucks? Gibt es an fast jeder Ecke daheim. Ein Fisch vom

Service von A bis Z

Pike Place Market? Den lässt man sich besser nach Hause fliegen. Bier aus der Mikrobrauerei? Sollte man vor Ort genießen. Wein aus Oregon oder Washington? Zu schwer. Ein Flugzeug von Boeing? Zu groß. Ein Betriebssystem von Microsoft? Das ist daheim schon installiert ...

Ein Handy? Ist u. U. nötig, wenn das eigene nicht amerikatauglich ist. Man kriegt es günstig als *prepaid package* im Drugstore. Für etwaige Andenken und Mitbringsel könnte man einen Laden der Kette **Made in Oregon** oder **Made in Washington** aufsuchen. **Factory Outlet Malls** gibt es in touristischen Zentren wie Lincoln City, Bend, Portland, Seattle, Burlington ... Bücher kauft man – natürlich – bei Powell's Books in Portland.

Was für die Reise und auch späterhin nützlich wäre, ist **Outdoor-** oder **Sportbekleidung**. Die Sparte ist im Nordwesten, besonders in Portland, gut vertreten. Der *flagship store* von Nike in Portland (die Firma hat ihren Sitz in Oregon) gleicht einer feinen Galerie, so gestylt sind Laden und Verkäufer. Andere Outlets wie die von Columbia, North Face, Patagonia liegen erreichbar nahe. Doch das Nonplusultra auf diesem Gebiet ist **REI – Recreational Equipment Inc**. Konsumtempel der Firma kann man in Seattle oder Bend besichtigen.

Eintrittspreise

Die **Eintrittspreise** für Museen, Rundfahrten, Auffahrten (zu Aussichtsplattformen) usw. können beträchtlich sein. Bedenken Sie bei hohen Preisen, dass diese Einrichtungen oft privat und ohne staatliche Zuschüsse betrieben werden. Die in diesem Buch angegebenen Preise beziehen sich – wenn nicht anders angegeben – auf Erwachsene; für Kinder und Jugendliche gibt es oft je nach Alter Ermäßigungen, auch Senioren zahlen entsprechend weniger.

Essen und Trinken

In diesem Buch werden vorrangig solche Gaststätten benannt oder beschrieben, die gutes Essen zu erschwinglichen Preisen anbieten. Man findet sie unter den privat geführten Restaurants der großen Städte, aber auch in den Feriengebieten. Anbieter gut zubereiteter **Gesundheitskost** *(health food)* werden im Buch besonders gewürdigt. Zwar bieten auch konventionelle Betriebe immer häufiger gesunde Kost, doch ist nicht alles Gold, was *veggie* (von *vegetable, vegetarian*) heißt. Im Restaurant werden dem Gast die Reste der Mahlzeit bereitwillig in einer *doggy bag* mitgegeben.

Verglichen mit (dem südlichen) Europa essen die Amerikaner meist früh am Abend. In kleineren Städten ist daher um 21 Uhr oft das letzte *seating* schon vorbei. Manche Speiselokale stellen auch spät noch ein *bar menu* zur Wahl. In Großstädten kommt einem der Umstand zu Hilfe, dass Bars und Brewpubs neben Getränken auch Speisen servieren *müssen*.

Mehr zum Thema Essen und Trinken finden Sie im Kapitel »Den Nordwesten erleben und genießen«, S. 27 ff.

Die in diesem Buch empfohlenen Restaurants sind durch **$-Symbole** nach folgenden **Preiskategorien pro Abendessen** (ohne Getränke, Steuer und Trinkgeld) gestaffelt:

$ – bis 20 Dollar
$$ – 20 bis 35 Dollar
$$$ – über 35 Dollar

Feiertage, Feste, Veranstaltungen

An Wochenenden quellen viele Ausflugsziele vor Besuchern über, besonders im Sommer. Da etliche Feiertage auf einen Montag fallen, entstehen lange Wochenenden mit entsprechendem Andrang. Dies gilt besonders für die Wochenenden um Presidents' Day, Memorial Day (Beginn der Reisezeit), Labor Day (Ende der Reisezeit) und Thanksgiving. Da kann es auf der Küstenstraße und an den Pässen eng werden. Banken und öffentliche Gebäude haben an Feiertagen geschlossen, Museen wie sonntags geöffnet.

Offizielle Feiertage sind:

New Year's Day: 1. Januar
Martin Luther King Day: 3. Montag im Januar
Presidents' Day: 3. Montag im Februar
Memorial Day: letzter Montag im Mai, Beginn der Hauptsaison
Independence Day: 4. Juli
Labor Day: 1. Montag im September, Ende der Hauptsaison
Columbus Day: 2. Montag im Oktober
Veterans Day: 11. November
Thanksgiving: 4. Donnerstag im November
Christmas: 25. Dezember

Service von A bis Z

Beim Roundup Rodeo in Pendleton, Eastern Oregon

Richtig öffentlich gefeiert wird von diesen Tagen eigentlich nur der 4. Juli. Für Urlaubsreisende sind die örtlichen Feste (wie das Rose Festival in Portland), die Powwows und Rodeos, Oldtimer-Shows und Radrennen vor Ort von größerem Interesse.

Die Termine stehen in den Lokalzeitungen und Prospekten. Wenn die Einheimischen dann mit Kind und Kegel und in guter Stimmung unterwegs sind, findet man auch als Fremder leichter Anschluss. Das gilt auch für Saturday Markets, wo die Musik spielt und Kunsthandwerker ihre Produkte feilbieten. Am 1. Weihnachtsfeiertag sind fast alle Restaurants geschlossen.

Geld, Kreditkarten

Die Reisekasse verteilt man am besten auf drei Zahlungsmittel: **Bargeld** (in US-Dollar), **Reiseschecks** *(travelers checks)*, die auf US-Dollar ausgestellt sind, und eine **Kreditkarte** (Mastercard, Visa oder American Express). Man darf bis zu $ 10 000 in bar oder anderen Zahlungsmitteln in die USA einführen.

Euro-Reiseschecks und Bargeld in Euro sind kaum noch zu gebrauchen: Man kann sie selbst in Großstädten nur an internationalen Flughäfen und in einigen Wechselstuben einlösen.

Reiseschecks werden an der Tankstelle, im Hotel und manchmal mit etwas Glück und Zureden auch im Restaurant eingelöst, man bekommt den Restbetrag dann in bar zurück. Allerdings sind größere Scheine und Schecks manchen Geschäftsleuten suspekt. Bestellen sie daher Reiseschecks in kleineren Stückelung, und wechseln Sie Ihr Bargeld ggf. im Hotel in kleinere Noten.

Mit Kredit- oder EC-Karte und PIN-Nummer kann man an vielen Geldautomaten (ATM-Automaten) Bargeld abheben. PIN-Nummer nicht vergessen bzw. einige Wochen vor der Abreise beantragen! Kleinere Banken oder Sparkassen können bei der Einlösung von Reiseschecks sehr vorsichtig sein. Es kann passieren, dass man dort endlos »nach oben« telefoniert und dann ablehnt. Für Abhebungen vom Konto mit Kreditkarte werden Gebühren berechnet.

Der US-Dollar ist in 100 Cent eingeteilt. Es gibt **Münzen** zu 1 Cent *(penny)*, 5 Cent *(nickel)*, 10 Cent *(dime)*, 25 Cent *(quarter)*, 50 Cent *(Kennedy Half Dollar)* und 1 Dollar. Dollar-**Scheine** *(bills, notes)* kursieren in Werten von 1, 2, 5, 10, 20, 50 und 100 Dollar.

Sperrnummern für Kreditkarten finden Sie unter »Notfälle, wichtige Rufnummern«.

Hinweise für Menschen mit Handicap

In den USA ist für **Rollstuhlfahrer** insgesamt besser gesorgt als in Deutschland. Man kann sich praktisch darauf verlassen, dass öffentliche Gebäude (z. B. Rathäuser, Postämter) mit Rampen versehen sind. Dies gilt auch für die meisten Supermärkte, Museen, Sehenswürdigkeiten und Vergnügungsparks.

Durchweg sind Bordsteine an den Fußgängerüberwegen abgeflacht – und erst recht nicht zugeparkt. Öffentliche Verkehrsmittel haben geeignete Vorrichtungen, um den Einstieg von Rollstuhlfahrern zu ermöglichen. Portland gilt als besonders behindertenfreundlich. In vielen Hotels und Motelketten (z. B. Motel 6) gibt es Rollstuhlzimmer. Die Firma AVIS vermietet Autos mit Handbedienung.

Internet

Wer mit dem eigenen **Notebook** oder **Netbook** reist, wird in den meisten Hotels, aber auch an den HotSpots von Cafés (z. B. Starbucks), Bars oder Flughäfen online gehen können. Die Hotels bieten häufig Wi-Fi (= WLAN) oder sogar High Speed Internet (= LAN) an, was das Surfen vom Zimmer aus ermöglicht. Manchmal brauchen Sie dazu einen Zugangscode von der Rezeption. Oft ist der

Service von A bis Z

Service kostenlos *(complimentary)*, bisweilen auch kostenpflichtig. **Hinweis:** Der Zugang zum eigenen E-Mail-Programm im Ausland ist u. U. nur gegen Aufpreis beim heimischen Provider zu haben.

Die meisten Notebooks und Smartphones können **110/120-Volt-Input** vertragen, das ist auf der Rückseite des Geräts vermerkt. Den richtigen Adapter für die amerikanischen Steckdosen bringt man am besten von zu Hause mit, zur Not ist er vor dem Start an allen deutschen Flughäfen zu kaufen. In den USA gibt es die Stecker bei Häusern der Kette Radio Shack. (Siehe auch »Strom«.)

Apfelplantage, Blick auf Mount Hood, Oregon

Klima, Kleidung, Reisezeit

Angesichts der vielfältigen Landschaften und Klimate der Region empfiehlt sich zu allen Jahreszeiten der flexible »Zwiebelstil«, also »Schalen« übereinander, die man nach Bedarf an- oder ablegen kann. An der Küste wie im Gebirge kann es heftig wehen. Auf den Plateaus des östlichen Binnenlands kann es tags-

Temperaturen:

Fahrenheit (°F)	104	100	90	86	80	70	68	50	40	32
Celsius (°C)	40	37,8	32,2	30	26,7	21,1	20	10	4,4	0

Bekleidungsmaße:

			Herrenkonfektion					
Deutsch	46	48	50	52	54	56	58
Amerikanisch	36	38	40	42	44	46	48
			Damenkonfektion					
Deutsch	38	40	42	44	46	48	
Amerikanisch	10	12	14	16	18	20	
			Kinderbekleidung					
Deutsch	98	104	110	116	122		
Amerikanisch	3	4	5	6	6x		
			Kragen/*collars*					
Deutsch	35–36	37	38	39	40–41	42	43
Amerikanisch	14	14½	15	15½	16	16½	17
			Strümpfe/*stockings*					
Deutsch	35	36	37	38	39	40	41
Amerikanisch	8	8½	9	9½	10	10 ½	11
			Schuhe/*shoes*					
Deutsch	36	37	38	39	40	41	42	43	44	45	46	47
Amerikanisch	5	5¾	6½	7¼	8	8¾	9½	10¼	11	11¾	12½	13¼

über heiß, abends aber recht frisch werden. Im Regenwald und an der Küste regnet es oft anhaltend und ausgiebig. Für diese Fälle, wie auch in der Vor- oder Nachsaison, sind warme Pullover und Jacken sowie Regenjacke und Regenhut angebracht. Für Bergwanderungen empfehlen sich Stiefel, sonst sind Turnschuhe ein guter gemeinsamer Nenner.

Für den Nordwesten genügt im Normalfall lockere **Freizeitkleidung**. Nur wer in den Großstädten stilgerecht ausgehen will, etwa zum *fine dining*, könnte eine formalere Garderobe gebrauchen. Manche besseren Restaurants bestehen u. U. auf einer konservativen Kleiderordnung (*dress code*). In der Regel passt man mit Jeans, T-Shirt, Freizeithemd und Turnschuhen gut ins Bild der hiesigen Freizeitgesellschaft.

Die **besten Reisezeiten** für den Nordwesten sind April/Mai und September/Oktober. Dann herrscht an der Küste frisches, wechselhaftes Wetter, während es im Binnenland schon (oder noch) angenehm warm ist. Der große Vorteil der Vor- oder Nachsaison liegt darin, dass man dem Ansturm der heimischen Feriengäste entgeht. So gibt es freie Zimmer und die Preise purzeln. Die **Hochsaison** verläuft zeitgleich mit den amerikanischen großen Ferien von Mitte Juni bis Mitte September. Nach Meinung von Reisenden, die an beliebten Zielen auf volle Parkplätze stießen, sollte man eine »Reisewarnung« für diese Zeit aussprechen.

Frühling ist die beste Zeit für Vogelbeobachtung (*bird watching*), nicht nur in den *wildlife refuges*. Die High Desert beginnt zu blühen. Der **Sommer** kommt mit Strandfreuden an der Oregon und Washington Coast, die Wassertemperaturen bleiben jedoch niedrig. In den hohen Lagen der Gebirge schmilzt der Schnee. Mit dem **Herbst** wird die Sicht in den Bergen klarer, das Laub der Lärchen und Espen färbt sich gelb und rot. Der **Winter** bringt der Küste Regen und Sturm, Pistenfahrern und Loipengehern dagegen deckt er einen weißen Tisch. Jetzt zeigen die Metropolen so richtig, was sie zu bieten haben.

Regionalkarten des U.S. Forest Service (z. B. »Deschutes National Forest«) zugreifen, es gibt sie in Ranger Stations günstig zu kaufen.

Als illustriertes Sachbuch führt »The Pacific Northwest« von der Smithsonian Institution (1995) bestens in die Natur ein. Für gepflegtes Reisen empfiehlt sich der hübsche Band »Weekends for Two in the Pacific Northwest: 50 Romantic Getaways« von Gleeson und Hopkins (Chronicle Books, 3. Aufl. 2003). Die Bücher des Heimatforschers Ralph Friedman sind zwar älteren Datums, doch bieten sie reiche Hintergrundinformationen zu Oregon (Caxton Press). In seiner »Roadside History of Oregon« (Mountain Press, 1991) stellt Bill Gulick historische Hintergründe kontextbezogen dar. Das kleine Heft »A Sight So Nobly Grand. Joel Palmer on Mount Hood in 1845« (Oregon Historical Society, 2000) vermittelt anschaulich ein Stück Entdeckungsgeschichte.

Das Büchlein »Northwest Trees« von Stephen Arno (Mountaineers Books, 2007) gibt dem Reisenden eine grundlegende Baumkunde an die Hand. »Native Peoples of the Northwest« von Halliday und Chehak (Sasquatch Books, 2. Aufl. 2002) behandelt die Indianerkulturen der Region. Über die Malerin Emily Carr sei das Heft »An Introduction to Her Life and Art« von Anne Newlands (Firefly Books, 1996) empfohlen. Die Utopie »Ecotopia« von Ernest Callenbach (Heydey Books etc., 2004) ist immer noch aktuell.

Schließlich noch eine Empfehlung zur »schönen« Literatur: Raymond Carver, geboren in Clatskanie (WA), ist der Autor meisterhafter Kurzgeschichten, wie in »Will You Please Be Quiet, Please?« (Vintage, 1992); deutsch bei Fischer (2012). In seinem neuen, amerikakritischen Buch »The Unwinding« (Farrar etc., 2014) setzt George Packer dem Autor ein Denkmal; deutsch bei Fischer (2014).

Powell's Books in Portland ist *die* Fundgrube für Bücher aller Art, besonders auch über den Pazifischen Nordwesten. Der kleine Laden der Oregon Historical Society, auch in Portland, ist besonders gut sortiert.

Literatur

Die wichtigsten Reisebegleiter sind die kostenlos erhältlichen Highway Maps der beiden Staaten. Wer tiefer ins Hinterland eindringen will, könnte die Atlanten für Oregon und Washington von Delorme Mapping zu Rate ziehen. Wer zudem frei wandern will, kann auf

Maße und Gewichte

Vor einigen Jahrzehnten schien die Umstellung der USA auf das metrische System schon in Sicht, doch heute ist wieder alles beim alten: *inch* und *mile, gallon* und *pound*. Man muss sich also wohl oder übel umstellen. Die **Tabellen aus S. 309 und 311** helfen dabei.

Medizinische Versorgung

In den USA ist man automatisch Privatpatient, d. h., man muss mit hohen Arzt- und Krankenhauskosten rechnen. Sinnvoll ist in jedem Fall eine Auslandsreisekrankenversicherung, die für Urlaubsreisen äußerst preiswert ist. Allerdings: Man muss beim Arzt oder im Krankenhaus sofort bezahlen, oft sogar im Voraus. Auch dafür erweist sich eine Kreditkarte als nützlich.

Apotheken *(pharmacies)* findet man in Drugstores oder Supermärkten, die auch Toilettenartikel und Kosmetika führen. Ständig benötigte Medikamente sollte man sich von daheim mitbringen (und möglichst ein Attest ausstellen lassen für den Fall, dass der Zoll Fragen stellt). Viele Medikamente, die in Europa rezeptfrei sind, müssen in den USA vom Arzt verordnet werden.

Mit Kindern im Nordwesten

Die Amerikaner sind im Allgemeinen kinderfreundlich. Kindermenüs, eigene Sitzkissen und Kindertische in den Restaurants sowie billige, wenn nicht kostenlose Unterbringung in Hotels und Motels sind selbstverständlich. In den Museen, bei Ausflügen und Sehenswürdigkeiten gibt es für Kinder Preisnachlässe. Die Besucherbüros und Hotels in den Städten vermitteln Babysitter. (Siehe »Mit Kindern unterwegs«, S. 32 f.)

Notfälle, wichtige Rufnummern

In **Notfällen** wendet man sich telefonisch an die **Notrufzentrale** ℗ **911** oder an den **Operator** (»0«), nennt Namen, Adresse oder Standort und beschreibt die Sachlage. Der Operator verständigt die Polizei, den Rettungsdienst oder die Feuerwehr. Bei Autopannen hilft die AAA weiter (siehe »Autofahren«, S. 305 f.). Falls **Reisepass oder Geld** verloren gegangen sind, wendet man sich an das nächstgelegene Konsulat (siehe »Diplomatische Vertretungen«, S. 306). Als generelle Vorsichtsmaßnahme sollte man Reisepass, Führerschein und Flugtickets kopieren oder scannen und auf einem USB-Stick als Datei mitführen oder sich selbst im Anhang einer E-Mail schicken.

Abhanden gekommene **Bankkunden-, Maestro-** oder **Kreditkarten** müssen umgehend gesperrt werden. Dafür benötigen Sie Ihre Kontonummer und Bankleitzahl, die Kartennummer sowie die ausgebende Bank.

Erkundigen Sie sich, ob Ihre Karte über den **zentralen Sperrnotruf** (www.sperrnotruf.de) für Deutschland 011 49 116 116 (zusätzlich 011 49 30 40 50 40 50) gesperrt werden kann. Ansonsten wählt man folgende Nummern:
ec-/Maestro- und **Bankkundenkarten:**
Deutschland ℗ 011 49 1805 021 021
Österreich ℗ 011 43 1 204 88 00
Schweiz ℗ 011 41 1 271 22 30
MasterCard: ℗ 001-800-627-8372
www.mastercard.de
Visa: ℗ 001-800-627-8372 (R-Gespräch nur vom Festnetz), www.visa.de
American Express: ℗ 011 49 69 97 97-20 00
www.americanexpress.com
Diners Club: ℗ 011 49 69 90 01 50-135/136

Für Telefonate **aus den USA** wählt man folgende **Ländervorwahlen** *(country codes):*
Deutschland ℗ 011 49
Österreich ℗ 011 43
Schweiz ℗ 011 41
und danach die Ortsvorwahl ohne Null und die Anschlussnummer.
Vorwahlnummer in die USA: ℗ 001

Öffnungszeiten

In den USA gibt es kein Ladenschlussgesetz und damit auch keine gesetzlich geregelten Öffnungszeiten. In den Städten haben Geschäfte überwiegend von 9.30 Uhr bis mindestens 18 Uhr geöffnet. Für Getränke, Obst

Längenmaße:	1 inch (in.)	= 2,54 cm
	1 foot (ft.)	= 30,48 cm
	1 yard (yd.)	= 0,9 m
	1 mile	= 1,6 km
Flächenmaße:	1 square foot	= 930 cm2
	1 acre	= 0,4 Hektar
		(= 4047 m²)
	1 square mile	= 259 Hektar
		(= 2,59 km²)
Hohlmaße:	1 pint	= 0,47 l
	1 quart	= 0,95 l
	1 gallon	= 3,79 l
Gewichte:	1 ounce (oz.)	= 28,35 g
	1 pound (lb.)	= 453,6 g
	1 ton	= 907 kg

und andere Kleinigkeiten halten die zahlreichen Eckläden in den Städten ihre Türen aber meist von 7–22 Uhr und noch länger offen. Ebenso gibt es große Supermärkte und Drugstores, die bis Mitternacht oder gleich rund um die Uhr geöffnet sind. Die Shopping Malls sind meist Mo–Mi 10–19, Do–Sa 10–21 und So 11–18 Uhr für die Kunden zugänglich. Kleine Läden, besonders sogenannte Liquor Stores, die alkoholische Getränke verkaufen, haben oft eigenwillige Öffnungszeiten, die zwischen wenigen Stunden täglich bis rund um die Uhr variieren können. Fast-Food-Restaurants sind in der Regel zwischen 24 und 6 Uhr geschlossen.

Tankstellen haben ihre Zapfsäulen meist durchgehend in Betrieb. **Banken** öffnen meist um 9 Uhr, sperren aber ihre Bürotüren oft schon um 15 oder 16 Uhr zu. **Museen** haben vielfach montags geschlossen und sind sonst 10–17 Uhr, donnerstags oft bis 20 oder 21 Uhr und an Feiertagen wie sonntags geöffnet.

Post, Briefmarken

Postämter gibt es noch in den winzigsten Ortschaften des Nordwestens. Je kleiner das Nest, umso kürzer die Wartezeiten für den, der ein Päckchen aufgeben oder Briefmarken kaufen will. Das Porto nach Europa beträgt für Briefe und Postkarten einheitlich $ 1.20. Die Beförderung einer Postkarte in die Heimat dauert oft über eine Woche.

Presse

Die wichtigsten Tageszeitungen sind **The Oregonian** aus Portland und **The Seattle Times** aus Seattle. **The Oregonian** ist die älteste kontinuierlich erscheinende (seit 1850) Zeitung an der Westküste der USA. Darüber hinaus gibt es in den Städten sogenannte Szene-Gazetten mit Adressen, Programmen und Terminen. In der Fläche erscheinen periodisch Blätter, die viel Werbung, aber auch touristische Informationen enthalten und in den Besucherbüros ausliegen.

Rauchen

Die USA praktizieren inzwischen einen strengen Nichtraucherschutz, die Nordweststaaten spielen darin sogar eine Vorreiterrolle. In Büros, öffentlichen Gebäuden und Verkehrsmitteln, Restaurants und Bars und vielen Bed & Breakfast Inns und Shopping Malls besteht Rauchverbot. Die Missachtung dieses Verbots wird keineswegs als Kavaliersdelikt betrachtet.

Reservierungen

Das verbreitete Klischee von den Amerikanern als lässig, praktisch und improvisationsfreudig verführt zu dem Glauben, man könne so einfach in ihre Freizeitgesellschaft hineinplatzen. Also unangemeldet zu einer Führung erscheinen, im Lokal den letzten freien Tisch ergattern, spät nachts noch auf Quartiersuche gehen usw. Die Praxis sieht anders aus. Ob Campingplatz oder Nobelrestaurant, Hotel oder Kanutrip – die bohrende Frage lautet stets: »Haben Sie reserviert?« Für den nicht angemeldeten Gast gibt es den Begriff *drop-in* oder *walk-in visitor*. Zum Sicherheitsdenken der Hotelwirte gehört auch, dass diese oft wissen wollen, wann Sie eintreffen werden. Simone de Beauvoir hat schon 1947 dazu bemerkt: »Es ist sehr selten, dass ein Amerikaner auf Reisen geht, ohne zuvor jede Meile seines Reisewegs festgelegt und Hotelzimmer vorbestellt zu haben.«

Sicherheit

Der Nordwesten kann als ein sicheres Reiseland gelten. Trotzdem sollte man bestimmte Viertel von Seattle oder Portland zur Nachtzeit meiden, ein Taxi für den Heimweg ist im Zweifel besser als ein Fußmarsch. Gepäck sollte im Wagen unsichtbar, d.h. im Kofferraum verstaut sein. Wichtige Papiere, z. B. Pass, Flugticket usw., sollte man daheim kopieren und die Kopien mit sich führen (siehe »Notfälle, wichtige Rufnummern«).

Auch die freie Natur birgt Risiken, die von Großstädtern oft unterschätzt werden. Die Wildnisregionen der USA eignen sich nur bedingt zu Ausflügen im Stil einer Kaffeefahrt oder eines Sonntagsspaziergangs. Informieren Sie sich bei den Rangern der Nationalparks über die potentiellen Gefahren und wie man ihnen vorbeugt.

Bei Wanderungen sollte man immer festes Schuhwerk tragen und genug Trinkwasser bei sich haben. Amerikanische Quellen warnen vor »Giardia«, einer Parasitenkrankheit mit Durchfall, die man sich durch infiziertes Wasser, z. B. aus Bächen, holen kann. Feste Schuhe sind auch erforderlich, um sich vor Klapperschlangenbissen zu schützen. Mit Bären oder Berglöwen bekommt man es normalerweise nicht zu tun.

Sport und Erholung

Dank seiner Lage an der pazifischen Küste mit ihren Klippen und Stränden, der durchgehenden Achse des Kaskadengebirges, dem Reichtum an Bächen und Flüssen im Landesinneren – bietet der Nordwesten vielerlei sportliche Möglichkeiten. Diese reichen von Strandwandern an der Küste über Wildwasserfahrten auf Flüssen wie Skagit, Deschutes und Rogue bis zu Klettertouren an den Tuffelsen von Smith Rock. Im Winter läuft man Ski am Mount Hood oder Mount Bachelor oder auf den Loipen im Methow Valley. Die Resorts vereinen meist ein ganzes Spektrum von Sportarten unter ihrer Regie.

Weitere Infos im Kapitel »Sport und Spiel«, S. 29 ff.

Beim »Winterfest« in Bend: Kapriolen mit dem Snowboard

Steuern

In den USA ist es üblich, Preise ohne **Umsatzsteuer** anzugeben, also zahlen Sie grundsätzlich an der Kasse mehr, als an der Ware ausgewiesen ist. Oregon ist einer der wenigen Bundesstaaten, die keine *sales tax* erheben, in Washington dagegen liegt diese bei acht Prozent. Hotels berechnen vielfach eine *room tax*.

Strom

Die **Netzspannung** in den USA beträgt generell 110 Volt. Die meisten Ladegeräte von Handys oder Digitalkameras sind heute mit Transformatoren ausgerüstet, die sich auf die gebotene Spannung einstellen. Doch selbst dann benötigt man noch einen **Adapter** für amerikanische Steckdosen. Den sollte man schon zu Hause besorgen, denn vor Ort muss man oft lange danach suchen.

Telefonieren

Nordamerika besitzt ein einheitliches Nummernsystem aus dreistelliger Vorwahl (*area code*) und stets siebenstelliger Rufnummer. Bei Ferngesprächen muss die »1« mitgewählt werden. Sogenannte *toll-free numbers* mit den Vorwahlen 800, 855, 866, 877 oder 888 sind innerhalb der USA und oft auch aus Europa gebührenfrei. Auch hier muss, wie in diesem Buch angegeben, jeweils eine »1« vorgewählt werden. Um eine Nummer herauszufinden, ruft man die *directory assistance* an, die man im eigenen Vorwahlbezirk unter der Nummer »411« erreicht; für andere Bezirke wählt man die jeweilige Vorwahl und dann die 555-1212.

In den USA gibt es einige Gesprächsarten, die in Europa nicht oder nicht mehr üblich sind, z. B. **R-Gespräche**, die der Angerufene bezahlt. Man wählt dafür »0 + Vorwahl + Nummer« und bittet den Operator um einen *collect call*. Außerdem gibt es die Möglichkeit einer **persönlichen Verbindung** *(person to person call)*, bei dem man nur bezahlen muss, wenn sich der Angerufene selber meldet oder herbeigeholt werden kann. Man wählt dafür ebenfalls »0 + Vorwahl + Nummer« und teilt dem Operator mit, was man wünscht.

Eine bewährte Methode, kostengünstig zu telefonieren, ist die **Telefonkarte** *(calling card)*, wie sie von verschiedenen Gesellschaften angeboten wird. Man erreicht damit von jedem Anschluss den Rest der Welt, ohne die Zuschläge der Hotels bezahlen zu müssen. Für alle so geführten Gespräche bekommt man einen schriftlichen Beleg mit Nummer, Zeit, Datum und Betrag.

Service von A bis Z

Wer nicht seine eigene Telefonkarte mitbringt, kann in fast jedem Supermarkt in den USA eine **prepaid phone card** oder **calling card** erwerben, die es in unterschiedlichen Werten ab etwa $ 10 aufwärts gibt. Über eine Servicenummer (auf der Karte angegeben) wählt man sich ein: Da dies eine 800-Nummer ist, kostet das Gespräch auch im Hotel keinen Zuschlag. Normalerweise wird man dann vom System aufgefordert, erst den *authorization code* (oder die *PIN number*), wie auf der Karte angegeben, dann den gewünschten Anschluss (mit Vorwahl) einzugeben. Allerdings ist bei dieser Methode die präzise Eingabe von mitunter endlosen Zahlenreihen nötig.

Viel praktischer ist heute das Telefonieren mit dem **Handy** oder **Mobiltelefon** *(mobile phone, cell phone)*, dieses muss aber für USA Tri-Band oder Quad-Band-fähig sein. Dazu kaufen Sie am besten vor Ort eine **prepaid** oder **SIM-Karte**, um günstigere amerikanische Tarife zu nutzen. Besitzen Sie kein geeignetes Handy, dann kaufen Sie sich am besten, z. B. in einem Drugstore, ein **prepaid package**, das sowohl das Telefon wie auch die Karte enthält. Nun müssen Sie das Gerät und die Karte nur noch mithilfe eines freundlichen Menschen, z. B. eines Hotel-Concierge, beim Betreiber anmelden.

Für Telefonate **aus den USA** wählt man folgende **Ländervorwahlen** *(country codes):*
Deutschland ✆ 011 49
Österreich ✆ 011 43
Schweiz ✆ 011 41
Vorwahlnummer in die USA: ✆ 001

Trinkgeld

Man gibt dem Kofferträger *(bellboy)*, je nach Hotelklasse, etwa $ 1–2 pro großes Gepäckstück, Taxifahrern und Frisören etwa 15–20 Prozent vom Rechnungsbetrag, in den Bars etwa $1 pro Drink und den Zimmermädchen bei mehrtägigem Aufenthalt $ 3–4. Für den Einparkservice *(valet parking)* von Hotels oder Restaurants gibt man jeweils $ 2, wenn das Auto vom Servicepersonal zurückgebracht wird.

Im Restaurant lässt man etwa 15–20 Prozent des Rechnungsbetrages als *tip* auf dem Tisch liegen oder rechnet es bei der Kreditkartenzahlung hinzu. Das muss keineswegs als fürstlich gelten, da das Bedienungspersonal sein Einkommen im Wesentlichen aus dem Trinkgeld und nicht aus dem Gehalt bezieht. An einer Selbstbedienungstheke oder im Fast-Food-Restaurant sowie an Tankstellen sind Trinkgelder nicht üblich.

Unterkunft

Die Unterkunftsempfehlungen in diesem Buch spiegeln ein Spektrum von Unterkunftstypen und Preisklassen wider. Für die Auswahl sprachen u. a. gute Lage, originelles Interieur und Atmosphäre sowie ein günstiges Preis-Leistungs-Verhältnis. Zu den beschriebenen Häusern gehören vor allem klassische Lodges, stilvolle Stadthotels, praktische Motels, außergewöhnliche Bed & Breakfast Inns und einige Resorts (in Central Oregon) – weniger Luxushotels und Motelketten, die stark beworben und leicht erreichbar sind.

Jugendherbergen *(hostels)* werden, soweit vorhanden, genannt, um Reisenden mit knapper Kasse *(budget traveler)* entgegenzukommen. Ausführliches zum Thema Unterkunft finden Sie im Kapitel »Unterkunft: Resorts, Lodges, Stadthotels, Campingplätze«, S. 24 ff.

Zu den in diesem Buch empfohlenen Hotels werden **Preiskategorien** angegeben, die sich auf den durchschnittlichen Preis für ein Doppelzimmer pro Nacht für zwei Personen beziehen. Einzelzimmer sind nur unwesentlich billiger, während man für ein zusätzliches Bett $ 5–10 bezahlen muss.

Hinweis: Die von uns angegebenen Übernachtungspreise sind umso mehr eine Annäherung, je mehr die Hotels dazu übergehen, ihre Preise nur noch im Internet zu veröffentlichen und je nach Saison und Wochentag zu variieren.

Die Bedeutung der **$-Symbole** bei den Unterkünften:

$ – bis 100 Dollar
$$ – 110 bis 180 Dollar
$$$ – 180 bis 300 Dollar
$$$$ – über 300 Dollar

Verkehrsmittel

Der **öffentliche Nahverkehr** in Seattle, Portland und Vancouver ist gut ausgebaut. Er wird jeweils von einem dichten Netz von Buslinien getragen, eine Gratiszone in der Innenstadt *(ride free area, fareless square)* gibt es leider nicht mehr. In Seattle wird das System durch die Washington State Ferries, in Portland durch das Schienennetz des MAX (Metropolitan Area Express) ergänzt.

Taxi-Rufnummern in den Städten entnimmt man den gelben Telefonbuchseiten bzw. dem Wissensstand des Hotelportiers. Das Heranwinken von Taxis auf der Straße ist, außer vor Hoteleingängen, nicht üblich.

Greyhound-Trailways haben ihre Überlandlinien in den letzten Jahren auf wichtige Rumpfstrecken reduziert. Gut bedient wird der Nord-Süd-Korridor von Vancouver (BC) über Seattle und Portland nach Kalifornien. Ferner gibt es Verbindungen von der Westküste nach Spokane, Bend und Salt Lake City. Scheuen Sie sich nicht, den Fahrer eines Überlandbusses zu bitten, ggf. die Kühlung abzustellen – er hat seine eigene Klimaanlage.

Die Reise mit **AMTRAK**, der nationalen Bahngesellschaft, ist ein Thema für sich (siehe »Gateway Vancouver«, S. 18 ff.). Für die meisten Amerikaner ist die Bahn ein geradezu exotisches Verkehrsmittel, entsprechend dürftig ist der Kenntnisstand der Bürger. Hat man den Fahrplan endlich verstanden, könnte eine Zugverbindung von der Bahn immer noch kurzfristig gestrichen werden.

Der »Coast Starlight« verkehrt entlang der Westküste (bis nach Vancouver), der »Empire Builder« bzw. der »Pioneer« ab Seattle (bzw. Portland) über Spokane (bzw. Baker City) bis nach Chicago. Ohne Reservierung geht hier nichts: ✆ 1-800-USA-RAIL oder www.amtrak.com.

»Strandreiten« bei Bandon, südliche Oregon Coast

Zeitzone

Die beiden Nordweststaaten gehören zur Zeitzone der **Pacific Standard Time** (PST), die Zeitdifferenz zu Mitteleuropa beträgt **neun Stunden**. Für die Zeit von Anfang April bis Ende Oktober gilt Sommerzeit (Daylight Saving Time, DST); die Uhr wird also um eine Stunde vorgestellt. Damit bleibt die Zeitdifferenz zu Europa für den entsprechenden Zeitraum erhalten.

Zoll

Zollfrei in die USA mitbringen darf man außer der persönlichen Reiseausrüstung Geschenke im Werte von bis zu $ 100 sowie einen Liter Alkohol. Tierische und pflanzliche Frischprodukte (Obst, Wurst, Gemüse) dürfen auf keinen Fall eingeführt werden. Da sind die Zollbeamten unerbittlich: Wurstbrot und Apfelsine werden konfisziert. Dagegen sind Gebäck, Käse und Süßigkeiten (keine Schnapspralinen!) erlaubt.

Bei der Rückreise in die EU dürfen Sie pro Person Waren im Gesamtwert von € 430 (Jugendliche unter 15 Jahren € 175) einführen, in die Schweiz Waren im Wert von 300 Schweizer Franken. Alles was darüber liegt muss verzollt werden.

Achtung: Paare oder Familien können ihre Freigrenzen nicht bündeln, also zum Beispiel einen Laptop für € 700 gemeinsam kaufen. Jeder Freibetrag gilt jeweils für eine einzelne Person.

Zollfrei sind ab 17 Jahren zusätzlich 200 Zigaretten oder 100 Zigarillos, 50 Zigarren, 250 g Tabak sowie ein Liter Alkohol über 22 Prozent und vier Liter Wein.

Spezielle Fragen zu den amerikanischen Zollbestimmungen, auch danach, was man bei der Rückreise mitnehmen darf, beantworten US-Konsulate, die Website www.cbp.gov/travel (U.S. Customs and Border Protection) oder das Zoll-Infocenter unter ✆ (03 51) 448 34-510 bzw. www.zoll.de.

Orts- und Sachregister

Fett hervorgehobene Seitenzahlen verweisen auf ausführliche Erwähnungen, *kursiv* gesetzte Begriffe und Seitenzahlen beziehen sich auf den Service von A bis Z. Folgende Abkürzungen werden verwendet:

BC	–	British Columbia
CA	–	California
CO	–	Colorado
ID	–	Idaho
MT	–	Montana
NH	–	New Hampshire
NM	–	New Mexico
NV	–	Nevada
OR	–	Oregon
SD	–	South Dakota
UT	–	Utah
WA	–	Washington
WY	–	Wyoming

Aberdeen, WA 274, 278
Adler, WA 76
Agness, OR 46
Almota, WA 127
Alsea Reservation siehe Yachats
Alston, OR 180, 181
Amanda Park, WA 289
AMTRAK 18, 21, 23, *315*
Anreise *302* f.
Anacortes, WA 40, 82, 84, 90
Anatone, WA 122, 126, 130
Antelope, OR 147, 154, 155
Applegate Trail, NV/OR 42
Arcata, CA 210, 212
Ashland, WA 76
Ashland, OR 17, 48, 224, 227
Asotin, WA 122, 126
Aspen Camp, OR 238
Astoria, OR 17, 25, 33, 144, 180, 181, **182 f.**, 187, **188**
– Astoria-Megler Bridge 183, 187
– Astoria Column 180, 183, 188
– Cannery Pier Hotel 185, 188
– Columbia River Maritime Museum 17, 33, 180, 181, **183 ff.**, 188
– Fort Astoria 40
– Fort Clatsop National Memorial/Lewis and Clark National Historical Park 33, 40, 180, 181, 183, 184, **185 f.**, **188**
Auskunft 303 f.
Aussprachehilfen 34
Austin, OR 140
Autofahren 305 f.
Automiete 304 f.
Avenue oft he Giants, CA 210, 212

Badlands National Park, SD 126
Bainbridge Island, WA 17, 43, 73, 75, 298, 300
Baker City, OR 17, 46, 51, 53, 132, 135, **136, 139**, 140, 142, 144
– Flagstaff Hill 51, 132, 136
– National Historic Oregon Trail Interpretive Center 17, 33, 51, 53, 132, 133, **136, 137**, 139
Baker Lake, WA 81
Baker Lake Road, WA 81, 86
Baker River 94
Ballard, WA 73, 107
Bandon, OR 10, 210, 211
Banks Lake, WA 103, 109, 110
Barlow Road, OR 42, 156, 160
Bayocean, OR 198
Belknap Covered Bridge, OR 216, 217
Belknap Crater, OR 120
Belknap Springs, OR 13, 215, 219
Bend, OR 14, 16, 29, 30, 47, 52, 224, 228, 231, 235, **236–255**, 307, 315
– Des Chutes Historical Museum 238, 239, **240**, 245
– Drake Park 238, 240 f.
– High Desert Museum 33, 239, 248, 249, **250**, 255
– Les Schwab Amphitheater 52
– Mirror Pond 240 f.
– Old Ironworks Art District 242, 245
– Old Mill Disctrict 52
– Photo Walk of Bend 242, 245
– Pilot Butte 235, 239
– REI 307
– River Run Trail 238, 243
– Seventh Mountain Resort 30, 33, **231**, 238, 242, 243
Benham Dam, OR 242
Benham Falls, OR 238, 242, 248, 251
Ben & Kay Dorris State Park, OR 214, 217
Benson Pond, OR 151
Big Bend Park, OR 147
Big Country, OR 150
Big Eddy Rapids, OR 238
Big Obsidian Flow, OR 248, 253
Birdsview, WA 81, 86
Black Butte, OR 220, 223, 235
Black Butte Ranch, OR 25, 220, 223, 231, **233**
Black Crater, OR 220
Blue Mountains 12, 44
Blue Mountain Hot Springs, OR 13
Blue River, OR 219

Blyn, WA 300
Boeing 9, 48, 49, 53, 57, 61, 81, **87**
Bogachiel River 291
Boise, ID 144
Bonneville Lock & Dam 48, 50, 154, **160**, 162
Bourne, OR 44
Bradley State Wayside, OR 180, 182
Bremerton, WA 64
Bridge of the Gods, OR 154
Broken Top, OR 245
Brookings, OR 210, 211
Brownsmead, OR 182
Buena Vista Overlook, OR 150
Bunchgrass Prairie, WA 117
Burlington, WA 81, 82, **84, 88**
Burlington Northern Railway 84
Burns, OR 47, 150, 152
Butler Canyon, OR 156

Cache Creek Road, WA 114, 117, 119
Calawah River 291
Camping **26 f.**, *306*
Camp Sherman, OR 215, 220, 223, 228, **230 f.**, 234, 235, 236
Cannon Beach, OR 180, 181, 184, **189 ff.**, 197
Canyon City, OR 44, 144
Canyon Creek, OR 44, 144
Canyonlands, OR 257, 258 f.
Cape Arago, OR 210
Cape Disappointment, WA 44, 181, 185, 275 f., 278
Cape Disappointment State Park, WA 181, **265**, 274, 284
– Lewis & Clark Interpretive Center siehe dort
Cape Falcon, OR 197
Cape Flattery, WA 12, 286, 288, 294, **295**
Cape Foulweather, OR 190, 198
Cape Kiwanda, OR 190, 191, 196
Cape Lookout, OR 190, 196, 197
Cape Lookout State Park, OR 197
Cape Meares, OR 190, 196
– Cape Meares State Park 198
Cape Perpetua siehe Yachats
Carlton, WA 103, 108
Cascade Head Nature Area, OR 197
Cascade Lakes, OR 16, 30
Cascade Lakes Highway, OR 11, 238, 240, **245**
Cascade Locks, OR 46, 154, 160, 162
Cascade Pass, WA 12, 92, **98 f.**
Cascade Range 37

Orts- und Sachregister

Cascade River 95
Cascade River Road, WA 92, **98**, 99
Cashup, WA 126
Castle Rock, WA 270, 271
Cathedral Rock, OR 146
Cathlamet, WA 256, 261
– Julia Butler Hansen Wildlife Refuge 261
– Wahkiakum County Historical Museum 261
Celilo Falls, OR 40, 44, 116, **158**
Central Oregon 11, 15, 16, 52, 45, 46, 49, 218 ff., **238–263**
– Central Oregon Resorts 231
Central Washington 11
Champoeg, OR 41 f.
Champoeg State Heritage Area 163
Channeled Scablands, WA 11 f., 103, 118
Chehalis River 278
Chelan, WA 108
Chemult, OR 239
Chewuch River 104
Chief Joseph Mountain, OR 133
Chinook Village, OR 262
Chittenden Locks siehe Seattle
Clallam Bay, WA 286, 291
Clarkston, WA 122
Clear Lake, OR 221
Clinton, WA 81, 82
Coeur d'Alene, ID 40, 124
Colfax, WA 122
Columbia Basin 37, 49, 116
Columbia Plateau 11, 14, 37, 103
Columbia River 15, 31, 40, 42, 44, 46, 48 f., 50, 108, 110, 113, 117, 144, 154, **158–205**, 257, **261 ff.**, 278 ff.
Columbia River Gorge 10, 15, 16, 48, 102, **109**, 116, 151, **158 ff.**
Columbia River Gorge Highway 47 f.
Columbia–Snake Inland Waterway 50
Columbia Southern Railroad 47, 145
Colville-Reservat, WA 14, 17, 45, 115, 117 f., 119
– Colville Tribal Museum siehe Coulee Dam
Concrete, WA 81, 82, 86, 88, 92, **93 f.**
Cook Creek 282
Coos Bay, OR 32, 48, 186, 210
Copperfield, WA 131
Corvallis, OR 46
Coulee City, WA 103, 113

Coulee Dam, WA 103, **110, 113**, 114, 116, 117, 120
– Colville Tribal Museum 114, 116 f., 120
Coupeville, WA 81, 83, 88
– Front Street 81, 83
– Libbey Beach 81, 83
– Madrona Way 81, 83
Cove Palisades State Park, OR 256, 257, 259, **262**, 263
Crane Prairie Reservoir, OR 245
Crater Lake, OR 10, 30, 215, **224 ff.**, 251
Crater Lake National Park, OR 224 ff.
– Crater Lake Lodge 25, 224, 225, 226, 227
– North Entrance 224
Crescent City, CA 210, 212
Crescent Lake, WA 16, 279
Creston, WA 114, 118
Crooked River 144, 258 f., 262, 264
Crooked River National Grassland, OR 262
Culver, OR 256, 259, 263

Davenport, WA 114, 118
Dayton, WA 127
Dayville, OR 140
Deception Pass, WA 83 f.
Deception Pass State Park, WA 81, 84, 88
– Interpretive Center 81, 84
Dee Wright Observatory, OR 220
Denver, CO 126
Depoe Bay, OR 53, 190, 191, 198
Deschutes River 10, 11, 30, 31, 40, 44, 142, 154, **156 f., 238–245**, 259
Deschutes River Canyon, OR 155
Deserft Canyon, WA 108
Devil Mountain, ID 136
Devil's Churn Viewpoint, OR 202
Devil's Elbow, OR 202, 206
Devil's Garden, OR 245
Diablo, WA 92, 97, 99
Diablo Dam, WA 96, 97
Diablo Dam Trail, WA 97
Diablo Lake, WA 97, 100
– Diablo Lake Overlook 96
– Skagit Tours/Seattle City Lights 82, 96, 97
Diamond Craters, OR 152
Diamond Lake, OR 224
Dillon Falls, OR 238, 242
Dinosaur National Monument, CO/UT 126
Diplomatische Vertretungen 306

Discovery Bay, WA 298
Donner und Blitzen River 150
Ben & Kay Dorris State Park, OR 214, 217
Douglas, WA 108
Dry Creek, OR 132, 135
Dry Falls, WA 103, 109 f.
– Dry Falls Interpretive Center 103, 113
Dufur, OR 154, 156
Dug Bar, OR 157
Dune Crest, WA 277
Dungeness Spit, WA 300
Dungeness Valley, WA 300
Dusty, WA 127
Duwamish River 48

Eagle Cap Wilderness, OR 16, 134
Eagle Cap Excursion Train, OR 135, 138
Early Winters, WA 97, 98
East Lake, OR 252, 253, 255
Eatonville, WA 33, 76, 77, 79
– Northwest Trek Wildlife Park **33**, 76, 77, **79**
Easy Pass Trail, WA 98
Ecola Creek, OR 184
Ecola State Park, OR 197
Einkaufen 306 f.
Einreise 302 f.
Eintrittspreise 307
Electric City, WA 110
Elgin, OR 135, 138
Elk Lake, OR 245
Ellensburg, WA 109
Elwha River 52
Enterprise, OR 128, 130, 134
Essen und Trinken 27 ff., 307
Eugene, OR 160, 214, 215, 216, 217, 224
Eureka, CA 210, 212
Everett, WA 49, 81, 87, 110

Fairview, OR 163
Fall Creek, OR 245
Fall River 245
Fall River Hatchery 245
Feiertage und Feste 307 f.
Fern Canyon, CA 212
Ferndale, CA 210, 212
Fields Spring State Park, WA 122, 128
– Puffer Butte 128
Flagstaff Hill siehe Baker City
Flattery siehe Cape Flattery
Florence, OR 16, 28, 30, 32, 48, 186, 191, 202, **207, 209**, 210, 211, 214, **216**, 222
– Cleawox Lake 216

317

Orts- und Sachregister

– Jessie M. Honeyman Memorial State Park 202, 222, 214, 216, 222
– Sea Lion Caves 202, 207, **208**
– South Jetty 202, 214, 216
Fly Lake, OR 262
Forks, WA 274, 285, 286, 288, 290, 291, 292, 293, **296 f.**
– Timber Museum 291
Fort Clatsop National Memorial siehe Astoria
Fort Ross, CA 210, 213
Fort Stevens State Park, OR 33, 180, 186, 188
Fort Vancouver 41, 42
Fossil, OR 140, 141, 142, 145, **147, 149**, 154, 161
Fox, OR 141
Frenchglen, OR 150, 151

Garfield, WA 127
Garibaldi, OR 193
Gearhart, OR 187
Geld, Kreditkarten 308
Glacier National Park, MT 126
Gold Beach, OR 16, 46, 210
Gold Bluffs Beach, CA 212
Goldendale, WA 162
– Maryhill Museum of Art 17, 109, 158, **162**
Goodell Creek Campground, WA 92
Goose Creek, WA 118
Gorge Lake, WA 96
Government Camp, OR 256, 261, 268
Grand Coulee, WA 103, 109, **110, 113**, 114, 117, 120
Grand Coulee Dam, WA 12, 14, 40, 48 f., 103, **110**, 113, 114, **115 ff.**
– Grand Coulee Dam Arrival Center 115, 116
Grande Ronde River 122, 128, 135
Granite, OR 44
Granite Creek, WA 96
Grant Country, OR 144
Grants Pass, OR 10, 224
Graves Creek, WA 288
Grays Harbor, WA 278
Grays River 263
Great Northern Railroad 110, 183
Greenhorn, OR 44
Gumboot Creek, OR 132, 135

Haines, OR 136, 139
Halfway, OR 133, 135
Hamilton, OR 141, 144

Hamilton, WA 81, 85 f.
Hammond, OR 188
Happy Creek, WA 96
– Happy Creek Forest Walk 96
Happy Valley, OR 151, 152
Harney Lake, OR 150
Harts Pass, WA 107
Haystack Rock, OR 192
Headlands State Park, CA 213
Heather Pass, WA 92, 98
Hebo, OR 197
Heceta Head State Park, OR 206
Heceta Head Lighthouse, OR 206
Hells Canyon, OR 10, 12, 131, 133, **135 ff.**
– Hat Point 137
– Hells Canyon Dam 131
– Hells Canyon Overlook 132, 135
High Desert, OR 16, 36, 37, 98, 248, **249 f.**, 253, 258, 263, 310
Highway 20 100
Hinweise für Menschen mit Handicap 308
Historic Columbia River Highway (Old Highway 30) 11, 154, 155, **158 ff.**
Historic McKenzie Highway 11, 215, 217, **218 ff.**
Hoh, WA 288
Hoh Rain Forest, WA 291
Hole in the Wall, OR 136
Hood River, WA 31, 154, 155, 160
Hood River Bridge, OR/WA 154, 160
Hoquiam, WA 274, 278
Howard Miller Steelhead Park, WA 92, **95**, 100
Hudson's Bay Company 40, 41, 117, 158
Humptulips, WA 274, 279
Hurricane Hill, WA 298, 299
Hurricane Ridge, WA 15, 16, 286, 298, 299

Idaho (ID, Staat) 45
Ilwaco, WA 17, 265, 274, 275, 278, 284
– Lewis & Clark Interpretive Center siehe dort
Imnaha, OR 135, 136
Imnaha River 135, 137
Imperial Stock Ranch, OR 157
Indianer 17, 40 ff., siehe auch Namenregister
Internet 308 f.

Jack Creek, OR 12, 235
– Head of Jack Creek 228, 235
Jacksonville, OR 42

James Cant Ranch, OR 146, 149
Jessie Honeyman State Park siehe Florence
Johannesburg Mountain, WA 99
John Day, OR 44, 133, 140, 141, **144**, 148, 150
– Kam Wah Chung & Co. Museum 44, 140, 144, **148**
John Day Country, OR 16, 141, 144
John Day Dam, OR 50
John Day Fossil Beds Monument, OR 12, 15, 140, 146, 148 f.
– Blue Basin 140, 146, 149
– Blue Basin Overlook Trail 146
– Clarno Unit 145, 146, 147, 154, **155**
– James Cant Ranch 146
– Painted Hills 140, 149
– Sheep Rock Unit 140, 148 f.
– Sheep Rock Overlook 146
– Thomas Condon Paleontology Center 140, 141, **146**, 149
John Day River 10, 12, 15, 144, **146 ff.**, 182
Johnston Ridge, WA 166, 270
– Johnston Ridge Observatory, WA 166, 270, 271
Joseph, OR 122, 128, 130 f., 132, 133, **134, 138**
– Valley Bronze 134, 138
Joseph Canyon, OR 128
Joyce, WA 286, 294

Kah-Nee-Ta, OR 13, 257, 259, 266
– Kah-Nee-Ta Resort 257, 261, 266 f.
Kalaloch, WA 32, 274, 285, 286, 288, 290, 296
– Kalaloch Lodge 285, 286, 290
Kalaloch Creek Nature Trail, WA 286, 288, 290 f.
Kaskadengebirge 10, 11, 12, 14, 16, 25, 30, 31, 36 f., 46, 51, 55, 76, 81, 82, 84, 92 ff., 160, 204, **231–268**
Keiko (Wal aus »Free Willy«) 52, 203 f.
Keller, WA 114, 117, 118
Keller Ferry, WA 114, 115, 118
Kelso, WA 270
Kettle Falls, WA 40, 116, 117
Kimberly, OR 140, 146, 147
Kimberly Orchards, OR 146
Kinder 32 f., *311*
Kitsap Peninsula, WA 300
Klemgard County Park, WA 122
Klima, Kleidung, Reisezeit 309 f.
KOA 26, 126

Orts- und Sachregister

Koosah, OR 221
Kruse Rhododendron State Reserve, CA 213

La Conner, WA 82, 84, 93
La Grande, WA 82, 84, 135, 137
La Pine, OR 245, 248, 255
La Push, WA 17, 286, 288, 291, **292 f.**
Lake Ann, WA 92, 98
– Lake Ann Maple Pass Loop, WA 98
Lake Billy Chinook, OR 235, 256, 259, **262**
Lake Chelan, WA 108
Lake Coeur d'Alene, ID 126
Lake Creek, OR 230, 234
– Lake Creek Lodge 26, 223, 234
Lake Crescent, WA 286, 288, 294, 298, 299
– Lake Crescent Lodge 286, 294, 297, 299
– Log Cabin Resort 286, 294, 297, 299
Lake Fork, OR 106
Lake Missoula, MT 110, 116, 118, 127, 160
Lake Quinault, WA 274, 279, 285
Lake Quinault Lodge, WA 274, 282 f., **285**
Lake Sacagawea, WA 256, 261
Lakeview, OR 10
Lake Washington, WA 73, 75
La Push, WA 32, 286, 288, 291, **292 f.**
– Oceanside Resort 292 f.
Lapwai, ID 41, 134
Lapwai-Reservat, ID 134
Lava Butte, OR 242, 243, 248, **251**, 255
Lava Falls, OR 238, 243
Lava Lake, OR 245
Lava Lands, OR 239, 248, 251, 255
Lava River Cave, OR 239, 243, 255
Lava River Trail, OR 220
Leadbetter Point State Park, WA 277
Lewis & Clark Interpretive Center, WA 181, 265, 274, **278**, 284
Lewis & Clark National Historic Trail, OR 184
Lewis and Clark National Wildlife Refuge, OR 182
Lewis and Clark River 185
Lewiston, ID 50, 126, 131
Lewiston Hill, WA 122, 126
Libbey Beach siehe Coupeville
Liberty Bell Mountain, WA 97

Lincoln City, OR 10, 190, 197, 198, **201**
Literatur 310
Little Sheep Creek, OR 132
Little Belknap, OR 220
Long Beach, WA 10, 15, 16, 28, 32, 265, 274, **275 ff.**, 284
Long Beach Peninsula, WA 256, 263, 275 ff.
Long Creek, OR 141, 146
Long Island, WA 274, 285
Longmire, WA 76, 77
Longview, WA 48, 256, 261
Lopez Island, WA 90, 91
Lost River Road, WA 98

Macks Canyon, OR 156
Madras, OR 53, 251, 257, 262, **264**
Makah Indian Reservation, WA 12, 294, 295, 297
– Makah Museum 17, 286, 294, 297
Malden, WA 126
Malheur Lake, OR 144, 150 f., 152
Malheur National Forest, OR 150
Malheur National Wildlife Refuge, OR 12, 53, 141, **150 ff.**
– Center Patrol Road 150, 151
– Refuge Headquarters 150, 151, 152
Manzanita, OR 32, 191, 193, 200
Maple Pass, WA 92, 98
Mapleton, OR 214, 216 f.
Marblemount, WA 16, 92, 93, **95**, 98, 99, 100
Maryhill Museum of Art siehe Goldendale
Marymere Falls, WA 299
Maße und Gewichte 310
Maupin, OR 25, 31, 53, 142, 154, 155, 157, 162
– Imperial River Company 157
– The Oasis 25, 157
Mayger, OR 180, 181, **182**
Mazama, WA 92, 97, **98, 100 f.**, 103, 104
McKenzie Bridge, OR 214 f., 217, 219, 221, 222
McKenzie Highway siehe Historic McKenzie Highway
McKenzie Pass, OR 30, 45, 215, 218, 220, 225, 251
McKenzie Bridge, OR 214, 217, 219, 221, 222
McKenzie River 15, 214, 217, 218, 221
McKenzie River Bridge, OR 221

McKenzie River Drive, OR 214, 217
McKenzie River Trail, OR 217, 218, 219, **221**, 222
McMenamins Edgefield Manor siehe Troutdale
McNary Dam, OR 50
Medizinische Versorgung 311
Mendocino, CA 210, 213
Methow River 10, 11, 12, 30, 45, 104, **107 f.**, 111
Methow Valley, WA 13, 14, 15, 30, 31, 50, 53, 93, **97–106**, 110
– Methow Valley Interpretive Center siehe Twisp
Metolius, OR 228
Metolius River 11, 16, 25 f., 33, 215, 220, 225, **228 ff.**, 259, 262
– Head of the Metolius, OR 220, 228, **232 ff.**
Metolius River Lodges, OR 26, 223, 230, 232, 234
Microsoft 9, 57, 70, 87
Mikrobrauereien 10, 29, 51 f.
Missoula, MT 126
Mitchell, OR 140, 141, 142
Montana, MT 45
Monument, OR 141
Morton, WA 271
Moses Coulee, WA 108 f.
Mount Adams, WA 23
Mount Bachelor, OR 11, 13, 30 f., 49, **231**, 238, 239, 240, **245**, 251
Mount Hood, OR 11, 13, 15, 25, 30 f., 42, 137, 155, 251, 257, 261, 268
Mount Howard, OR 132, 133, 135
Mount Jefferson, OR 122, 234
Mount Mazama, OR 225, 251
Mount Rainier, WA 12, 16, 30, 57, **76 ff.**, 251, 300
Mount Rainier National Park, WA 76 ff.
– Nisqually Entrance 76, 77
Mount St. Helens, WA 11, 50 f., 160, 166, 181 f., 251, 257, **270 f.**
Mount St. Helens National Volcanic Monument, WA 270
– Hummocks Trail 270
Mt. Vernon, OR 84, 140, 148
Mount Washington, NH 220
Mukilteo, WA 81, 82
Multnomah Channel, OR 181

Nahcotta, WA 274, 277
Naselle, WA 256, 263
Naselle River 278
National Indian Cemetery siehe Wallowa Lake

Orts- und Sachregister

Neah Bay, WA 17, 286, 291, 295
Neahkahnie Mountain, OR 192, 197
Nehalem, OR 97, 200
Nehalem Bay, OR 190, 193
– Nehalem Bay State Park 193, 200
Neilton, WA 279
Neskowin, OR 190, 197
Nespelem, WA 114, 117, 119
– Chief Joseph Memorial 114, 117, **119**
Newberry National Volcanic Monument, OR 225, 253
Newberry Crater, OR 33, 240, 248, **251 ff.**, 255
– Lava Cast Forest 240, 255
Newberry Volcano, OR 224, 248, 251
Newhalem, WA 32, 92, 93, 95 f., 100
Newport, OR 16, 25, 28, 32, 45, 46, 48, 186, 190, 191, **198, 201**, 202, **203 ff.**, 208
– Hatfield Marine Science Center 208
– Nye Beach 201, 202, 203 f.
– Old Bayfront 202, 204
– Oregon Coast Aquarium 32, 52, 202, 203, **204 f.**, 208
– Sylvia Beach Hotel 198, **199**, 203 f.
– Yaquina Bay 202, 204
Nimrod, OR 217
North Bend, OR 30
North Cascades, WA 14, 16, 30, 47, 84, **94–108**
North Cascades Basecamp, WA 104
North Cascades National Park, WA 32, 84, 88, 93, **93 ff.**, 100
North Cascades Highway, WA 11, 14, 31, 50, 82, 92, 94, 97, 106
North Cascades Smokejumper Base, WA 106
Northern Pacific Railroad 46, 125
Northern spotted owl 52
North Pine Creek 126
North Umpqua River 224
Northwest Cuisine 17, **27 ff.**, 67
Northwest Fur Company 99
Northwest Trek Wildlife Park siehe Eatonville
Notfälle, wichtige Rufnummern 311

Oakesdale, WA 127
Oakville, WA 283
Ocean Park, WA 265, 277

Oceanside, OR 190, 191, 198, 200
Ochoco Pass, OR 149
Öffnungszeiten 311 f.
Ogden Scenic Wayside, OR 256, 259
Okanogan National Forest, WA 104
Okanogan River 45
Old Barlow Road, OR 158
Old Santiam Wagon Road, OR 45, 219, 221
Old Spiral Highway, WA 122, 126
Olympia, WA 42, 46
Olympic Mountains, WA 12, 16, 298
Olympic National Park, WA 9, 11, 16, **286–301**
– Pioneer Memorial Museum 299, 301
– Olympic National Park Visitor Center 298, 299, 301
Olympic Peninsula, WA 11, 15, 52, 286 ff.
Orcas Island, WA 90, 91
Oregon City, OR 41, 42
Oregon Coast 15, 16, 48, 49
Oregon Coast Highway 186 f.
Oregon Coast Trail 16, 31, 197
Oregon Country 41
Oregon Dunes, OR 30, 210, 216
– Oregon Dunes National Recreation Area 216, 222
Oregon State Parks 26, 197
Oregon Trail, OR 41, 42, 51, 53, 155, 156, 158, 269
Oregon Trail Interpretive Center siehe Baker City
Orondo, WA 31, 102, 103, 109
Orondo Canyon, WA 103, 108, 109
Oso, WA 53
Oswald West State Park, OR 190, 192, 197
Otter Crest Scenic Drive, OR 198
Otter Rock, OR 198
Oxbow, WA 131
Oysterville, WA 274, 275, 277
Ozette, WA 294

Pacific City, OR 190, 191, 198, 200
Pacific Crest Trail, OR 11, 16, 30 f., 220, 226
Pacific Fur Company 144
Packwood, WA 271
Painted Hills siehe John Day Fossil Beds Monument
Palouse, WA 12, 122, 123, 125 f., **127**, 156
Palouse Falls, WA 127

Paradise, WA 76, 77
– Paradise Jackson Visitor Center 77
Pateros, WA 103, 108
Patrick's Point State Park, CA 210, 212
Paulina Lake, OR 25, 33, 248, 251
– Paulina Lake Lodge, OR 25, 248, 253
Paulina Peak, OR 248, 253
Pearrygin Lake, WA 101
– Pearrygin Lake State Park 101
Penn Cove, WA 81, 83
Peter French's Round Barn, OR 151, 152
Phillips Lake, OR 140, 143
Phillips Reservoir, OR 139
Pilot Butte siehe Bend
Point Arena, CA 213
Port Angeles, WA 16, 40, 286, 294, 297, 298, **299 f.**, 300
Port Gamble, WA 300
Portland, OR 9, 10, 14, 15 ff., 24, 29, 32, 42, 46, 47, 49, 51, 52,154, 155, **162 f.**, **166–181**, 256, 261, 270, *302, 303, 304, 312, 315*
– Bagdad Theater 165, 174
– City Hall 170
– Clackamas Town Center 51, 177
– Crystal Hotel 165
– Expo Center 51
– Forest Park 47, 167, 173
– Gresham 51, 177
– Hawthorne District 166, 174
– Heathman Hotel 162 f., **172**, 174, 179
– Hillsboro 51
– Hoyt Arboretum 166, 167, **174**, 178
– International Rose Test Garden 166, 174, 178
– Japanese-American Historical Plaza 171
– Japanese Garden 166, 174
– Kennedy School 165
– Lewis & Clark Centennial Exposition 42, 47, 174
– MAX 52, 177, 315
– Multnomah Channel 181
– Nob Hill 166, 172 f., 175, 181
– Oregon Museum of Science & Industry 33, 174, 179
– Oregon Zoo 167, 174, 178
– Pearl District 166, **172**, 175, 178
– Pedal Bike Tours 175
– Pioneer Courthouse Square 166, 168 f., 170, 171
– Portland Art Museum 166, 173, 178

Orts- und Sachregister

- Portland Building 166, 170
- Portlandia 170
- Portland Streetcar 166, 172
- Portland Walking Tours 169, 176
- Powell's City of Books 166, 173, 178
- Public Art 166, 170
- Public Transit 177
- Rimsky-Korsakoffee House 174
- Salmon Street Springs 166, 171
- Saturday Market 166, 171, 176
- Skidmore Fountain 176
- Steel Bridge 171
- Tom McCall Waterfront Park 49, 166, **171**
- Visitor Information Center 166, 169, 176
- Washington Park 166, 167, 173 f., 178

Port Orford, OR 42, 210, 211
Port Townsend, WA 25, 42, 298, **300**, 301
- Jefferson Museum of Art & History 300, 301

Post, Briefmarken 312
Powder River 136, 142 f.
Prairie City, OR 46, 133, 140, **144**
Presse 312
Princetown, OR 152
Prineville, OR 148
Prospect, OR 226
Proxy Falls, OR 215, 220
Puget Sound, WA 12, 40, 49, 64, 67, 73, 82, 212, 252
Pullman, WA 126
Pysht River, WA 286, 294

Queets, WA 286, 288, 290
Queets Rain Forest, WA 288
Queets River 288
Quileute Oceanside Resort siehe La Push
Quillayute River 191
Quinault, WA 16, 288, 296
- Quinault Lodge, WA 25, 288
Quinault Indian Reservation, WA 286
Quinault National Fish Hatchery, WA 279 ff.
Quinault Rain Forest Nature Trail, WA 286, 288, **289**
Quinault River 288
Quincy, OR 180

Rainbow, OR 217
Rainier, OR 183
Rainy Lake, WA 92, 96 f.

- Rainy Lake Trail 96 f.
Rainy Pass, WA 92, 96 f., 98
Randle, WA 271
Rapid City, SD 129
Rattlesnake Summit, WA 128
Rauchen 312
Raymond, WA 274, 278, 283
Reardon, WA 114, 115, 118
Redmond, WA 250, 256
Redwood National Park, CA 210, 212
Reedsport, OR 222
Republic, WA 114
Reservierungen 312
Richland, OR 132
Richmond, OR 144
River Bend, WA 107
River Edge, OR 242
River Run Trail siehe Bend
Rock Creek, WA 126, 127
Rockaway Beach, OR 193, 200
Rockport, WA 82, 84, 86, 88, 95
Rockport State Park, WA 92, 95, 98, **100**
Rocky Mountains 15, 126, 137, 249
Rogue River 10, 30, 46, 157, 202, 224, 313
Roosevelt Lake, Franklin D. 49, 115, 116, 118
Roosevelt Memorial Park, WA 115
Roozengaarde, WA 81, 84
Rosalia, WA 126
Roseburg, OR 224
Ross Lake Overlook, WA 96
Round Butte Dam, OR 256, 259
- Round Butte Dam Observatory 256, 259, **263**
Rowena Crest Viewpoint, OR 160
Rowena Plateau, WA 160
Ruby Beach, WA 286, 290

Sahalie Falls, OR 221
Salem, OR 41, 42, 53
Salmon River 197
Salt Lake City, UT 126, 315
Samoa, CA 210, 212
Samuel Boardman State Park, OR 211 f.
San Francisco, CA 14, 15, 46, 210, 213, 277, 302
San Juan Islands, WA 40, 45, **90 f.**, 133
Sandlake, OR 190, 198
Sandy Butte, WA 105
Sanpoil River 118
Santiam Highway, OR 218

Santiam Pass, OR 46, 218
Sappho Junction, WA 286
Sauk Mountain Overlook, WA 98, 100
Sausalito, CA 210, 213
Sauvie Island, OR 181
Scablands, OR 123
Sea Lion Caves siehe Florence
Searose Beach, OR 206
Seaside, OR 16, 25, 28, 32, 180, 181, **184**, 187, 197
Seattle, WA 9, 14, 15 ff., 21, 24, 28, 29, 32, 42, 46, 47, 49, 52 f., **56–76**, 77, 81, 82, 167, 298, 300, *302, 303, 304, 307, 315*
- Alaska-Yukon-Pacific Exhibition 47
- Argosy Cruises 56, 57, 60, 67
- Belltown 62
- Capitol Hill 62, 66
- Century 21 49
- Chihuly Garden and Glass 52, 71, 74
- Elliott Bay 59, 67, 72
- Harbor Steps 60
- Hiram M. Chittenden Locks 66, 73, **75**, 82
- Historic Waterfront Streetcar 60
- International District (Chinatown) 61 f.
- Lake Union 62
- Lake Washington Ship Canal 75
- Metro Transit 50, 62, 66
- Monorail 49, 56, 62, 68, 69
- MoPOP 52, 68, **70**, 74
- Olympic Sculpture Park 52, 68, **71**, 74
- Pike Place Market 12, 28, 49, 56, **58 f.**, 66, 68
- Pioneer Square 56, 61
- REI 71 ff., 74 f., *307, 312*
- SeaTac (Flughafen) 283, 298, *303*
- Seattle Aquarium 60, 67
- Seattle Art Museum 52, 60, 68 f.
- Seattle Center 49, 52, 56, 62, 68, 69 f.
- Seattle Public Library 68, 74
- Seattle City PASS 57, 68
- Smith Tower 56, 61, 62, 67
- Space Needle 49, 56, **62**, 67
- Steinbrueck Park 59
- Union Station 62
- Unterkünfte 65 f.
- Visitor Center & Concierge Services 56, 58, 65

321

Orts- und Sachregister

- Washington Park Arboretum 66, 73, 75
- Washington State Ferries 33, 56, 61, **64**, 315
- Waterfront (Park) 60 f.
- Westlake Center 56, 58, 62, 69
- Woodland Park Zoo 66, 73, 75
Seaview, WA 263, 265, 274, 277, 284
Sedro-Woolley, WA 81, 82, **84 f.**, 88
Sekui, WA 286, 291
Seneca, OR 150
Sequim, WA 298, 300
Service Creek, OR 140, 141, 142, **146 f.**
Seven Devils Mountains, ID 135
Shadows of the Sentinels, WA 86
Shaniko, OR 47, 142, 145, 154, 155
Shaw Island, WA 90
Sheep Rock siehe John Day Fossil Beds Monument
Shelton State Wayside, OR 147
Sherar's Bridge, OR 44, 154, 156
Sherar's Falls, OR 154, 156
Shi Shi Beach, WA 52, 294
Shore Acres Park, OR 210
Short Sands Beach, OR 197
Sicherheit 312 f.
Silcox Hut, OR 269
Siltcoos River 216
Silver, WA 110
Silver Lake, WA 270
Sisters, OR 25, 215, 220, 228, **233**
Sisters Country, OR 233
Siuslaw River 202, 216
Skagit Project, WA 48,
Skagit River 10, 50, 84, 94, 95
- Skagit River Bald Eagle Natural Area 95
Skagit Valley, WA 84
Skamokawa, WA 256, 261
- Skamokawa Vista Park 261
Slate Peak, WA 107
Smith Rock, OR 16, 31, 37, 256, 257, **258 f.**, 313
Smith Rock State Park, OR 256, **258 f.**, 264
Snake River 50, 123, 136, 137, 143
Snake River Valley 122, 126
Snohomish, WA 10
Sol Duc River 291
South Beach, OR 201
- South Beach State Park 201
South Bend, WA 274, 278
South Pass, WY 41, 137
South Sister, OR 245, 251

South Slow Sanctuary, OR 210
South Twin Lake, OR 245
Spangle, WA 122, 125, 130
Sparks Lake, OR 245
Spirit Lake, WA 271
Spokane, WA 14, 15, 40, 46, 50, 114, 115, **118 ff.**, 122, 315
- Browne's Addition 119, 122, 124 f.
- Coeur d'Alene Park 124
- Historic Davenport Hotel 119, 122, 124, **129**
- Loof Carousel 124
- Northwest Museum of Arts & Culture 124 f., 130
- Riverfront Park 50, 123, 124
- River Park Square 124, 130
- Skywalk 122, 124
- Spokane Falls 122, 123
Spokane River 40
Sport und Spiel 29 ff., 313
Sprache des Nordwestens 34 ff.
Spray, OR 140, 146
Spring Creek Fish Hatchery, OR 160
Springfield, OR 217
Squaw Creek Canyon, OR 233
Squaw Creek Falls, OR 233
St. Helens, OR 181 f.
St. John, WA 127
St. Paul, OR 163
- Champoeg State Heritage Area 163
Starbucks 9 f., 29, 49 f., 57, 58
Steamboat, OR 224
Steamboat Rock, WA 110
Steens Mountain, OR 150, 152
Stehekin Valley, WA 16, 99, 108
Steptoe, WA 126
Steptoe Butte, WA 126
Steptoe Butte State Park, WA 122, 126, 128
Steuern 313
Strait of Juan de Fuca 40, 291
Strawberry Mountains, OR 144
Strawberry Hill, OR 202
Strawberry Hill Wayside, OR 206
Strom 313
Sumpter, OR 33, 44, 46, 140, 144, 148
Sumpter Valley, OR 45, 46, 143 f.
- Gold Dredge 140, 143 f.
- Sumpter Valley Railroad (Stump Dodger) 33, 46, 143, **148**
Sun Lakes State Park, WA 113
Sun Mountain Lodge, WA 125
Sunset Bay Park, OR 210
Sunriver, OR 49, 231
Suquamish, WA 72, 75

- Suquamish Museum 73, 75, 300
Surfside, WA 277

Tacoma, WA 46, 283, 300
Tamolitch Valley, OR 221
Tatoosh Island, WA 295
Telefonieren 313 f.
Tenasillahe Island, OR 182
Terrebonne, OR 40, 256, 258, 264
The Dalles, OR 17, 19, 40, 42, 109, 144, 147, 154, 155, 156, **158**, 160, **162**
- Baldwin Saloon 158
- Columbia Gorge Discovery Center & Museum 154, 158, 162
- Fort Dalles Museum 158, 160
- Wasco County Courthouse 158
The Dalles Dam, OR 50, 158, 162
The Valley 37
Three Capes Scenic Loop, OR 190, 196 ff.
Three Fingered Jack, OR 220
Three Sisters, OR 16, 220, 267
Tierra del Mar, OR 190, 198
Tillamook, OR 10, 188, 190, **193 ff.**, 200 f.
- Latimer Quilt & Textile Center 196
- Pioneer Museum 196, 200
- Tillamook Cheese Factory 190, 196, 200
Tillamook Head, OR 184
Tillamook Head Trail, OR 197
Tillamook State Forest 48
Timberline Lodge, OR 25, 48, 257, 261, **268 f.**
Timberline Trail, OR 269
Tipton Pass, OR 144
Todd Lake, OR 245
Tom McCall Preserve, OR 160
Toppenish, WA 17, 109
- Yakama Nation Cultural Center 109
Trail 480, WA 107
Trinidad, CA 210, 212
Trinkgeld 314
Troutdale, OR 154, 155, 160, 165
- McMenamins Edgefield Manor 154, 160, **165**
Tsawwassen, BC (Kanada) 20
Tumalo, OR 239
Tumalo Falls, OR 239
Tumwater, WA 42
Tumwater Falls, WA 83
Twickenham, OR 144, 147
Twin Lakes, OR 245
Twisp, WA 103, 106 f., 113
- Confluence Gallery & Art Center 103, 106, 113

Orts- und Sachregister

– Methow Valley Interpretive Center 106, 113
Tygh Valley State Wayside, OR 154, 160

Umpqua River 224
Union Creek Recreation Area, OR 143
Union County, OR 135, 138
Union Flat Creek 126
Uniontown, WA 126
Unterkunft 24 ff., *314*

Vancouver, BC (Kanada) 14, 15, **18 f., 23 f.**, 57, 82, *302, 303, 315*
– Gastown 19
– Robson Street 19
– Stanley Park 19
– Vancouver Art Gallery 22
Vancouver Island, BC (Kanada) 20
Verkehrsmittel 314 f.
Victoria, BC (Kanada) 18, **20 f., 23**
– Beacon Hill Park 20
– Crystal Garden 20
– Empress Hotel 20 f., 23
– Inner Harbour 20, 21
– Royal BC Museum 20
Vida, OR 217

Waatch, WA 295
Wagontire Mountain, OR 144
Waldport, OR 202
Walla Walla, WA 41, 42, 158
Wallowa Lake, OR 128, 130, 133 f.
– National Indian Cemetery 134
– Wallowa Lake Lodge 25, 128, 130, 133, 134

– Wallowa Lake Tramway 133, 135, 138
Wallowa Lake State Park, OR 131, 132
Wallowa Mountain Loop, OR 132, 133, 135
Wallowa Mountains, OR 12, 15, 16, 123, 128, **133 f.**
Wallowa River 128, 135
Wallowa Valley, OR 45, 119, 122, 134, 135
Wallowa-Whitman National Forest, OR 139
Warm Springs, OR 17, 256, 257, 259, 264, 266, 267
– The Museum at Warm Springs 256, 259 ff., 264
Warm Springs River 266
Wasco County, OR 142, 158
Washington Coast 15, 16
Washington Pass, WA 50, 92, 97, 99
Washington State Ferries 49
Washington State Parks 26
Waterville Plateau, WA 103, 109
Wells Dam, WA 108
Wenatchee, WA 88, 110
Wenatchee River 10
Whidbey Island, WA 14, 81, 82 f.
White River Falls, OR 156, 160
White Sands Beach, OR 192
Whitman National Forest, OR 143
Wichtige Rufnummern 311
Wilbur, WA 114, 118
Willamette River 41, 42, 163, 166 ff.
Willamette Valley, OR 41, 42, 44, 45, 118, 137, 160, 217, 218

Willapa Bay, WA 263, 277, 278
Willapa National Wildlife Refuge, WA 274, 285
Willapa River 278
Wilson Ranches Retreat, OR 147, 161
Winchester Bay, OR 202
Windy Rich, WA 271
Winslow, WA 64, 298, 300
Winthrop, WA 25, 28, 46, 50, 92, 93, **98, 101**, 103, 104, **106, 107, 111**
– Shafer Museum 103, 112
– Sun Mountain Lodge 25, 28, 53, 98, **101, 105**
– Wolfridge Resort 98, 104, **111**
Wizard Falls, OR 33, 234 f.
– Wizard Falls Fish Hatchery 33, 228, **234 f.**, 236
Wolf Creek, OR 227
Works Projects Administration 9, 268

Yachats, OR 191, 202, 203, **205**, 206, **208 f.**
– Alsea Reservation 217
– Cape Perpetua Scenic Area 202, 205, 206, 209
Yakima, WA 29, 51 f., 109
Yakima Canyon, WA 109
Yakima Valley, WA 17, 29, 45, 109
Yaquina River 204
Yamhill County, OR 166
Yamhill Valley, OR 29
Yellowstone National Park, WY 126

Zeitzone 315
Zoll 315

Namenregister

Allen, Paul 70
Anthony, Susan 174
Astor, John Jacob 40, 182, 183

Barron, Jack 105
Barron, Joseph 127
Beuys, Josef 69, 173
Beyer, Richard 60, 267
Bhagwan Shree Rajneesh 51, 145, 155, 262
Bierstadt, Albert 136
Boeing, William 48
Borofsky, Jonathan 69
Bretz, Harlen 110, 118
Brown, Kate 53
Bush, George W. 52

Cable, Goody 174
Calder, Alexander 71
Callenbach, Ernest 8, 310
Carr, Emily 22, 310
Case, Samuel 45, 198
Chihuly, Dale 52, 71, 74
Childers, Garbrielle und Lou 111
Clark, William 8, 12, 17, 33, 40, 42, 125, 158, 181, 182 ff., 188, 258, 274, 275, 276, 278, 284
Clinton, Hillary 53
Cobain, Kurt 51, 75
Cook, James 40, 198
Coupe, Thomas 84
Creed 75
Craig, John 220
Cunningham, Walter 253

Day, John 144
Douglas, David 41
Douglas, Tom 62, 67
Drake, Alexander 241
Drake, Francis 40
Dylan, Bob 70, 74

Elisabeth I., Königin von England 40
Englehart, Joseph John 158

Farrell, Jean und Dorothy 145
Fremont, John 42
French, Pete 47

Gable, Clark 227
Gates, Bill und Melinda 73
Gehry, Frank 52, 70
Grant, Bert 29, 51
Graves, Michael 170
Gray, Robert 40
Grigware, Edward 125

Guthrie, Woodie 8, 115
Heeb, Christian 242
Hendrix, Jimi 70 f.
Hogg, Egonton 46, 204
Homer, Winslow 69

Indianerstämme
– Cayuse 42
– Chehalis 283
– Chelan 117
– Chinook 40, 183, 261
– Clatsop 40, 182, 184
– Colville 14, 16, 45, 110, 114, 115, 116 ff.
– Coos 40, 182, 217
– Duwamish 72
– Entiat 117
– Haida 72
– Jamestown S'Klallam 300
– Klamath 225
– Küsten-Indianer 40, 43, 68, 69, 74
– Lakes 117
– Lapwai 41, 134
– Lower Umpqua 217
– Makah 12, 17, 40, 52, 286, 288, 290, 294 f., 297
– Methow 117, 157
– Modoc 43
– Moses 45, 110, 117
– Nespelem 45, 117
– Nez Percé 43, 45, 117, 119, 123, 128, 134
– Okanogan 45, 117
– Paiute 37, 40, 259, 264
– Palouse 117
– Plateau-Indianer 40, 42 f., 116, 120, 158, 291
– Quileute 17, 40, 286, 292
– Quinault 40, 282, 289
– San Poil 45, 117
– Shoshonen 12, 184
– Siuslaw 217
– Spokane 40
– Suquamish 17, 43, 72
– Suquamish-Duwamish 43, 45
– Tillamook 40, 182, 184, 196
– Tsimshian 72
– Umatilla 44
– Warm Springs 17, 29, 37, 40, 44, 156, 257, 259, 264, 266
– Wasco 37, 40, 259
– Wenatchee 117
– Yakama 17, 40, 44, 109, 266, 289
Irwin, James 245

Jackson, Michael 70, 74

Jarmusch, Jim 294
Jefferson, Thomas 40
Jenkins, Richard 152
Johns, Jasper 69
Johnson, Sam und Becky 232
Johnston, David A. 271
Jorgensen, Robert 106
Joseph, Chief Old 128, 134
Joseph, Chief Young 45, 114, 117, 119, 128, 134

Keil, Wilhelm 44
Kline, Franz 69
Koolhaas, Rem 68

Lancaster, Samuel 47, 158 ff.
Lanquist, Paul 233
Lee, Daniel 41
Lee, Jason 41
Lewis, Meriwether 8, 17, 33, 40, 125, 158, 181, 182 ff., 274, 275, 276, 278, 284
Lichtenstein, Roy 69
Lin, Maya Ying 158
London, Jack 227
Long, Stephen 249

Macleay, Donald 47
Maeres, John 278
Manuel, David 134, 170
Matchbox 20 75
McCall, Tom 8, 49, 160
McLoughlin, John 41
McMenamins 165, 174, 175
Meares, John 278
Meek, Stephen 144
Miller, Sandra 288
Moore, Henry 240
Moses, Chief 45
Mudhoney 75

Nahcati, Häuptling 277
Nirvana 52, 74, 75
Nissen, David 245

O'Keeffe, Georgia 69
Oldenburg, Claes 71
Oliver, Ed 47

Palmer, Joel 269, 310
Parry, Ted 72
Pearl Jam 75
Pollock, Jackson 69
Pope 252

Rauschenberg, Robert 69
Rice, Norman 58
Rodin, August 162

Namenregister, Danksagung und Textnachweis

Roosevelt, Franklin D. 9, 84, 115 f., 268
Ross, Alexander 99
Ross, John 151
Rothko, Mark 69
Sacagawea 12, 184
Schmidt, Leopold 46
Scherneckau, August & Cäcilie 145
Sealth (Seattle), Chief 43, 45, 61, 72, 298
Serra, Richard 71
Sherar, Joseph 156
Smith, Dr. 72

Spalding, Henry und Eliza 41
Steinbrueck, Victor 59
Steptoe, Edward 44
Stewart, Jay 191 f.
Stoffel, Ehepaar 271
Suvero, Mark di 71
Tobin, Jim 289
Townshend, Charles 240
Truman, Hatty R. 271
Trump, Donald 53
Vancouver, George 8, 40, 73, 77, 84
Venturi, Robert 69

Warhol, Andy 68, 172
Waring, Guy 46, 103, 104, 112
Washington, George 8
West, Oswald 49, 205
Weyerhaeuser, Frederick 47, 69, 217, 253, 278
White, Carrol und Judy 157
Whitman, Marcus und Narcisse 41, 42
Wilhelm I., Kaiser 45
Wister, Owen 46, 104, 105
Zwicker, Rich 147

Danksagung

Für geteilte Entdeckerfreude im Regenwald, an der Küste und bei den Indianern danke ich **Beate Wiegand**. Mein Dank gilt **Kristina Linke** und **Horst Schmidt-Brümmer** †, beide VISTA POINT Verlag, für die redaktionelle Betreuung des Projekts bzw. verlegerische Beratung. Die Familien **Ashton** und **Lamb** in Portland unterstützten mich freundschaftlich mit Wohnung und Wagen. **Karin Bauer** und **Klaus Mumm** danke ich für die Durchsicht von Texten.
Richtungweisende Gespräche konnte ich vor allem mit **Larry Chitwood** †, Geologe des Forest Service in Bend, führen; ferner mit **David Nissen** von Wanderlust Tours in Bend, **Larry Whiteman** von der Cascade Loop Association in Wenatchee und **Stephen Tuckman**, Hotelier in Cannon Beach. Für hervorragende Unterstützung im Lande danke ich **Billie Rathbun-Moser, Chris Chester, Petra Hackworth, Jenna Markowick** und **Todd Davidson** von der Oregon Tourism Commission bzw. Travel Oregon, Salem. Für wertvolle aktuelle Hinweise zu Seattle danke ich **Hannah Glaser**, Winnweiler.
Außerdem danke ich **Ragan Andrew** und **Drew Foster**, Long Beach Peninsula Visitors Bureau, Long Beach; **David Blandford, Adriane Ougendal, Joshua Ratliff, Brad Jones** und **Natalie Omer**, Visit Seattle bzw. Seattle's Convention & Visitors Bureau; **Steve und Kim Bondi**, North Cascades Basecamp, Mazama; **Eric Burr**, Ranger im Methow Valley, Mazama; **Goody Cable**, Inhaberin des Sylvia Beach Hotel, Newport; **Colleen Cockrell** und **Kim Voetberg**, Greater Newport Chamber of Commerce; **Katie Dabbs**, Tourism Victoria; **Trina Dice**, Grand Coulee Dam Area Chamber of Commerce; **Jackie French** und **Kristine McConnell**, Bend Chamber of Commerce bzw. Central Oregon Visitors Association; **Lori Lynn Gray, Diane Schostak** und **Marsha Massey**, Olympic Peninsula Visitors Bureau bzw. Olympic Peninsula Tourism Commission, Port Angeles; **Christian und Regula Heeb**, Christian Heeb Photography, Bend; **Gretchen Heilshorn, Megan Conway** und **Laura Guimond**, Travel Portland Oregon Visitors Association bzw. Travel Portland; **Loy Helmly**, House on Metolius, Camp Sherman; **Marcus Hinz**, The People's Coast, Tillamook; **Erik Jackson**, The Davenport Hotel, Spokane; **Barbara Marrett**, San Juan Islands Visitors Bureau, Friday Harbor; **Dean Kasner**, Wolf Creek Inn, Wolf Creek; **Mark Miller**, U.S. Forest Service, Spray; **Sandra Miller**, Activities Supervisor, Lake Quinault Lodge, Lake Quinault; Mary Pat Parker, Ashland Chamber of Commerce; **Connie Pound**, Baker County Visitor & Convention Bureau; **Brianna Prasloski**, Tourism Vancouver; Loni Rahm, Nancy Trucano und Annette Pitts, Cascade Loop Association bzw. Cascade Loop Scenic Highway, Wenatchee; **Dana Schmidling** und **Amy Hunter**, The Dalles Chamber of Commerce; Karen Schmidt und Kollegen, Lieb Management/Visit Seattle, München; **Cathy Smith**, Quileute Oceanside Resort, La Push; **William Smith**, William Smith Properties, Bend; **Rob Thorlakson** und **Geoff Childs**, Sun Mountain Lodge, Winthrop; **Alice Trindle**, Eastern Oregon Visitors Association, Haines; **Jon Tullis** und **Linny Adamson**, Timberline Lodge; **Mike und Jo Turner**, Prospect Historical Hotel; **Rob Turrie**, Historic Hotel Condon; **Martha Lou Wheatley, Jeanna Hofmeister** und **Kate Hudson**, Spokane Regional Convention & Visitors Bureau; **Kara, Nancy** und **Phil Wilson**, Wilson Ranches Retreat, Fossil; **Rich Zwicker**, Service Creek Stage Stop.

S. B.

Bildnachweis

Alamy/Greg Vaughn: S. 151; Mason Vranish: S. 277
Siegfried Birle, Kaltental: S. 25, 39, 53, 58, 100, 105 u., 116, 129, 134, 146, 147, 148, 149, 165, 172, 175 u., 184, 188, 189 o., 192, 199 u., 208, 242, 265 u., 267 o., 288, 293
Siegfried Birle (Archiv), Kaltental: S. 4/2. v. u., 41, 43 (7), 44 o., 44 u., 45, 46, 47, 48 u., 51 (5)
Manfred Braunger, Freiburg: S. 88, 92, 114 u., 137
Hauke Dressler/Look, München: S. 97
Fotolia/FrankJr: S. 183; Barbara Helgason: S. 18 u.; jerdad: S. 159; Oksana Perkins: S. 83 o.; Rachell: S. 109 u.; Raven: S. 214; Iriana Shiyan: S. 81; Skaman306: S. 294; SStedman: S. 18 o.; Tusharkoley: S. 193; Aaron Whitney: S. 301; Krzysztof Wiktor: S. 225
Getty Images/Dave Alan: S. 171 u.; apichart: S. 56 u.; Art Wager: S. 63, 123; csfotoimages: S. 171 o.; kwiktor: S. 272/273; Linderb76: S. 15 u.; NAN104: S. 74; Pic Works: S. 7; thinair28: S. 197
Christian Heeb, Bend (Oregon): S. 4 o., 4/2. v. o., 4 u., 5 o., 5/2. v. o., 5/2. v. u., 5 u., 6 o., 6/2. v. o., 6/2. v. u., 6 u., 8 o., 9 o., 10, 11, 12, 13, 14 u., 15 o., 17, 19, 24 u., 26 u., 28, 30, 31 o., 31 u., 38, 40, 60, 66, 68 u., 69, 72, 77, 78, 79 o., 79 u., 87, 91, 93, 96, 103, 113, 117, 119, 120, 122, 124, 125, 127, 128, 131, 135, 139, 140, 155, 156 u., 157, 160, 161, 163, 166 o., 166 u., 167, 175 o., 185, 191, 203 o., 203 u., 206, 210 o., 210 u., 211, 213, 218, 220, 221 o., 221 u., 223, 226, 228 u., 230, 232 o., 232 u., 233, 234, 236, 237, 238 o., 238 u., 239, 241, 246, 248, 249 u., 254, 256 u., 259, 262, 264, 266 o., 266 u., 267 u., 269 u., 270, 271, 290, 292/293, 296, 297, 299, 308, 313, 315
High Desert Museum, Bend/Lee Schaefer: S. 255
iStockphoto/4FR: S. 189 u.; Alptraum: S. 164; Gary Alvis: S. 249 o., 309; Jimmy Anderson: S. 24 o.; andipantz: S. 9 u., 244 u.; ARSimonds: S. 106/107; Phil Augustavo: S. 106; Blackestockphoto: S. 268 u.; Bruce Block: S. 109 o.; Chris Boswell: S. 133; Bpperry: S. 261; Natalia Bratslavsky: S. 274 o.; bywriter: S. 304; Can400: S. 101 o.; Carterdayne: S. 158; Cosmonaut: S. 283 u.; Darinburt: S. 252; Davemantel: S. 263 u.; Neta Degany: S. 215; Drflet: S. 295 o.; eb33: S. 32; epicureau: S. 94; espiegle: S. 8 u.; estivillml: S. 258; fdastudillo: S. 99, 224 o.; Ferrantraite: S. 26 o., 283 o.; Flammulated: S. 150, 153 o.; jcarillet: S. 75, 205; GarysFRP: S. 243, 275; Gavin5808: S. 194/195; Jeff Goulden: S. 76, 90 o., 101 u., 224, 227, 298; GlobalP: S. 180; Gregobagel: S. 61; Houseofdigital: S. 85; Ivanastar: S. 132; JDawnInk: S. 34; Johnandersonphoto: S. 201; Joshuaraineyphotography: S. 154, 156 o.; jmoor17: S. 145, 187, 279; Jumaydesigns: S. 80; Kativ: S. 200; Kim0918: S. 202; King Wu: S. 289; Avatar Knowmad: S. 291 o.; Kodacole: S. 190; Phil_Lowe: S. 95; LoweStock: S. 83, 89, 104; Ryan McVay: S. 287; Mecaleha: S. 302; methowtime: S. 112; Mikewweston: S. 111; MivPiv: S. 14 o.; Musat: S. 102; Nancy Nehring: S. 228 o.; sboice: S. 27; PapaBaer: S. 282/283; Phillipschip: S. 126; P_Wei: S. 260; David Rigg: S. 217, 256 o.; Roclwyr: S. 90 u.; Rssfhs: S. 142/143; Samson1976: S. 138, 219, 250; Schmeeve: S. 33; William Sherman: S. 82; Shutterbuger: S. 222; Silvrshootr: S. 176, 209; stockphoto52: S. 64; Svetlana57: S. 291 u.; Terraxplorer: S. 56 o.; Thinair28: S. 136, 265 o., 269 o., 306; Ron Thomas: S. 121; Toos: S. 207; tristanbnz: S. 255 u.; Arman Werth Photography: S. 274 u.
Kalaloch Lodge, Forks: S. 285
mauritius images/Danita Delimont: S. 152/153
mauritius images/imageBROKER/Michael Weber: S. 62
Paulina Lake Lodge, La Pine: S. 253
Shutterstock/cdrin: S. 54/55, 59; Checubus: S. 70; meunierd: S. 21 o.; Sue Stokes: S. 186; tusharkoley: S. 196
Sun Mountain Lodge, Winthrop: S. 105 o.
Tourism Victoria: S. 21 u.
Travel Portland: S. 169, 170, 177, 179; Jamie Francis: S. 173
VISTA POINT Verlag (Archiv), Potsdam: S. 48 o., 68 o., 114 o., 268 o., 284
Florian Werner/Look, München: S. 181
Wikipedia/National Archives and Records Administration: S. 50; National Oceanic and Atmospheric Administration: S. 49; (PD-self)/Fawcett5: S. 22; (CC BY 2.0)/Barbara Wheeler of U. S. Fish and Wildlife Service Headquaters: S. 153 u.; (CC BY 2.5)/Andy Barrett: S. 178; (CC BY-SA 3.0)/Adbar: S. 280/281; Bachcell: S. 23; Mharrsch: S. 143; SkagitRiverQueen (talk): S. 86; Werewombat: S. 199 o.

Titelbild: Cape Sebastian State Scenic Corridor, Foto: iStockphoto/Ron Thomas
Vordere Umschlagklappe (außen): Clear Lake in den Kaskaden – Quellsee des McKenzie River, Foto: Christian Heeb, Bend (Oregon)
Vordere Umschlagklappe (innen): Übersichtskarte des Reisegebiets mit den eingezeichneten Routenvorschlägen
Schmutztitel (S. 1): Rialto Beach im Olympic National Park (Washington), Foto: Christian Heeb, Bend (Oregon)
Haupttitel (S. 2/3): Highway 20 östlich von Bend – im Hintergrund die Three Sisters (Oregon), Foto: Christian Heeb, Bend (Oregon)
Hintere Umschlagklappe (außen): Eine Landschaft wie New Mexico – Kah-Nee-Ta am Warm Springs River, Foto: Siegfried Birle, Kaltental
Umschlagrückseite: The Needles bei Cannon Beach, Foto: Christian Heeb, Bend (Oregon) (oben); Rafting auf dem Deschutes River, Foto: iStockphoto/andipantz (Mitte); Mount Rainier mit Lupinen (westliches Washington), Foto: Christian Heeb, Bend (Oregon) (unten)

Impressum

Konzeption, Layout und Gestaltung dieser Publikation bilden eine Einheit, die eigens für die Buchreihe der **VISTA POINT Reiseführer** entwickelt wurde. Sie unterliegt dem Schutz geistigen Eigentums und darf weder kopiert noch nachgeahmt werden.

© VISTA POINT Verlag GmbH, Birkenstr. 10, D-14469 Potsdam
2., aktualisierte Auflage 2018
Alle Rechte vorbehalten
Reihenkonzeption: Horst Schmidt-Brümmer, Andreas Schulz
Lektorat: Kristina Linke
Bildauswahl: Andrea Herfurth-Schindler
Layout und Herstellung: Sandra Penno-Vesper
Reproduktionen: Noch & Noch, Datteln
Kartografie: Kartographie Huber, München
Druckerei: Florjančič, Slowenien

ISBN 978-3-96141-009-5

An unsere Leser!
Die Informationen dieses Buches wurden gewissenhaft recherchiert und von der Verlagsredaktion sorgfältig überprüft. Nichtsdestoweniger sind inhaltliche Fehler nicht immer zu vermeiden. Der Verlag übernimmt keine Haftung für die Richtigkeit von Informationen. Für Ihre Korrekturen und Ergänzungsvorschläge sind wir dankbar.

VISTA POINT Verlag
Birkenstr. 10 · 14469 Potsdam · Telefon: +49 (0) 331/817 36-400 · Fax: +49 (0) 331/81736-444
www.vistapoint.de · info@vistapoint.de · www.facebook.de/vistapoint